地方史研究協議会 編

徳島発展の歴史的基盤

―「地力」と地域社会―

雄山閣

旧山西邸板戸（徳島県立博物館所蔵）

序 文

地方史研究協議会の大会は、毎年、秋一〇月に開催される。二〇一七年度（第六八回）大会は二〇一七年一〇月二一日（土）から二三日（月）までの三日間、徳島県徳島市で開催された。本会が四国で大会を開催するのは、一九六七年（第一八回、高知県高知市）、一九八一年（第三二回、愛媛県松山市）、二〇〇七年（第五八回、香川県高松市）に続く四回目であり、今回をもって四国四県を一巡したことになる。

大会の共通論題は「『地力《ちりょく》』と地域社会―徳島発展の歴史的基盤―」であり、あわぎんホール（徳島県郷土文化会館）を会場とした。初日二一日は午前に自由論題研究発表・共通論題研究発表、午後に公開講演、二日目の二二日は一日を通して共通論題研究発表ならびに全体討論を行った。三日目の二三日には、徳島発展の歴史を確認する、県央・県北、県西・県北の二つのコースによる巡見を実施し、全日程を無事終了した。

現在、地方は多くの問題を抱え、その解決の方途を模索する現状にある。地方の振興・活性化を課題とする現代社会の行く末を展望しようとするとき、私たちが正しく地方史を理解し、その研究成果を発展させていくことは極めて重要である。本大会では、徳島の歴史を「地力」の観点から再構成し、徳島が発展してきた、その歴史的基盤を探り、発表・討論で得た成果を発信することを目指した。地力とは、一般に、その土地が作物を生育させることのできる能力、土地の生育力を指す、自然科学における用語である。本大会では、地域の人々が蓄積してきた、固有の政治・経済・社会・文化を育む力、そして今後の発展を支える可能性のある力を「地力」と定義し、徳島という地域が発展してきた、その基盤を探ったのである。

本書は、この大会成果として、書名を『徳島発展の歴史的基盤―「地力」と地域社会―』として刊行することになった。公開講演の天羽利夫氏、橋詰茂氏、共通論題研究発表の平井松午、中村豊、西本和哉、大村拓生、森脇崇文、松永友和、小川裕久、森本幾子、磯本宏紀の各氏、および自由論題研究発表の根津寿夫氏の合わせて一二氏の論考を収録するが、いずれも大会講演・研究発表時に大会趣意書の内容をふまえて展開いただき、論考執筆の際にもその延長線上に成稿されている。本書では、これらの論考を「Ⅰ『地力』を支える政治的環境」、「Ⅱ『地力』を生み出す生業」、「Ⅲ『地力』を拡げる内と外との交流」の三部に構成した。

徳島では、本大会の成果を継承するべく、新たな地方史研究の活動が構想中であると聞く。本書の刊行によって、「地力」の観点から浮かび上がった徳島の魅力的な歴史的固有性を改めて確認いただくとともに、その視点・研究方法が今後、徳島県内のみならず他県・他地域において進展する地方史研究の参考とされるならば幸いである。

本大会が充実したものになったのは、取りも直さず、徳島（四国）の地方史・考古学・地理学・地域文化研究の各分野の結集の賜物である。それには、本大会をともに主催し大会準備を進めてくださった大会実行委員会の多大なご尽力があったればこそである。末筆ながら、大会実行委員長の福家清司氏、事務局長の徳野隆氏、同次長の松下師一氏をはじめとする実行委員の方々、そして後援・協賛いただいた諸機関・諸団体の方々に心よりお礼を申し上げたい。

二〇一八年一〇月

地方史研究協議会

会長　廣瀬　良弘

徳島発展の歴史的基盤――「地力」と地域社会――／目次

刊行にあたって

大会成果論集刊行特別委員会

本書は、地方史研究協議会第六八回（徳島）大会における成果をまとめたものである。大会の共通論題は「『地力《ちりょく》』と地域社会――徳島発展の歴史的基盤――」であり、本書に収録される論考一二本は、その趣意書をふまえた大会当日の公開講演・研究発表に基づく。ここに共通論題の趣意書を掲げる。

「地力」と地域社会――徳島発展の歴史的基盤――

常任委員会

第六八回（徳島）大会実行委員会

地方史研究協議会は、第六八回大会を二〇一七年一〇月二一日（土）から二三日（月）までの三日間、徳島県徳島市で開催する。本会常任委員会および地元の研究者を中心に組織された大会実行委員会は、大会の共通論題を「『地力』と地域社会――徳島発展の歴史的基盤――」と決定した。

本大会で対象地域とする徳島は、古代律令制のもとで阿波国が成立して以来、現代の徳島県に至るまで、地域行政の単位としてほぼ一貫して存続してきた。徳島は、瀬戸内海・紀伊水道など海を挟みつつも、古くから畿内近国と密接な関係を有してきた。その一方で、吉野川流域の畑作地帯、那賀川下流域の米・麦作地帯、海岸部の漁業地帯、山間部の林業地帯など、相互に関連しあう多様な地域によって形成されてきた。四国四県を取り上げた第五八回（高松）大会の全体討論では、四国の内にある地域的な差異も議論となり、このような徳島の地域的固有性の解明も課題の一つとなっていた。

本大会では、徳島の地域的固有性を「地力」の観点から解き明かすことを試みたい。一般に、地力とは、その土地が作物を生育させることのできる能力、土地の生育力を指す。ここでは、地域の人々が蓄積してきた、固有の政治・経済・社会・文化を育む力、そして今後の発展を支える可能性のある力を「地力」と呼びたい。徳島では、商品の創出・移出を可能にする地形環境・資源や、畿内と密接な関係性を示す政治的環境、四国はもとより海を介して広域化する地域間交流、日常の生業において貯えられ、他へ応用される技術、産業構造の転換に対応し得る柔軟な人智など、それぞれの時代に地域固有の「地力」の存在をうかがうことができるのではなかろうか。地域発展の基盤となった「地力」に着眼することによって、徳島の地域的固有性を探り、その歴史を再構成していく。

このような観点から徳島の歴史を俯瞰すると、次のような歴史的事実に注目することができる。

原始・古代においては、徳島を特徴づけるものに青石（緑色片岩）や水銀朱、銅鐸などがある。青石の場合は石器、あるいは古墳の石室などに広範に用いられ、海上交通によって大阪湾岸へ移出され、さらに北陸西部から山陰東部まで広まった。また、吉野川流域の農業生産を見てみると、弥生時代前期末の河川氾濫を機に畑作が卓越するような地形環境となり、後に商品作物を生産する前提が成立した。古代律令制下においても、阿波国では口分田が不足し、代わりに陸田（畑）が班給された。

中世には、榑・材木や藍などの商品が阿波国から瀬戸内水運によって移出され、利潤がもたらされた。面積の八割近くが山林である阿波国において、阿波藍の生産・流通が発展する江戸時代中期までは林業が重要な産業であり、京都周辺の材木の需要を支えた。政治面では、室町時代から戦国時代にかけて、細川・三好両氏が阿波国を基盤としつつ京都の政権中枢で活躍した。その政治的後背地である阿波国には、中央からの影響を受けつつ勝瑞城館（藍住町）や細川家菩提寺丈六寺（徳島市）などが営まれ、また、京都を追われた将軍足利義稙・義栄も居を構えた。天正一〇（一五八二）年に土佐国の長宗我部元親が阿波国をほぼ制圧するが、同一三年にはこれを斥けた豊臣秀吉によって蜂須賀家政が入国した。家政の子である至鎮は、元和元（一六一五）年に淡路一国を加増され、阿淡両国を支配する徳島藩の礎を築いた。江戸時代には、徳島最大の商品である阿波藍をはじめ、斎田塩、三盆糖などの生産・流通が急激に進展した。これらは撫養《むや》（鳴門市）・小松島（小松島市）など徳島各地の港から京・大坂を越えて全国市場に展開する商品となった。なかでも阿波藍は藩の保護・統制下にあり、藍商の中には日本国内各地に進出する者も出現した。

廃藩置県以降、隣県との合併があったが、明治一三（一八八〇）年に徳島県が成立する。明治中期に阿波藍の生産が衰退すると、人口が阪神方面へ流出するなど、地域の活力が沈滞したと言われている。しかし、藍商から製糸業・肥料商へ、吉野川流域では藍作から米作・桑作へと転換して成功した事例がある。また、近世に盛んとなった塩業は製薬業・食品業への展開もみた。阿波筍や那賀川上流域の木材なども生産量が増大し、それらの一大産地として隆盛した。さらに漁民は、近世から薩摩国方面へ進出していたが、近代になると九州西部各地や東シナ海の漁場の開拓に乗り出した。伊島（阿南市）の漁民は潜水器の技術を携えて朝鮮半島まで進出しており、その技術は高度経済成長期以降の架橋工事にも活用された。

また、このような経済的繁栄は、人形浄瑠璃・阿波踊りに代表される徳島の文化の基盤となった。近世・近代の徳島には、三味線からちょぼくれにいたるまで、優れた庶民芸能が広く育まれた。人形浄瑠璃の隆盛や、とくに那賀川流域に多数残る農村舞台の存在は、富裕な藍商だけではなく、幅広い層の人々が徳島の文化を支えていたことをうかがわせる。

現在、地方は、経済の停滞、少子高齢化、限界集落など多くの問題を抱え、将来への展望が開けているとは言いがたく、その解決の方途を模索する現状にある。地方の振興・活性化を課題とする現代社会の行く末を展望しようとする今、本大会で徳島の歴史を「地力」の観点から再構成し、その成果を発信していくことには意義がある。活発な議論を期待する。

本書では、書名を『徳島発展の歴史的基盤――「地力」と地域社会――』とし、第六八回（徳島）大会の成果である一二本の論考を、大会当日の討論と後日に行われた総括例会での報告・質疑もふまえ、「Ⅰ『地力』を支える政治的環境」「Ⅱ『地力』を生み出す生業」「Ⅲ『地力』を拡げる内と外との交流」の三部に構成した。

Ⅰ 「地力」を支える政治的環境

中世後期東瀬戸内地域をめぐる諸相 ―― 島・湊・船 ――

橋詰　茂

はじめに

一九八一年に開催された地方史研究協議会松山大会の大会テーマは、「瀬戸内社会の形成と展開―海と生活―」であった。それも併せ以後、瀬戸内地域で開催された大会（尾道・高松）はいずれも海（瀬戸内海）を抜きに語ることができなかった。とくに二〇〇七年の高松大会では、「四国―その内と外と―」のテーマで、瀬戸内海だけでなく、太平洋も含む海に囲まれた四国の一体性と多様性を追求した。そして、地域からの発信、地域に根ざした取り組みが重要であるとの問題提起がなされ、以後四国各地での取り組みが重ねられた(1)。

徳島大会は、高松大会での問題提起を受け、四国でどう取り組んだかの集約が示される大会と位置づけられる。高松大会に関わった一人として、一〇年を顧みて自らの研究過程を提起してみたい。

筆者は瀬戸内海のある島の出身で、幼き頃から海に携わる体験の中から様々なことを見据えてきた。讃岐における歴史研究は一九八〇年代から大きく変容を見せるようになった。それは香川県史の編纂事業によることが大きい。県史の特色を生かすにはどうするか、がたびたび論議された。そこでは、瀬戸内海を中核に据えた記述が重要である、海をテーマ設定して県民に語りかけていくべきだ、との結論に至った。このようにして以後の研究は、海と島を取り込んだものへと転換していく。ほぼ同時期に『兵庫北関入船納帳』（以下『入船納帳』と略す）が刊行された。これにより瀬戸内海地域の研究が一層進展したといえる(2)。

本稿では、東瀬戸内地域の一部を形成している阿波と讃岐を、海からの視点で再度検証してみたい。湊と船のかかわり、そして淡路島や小豆島、備讃瀬戸の島々が中世後期から近世初頭の統一政権成立過程において、どのような役割を果たしたかを考察する。

ただ本稿は公開講演をまとめたものであるため、十分な論を持っていないことをお断りしておく。

一　海の時代 ―『兵庫北関入船納帳』から見える阿波と讃岐

室町期の様相を知る上では、『入船納帳』の検証は不可欠である。そこから阿波と讃岐を抽出し、比較検証すれば地域の特色が現れてくる。【表1―1・2】は阿波・讃岐船の兵庫北関への入関回数と積載品を示したものである。阿波船一二二に対して讃岐船は二三七とほぼ倍の入関数を示す。また船籍地も九と一七といったように讃岐が二倍を示す。その船籍地を示したのが【図1・2】である。海岸線の長さにもよるが、讃岐が多いのはそのためでもある。阿波では北部と南部に集中している。北部は一回から三回の入関に対し、中南部は橘を除き二桁の入関を数える。また北部船はいずれも五〇石未満だが、中南部では二〇〇石を超える船の存在を見る。

北部地域は多様な品目を小型船で輸送している。特にここで注目するのが藍で、撫養と土佐泊からの積出を見る。いずれも吉野川河口に位置しており、川の流域で藍の栽培が行われ、両湊に集積されていたのであろう。『入船納帳』の記載から、すでに室町期から栽培されていたことが明らかになっている。撫養は他に少量の小麦の積載だけで、藍が八割以上を占めており、藍専用の湊であったと考えられる。

中南部地域は材木・榑を中大型船で輸送している。『入舩納帳』には榑・材木を積載した船が多数記載されている。入関回数で最も多いのが淡路船で一二一回あり、その内由良船が一二〇回を数える。阿波船はそれに次ぐ第二位で、中南部船併せて一一二回ある。由良船が輸送した榑は阿波方面のものといわれているが、阿波船と併せると二〇〇回以上の数値を見る。また土佐船（甲浦・奈半利）も大量の材木を輸送をしており、これは阿波南部から土佐東部にかけての地域が、畿内方面への最大の供給地であったといえよう。材木を輸送した中南部の湊に共通しているのは、湊に河川が流入し、河口部に湊が位置していることである。材木は中上流域の山林から伐り出され、河口部へ流送されたのであり、河川の果たした役割は大きい。当該地域の水運は内陸水運と密接な関係を持っていたといえる。船舶の規模や積載品目の差異によって湊の役割が異なっており、水運が分業化していたことを示す(3)。

讃岐では、湊は沿岸全域にわたる。船籍地数は播磨国に次ぎ第二位、入関数は摂津・備前・播磨に次ぎ第四位である。輸送品の大半が塩であり、地名指示商品いわゆる塩と合わせると総輸送量の八〇％を占める。塩の輸送は一七船籍地中一三件あり、讃岐全体から輸送されていた。これは讃岐が塩の産地であるだけではなく、輸送も担っていたことを示す。国内各地で塩の生産が行われていたが、讃岐船は船籍地周辺の塩輸送だけでなく他国の塩輸送も担った。塩と明記された船荷の輸送船はいずれも当地産の塩を輸送した。一方、地名指示商品（塩）の輸送はどうであったろうか。（塩）記載として詫間塩三六、方本塩三五、島塩五四件と多く輸送されている。詫間は船籍地に見えず、他地域の船での輸送である。宇多津船・平山船は大半が詫間塩の輸送であり、生産地周辺の船での輸送が原則といえる。特に平山船は大部分が詫間塩であり、詫間塩輸送を主とする船団であった。方本塩は大部分が東讃岐の船であり、特定の塩輸送をしていた。ただ島塩には留意しなければならない。島とは小豆島を示している。島塩五四件中牛窓船が

【表1-1】阿波船の入関回数と積載品

船籍地	入関数	積載品	備考
土佐泊	3	米・大麦・小麦・藍	
撫 養	2	小麦・藍	
別 宮	1	胡麻	
惣持院	2	藍	
平 島	2	榑・材木・アラメ	
橘	3	榑	
牟 岐	14	榑	
海 部	56	榑	
宍 喰	20	榑・材木	
	122		

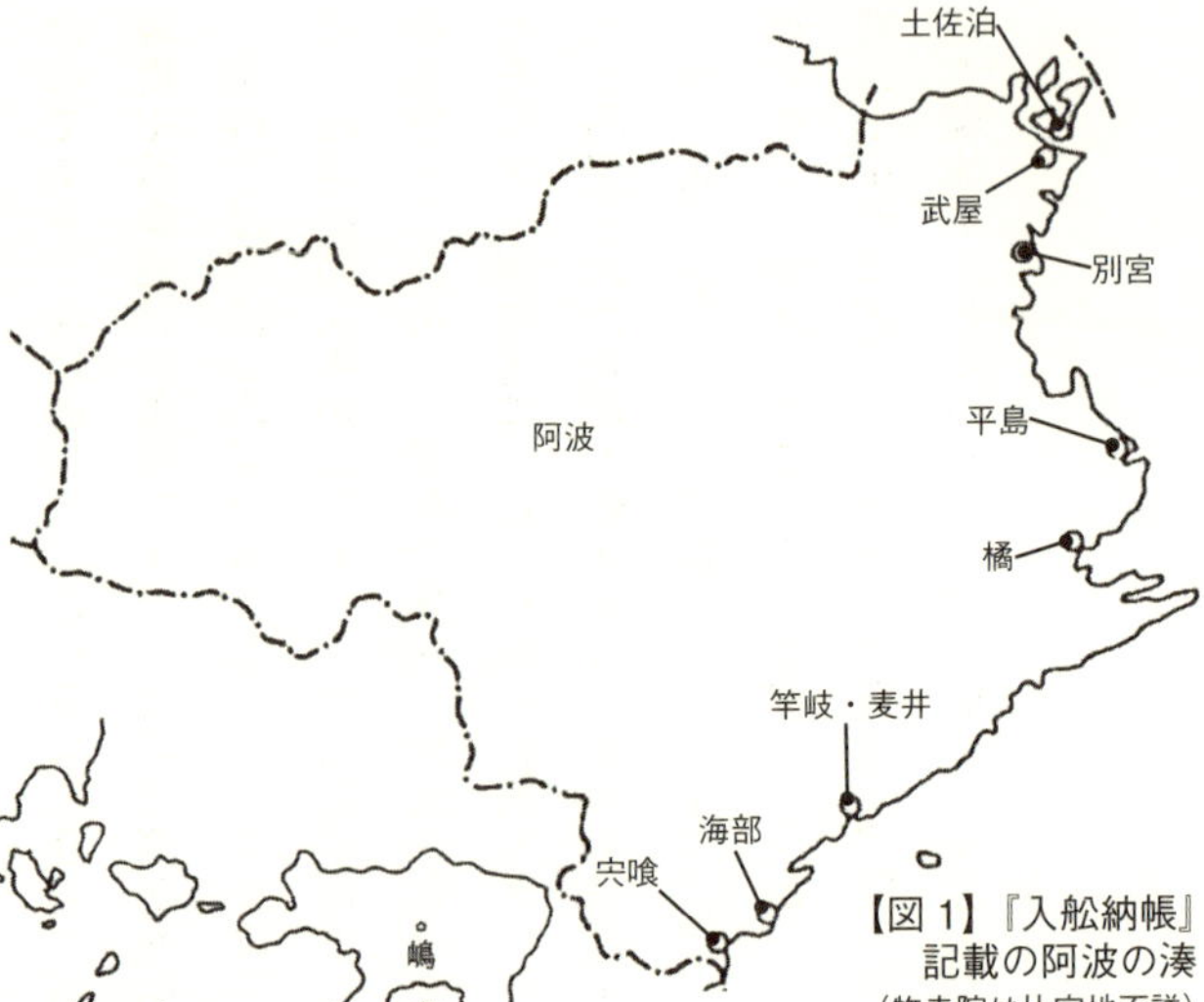

【図1】『入船納帳』記載の阿波の湊
（物寺院は比定地不詳）

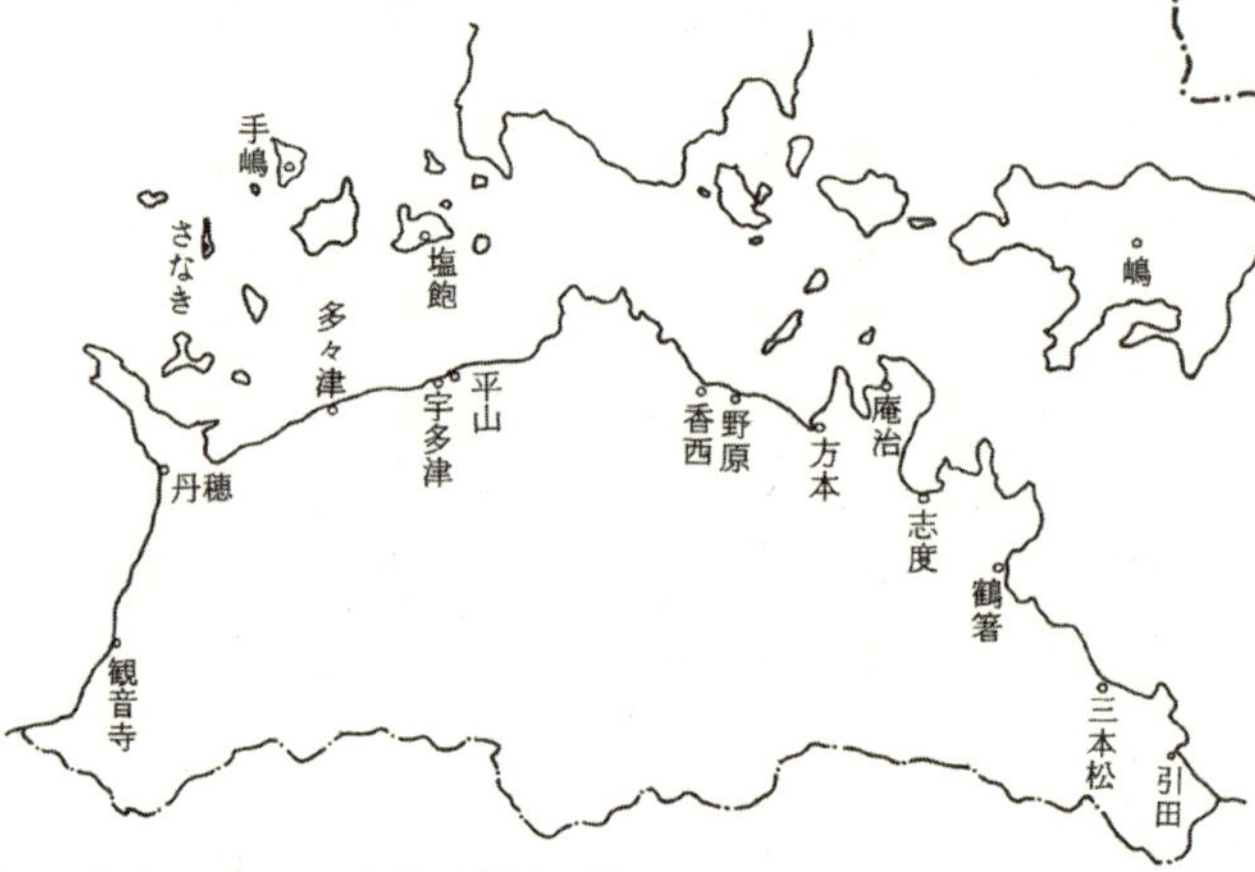

【図2】『入船納帳』記載の讃岐の湊

【表1-2】讃岐船の入関回数と積載品

船籍地	入関数	積載品	備考
引田	21	塩・（塩）・米・赤米・小麦・大麦・マメ・かし上	
三本松	20	（塩）・米・小鰯・大鰯・材木・小クレ	
鶴 箸	4	大麦・山崎胡麻	
志 度	2	米・小麦・大麦	
庵 治	10	（塩）	
方 本	11	塩・米・小麦・大麦	
野 原	13	（塩）・米・小麦・大麦・マメ・赤鰯	
香 西	6	（塩）・米・赤米・小麦・マメ・胡麻・鰯・にし	
平 山	19	塩・（塩）・米・赤米・小麦・大麦・マメ・山崎胡麻・ソハ・塩鯛・干鯛・牛皮・にし	
小計	106		

船籍地	入関数	積載品	備考
宇多津	47	（塩）・米・赤米・小麦・大麦・マメ・胡麻・山崎胡麻・塩鯛・干鯛・鰯・材木	
多度津	12	（塩）・米・小麦・干鰯	
丹 穂	3	（塩）・米・赤米・マメ・赤鰯	
観音寺	4	米・赤米・小麦・マメ・山崎胡麻・ソハ	
嶋	25	塩・（塩）・米・小麦・大麦・小鰯・材木	小豆島
塩 飽	37	塩・（塩）・米・赤米・小麦・大麦・マメ・胡麻・山崎胡麻・干鯛・赤鰯・紙	塩飽本島
手 島	1	塩・塩鯛	
さなき	2	小麦・大麦・マメ	
小計	131		
合計	237		

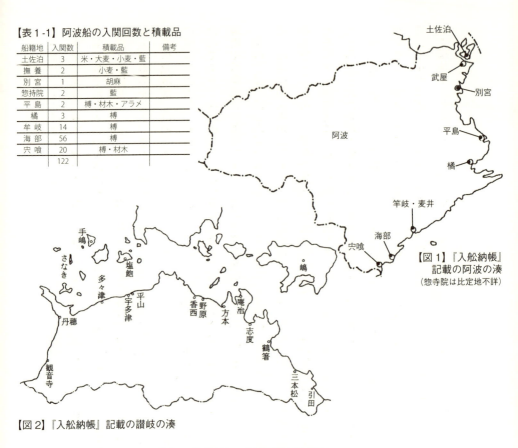

七〇％以上を占める。牛窓船の塩輸送は四三件中島塩が三九件と占有率九〇％を超す。小豆島船の入関は一二五回で、その内塩と明記が二三件ある。牛窓船で島塩を、小豆島船で他地域の塩輸送とは考えにくく、小豆島の塩輸送は大部分が島産の塩といえよう。ではなぜ島産の塩が他国の船で輸送されるのであろうか。ここに小豆島の地域性を考えねばならない。小豆島は備前国に属し、讃岐との間に位置する地理的関係が深くかかわっている。そのため島塩の輸送は、島内の生産地により輸送船が異なっていた。島南部の内海湾周辺は小豆島船で、島の西部から北部は牛窓船での輸送であったと考える。塩は中大型船での輸送が多く、特定の塩輸送船団が存在していた。

その他では穀物類が多く、全体にわたっての輸送だが、讃岐の生産性の高さを示す。特に注目するのは赤米である。赤米輸送一〇船うち七船が讃岐船であるところから、讃岐の特産物と考えられ、西讃岐地方で多く生産された。一方、海産物は特定の船籍地船に限定されている。塩飽諸島周辺は良漁場で、捕獲された魚は付近の船での輸送であろう(4)。

阿波と異なり、材木・榑の輸送はわずかに三本松を見るだけである。ただ年貢船以外の枝船（雑船）の納税台帳である『兵庫北関雑船納帳』に引田船が六九艘見えるが、薪材の輸送である。引田付近が薪材の産地であったことを示す。三本松・引田とも讃岐の東端に位置し、阿波と山で接している。だが阿波ほど山は深くなく、また大きな河川がないため伐採した材木を流送できないため、薪材程度の産出であったと考える。

阿波・讃岐の地域性の相違が大きく現れているといえよう。山が深く材木が豊富な阿波では、河川水運を活用して河口へ集積した材木・榑の輸送が主体であった。それに対して、瀬戸内海に面した讃岐では、海にかかわる産業、塩の生産と輸送に主体をおいた状況が見られる。ただそこには島の存在があることを看過してはならない。『入船納帳』に島記載が全体の四分一を占めていることがそれを裏付ける。特に塩飽と小豆島を中心にして、それらの島がその後どのような様相を見せるかを検証してみよう。

二　宣教師の見た島

瀬戸内海の中央部、備讃瀬戸の中央に位置し、本島を中心とする大小の島々を塩飽諸島と称している。古くから文献に塩飽の名を見るが、史料上の塩飽とは、塩飽諸島全体ではなく、ある特定の島を示す場合が多い。古地図では本島の名はなく塩飽島と見る。塩飽・塩飽島とは多くは本島を指す名称といえよう。

塩飽が歴史上に大きく現れてくるのは、室町期の瀬戸内水運に関わるものである。先の『入船納帳』にも活発な塩飽船の活動を見る。瀬戸内海経済圏は東西に二分できるが、その接続地帯が塩飽を中心とする地域である。戦国期には宣教師が九州から畿内へ航行する時の寄港地、船待ちのため逗留した。弘治二（一五五六）年大内氏の滅亡により、布教の中心地が豊後へと移り、大友氏のもとで活発な活動が見られるようになる。中国地方での毛利氏の勢力が伸びるにともない、布教活動ルートが変更され、瀬戸内海航行は北岸ルートから南岸ルートをとるようになる。そのため塩飽が布教活動の拠点となるのであった。

永禄七（一五六四）年フロイスがアルメイダと一緒に伊予堀江から堺へ行く途中「フオレ（堀江）の港よりシワクイ（塩飽）と言ふ他の港に到りしが、船頭は止むを得ず同所に我等を留めたり。同所は堺に到る行程の半途にして」と塩飽に寄港し、一二日間滞在して堺への船便を待ったのが史料上の初見である。(5) 宣教師が本国へ送った報告書の中には度々塩飽のことが記されている。天正二（一五七四）年には宣教師カブラルは塩飽に滞在中、島民に布教を行った。そして宿の妻が帰依した。これが塩飽における最初のキリシタンである。(6) その後も塩飽に滞在した宣教師たちは、病人の治療にあたったため好意的に迎え入れられている。「日本で非常に有名な港」(7) と称されるほど、宣教師にとっては重要な島であった。

塩飽以外でキリシタンの存在を示すのは小豆島である。天正一四年に小西行長はイエズス会副管区長のコエリョに対して、小豆島へ宣教師の派遣を依頼した。要請によりセスペデスが来島し布教を行った。一ヶ月間滞在して一四〇〇人に洗礼を授け、僧侶のなかにもキリスト教に改宗する者もいた。そして一五メートルの十字架を建て神仏を破壊したという。また聖堂建設を計画した(8)。宣教師から見ると、島民は素朴・真面目であり、最もキリシタンに適していたようであった。

塩飽・小豆島に宣教師が立ち寄ったことは知れたが、なぜ島なのか。宣教師は豊後を拠点として畿内への布教に瀬戸内海を船で往来した。瀬戸内海航路は島伝いであり、船の中継地として塩飽と小豆島に立ち寄った。両島ともに室町期から水運の拠点であったため、多くの船と水主が存在した。宣教師たちが航海中に最も恐れたのは海賊であり、航海中に遭遇しないよう念願していた。また宣教師たちは織田信長の保護を受けていたが、信長に敵対する毛利氏や一向宗門徒たちは、宣教師を良くは思わなかった。報告書の中に、「また一層恐怖を加へたのは、乗船の船頭が我等の大敵なる坊主の所領大坂と称する市の者であったことである(9)」と見るが、これは一向宗門徒のことを指している。つまり、宣教師たちは海賊と一向宗門徒を非常に恐れており、彼らとの接触をできるだけ避けようと努力した。これは塩飽だけでなく、小豆島にも共通して見られる状況であった。能島村上氏の勢力は塩飽までであり、それ以東は及んでいなかった。小豆島では海賊の脅威はそれほどなかった。塩飽・小豆島では一向宗門徒は存在していない。その意味でも両島は宣教師が立ち寄り易い島でもあった。もう一つは塩の存在である。時期は下るが、天正一五年の報告書に「塩を買う時は皆から歓迎されている(10)」と見る。長期間旅する宣教師たちにとって、肉を腐らせず保存するため塩は必需品であり、それの入手が可能な場所を確保しなければならなかった。塩飽と小豆島は古くから塩の産地である。両島を中継地としたのは、塩の入手確保の目的もあった。宣教師の瀬戸内海の島々を航行する布教ルートは塩の入手ルートでもあった。

塩飽と小豆島に宣教師の乗った船は立ち寄ったが、では島のどこに湊があったのか。ここで『入納船帳』を再度見てみよう。「泊太郎左衛門」「かうの太郎左衛門」また「太郎左衛門枝船浄空かうの」の記載を見る。[11]「泊」は塩飽本島の南部中央に位置しており、その地名も古く港が開かれていたところから起こっている。また島津家久が上京する際に塩飽へ立ち寄ったが、その時に「しわくの内、かうといへる浦を一見」とある。[12]「かうの」は甲生を指し、泊浦の東に隣接した湊として存在していた。

一方、小豆島では『入船納帳』に島船の船頭として「おミ兵衛四郎」と見え、[13]塩二三〇石と米・材木を輸送している。小海は島の北部にあり、備前牛窓とは近距離の位置にある。船頭の存在は、ここに湊があったことを示す。また、「時松道念」「守末道念」の名を見る。[14]「時松」「守末」は船頭名の箇所に記載されているが、明応九(一五〇〇)年頃の「塩浜等日記」[15]に同様の名を見るところから、島南部の内海湾岸草加部郷内の有力名主と考えられる。その周辺では塩浜が作られ塩の生産があった。その付近の船での輸送の状況を知ることができよう。先述の島塩の輸送は北部産は北部沿岸船で、南部産は南部沿岸船での輸送と推定したが、まさにここで符合する。

三 制海権を巡る抗争

天正四(一五七六)年、足利義昭の鞆下向により、信長と毛利氏の対立が決定的となる。義昭は大坂本願寺と深いつながりを持っていた。四月本願寺は籠城して信長との間で終局的な戦いが行われる。信長が本願寺との対決を制し、西国へと勢力を伸張させるには瀬戸内海への視野をどうはかるかにかかっていた。この石山戦争は瀬戸内海の制海権を巡る争いでもあった。本願寺方は本願寺支援の流通路確保のため、大坂湾の入り口に位置する淡路岩屋を巡って、信長と抗争する。岩屋の確保こそ制海権掌握の第一歩となるのである。

今度毛利番海陸出勢につきて、中国衆與紀州衆喧嘩口論等於仕出者、仏法の一大事に極候間、理非にたちいらず、紀州衆可為曲事候、しからば不可為門徒候、又紀州うちはにおゐて及喧嘩口論者、両方共に可為曲事条、是亦不可為門徒候、此節之儀、互に万端致堪忍遂本意候様、忠勤之心懸可為報謝候、度々申下候至岩屋警固、何時も可差急候事肝要候、猶刑部卿法眼可申候也、穴賢々々

三月二十二日　　　　顕如　御判

紀州門徒惣中(16)

「度々申下候至岩屋警固、何時も可差急候事肝要候」とあるように、本願寺顕如は岩屋の確保を紀伊門徒に促している。紀伊門徒と安芸門徒の連携による岩屋確保は、本願寺への兵糧搬入路の保障であるとともに、播磨英賀門徒援助の拠点となるものであった。七月木津川河口での戦いに信長勢は毛利勢に敗れた。そこで信長は塩飽に目を付けた。そして堺代官である松井夕閑へ左記の文書を発給した。

至堺津塩飽船上下事、如先々不可有異儀、万一違乱之族有之者、可成敗候也

天正五
三月廿六日　　　　　　（朱印）
宮内卿法印[17]

これは堺への塩飽船の航行を保障したものだが、塩飽船を用いて東瀬戸内海制海権（経済圏・流通路）掌握をはかろうとしたのである。これに対して毛利氏は七月に讃岐へと侵入をはかる。「明日廿日至讃州乗渡、其侭岩屋可有上着通各申渡候[18]」と讃岐へ侵入し、そこから岩屋への渡海を目指している。これは本願寺への流通路確保のための制海権奪回を図る目的であった。すでに五月、英賀が信長に攻略され、安芸・紀伊・播磨の一向宗門徒の連携が切断されていた。毛利氏は本願寺と連携して信長に対抗するため讃岐へと侵入したのである。一方、陸上では羽柴秀吉が播磨・但馬への攻略を開始しており、信長は陸海両面から西国へ勢力伸張を目指すのであった。

以後、岩屋を巡る抗争は激化する。ではなぜ岩屋なのか。岩屋は淡路島北端に位置し明石海峡に接する、大坂湾と播磨灘を結ぶ重要地である。岩屋を境にして大坂湾と播磨灘の海の状況が急変する。播磨灘から大坂湾へ入るにはどうしても岩屋を通過しなければならない。つまり岩屋の確保こそ大坂湾制海権の掌握に他ならないのである。

同六年二月、毛利氏は児玉就英に岩屋守備を命じ、三月には「播州衆現形ニ付而、諸警固至岩屋乗上、阿・淡・雑賀・大坂申談及行候[19]」とみるように、阿波・淡路・雑賀・大坂と連携した軍事行動をとる。これは信長にとっては危機的状況であった。だが一一月、信長勢の九鬼水軍が毛利水軍を木津川河口で撃退することにより、岩屋は信長方に落ち、大坂湾制海権は信長が掌握するのであった。それにより信長は、岩屋以西播磨灘の制海権の拡大を目指す。同七年七月には蜂須賀正勝が岩屋守備を命ぜられる。これが後の蜂須賀氏の阿波支配の原点となる。一一月には毛利船二〇〇艘を小西行長・安宅信康が、姫路沖の家島まで追い上げ、制海権が播磨灘まで拡大したことを示す。同八年正月、播磨三木城の落城により、もはや本願寺に味方する勢力は失われ、閏三月顕如の石山退城により、長年にわたる信長と本願寺との戦いは終焉を迎えるのであった。同九年一一月には秀吉により淡路が制圧され、生駒親正が岩屋守備についた。そして仙石秀久により淡路が支配されるのであった。後の讃岐支配の原点である。信長は淡路を拠点として四国進出をはかるのであり、そのために明石・岩屋・淡路ルートを掌握する必要があった。大坂湾警備の第一線は明石と淡路を結ぶルートで、その拠点が岩屋である。淡路と鳴門海峡の掌握は四国攻略ルートの確保でもあった。

中国方面司令官であった羽柴秀吉により、陸海両方面から勢力が西へと拡大していったが、その際に島嶼部へはどのように対処したであろうか。讃岐有力国人で、当時小豆島を統治していた安富氏は、長宗我部元親の侵入への対抗策として、いち早く秀吉の麾下におさまっていた。これにより、秀吉は播磨灘西部海域と讃岐沿岸を支配下に納めることが可能となる。播磨沿岸では室津が重要な役目を果たす湊として存在する。室津は小西行長によって支配されていた。室津と小豆島を結ぶルートが小西行長によって掌握されるのである。小豆島は長宗我部攻めの海上勢力の拠点でもあった。

一方、讃岐の引田は阿波に隣接する東讃岐有数の湊である。秀吉の四国制覇の後、生駒親正が讃岐を拝領して最初に引田に入部するが、引田は讃岐の重要な地点であった。ここにおいて室津・小豆島・引田ルートが確保されることにより、四国進出の足がかりできるのであった。

瀬戸内海制海権の拡大は、羽柴秀吉の手によって進められていく。秀吉の支配下に収まった小豆島は小西行長の管理下となる。行長は宣教師たちから「海の司令官」と称され[20]、瀬戸内海の管理権を握るが、そこには秀吉のしたたか

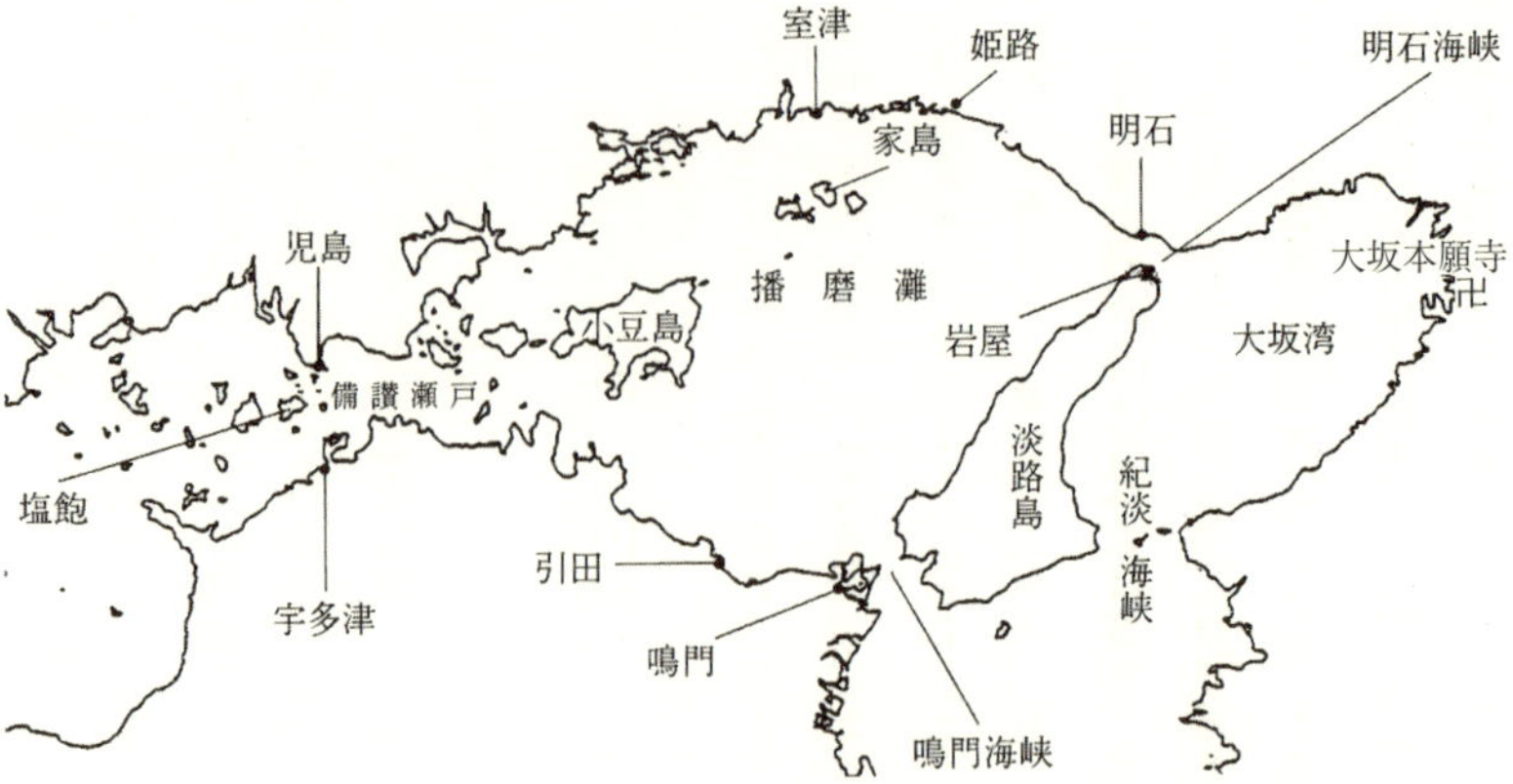

【図3】瀬戸内関係図

な政策があった。小豆島・塩飽にはキリシタンが存在し、宣教師たちも立ち寄っている。そこを統治している行長はキリシタンで、宣教師たちにとっては何者にも代えがたい人物であり、両島は安住の地であった。宣教師との太いパイプがある行長を司令官としたのは、小豆島・塩飽を結ぶルートの確保であるとともに、宣教師を通じて南蛮商人からの火薬の原料入手を図る目的でもあった。

　信長が制海権を一層伸張させるには、塩飽の掌握が不可欠条件となってくる。そのためには、次に児島・塩飽・宇多津ルートの確保が必要であった。織田政権の瀬戸内海進出は毛利氏との対決だけでなく、制海権の掌握を図りながらの水軍編成であり、それは秀吉の手によって遂行された。信長にとって政権の確立には、阿波・讃岐と大坂湾を含む東瀬戸内地域の取り込みが、西国進出への最重要課題であった。それは秀吉に継承されていく。東瀬戸内海制海権を掌握するには、三つのルート（明石―淡路―鳴門、室津―小豆島―引田、児島―塩飽―宇多津）が必要だが、この三ルートはいずれも島を中心に据えていることが重要である[21]。

　本能寺の変後、秀吉は毛利氏と和議を締結した後、いち早く塩飽を支配下においた。塩飽は東瀬戸内海流通路を保持した輸送船団として、活発な商船活動が基盤である。信長が朱印状を発給、塩飽船の航行権を保障したのは、瀬戸内海経済活動圏の掌握を図るためであった。それは対西瀬戸内海勢力（村上氏）政策であり、東瀬戸内海制海権掌握をめざすのである。塩飽は能島村上氏の支配下にあったが、村上氏懐柔政策により、一〇年五月にはその支配下を脱するのである。秀吉は四国平定後、小田原攻め・朝鮮出兵に蜂須賀・生駒氏を組する軍団を組織する。阿波・讃岐を一体と捉え、東瀬戸内の一部としての考えからである。東瀬戸内海は島嶼部少なく、強大な警固衆は存在しなかった。水運業を主体とし、その中心が塩飽と小豆島である。

次に両島と中央権力者の関係を検証しよう。

四　朱印状の島 ― 塩飽 ―

塩飽には七通の中央権力者の朱印状（信長・秀吉・秀次・家康・秀忠）が、塩飽人名共有文書として保存されている。これらの文書は、石櫃に納めたうえ朱印蔵に保管されてきた。それは近世の人名制を形成する源であり、他に代えがたい貴重なものといえる。権力者の朱印状の一括所有は県下唯一だが、これは権力者による塩飽の抱え込みを示したものといえる。

秀吉の塩飽支配の状況はどうであったか。塩飽では、瀬戸内水運を担う船・水主の存在があり、早くからの流通路掌握を知る。そこで塩飽衆の操船・航行技術、造船技術の確保を図るのである。まずは天正一四（一五八六）年、九州島津攻めのため、五〇人乗の船一〇艘と水主五〇人が徴発された[22]。また同一八年の小田原の北条攻めの際には、兵糧輸送船として徴用される。このように塩飽船は軍用船として秀吉の支配下に組み込まれた。

全国統一を完成させた秀吉は海外へと目を向け、朝鮮出兵の拠点として肥前名護屋城を築城した。そして渡海のため全国の大名に船の建造を命じたが、塩飽でも建造が行われた。文禄元（一五九二）年一〇月、豊臣秀次は大船建造にあたり舟大工・船頭が必要となるため、塩飽へ奉行を派遣して職人の徴集にあたらした。

大船作事為可被仰付、其国舟大工船頭就御用、為被改奉行両人被指遣候間、成其意蔵入并誰々雖為知行所、右職人之事有次第申付可上候者也

十月廿三日　（朱印）

塩飽

所々物主

代官中[23]

どれだけの舟大工が集められたか不明だが、小豆島でも同様に船の建造が行われた。島嶼部では多く船があったため、そこには舟大工が存在しており、彼らを用いての建造であった。船の建造だけでなく、「豊臣秀次様御朱印を以、御用被為仰付、塩飽船不残、水主五百七拾余人、高麗并肥前国名護屋両所ニ相詰[24]」とあるが、出兵にも塩飽船と水主が動員された。また大坂と名護屋との間を結ぶ八端帆継舟として医師や奉行・荷物の輸送にあたっている。[25]

天正一八年に塩飽で検地が施行された。田方屋敷方二二〇石、山畠方一〇三〇石、合わせて一二五〇石が秀吉から船方六五〇人に与えられている。これは六五〇人の船方が軍役負担者として義務づけられたのである。塩飽は文禄の役に多くの船と水主を出している。これは軍役負担として塩飽へも賦課されたことを示す。統一政権のもと支配下に組み込まれるとともに、軍役負担が及ぼされるのである。

慶長五（一六〇〇）年九月二八日付で徳川家康の朱印状が発給されているが、秀吉朱印状と同内容のものである。(26)朱印状は関ヶ原合戦のあった九月一五日からわずか一三日後に出されている。関ヶ原合戦で塩飽は徳川方についたが、豊臣から徳川へのいち早い転換を示す。これに対しての本領安堵のかたちをとるが、家康は支配下への掌握をはかったものである。以後、大坂の陣への兵糧輸送に塩飽船は動員させられるのであり、また秀忠の時代には大坂城築城の際、石垣用石丁場が拓かれるなど、徳川政権下へ組み込まれていくのであった。

戦国末期以来の権力者による統制、塩飽の組み込みが完成するのであり、塩飽の中世は終止符をうち、近世への編入が余儀なくされるのである。

五　古絵図に描かれた島—小豆島—

ではもう一つの島である小豆島について見てみよう。小豆島は天正九（一五八一）年頃から秀吉の支配下に収まり、小西隆佐の管理下におかれた。やがては小西行長が海の司令官として島を統治する。同一六年行長が肥後へ移封後は、豊臣家の直轄地として存在した。だが誰によって統治されたかは、島の状況を示す史料がなく、詳細は不明な点が多いが、片桐且元により統治されたと考えられる。そのような中、ここで注目するのは慶長一〇（一六〇五）年に作成された慶長小豆島絵図(27)である【図4・5】。同九年八月に江戸幕府は国絵図作成命令を出すが、絵図は西日本地域のみ作成された。これは織豊系大名統制の目的をもっていた。幕府へ提出された国絵図は、明暦の大火で江戸城焼失のため全て失われ、わずかに一一カ国と小豆島の控図や後世の写図が現存するだけである。本絵図は紙本着色、縦一七〇・八センチ、横二一九・九センチの大きさで、縦七紙と横六紙でつないでいる。慶長国絵図の中で唯一の島絵図として描かれている。

本図は後世の写図ではなく、幕府提出用絵図の一段階前の控図であり、作成過程を知る上でも貴重なものといえる。

本図は、現在の地図とは異なり、南が上になっている。小豆島は古代より備前国に属していたためか、備前側から見た描かれ方がされている。いびつな形は縮尺が統一されておらず、西の部分は他と縮尺を違えているためである。この時期、讃岐でなくまだ備前の意識が強いことを示す。島の村や組制、石高、交通路などを視覚的に捉えることができる。絵図の右下には小豆島高頭目録として、組ごとの石高と村数、島全体の総石高と田畑総面積を記している。そして末尾に「慶長十年十月十五日　伏屋飛騨守　水原石見守　改之」とある。制作日が記載されており、一年余の短期間で作成されたことがわかる。同年に島内で検地が施行されたが、本図にも反映され村高が記されている。五一の村々が記され、土庄・池田・草加部・小海の四組に色別している。村の位置が示され村高の記した村と記されていない村とがあり、すでに慶長年間の島の村支配の状況を知ることが出来る[28]。

ではなぜ小豆島絵図が描かれたのであろうか。この時期には大坂にはまだ豊臣秀頼がおり、西国には豊臣家を支持する勢力の存在もあった。片桐且元は豊臣家直参の家臣でありながら、徳川家の調整役として存在していた。家康は且元を河内・和泉とともに小豆島を管轄する国奉行として任じる。そして島絵図作成をはかるのである。これは小豆島が幕府の直轄地で片桐且元の支配下にあるとし、一国と同じ扱いとして単独で描かれたのであろう。豊臣政権下での直轄地から徳川政権下への完全な組み込みを示す。塩飽の家康朱印状と同様な性格を持つ。他に島単独の絵図は見ない。正保年間にも小豆島独自の絵図が作成されているが、幕府直轄地という理由だけではない。それであれば塩飽も同様に作成されるはずである。つまり小豆島は幕府にとって、いかに重要な地域であるかを示したもので、それは瀬戸内海地域における島の持つ重要性を認識していたからと考える。島の徳川政権下への掌握を顕著な例で示したものといえる。それがこの後の徳川大坂城築城と結びつくのである。

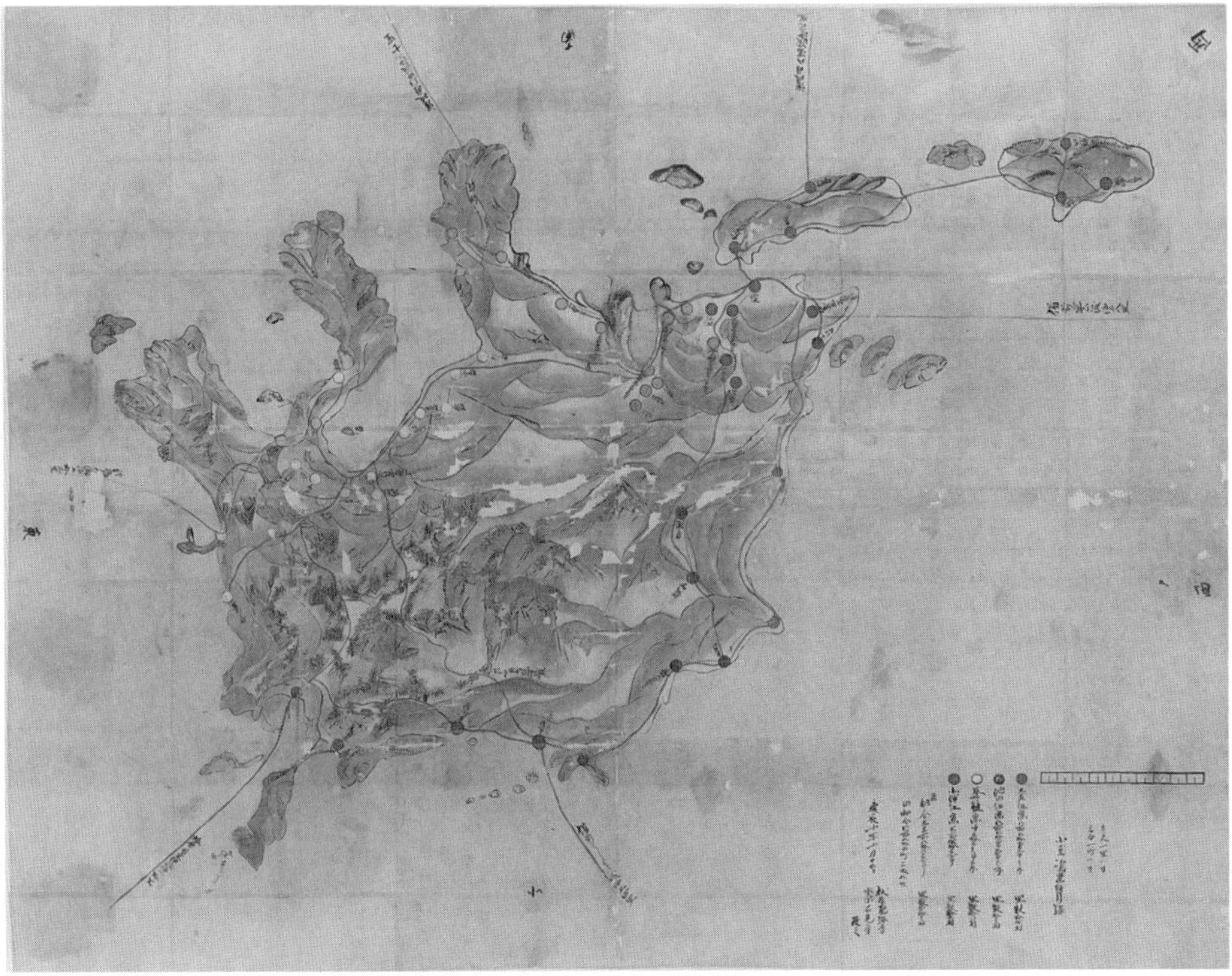

【図 4】慶長小豆島絵図 (香川県指定有形文化財)　個人蔵

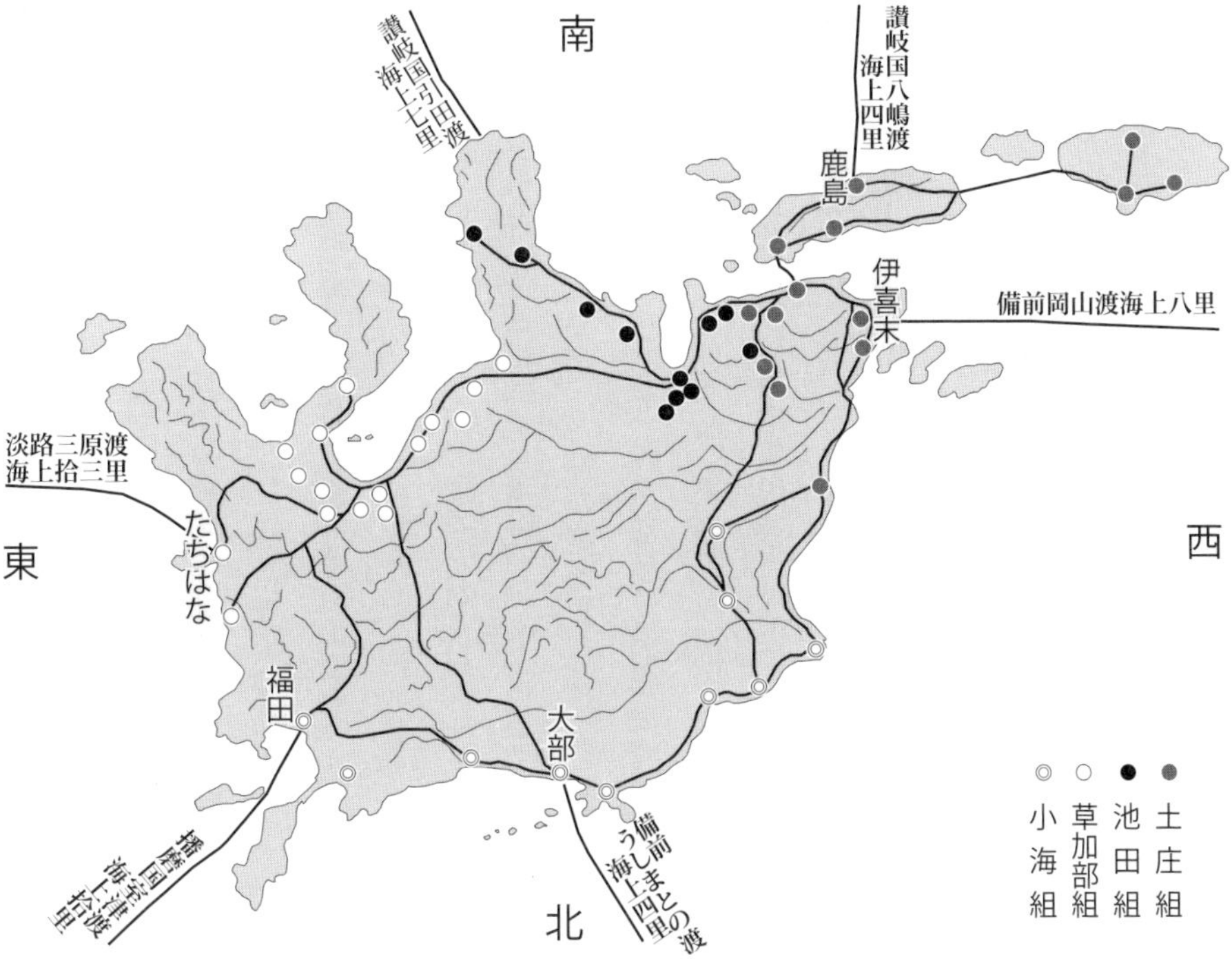

【図 5】慶長小豆島絵図（図 4）のトレース図

	石丁場名	所在地	藩名	備考
1	豊島家浦石丁場	土庄町家浦	肥前佐賀藩（鍋島家） 安芸広島藩（浅野家）	
2	豊島甲生浦石丁場	土庄町甲生		
3	千軒石丁場	土庄町千軒	肥後熊本藩（加藤家）	香川県指定史跡
4	小瀬原石丁場	土庄町小瀬		
5	千振石丁場	土庄町小江	筑前福岡藩（黒田家）	
6	女風呂石丁場	土庄町小海	豊後竹田藩（中川家）	
7	とび越石丁場	土庄町小海	豊前小倉藩（細川家）	香川県指定史跡
8	宮ノ上石丁場			土庄町指定史跡
9	北山石丁場			
10	とびがらす石丁場			
11	大部石丁場	土庄町大部	出雲松江藩（堀尾家）	ろくろ場跡が土庄町指定史跡
12	福田石丁場	小豆島町福田	伊勢津藩（藤堂家）	小豆島町指定史跡
13	とちめんじ石丁場			
14	鯛網代石丁場			
15	豆腐石石丁場	小豆島町岩谷	筑前福岡藩（黒田家）	岩谷丁場として国指定史跡
16	八人石石丁場			
17	亀崎石丁場			
18	天狗岩石丁場			
19	南谷石丁場			
20	しいの木石丁場			
21	石場石丁場	小豆島町石場	筑後柳川藩（田中家）	小豆島町指定史跡

【表2】小豆島石丁場一覧

慶長二〇（一六一五）年大坂城は落城し豊臣氏は滅亡する。その後の小豆島の統治は、堺奉行の長谷川藤広が行い、元和四（一六一八）年から小堀政一（遠州）による統治となる。翌五年徳川秀忠は大坂城再築城の命を発す。いわゆる徳川大坂城築城は、翌六年から寛永六（一六二九）年まで三期に分けて行われた。大坂城の築城は公儀普請として西国大名へ義務づけられ、四八家が参画した。築城にあたり、諸大名は石垣に必要な石材を確保するため、各地に石丁場を求めた。当初は大坂城に近い、笠置・加茂・生駒山系や東六甲が中心であったが、石材の需要が大きいため、瀬戸内海島嶼部にも石丁場が拓かれた。備前前島には堀尾家（松江藩）・池田家（鳥取藩）、犬島には池田家（岡山藩）・池田家（鳥取藩）が拓いている。それ以外に六口島や備中北木島、周防大津島などがある。讃岐では塩飽諸島と小豆島の各地に石丁場が拓かれた。特に塩飽諸島では細川家（小倉藩）・黒田家（福岡藩）が拓いたが、詳細はまだ不明な点が多い。

瀬戸内海島嶼部からなぜ石を切り出したのか。大坂城で使用されている石は全て花崗岩である。花崗岩は他の石材に比べて圧縮強度が高く、吸水率が低い。大坂城の高石垣基底部の強い圧力に耐えうる必要性、堀の水面下に積むには吸水率が低いことが重要である。それに適したのが花崗岩である。また、矢穴技法による切り出しが可能であったことも重要である。小豆島を中心とした瀬戸内海の島々には、花崗岩の埋蔵量が多く、また輸送の容易さもあった。瀬戸内海を利用した海上運搬により、各石丁場から大坂へ運ばれる。海上輸送は中世以来の瀬戸内水運があったからこそ可能になるのであった。大坂城の石垣は瀬戸内産の花崗岩により出来上がったといえる。

では小豆島の石丁場について言及してみよう。【表2】に見るように、島内各地に多くの大名が石丁場を拓いている。[29]小豆島は元和四年から小堀政一が島の代官として統治するが、同六年には大坂城作事奉行となる。大坂城築城を重視した島統治であった。また大坂城普請奉行には、藤堂高虎が任ぜられた。藤堂は小豆島に石丁場持つが、大坂城築城にかかる重要人物二人が島に関係していることは、築城に小豆島が重要な地域であったことの表れと捉えられる。大名たちが小豆島に石丁場を求めたのはなぜか。一つは幕府直轄地であり、小堀を通じて石丁場を拓きやすかったから、埋蔵量豊富で良質な石が産出される、そして、搬出が容易であるということである。石材輸送にかかる船の存在が大きかった。東六甲山系から瀬戸内へと石丁場が拡大するのは船で輸送のためである。東六甲山系では、山で切り出した石材を、河川を利用したり、山道を切り拓いて海岸まで移動するに苦慮している。小豆島では海岸線まで山が迫っており、切り出した石材はただちに船に積むことが可能である。また、輸送する石船の確保も容易であった。「当島之儀ハ前々ゟ御用之石場ニ而、江戸御普請之節栗石積下し申候、船拾一艘水主共御用相勤申候（中略）大坂御城御普請之御用石も当島ゟ出申候[30]」と公儀普請の名目で島船が徴発された。室町時代から小豆島船での物資の輸送は多い。前述のように『入舩納帳』に小海の船頭の記載を見るが、小海の湊と船の存在を示している。細川の石丁場が小海村に拓かれたのは湊と船の確保が容易であったからであろう。[31]

ここでもう一度慶長絵図を見てみよう。島から海上に何本かの赤線が引かれている。これは航路ではなく、周辺国への距離が記されている。北部の大部からは「備前うしまどの渡海上四里」、伊喜末は「備前岡山渡海上八里」、東部の福田は「播磨国室津渡海上拾里」、橘は「淡路三原渡海上拾三里」、西部の鹿島は「讃岐国八島渡海上四里」、南部の三都半島先端部は「讃岐国引田渡海上七里」とある。信長が制海権拡大に求めた地（室津・淡路・引田）がここに記されている。まさに小豆島を中心とした東瀬戸内の重要地との結びつきが示されたものである。小豆島は播磨・備前・淡路と四国を結ぶ中継地の役割を果たす島であったことがわかる。また播磨灘航行船の避難地でもあった。小豆島は東瀬戸内海の中心に位置し、播磨灘と備讃瀬戸を結ぶ重要地として存在したのである。絵図に各地への距離が記載されたのはそのためでもあった。小豆島は古くからの船と水主の存在があった。中央権力者にとっては瀬戸内海地域の掌握には欠くことができない重要な地として確保しなければならなかった。

おわりに――地域からの発信を

以上、中世後期から近世初頭にかけての東瀬戸内の様相を、塩飽と小豆島を具体的事例として検証したが、東瀬戸内地域における島をどう位置づけるのか。当時の権力者がいかに島を利用活用し、権力を伸張させたかが明らかになったと考える。最後に、小豆島での取り組みから見えてきたものを考え、まとめにしたい。

現在小豆島で古文書調査を実施している。一〇余年前から小豆島町の保管史料が劣悪な状況であったことを指摘し、調査の必要性を訴えていた。その結果、五年前に町から古文書調査の依頼を受けた。そこで徳島文理大学を中核として、愛媛大学と協力体制を持ち、また地元有識者と連携して調査団を組織した。そこに両大学学生が参加して地域学習に励んだ。それより前、土庄町の大坂城石垣石材に関する史料を所蔵している旧家調査を実施した。同家所蔵の小豆島絵図は存在は知られていたが、未調査のため詳細な調査をした。その結果、貴重なものとして県指定文化財へ、古文書は町指定文化財へとつながった。

また、古文書調査と並行して、小豆島町の石の文化への取り組みに積極的な関わりを持った。島に残された大坂城築城石丁場の調査を進めるが、文献学と考古学とを併せた調査組織を作り実施した。そこには藤堂家石丁場の刻印石や、海中での角石など多くの新発見があった。

このような小豆島での取り組みから何が見えてきたのか。学生たちは古文書調査と石丁場調査に積極的に参加した。そこから小豆島（地域）の石の歴史や文化を学ぶ機会を持ち、歴史的文化遺産の保存への関心が高揚していった。それが学生主体の展覧会開催へとつながっていくのである。徳島文理大学では、学芸員資格取得のため学生主体の展覧会を、それまでに六回開催した。二〇一六年二月、小豆島をテーマとして「残された石の声―石がつなぐ小豆島と大坂城―」を開催した。前述の小豆島絵図を始め、石材に係る古文書や刻印石の拓本、矢穴のレプリカなど、古文書調査と石丁場調査二つの研究成果を併せた特別展覧会となった。地域との連携を図り、地域への調査成果の還元を進める、それが史料保存活動への一助になると考えての開催であった。続編として、大坂城築城後の島石の状況を「石の旅路―小豆島から上方へ江戸へ―」と題して二〇一八年二月に開催した。

二〇一〇年から瀬戸内国際芸術祭が、三年ごとに讃岐の島々を中心開催されている。島の新たな文化の開拓に貢献しているかに見えるが、芸術だけでなく歴史文化を踏まえた催しが今後は必要となろう。島の存在と島の持つ可能性の追求、島の歴史文化・歴史資料の保全をどうはかるか、が今問われている。高松大会の課題の克服はできたのか。地域に根ざした取り組みを再確認しつつ、地域からの発信をせねばならない。

註

（1）高松大会の後、四国地域史研究連絡協議会が結成され、年一回各県持ち回りで研究大会を開催し、二〇一七年で一〇回を数える。研究大会の成果は岩田書院ブックレットとして、現在六冊刊行されている。地方史研究協議会大会を契機に、地方で研究活動をどのように広げていくかが問われている。
（2）林屋辰三郎編『兵庫北関入舩納帳』（中央公論美術出版、一九八一）。本史料を用いた論考は多岐にわたるため、略する。
（3）福家清司「阿波中世水運史小考」（『歴史と文化・阿波からの視点』第一出版、一九八九）、山下知之「中世後期阿波南方における水運の発達と地域社会」（『四国中世史研究』四号、一九九七）。
（4）拙稿「瀬戸内水運と内海産業」（『瀬戸内海地域社会と織田権力』所収、思文閣出版、二〇〇七）。
（5）「耶蘇会士日本通信」一五六五年一〇月二五日付ルイス・ダルメイダ書翰。
（6）「耶蘇会士日本通信」一五七四年五月末日付フランシスコ・カブラル書翰。
（7）フロイス『日本史』第五二章。
（8）「イエズス会日本年報」一五八六年一〇月一七日付ルイス・フロイス書翰。
（9）「イエズス会日本年報」一五八二年二月一五日付ガスパル・クエリヨ書翰。
（10）「イエズス会日本年報」一五八八年一一月二五日付オルガンチーノ書翰。
（11）『兵庫北関入舩納帳』文安二年三月二六日・七月六日。
（12）『家久君上京日記』天正三年四月四日条。
（13）『兵庫北関入舩納帳』文安二年一二月一五日。
（14）『兵庫北関入舩納帳』文安二年五月九日・九月七日。
（15）「利貞名外五名田畠塩浜等日記」、「利貞名等田畠塩浜日記」（赤松家文書）。
（16）「顕如上人文案・巻中」（『石山本願寺日記』下巻）。
（17）織田信長朱印状（塩飽人名共有文書）。
（18）小早川隆景書状（『萩藩閥閲録』所収文書）。

(19) 小早川隆景書状（『萩藩閥閲録』所収文書）。
(20) 「イエズス会日本年報」一五八五年一一月一三日付ルイス・フロイス書翰。
(21) 拙稿「織田政権の瀬戸内海制海権掌握」（『瀬戸内海地域史社会と織田権力』所収、思文閣出版、二〇〇七）。
(22) 豊臣秀吉朱印状（塩飽人名共有文書）。
(23) 豊臣秀次朱印状（塩飽人名共有文書）。
(24) 「塩飽島諸事覚」（岡崎家文書）。
(25) 豊臣秀次朱印状（塩飽人名共有文書）。
(26) 徳川家康朱印状（塩飽人名共有文書）。秀吉朱印状は現存せず写が残されており、家康朱印状と同内容である。本朱印状「如先判」の文言は秀吉朱印状を指す。
(27) 土庄村の大庄屋である笠井家に所蔵されている。同家には正保絵図も現存している。笠井家は島全体を統括する役を果たしており、島に係る絵図作成に関与する家であった。正保期には、小堀政一は笠井家を用いて絵図作成に関与し、島統治を行ったと考えられる。
(28) 拙稿「土庄村大庄屋笠井家と慶長小豆島絵図について」（『香川史学』四三号、二〇一六）。
(29) 文献上に見える小豆島内の石丁場を記したが、遺構が確認できず所在地が不明確なものもある。また、大坂城築城後に拓かれた石丁場もあり、詳細は今後の検討課題である。
(30) 「小豆島仕置覚」（笠井家文書）。
(31) 拙稿「小豆島の大坂城築城石丁場と石材搬出に係る諸問題」（『香川史学』四二号、二〇一五）。

弥生時代における赤色顔料の生産と流通

西本　和哉

はじめに

弥生時代の列島の様子が記録された『三国志』巻三十烏丸鮮卑東夷伝倭人条、通称「魏志倭人伝」には、赤色顔料に関する記述が四箇所認められる[1]。ここに挙げると、一.「倭の地は温暖、冬夏生菜を食す。皆、徒跣なり。屋室有り。父母兄弟、臥息するに処を異にす。朱丹を以て、其の身体に塗る。中国の粉を用いるが如きなり。」、二.「真珠、青玉を出す。其の山には、丹有り。」、三.「又、特に汝に紺地句文錦三匹、細班華罽五張、白絹五十匹、金八両、五尺の刀二口、銅鏡百枚、真珠、鉛丹各々五十斤を賜い、皆、装封して難升米、牛利に付す。」、四.「其の四年、倭王、復使いの大夫伊声耆、掖邪狗等八人を遣わし、生口、倭錦、絳青縑、緜衣、帛布、丹、木の猾の短弓、矢を上献す。」とある[2]。こうした記述から、一より倭人は体に朱丹を塗ったこと、二より倭国に丹を産出する山があったことを知ることができる。また、三と四の記述によると魏の皇帝から倭の女王卑弥呼への下賜品の中に丹があり、また倭王からの献上品の中にも鉛丹が含まれていることがわかる。市毛勲は下賜品にある「真珠」を「真朱」の誤写とし、これを渡来辰砂（水銀朱）と指摘する[3]。以上のように魏志倭人伝には、朱丹、丹、真珠（真朱）、鉛丹といった赤色顔料を指すとみられる記述が含まれ、倭人が赤色顔料を日常から用い、極めて貴重な贈答品として扱っていたことが確認されるのである。

さて、文献資料にみられる赤色顔料を遺跡出土資料に求めると、魏志倭人伝の内容を傍証するように、弥生時代には赤色顔料に関する遺構・遺物の確認事例が急増するのである。特に、葬送における赤色顔料の使用が弥生時代の西日本で開始され、古墳時代には列島各地の墳墓に展開していく。

本稿は、赤色顔料の大流行の基点となった弥生時代後半期に焦点をおき、倭人社会において赤色顔料がどのように生産され、流通することにどういった意味があったのかを解明したい。

一　弥生時代における赤色顔料の研究と課題

魏志倭人伝に赤色顔料を指す表記が複数みられるように、弥生時代の赤色顔料にはベンガラと水銀朱の二種類が知られている。遺跡から出土する赤色顔料の識別は、蛍光エックス線装置による材質分析が八〇年代以降に普及したことで可能となる。墳墓に用いられた赤色顔料を分析した本田光子は、ベンガラと水銀朱の明確な使い分けが存在することを明らかにした[4]。また、葬送における赤色顔料の使用について、市毛勲は縄文時代後期の玄界灘沿岸地域に起源があり、その後西日本へ展開したと指摘している[5]。こうした赤色顔料の種類識別や使用方法に関する研究が蓄積される一方、赤色顔料が粉末で出土することは、考古学が得意とする型式学に基づいた研究を困難にしている[6]。こうした状況にあって、水銀朱の原料となる辰砂を採掘したことが明らかとなっている徳島県阿南市若杉山遺跡は、水銀朱の生産から流通に至る過程を視野に入れた研究を行ううえで重要な意味をもつといえよう[7]。本稿では次に挙げる二つの観点から、弥生時代における赤色顔料とりわけ水銀朱の生産と流通の実態に迫りたい。まず、辰砂採掘遺跡である若杉山遺跡と、同時期の集落遺跡で出土する赤色顔料の生産に関わる石器に注目する。石器には使用されたときに付いた痕跡が残るため、これらの使用痕を遺跡毎に比較することにより、鉱物である辰砂が何処でどのような過程を経て粉末である水銀朱に加工されるのか明らかにできるであろう。次に、若杉山遺跡で出土する土器の製作地や石器石材の採集地を手がかりとして、水銀朱の生産に関わった集団を特定していく。そして最後に、四国東部地域における墳墓・集落遺跡での水銀朱の使用状況をふまえ、水銀朱流通の背景を論じたい。

二　水銀朱の生産

1　若杉山遺跡出土の石器資料

若杉山遺跡では、徳島県博物館によって昭和五九年から四次にわたる発掘調査が実施されている。限定的な確認調査であるが、四〇〇点余りの石器資料が出土している(8)。本節ではこれら石器に残る使用痕から辰砂採掘の作業工程を復元する。

石器の種類は、石鍬、石杵、石臼に大別される【図1・2】。石鍬は砂岩の円礫に簡易な加工を施した打製石鍬である。基部の両側に抉れをもつことから木柄に装着して使用されたと考えられ、刃部は摩耗している。石杵は円礫を未加工の状態で使用している。重さは一〇〇グラムから六キログラムまであるが、一・五キログラム未満の片手サイズのものが目立つ。石杵は強い打撃によって剥離しているものが多い。使用痕は敲打痕と擦痕が認められる。ひとつの石杵に両方の使用痕が生じている場合もあり、異なる所作を必要とする作業でも、石杵を使い分けていなかったことがわかる。石臼には繰り返しの敲打によって円形の凹部が生じたものが存在するほか、器面に磨面が形成され、擦痕を残すものが少数ながら含まれている。こうした石器資料の内容から、採掘作業を復元してみよう【図3】。

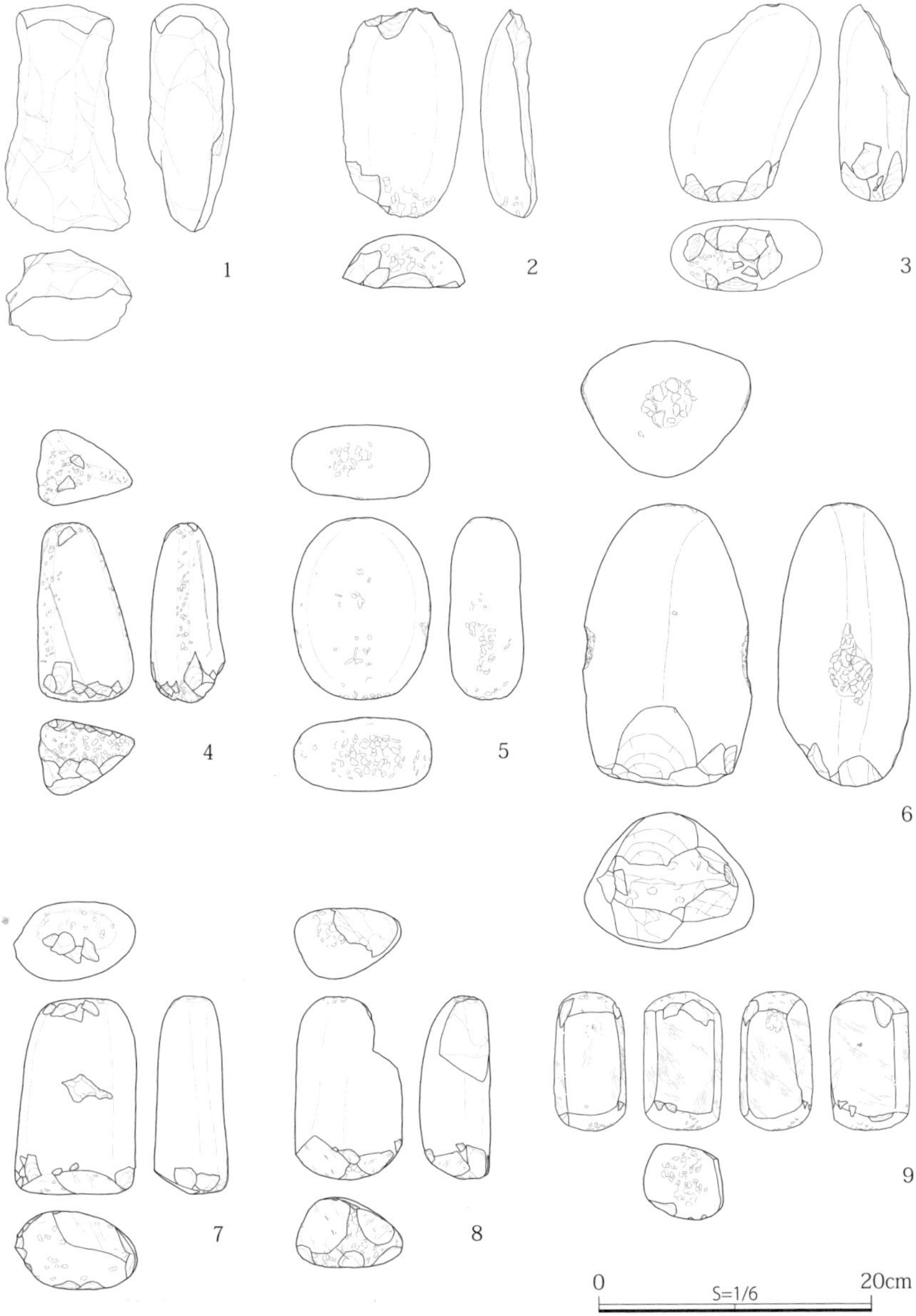

1：石鍬、2～6：敲打痕のある石杵、7～9：敲打痕と擦痕のある石杵

【図 1】若杉山遺跡出土の石鍬・石杵

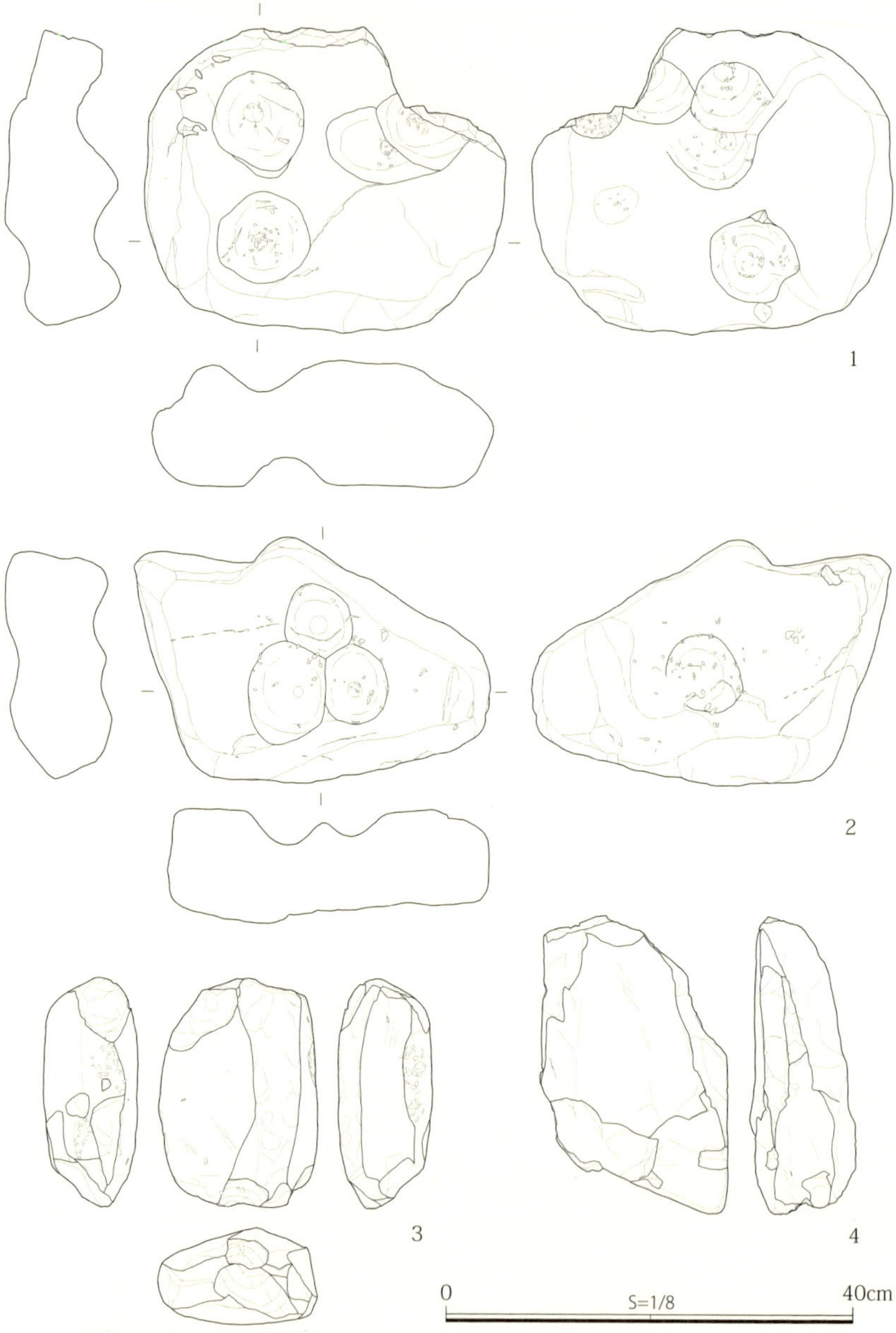

1～2：凹部のある石臼、3：石杵を転用した石臼、4：磨面のある石臼

【図2】若杉山遺跡出土の石臼

まず求められる作業は、水銀朱の原料となる辰砂鉱脈を探し出す「鉱脈の探索」である。若杉山遺跡周辺では、チャートや石灰岩の割れ目に貫入した一ミリメートルに満たない辰砂熱水脈が確認されている。[9] こうしたわずかな鉱脈の探索は、開析谷の急斜面を歩き回り、岩盤の露頭を見つけては鉱脈の有無を観察するという体力と注意力が求められる作業である。木柄に装着された打製石鍬は、探索に伴う腐葉土の除去や堆積土の掘削に使用されたことで、刃部が著しく摩耗したものと考えられる。豊かな鉱脈を見つけることは、その後の効率的な採掘作業につながるため、採掘地点は慎重に選択されたことであろう。

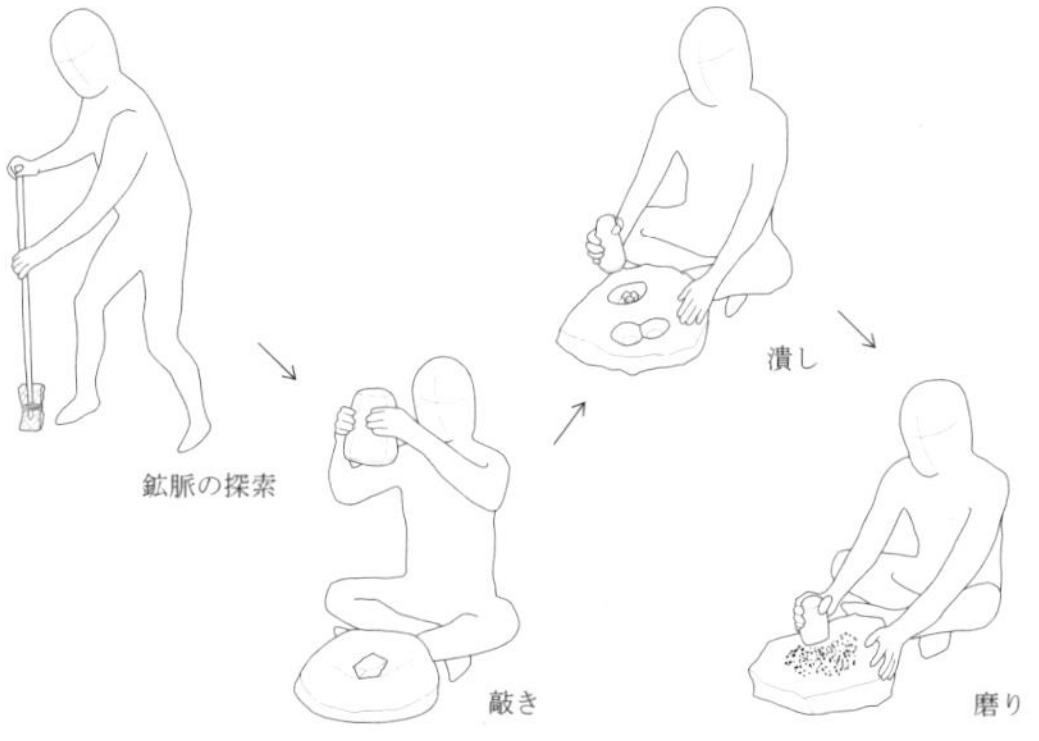

【図3】採掘行程の復元

こうして採掘地点が定まると、始めは風化などの自然崩落によって岩盤から遊離した岩塊の中から辰砂を含んだものを集めたであろう。また、二キログラム以上ある大型の石杵が一定量出土することから、岩盤に石杵を打ちつけて鉱脈を掘り進んだことも考えられる。辰砂を含んだ岩塊が集まると、次に行われるのが辰砂以外の不要鉱物を除く「選鉱」の作業である。選鉱の工程は、石器の使用痕から三段階に細分できる。始めは荒割りによって不要鉱物を除く「敲き」の作業である。この時に使用されるのが強い打撃効果のある大型の石杵である。作業者は石臼の上に置いた岩塊を敲き割っていく。少々の打撃では割れず、重量のある石杵を勢いよく振り下ろす必要がある。岩塊を二～三センチメートル大に敲き割ると、この中から辰砂を多く含んだ小礫を拾い集める。次は敲打や磨りの作業を組み合わせて、小礫をさらに細かい一～五ミリメートル程の細粒にしていく「潰し」の作業である。この時に使用されるのが器面に凹部のある石臼である。凹部内の小礫は石杵で敲いても飛び散りに

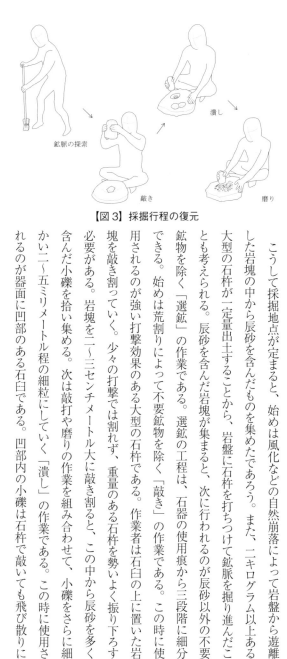

く、効率的な作業を可能とした。潰しの作業では、荒割りで出来た不揃いな小礫を均等に揃える必要があり、時間を要する根気のいる作業であったと思われる。続いて行われるのが、細粒を粉末にする「磨り」の作業である。この時に使用されるのが、磨面をもつ石杵と石臼のセットである。出土遺物からは、特にきめの細かい砂岩を選択していることがわかっている。

こうした「敲き→潰し→磨り」という選鉱工程を経て、ようやく岩塊が粉末化し、辰砂と不要鉱物の完全な分離が可能になったと思われる。その分離の方法として、水中の沈降速度を利用する水簸《すいひ》を想定する意見もあるが、発掘調査において水簸に用いる道具が確認されていないため、ここでは有効な分離方法としての可能性に留めておきたい。

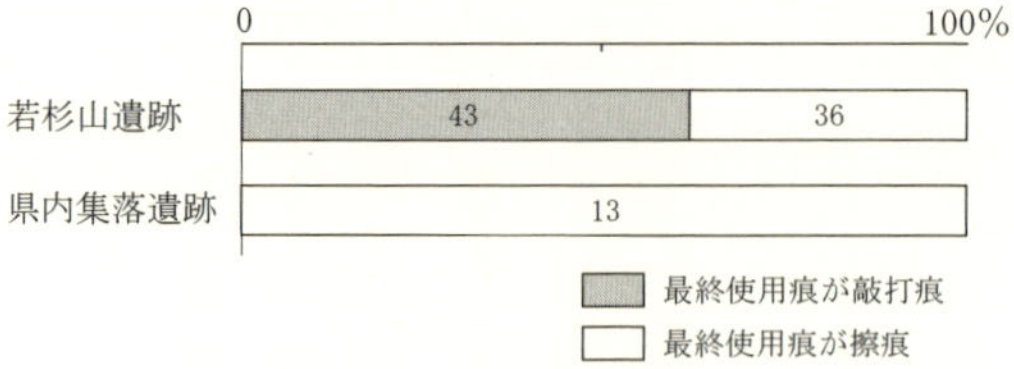

【図4】石杵の最終使用痕

2 集落遺跡出土石杵との比較

若杉山遺跡における石器使用痕の検討から、辰砂は粉末状、つまり水銀朱に近い状態で搬出されたことを明らかにしてきた。では、集落遺跡で出土する水銀朱が付着した石杵や石臼は何に使用されたのであろうか。今一度、石杵の使用痕に注目したい。若杉山遺跡で出土した欠損の少ない石杵七九点について観察を加えると、最終的な使用痕が敲打痕であるものが四三点、敲打痕を消すように擦痕が生じるものが三六点である。これに対し、弥生時代中期後半から古墳時代初頭の徳島県内の集落遺跡で出土した水銀朱付着石杵一三点の最終的な使用痕は全て擦痕を伴うものであり、磨面が形成されたものが多い【図4】。また、集落遺跡で出土する石臼も磨面をもち、若杉山遺跡の石臼にみられるような敲打によって器面に凹部が生じたものは認められない。こうした使用痕の差が示すのは、一連の水銀朱の生産であっても採掘遺跡と集落遺跡で工程が異なるということである。集落遺跡では最終的な調整のみが行われたとみられる。

三　若杉山遺跡における辰砂採掘の特徴

1　土器の構成と製作地

若杉山遺跡の史的意義について論じた都出比呂志は「辰砂採掘遺跡の開始期と消滅期の確定は、古墳の出現前後における辰砂の生産と流通の研究においてきわめて重要な意味をもつから、ここで出土した土器の様式の上限と下限を明らかにすることは大切な課題」であると指摘する。(10)若杉山遺跡において全形が復元可能な土器はわずかであるが、部位が特定できる資料について検討を加えると、器種構成と比率は壺一八％、甕四二％、鉢一五％、高杯二四％、その他一％となる。同時期の集落遺跡である徳島市矢野遺跡と比較すると鉢と高杯が多く、甕が少ない【図5】(11)。煮炊具である甕が少ないことは、若杉山遺跡が居住地ではなく作業場であることを示す。こうした土器の中には、粉末状となった辰砂が付着するものがある。付着部位をみると三七点のうち八九％となる三三点が内面に限った付着であり、採掘された辰砂が土器に保管される場合があったことを示している。

さて、都出が重要と指摘した遺跡の操業時期については、土器様相から弥生時代後期前葉（第Ⅴ－Ⅱ様式）から古墳時代初頭であると判断される。(12)ただし、時期毎の出土点数からみれば採掘の最盛期は弥生時代後期後半（第Ⅴ様式後半段階）から終末期（第Ⅵ様式）に求められる。冒頭に挙げた魏志倭人伝に記された時期が含まれているのだ。

続いて、土器の胎土に注目してみたい。土器の胎土は製作地周辺の地質環境によって含まれる鉱物に違いが生じることから、およその製作地を特定する手がかりとなる。また、弥生時代後期から古墳時代前葉の土器は地域毎に型式差をもつことから、搬入土器（在地以外の地域からもたらされた土器）の抽出が可能である。こうした点をふまえると若杉

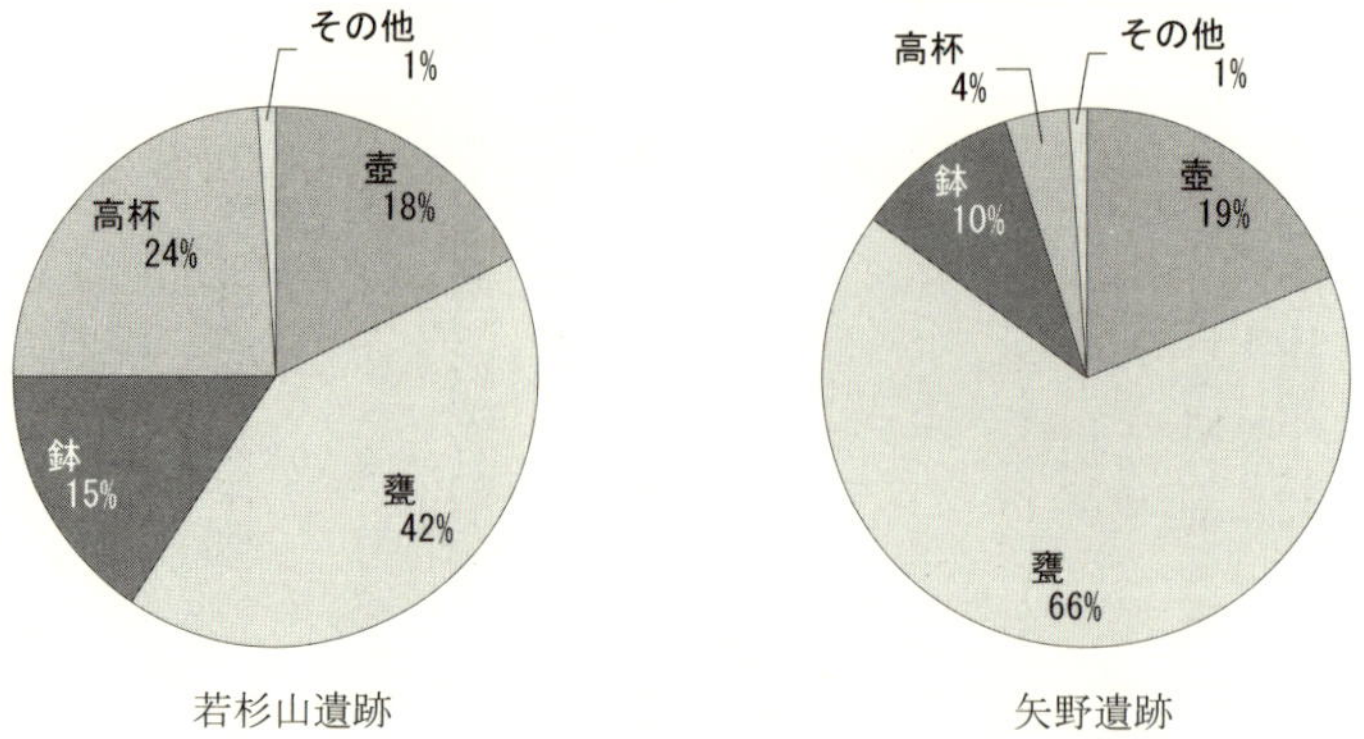

【図5】器種構成

山遺跡出土土器の胎土は、四種類に分類できる【図6】[13]。胎土1類は三波川変成帯に含まれる結晶片岩を含むことと土器型式の特徴から鮎喰川下流域で製作されたと考えられる。一方、胎土2類は結晶片岩を含まず、石英や長石など砂岩粒を含んでいる。若杉山遺跡は秩父累帯南帯の海溝充填型粗粒岩層に位置しており、遺跡付近を流れる那賀川の河原石は砂岩を主体とする。こうした点から、胎土2類は那賀川流域で製作された地元産の土器と想定される。胎土3類は赤色や黒色の鉱物を含む粗い胎土を特徴とするが、製作地の特定には至っていない。胎土4類は角閃石と金雲母を含むことと土器型式の特徴から、高松平野の香東川下流域の所産である[14]。このほか、わずかであるが山陰系、畿内系の土器が搬入されている。

このように胎土を識別したうえで、各胎土の比率をみると胎土1類五九%、胎土2類二三%、胎土3類一一%、胎土4類六%、その他一%となる。ここで注目されるのが、地元の那賀川流域産の土器が四分の一程度に留まり、多くが搬入土器で構成されることである。なかでも鮎喰川下流域産の土器が六割を占めている点が特筆される。

2　石器石材の採集地

若杉山遺跡で出土する石杵の石材は、付近の那賀川で採集される砂岩の円

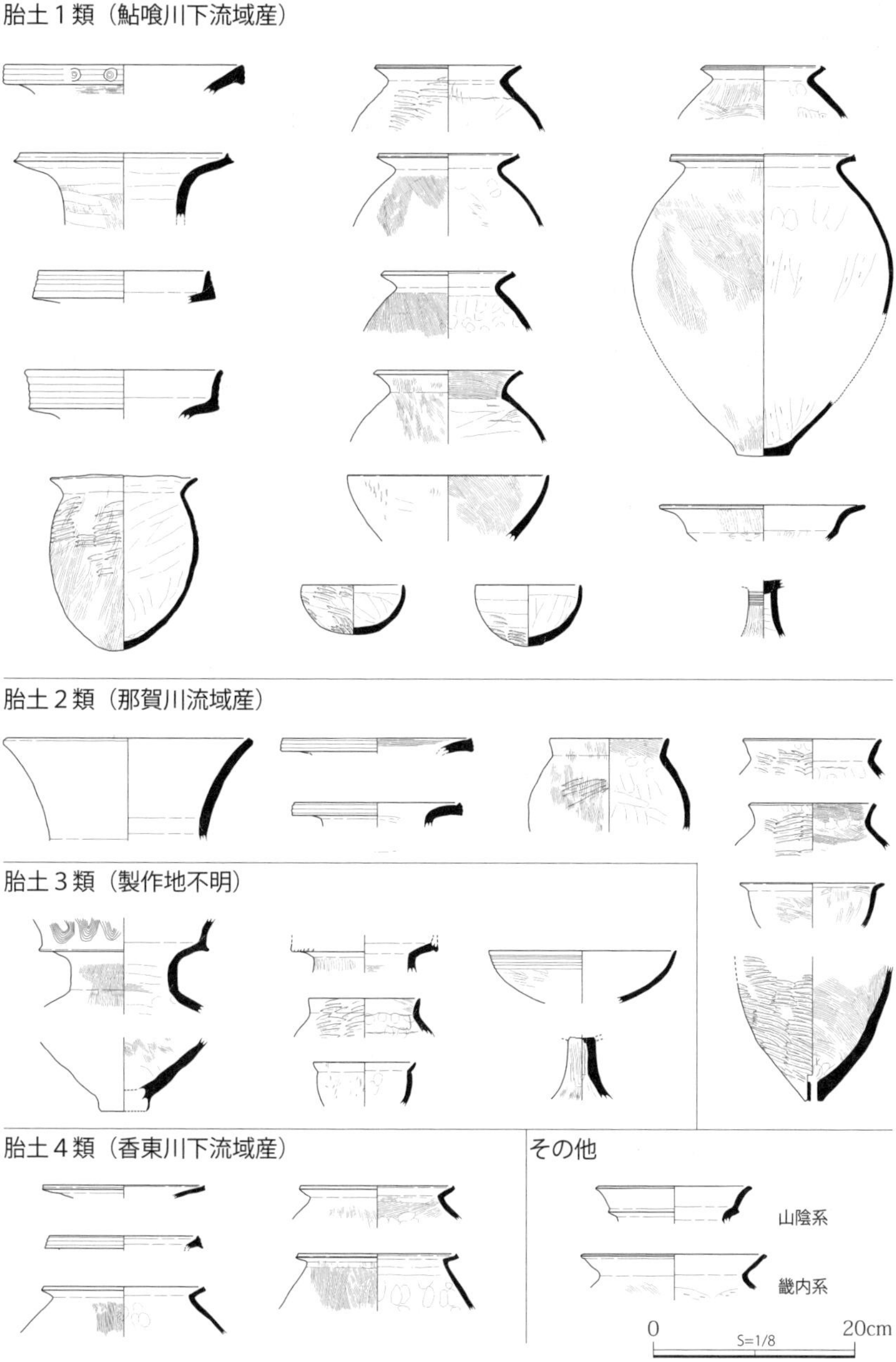

【図６】若杉山遺跡出土の土器

礫を主体とする。しかしながら、およそ一割の比率で火山岩である玢岩とランプロファイヤーの円礫を含んでいる。石杵の岩質の特徴を検討した石田啓祐は、火山岩円礫の有力な採集候補地として香川県東かがわ市鹿浦越海岸・潮越海岸を挙げている。(15) また、石田は玢岩の石基は緻密であり、打撃による衝撃や摩擦を生じる使用に対して強い点を指摘しており、玢岩は採掘に適した道具として持ち込まれたと考えられる。この玢岩を用いた石杵は、鮎喰川下流域の集落遺跡でも確認されており、讃岐東部地域と阿波地域の交流を示す資料といえるだろう。(16)

3 小結

若杉山遺跡で出土する土器の製作地と石器石材の採集地は、採掘を行った集団を特定する手がかりとなる。土器や石器が採掘作業に伴って持ち込まれたことからすれば、採掘には在地集団のほか、鮎喰川下流域、讃岐東部地域、香東川下流域といった複数地域の集団が関与していたことになる。ただし、土器製作地の比率に明らかな違いがみられることから、採掘を主体的かつ継続的に行っていたのは鮎喰川下流域の集団と考えるのが妥当であろう。

四 赤色顔料の流通に関わった人々

1 鮎喰川下流域の拠点集落

続いて、四国東部地域における水銀朱の使用状況から、赤色顔料が流通する背景を考えていきたい【図7・8】。徳島市矢野遺跡は、鮎喰川下流域に形成された弥生時代中期中葉から終末期の集落遺跡である。若杉山遺跡が操業される後期以降は集落規模が拡大し、拠点集落へと成長することや、若杉山遺跡出土土器のおよそ六割が鮎喰川下流域から搬入されていることから、同地域の集団が採掘に積極的に関わった可能性は極めて高い[17]。集落内における赤色顔料関連遺物の出土も多く、竪穴住居の三割に赤色顔料が付着した石器や土器が伴っている。そこで注目したいのが、集落の墓域と考えられる徳島市延命遺跡の内容である。延命遺跡で検出された一号墳丘墓は直径一五メートルの円丘部に三つの埋葬施設が伴い、中心的な埋葬施設は長軸三・八メートル、短軸一・四メートルの墓壙内に結晶片岩を用いた竪穴式石槨を構築している[18]。石槨床面の直径三〇センチメートルの範囲に水銀朱が検出されており、木棺内に埋葬された人物の頭部付近に水銀朱が使用された状況がうかがえる。延命遺跡のあり方は、鮎喰川下流域の集団が辰砂採掘を行う目的の一つが、首長の葬送に水銀朱を使用することであったことを示している。

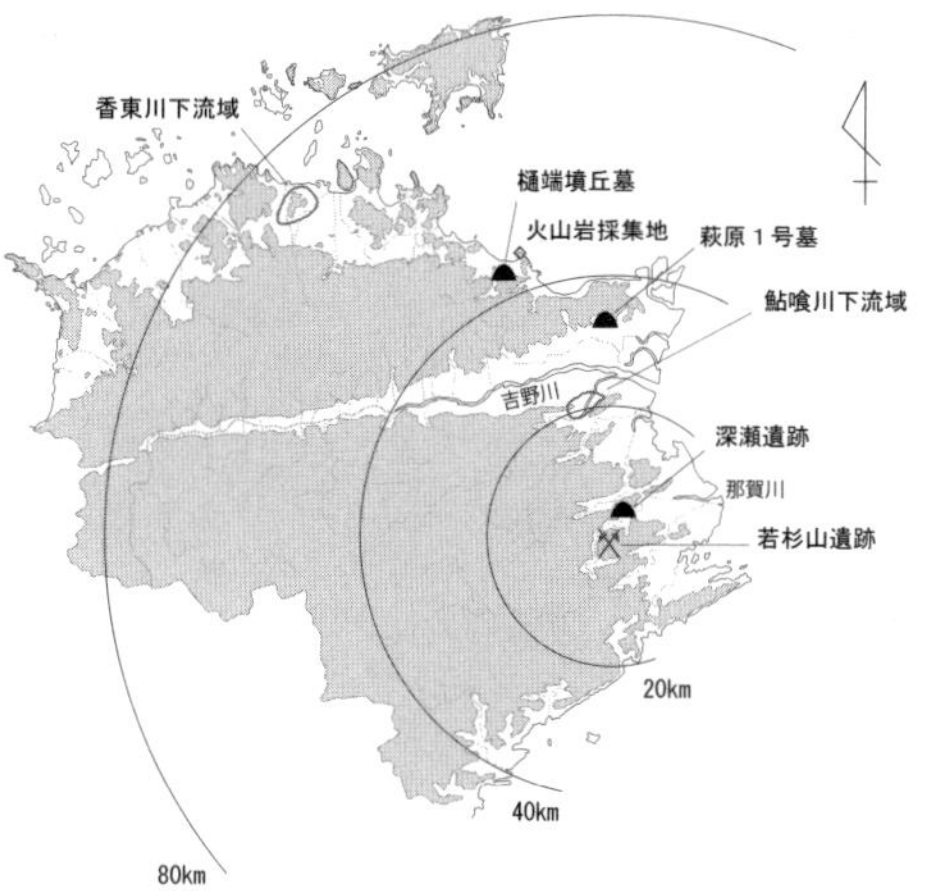

【図7】水銀朱関連遺跡分布図

2　深瀬遺跡の土壙墓群

阿南市深瀬遺跡は、若杉山遺跡から直線距離で三キロメートルの那賀川左岸堤防上に位置する。若杉山遺跡は開析谷に所在することから平坦地が少なく、深瀬遺跡のある加茂谷地域は付近で唯一の開けた土地である。これまでの調査で、弥生時代後期の土壙墓が六基検出されている[19]。土壙内には河原石が配置され小石室状の埋葬施設を構築している。土壙墓ＳＫ二〇一六の供献土器（葬送で供えられた土器）には水銀朱が付着しており、葬送に水銀朱を使用した

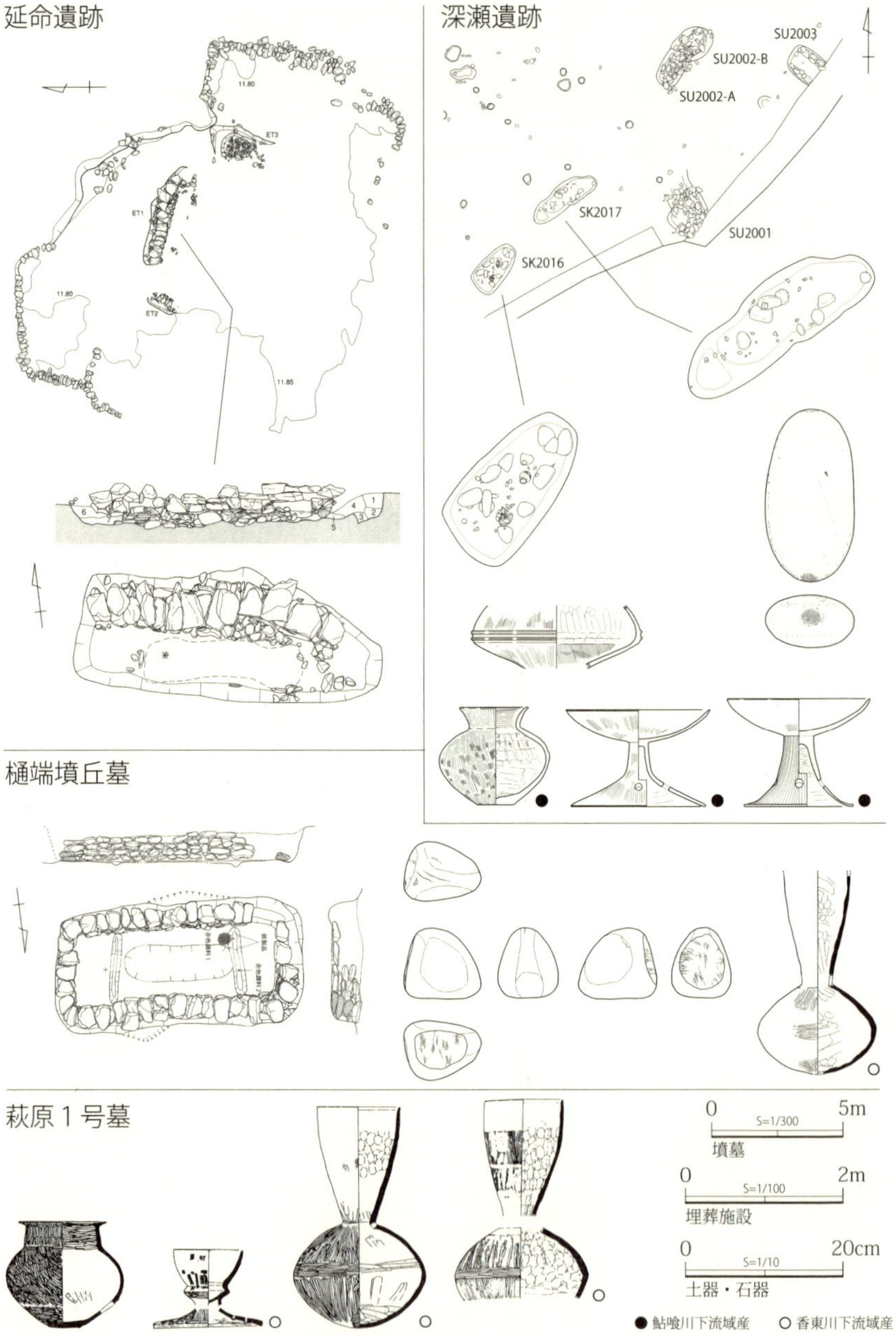

【図８】弥生時代の墳墓（延命遺跡・深瀬遺跡・樋端墳丘墓・萩原１号墓）

ことがうかがえる。また、供献土器は鮎喰川下流域産と香東川下流域産からなり、葬送に他地域の集団が関与している可能性が高い。この他、土壙墓ＳＫ二〇一七には水銀朱が付着した石杵が副葬されている。このように供献土器の製作地や副葬品にみられる特徴が若杉山遺跡の出土品構成と共通することから、被葬者は辰砂採掘に関わった人物と想定される。そして、土壙墓が群集しており複数人の埋葬がみられることから、深瀬遺跡は採掘作業に従事した人々の墓域として考えられないだろうか。

3　萩原一号墓と樋端墳丘墓

次に、水銀朱を葬送に使用する弥生時代終末期の首長墓をみていこう。鳴門市萩原一号墓は吉野川下流域北岸の丘陵上に築かれた積石塚で、直径一八メートルの円丘部に、長さ八・五メートルの突出部を伴う[20]。石槨石材や副葬品に水銀朱が付着することから、葬送に水銀朱が使用されたことは疑いない。香川県さぬき市樋端墳丘墓は直径一八メートルの円丘部の中央に竪穴式石槨を構築し、石槨床面で水銀朱が検出されている[21]。これらの墳墓は、阿讃山脈に隔てられた異なる地域の首長墓であるが、埋葬施設を石槨とし、葬送に水銀朱を使用する点で共通するほか、樋端墳丘墓では墓壙上の集石遺構から、萩原一号墓では墳丘から石杵が出土している[22]。また興味深いのが、これらの墳丘墓には香東川下流域産の長頸壺が供献されていることである。ここでも有力者の葬送において他地域の集団が関与する様子がみうけられる。

4　小結

辰砂採掘に主体的に関与した鮎喰川下流域の集団の採掘目的の一つは、弥生時代後期以降の首長墓において欠くこ

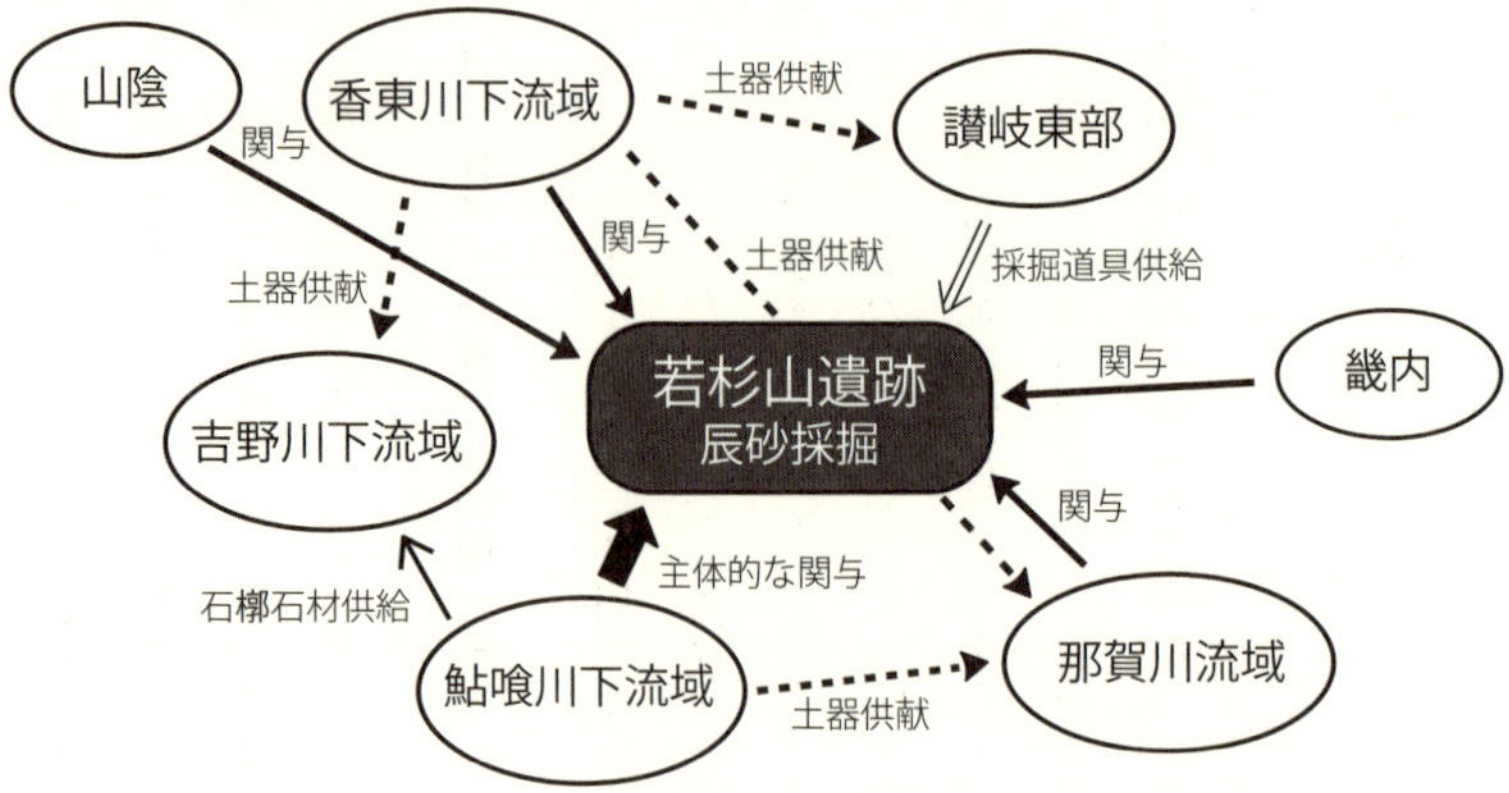

【図9】葬送儀礼および辰砂採掘をめぐる地域間交流概念図

とのできない要素である水銀朱を生産し、自身の首長の葬送に使用することであった。水銀朱は四国東部各地の首長の葬送でも同様に使用されることから、鮎喰川下流域の集団がこの地域の水銀朱流通の基点になっていたと考えたい。

さて、葬送儀礼という広い視点でみると、こうした地域を越えた供給関係は石槨石材や供献土器にもみられる【図9】。四国東部地域の墳墓における搬入品の出土は、集団相互の交流を示しており、各地首長の死によって執行される墳墓構築・葬送において、異なる地域の集団が関わるという体制が生まれていたことを示す内容である。こうした事例は、島根県出雲市西谷墳丘墓でも確認されている[23]。

おわりに

弥生時代後期に始まる列島規模の赤色顔料の需要増加と軌を一にして、若杉山遺跡では辰砂の採掘が開始され、古墳時代初頭まで継続される。採掘には在地の那賀川流域のほか、鮎喰川下流域、讃岐東部、香東川下流域といった多方面の集団が関わっていた。そのなかでも鮎喰川下流域で集落を営む集団は、中心的な存在として採掘に関与し、四国東部地域の弥生社会のなかで水銀朱を生産する集団としての役割をも担っていたと思われる。

若杉山遺跡と鮎喰川下流域は、直線距離で二〇キロメートル離れていることから、日常の生業をはなれ、採掘という特定の労働に従事する人物の存在が想像される。遠隔地における継続した労働を可能とする背景には、鮎喰川下流域が弥生時代後期以降、阿波地域を代表する拠点集落に成長したことと無関係ではないであろう。

こうして生産された水銀朱は、採掘に関与した讃岐地域の集団を介して瀬戸内沿岸地域にも流通したと考えられ、これを傍証するように弥生時代終末期には各地域の首長墓において水銀朱の使用が顕在化していく。水銀朱は、弥生時代後期以降の首長の葬送において欠くことのできない品物であると同時に、産地が限られるという希少性から、入手を求める集団間に地域を越えた交流を生んでいることを確認することができる。

註

（1）今鷹　真・小南一郎訳『正史三国志4』（筑摩書房、一九九三年）。

（2）併せて抜粋部分の原文を掲載しておく。一．「倭地温暖。冬夏食生菜。皆徒跣。有屋室。父母兄弟臥息異処。以朱丹塗其身体。如中国用粉也。」二．「出真珠・青玉。其山有丹。」三．「又特賜汝紺地句文錦三匹。細班華罽五張。白絹五十匹。金八両。五尺刀二口。銅鏡百枚。真珠。鉛丹各五十斤。皆装封付難升米。牛利。」四．「其四年倭王復遣使大夫伊声耆。掖邪狗等八人。上献生口。倭錦。絳青縑。緜衣。帛布。丹。木猾短弓。矢。」
本文中の読み下し文は次の文献を参照した。山尾幸久『新版魏志倭人伝』（講談社現代新書、一九八六年）、佐伯有清『魏志倭人伝を読む　下』（吉川弘文館、二〇〇〇年）。

（3）市毛　勲「辰砂考」（『古代学研究』第二三号、古代学研究会、一九六〇年）。

（4）本田光子「弥生時代の墳墓出土赤色顔料―北部九州地方にみられる使用と変遷―」（『九州考古学』第六二号、九州考古学会、一九八八年)。
(5) 市毛 勲『新版朱の考古学』(雄山閣出版、一九九八年)。
(6) こうした状況にあっても赤色顔料が付着する石器や土器に着目した意欲的な研究がある。主な研究として次の文献が挙げられる。岡山真知子「水銀朱精製用具の検討―弥生時代中期末~後期初頭―」(『古代文化』第五五巻第六号、古代学協会、二〇〇三年)、石井智大「弥生時代L字状石杵の歴史的意義―辰砂・水銀朱の流通をめぐって―」(『古代』第一二二号、早稲田大学考古学会、二〇〇九年)。
(7) 本稿で使用する「辰砂」は鉱物の状態を指し、辰砂を粉末状に加工して赤色顔料として使用できる状態になったもの、また使用されているものについて「水銀朱」と呼称することで区別している。
(8) 岡山真知子編『辰砂生産遺跡の調査―徳島県阿南市若杉山遺跡―』(徳島県立博物館、一九九七年)。
(9) 石田啓祐「徳島県丹生谷―津乃峰山塊の赤色顔料鉱物はどのように産するのか―地質学の調査研究から―」(『赤色顔料生産遺跡及び関連遺跡の調査 採掘遺跡土器編』(徳島県教育委員会、二〇一七年)。
(10) 都出比呂志「若杉山遺跡の時代」(『前方後円墳と社会』塙書房、二〇〇五年)。
(11) 近藤 玲「Ⅴ考察 二矢野遺跡出土土器の数量分析」(『矢野遺跡 (Ⅰ)』(徳島県教育委員会・財団法人徳島県埋蔵文化財センター、二〇〇二年)。
(12) 本稿における土器編年は、吉野川下流域及び鮎喰川流域出土の土器を基準資料として設定された菅原康夫・瀧山雄一の研究を参考としている。菅原康夫・瀧山雄一「一阿波地域」(『弥生土器の様式と編年 四国編』木耳社、二〇〇〇年)。
(13) 若杉山遺跡出土土器の胎土に着目した先行研究として岡山真知子の業績がある。岡山は胎土の違いが土器製作地の違いに起因することを指摘している。本稿と岡山の胎土分類の対応関係は、岡山によるA類が胎土1類、B類が胎土4類、C類が胎土2類に相当する。岡山真知子「弥生時代終末期における水銀朱の生産と流通―徳島県出土資料から―」(『論集徳島の考古学』徳島考古学論集刊行会、二〇〇二年)。
(14) 大久保徹也「高松平野香東川下流域産土器の生産と流通」(『初期古墳と大和の考古学』学生社、二〇〇三年)。
(15) 石田啓祐「赤色顔料採掘遺跡出土の石杵・石臼石材の産地と石材の特性」(『赤色顔料採掘遺跡及び関連遺跡の調査

採掘遺跡石器編』徳島県教育委員会、二〇一六年）。

（16）火山岩円礫の石杵は管見の限り、徳島市庄・蔵本遺跡（中村豊編『庄（庄・蔵本）遺跡』（徳島県教育委員会・国立大学法人徳島大学埋蔵文化財調査室、二〇〇八年））、同三谷遺跡、同南蔵本遺跡（近藤玲編『南蔵本遺跡』（徳島県教育委員会・公益財団法人徳島県埋蔵文化財センター、二〇一四年））、つるぎ町貞光前田遺跡（泊強編『貞光前田遺跡』（徳島県教育委員会・財団法人徳島県埋蔵文化財センター、二〇〇一年））で出土している。破片資料も加えればさらに遺跡数は増加する。

（17）矢野遺跡では弥生時代中期中葉から終末期に竪穴住居が形成されるが、後期前半に自然流路で隔てられたⅠ群からⅡ群へ集落の中心が移動する。若杉山遺跡と併行するのはⅡ群と考えられる。近藤玲・谷川真基編『矢野遺跡（Ⅲ）弥生・古代篇』（徳島県教育委員会・財団法人徳島県埋蔵文化財センター、二〇〇六年）。

（18）園木裕美編『延命遺跡（Ⅰ）』（徳島県教育委員会・財団法人徳島県埋蔵文化財センター、二〇一〇年）。

（19）原　芳伸編『深瀬遺跡』（徳島県教育委員会・公益財団法人徳島県埋蔵文化財センター、二〇一六年）。

（20）菅原康夫編『萩原墳丘墓』（徳島県教育委員会、一九八三年）。

（21）阿河鋭二編『高松廃寺　成重遺跡　樋端墳丘墓』（白鳥町教育委員会、二〇〇二年）。

（22）樋端墳丘墓出土の石杵は玢岩の円礫を用いている。二箇所に磨面が形成され水銀朱が付着する。若杉山遺跡に搬入される火成岩（玢岩とランプロファイヤー）の有力な採集候補地である鹿浦越海岸・潮越海岸とは五キロメートルの近距離に所在することから、水銀朱の生産・流通を考察するうえで興味深い。

（23）島根県出雲市西谷三号墓では、在地の出雲産の土器のほか、吉備地域で製作された特殊壺、特殊器台、装飾器台と、製作地は明確でないが丹越系（丹波・越前）の土器が伴っている。渡邊貞幸・坂本豊治編『西谷3号墓発掘調査報告書』（島根大学考古学研究室・出雲弥生の森博物館、二〇一五年）。

付記

本稿は、徳島県教育委員会が平成二七年度から二八年度にかけて実施した「赤色顔料生産遺跡及び関連遺跡の調査」の内容をふまえている。また、資料調査にあたり阿河鋭二氏にお世話になりました。記して感謝申し上げます。

図版出典

図1〜3、5　徳島県教育委員会『赤色顔料採掘遺跡及び関連遺跡の調査　採掘遺跡石器編』二〇一六年より転載
図4、7、9　筆者作成
図6　徳島県教育委員会『赤色顔料採掘遺跡及び関連遺跡の調査　採掘遺跡土器編』二〇一七年より転載
図8　園木裕美編二〇一〇年、原　芳伸編二〇一六年、阿河鋭二編二〇〇二年、菅原康夫編一九八三年を一部改変のうえ引用

足利義昭帰洛戦争の展開と四国情勢

森脇　崇文

はじめに

中世後期、特に一六世紀段階の阿波をめぐる政治情勢の研究は、近年大きな画期を迎えつつある。その旗手となったのは、精力的な三好氏研究を行ってきた天野忠幸氏である。天野氏は、畿内に政権を確立した三好長慶に始まる系統を「三好本宗家」と位置付ける一方、長慶の畿内進出後も阿波勝瑞を拠点として四国に勢力を保持した三好実休（長慶弟）の系統を「阿波三好家」とし、本宗家とは別個の権力体と規定した。[1]従来、長慶政権の辺縁組織、あるいは残滓的存在という評価に埋没しがちであった阿波における三好氏権力だが、「阿波三好家」概念の創出によって、阿波・讃岐を基盤とする地域権力としての像がより明確化されることとなった。そして、これと呼応するように戦国期の阿波を対象とした論考は増加の一途にあり、新出史料の紹介や新知見の提示が後を絶たない。[2]今や当該分野の研究は、かつてない活況にあると言っても過言ではないだろう。

こうした研究状況の中、新たな論点となりつつあるのが、阿波三好家をはじめとする阿波内部の政治権力と、畿内の織田政権、土佐の長宗我部氏など他地域の政治権力との関係をめぐる議論である。換言すれば、畿内を含む環瀬戸内海地域の政治情勢において、阿波がいかなる立ち位置にあったのかを追究する動きとも言える。例えば先出の天野氏は、織田政権の中国・四国政策が一貫して阿波三好家への対処を重要視するものであったとし、長宗我部氏との協力・対立を含めた外交方針にも大きな影響を与えていたと強調する。[3]また、中平景介氏は天正年間前半における阿波三好家の動向を再構築し、阿波内部の情勢が織田陣営と反織田陣営（足利義昭・毛利氏・大坂本願寺など）の対立に規定されていたことを指摘した。[4]これらの成果は、戦国期阿波の動向を、より広域的な政治情勢の中で再解釈していく必要性を改めて示したものと言い得る。

上記のような研究動向を踏まえ、本稿では天正年間の前半期、織田陣営と反織田陣営との対立状況下における、阿波を中心とした四国東部地域を考察の対象とする。当該期、反織田陣営の結集核となっていたのは、信長により京都を追放された室町将軍・足利義昭である。義昭は天正四（一五七六）年二月、安芸毛利氏分国の備後鞆へと下向し、同年五月頃には毛利氏の支持を取りつけることに成功する。[5]以降、義昭と毛利氏は義昭の「帰洛（京都復帰）」を掲げて広域の反織田勢力を糾合し、織田政権との軍事対立を繰り広げていくのである。この「義昭帰洛戦争」は天正一〇年に至るまで継続していくが、本稿では織田政権と義昭・毛利氏がともに四国への干渉を強める天正五〜六年に特に考察の焦点を絞る。そして、阿波三好家や長宗我部氏をはじめとする四国諸勢力の動向が、四国を巻き込む義昭帰洛戦争の展開にいかなる影響を受け、また与えていたのかについて、具体的に分析を加えていきたい。

一　三好長治の横死と阿波の混乱

初めに、義昭帰洛戦争の影響が及ぶ以前の阿波がどのような状況にあったのかを整理しておこう。義昭が鞆へ下向した天正四（一五七六）年前半、阿波は父・実休の死後に阿波三好家を継承した三好長治の統治下にあった。当時の阿波三好家は、畿内での拠点としていた河内高屋城が前年に織田政権へ降伏するなど退潮傾向にはあったものの、本領を含む四国東部地域においては依然として強固な支配権を維持していた。ところが、同年の後半に入り、その支配権を大きく動揺させる事件が発生する。長治が推戴してきた細川讃州家の後裔・細川真之との決裂である。

一六世紀中葉に至るまで阿波守護職を相伝してきた細川讃州家は、阿波三好家にとって本来の主家にあたる。天文二二（一五五三）年、三好実休は讃州家当主の細川持隆と対立し、最終的に自刃に追い込むことで阿波の政治的主導権を奪取した。しかし、実休は讃州家を断絶させることなく、持隆の遺児・真之を擁立し、名目上の主君として存続させている。その背後には、阿波一国を統率する名分を有さない阿波三好家が円滑に統治を進めるため、伝統的権威たる讃州家の推戴によって自己権力の正当化をはかる意図が想定できよう[6]。その後、実休が長治へと代替わりしてからも讃州家との関係は維持され、元亀四（天正元・一五七三）年に阿波三好家宿老の篠原長房が粛清された際には、長治とともに真之も出陣するなど、協調した動きを見せている[7]。

このように、阿波三好家の庇護下で存続してきた讃州家だが、両者の協調は真之の勝瑞出奔により終わりを告げる。出奔した真之は、阿波南部の那西郡仁宇に拠点を据えた。三好長治は真之を討滅すべく軍勢を催すものの、戦いの最中、それまで麾下にあった有力領主の一宮成相・伊沢頼俊の離反に遭い敗北を喫する。そして天正四年末、長治は板東郡別宮において自刃に追い込まれ、阿波三好家はここで一時断絶することとなる[8]。

長治と真之の決別、および一宮・伊沢の離反をめぐっては、阿波三好家と敵対関係にあった織田政権の関与を想定する見解も存在する[9]。しかし、天正四年一〇月に備後国人・渡辺氏から阿波内紛の情報を得た毛利氏一門の小早川隆景は、「一方者此方へ可被申合候条、先以可然儀迄候」と述べ、いずれかの勢力との提携に期待を寄せている[10]。この発言からは、織田政権との対立状況下で自陣営の拡大を志向する思惑とともに、両勢力を提携候補とする以上、事件が毛利氏や織田政権の関与で引き起こされたものではないことが読み取れる。つまり、内紛の主因は阿波内部の政治的対立に見出すべきと考えられよう。

ただし、当時の阿波が織田陣営・反織田陣営の対立と無縁であったわけではない。長治の横死から間もない天正五年正月、紀伊水道を挟んだ対岸に勢力を張る紀伊雑賀衆は、かつて阿波三好家の宿老であった篠原長房の遺児・松満丸を擁し、阿波に下向するという行動に出る。(11)先述の通り、篠原長房は元亀四年に三好長治によって粛清され、妻子らは紀伊へと亡命していた。雑賀衆の行動は、篠原長房の後継者として松満丸の阿波復帰を企てるものであり、その背後には紀伊雑賀衆を麾下に置く大坂本願寺の意向が想定される。多年にわたり織田政権への反抗姿勢を共有してきた阿波三好家が断絶したことで、阿波の敵対勢力化を懸念した本願寺は、松満丸の復帰を通じて影響力を保持し、反織田陣営への阿波の参画を促そうとしたのだろう。(12)しかし、阿波に上陸した松満丸と雑賀衆は、一宮成相・伊沢頼俊らの反発を受け、紀伊への撤退を余儀なくされる。本願寺の思惑は奏功せず、結果として阿波は織田陣営・反織田陣営のいずれにも属さない立ち位置をとり続けることとなる。

さて、三好長治亡き後の阿波では、一宮成相・伊沢頼俊がそれに代わる権勢を得ていたと考えられる。しかし天正五年の中頃にさしかかり、再び大規模な政変が発生した。一宮・伊沢に反発する矢野駿河守・三好越後守・赤沢信濃守らを中核とした諸将が、共謀の上で武力蜂起に及んだのである。彼らは伊沢頼俊を襲撃して殺害した後、阿波三好家の根拠地であった勝瑞に取り籠り、一宮成相らと対峙を続けていくこととなる。(13)ここで形成された二つの陣営について、本稿では行論の便宜上、勝瑞に拠る矢野駿河守らを「勝瑞派」、それに敵対する一宮成相らの勢力を「反勝瑞派」と呼称しておく。以降の阿波において、これら両勢力による内部対立は重要な規定要素となっていくのである。

二　毛利氏の讃岐進出と「阿州衆」

天正五（一五七七）年七月、阿波に隣接する讃岐で事件が発生する。瀬戸内海対岸の毛利氏が、麾下の水軍衆を派遣し、讃岐の元吉城に入城したのである。さらに翌閏七月二〇日、今度は長尾・羽床氏ら讃岐「惣国衆」が元吉城を攻囲するが、毛利氏は加勢の派遣により城を守り抜いた。この「元吉合戦」については複数の研究蓄積があり、畿内と毛利領を結ぶ瀬戸内海航路を維持する必要から、対岸の四国に勢力圏を及ぼすことで制海権の確保をはかる意図が指摘されている[14]。実際、出兵は義昭の公認のもとで行われており、合戦後の和睦交渉では義昭直臣らの交渉参与も確認できる[15]。一見唐突にも思える毛利氏の讃岐進出は、義昭帰洛戦争の一環として重要な意味を有していたのである。

ところで、前述の元吉城をめぐる合戦の後、義昭・毛利氏と和睦交渉を行う主体となったのは、「阿州衆」と呼称される存在であった[16]。讃岐・阿波を分国としていた阿波三好家が断絶状態にある当時、いかなる存在が「阿州衆」として交渉を主導したのだろうか。その答えは、次に掲げる小早川隆景の書状から知ることができる[17]。

貴札拝見候、自是切々可得御意候之処、上口諸警固Ⓑ可差上之申条、其《（信景カ）》催等取乱罷過無音候、非本意候、Ⓐ仍阿州之儀、為始屋形・両篠原・矢駿、一国悉属御味方候、讃州之儀茂一城執付、香川ニ人数相副差籠候、多分一着之姿候、今一両人覚悟不相澄候、是亦急度可為一途候、可御心安候、将又御進退之儀、弥輝元《（毛利）》・元春《（吉川）》相談之、不可存余儀候、猶奉期後慶候、恐惶謹言

閏七月九日　　　　　　　隆景（花押）

日付は毛利氏の讃岐進出が開始された後、元吉城が攻囲される以前にあたる。宛所を欠くが、毛利氏と協力関係にある外部の人物に宛てられたものだろう。内容を見るに、毛利氏は既にこの段階で「阿州衆」と接触しており、友好関係を結ぶ方向で話がまとまりつつあったようだ[18]。注目したいのは、毛利氏に返答をした「阿州衆」中枢の顔ぶれである（傍線部Ⓐ）。まず、「矢駿」こと矢野駿河守の名前が含まれることから、彼らは勝瑞派に属す存在とみなすことができよう。また、「屋形」は讃州家の細川真之とみて間違いない[19]。阿波三好家との抗争では一宮成相らに加勢された真之だが、天正五年の内紛に際しては袂を分かっていたようだ。続く「両篠原」は、阿波三好家の宿老として知られる篠原自遁、そして前章で言及した篠原松満丸に比定される[20]。一宮成相らに帰還を阻まれた松満丸は、阿波分裂後に勝瑞派に迎えられて復帰を果たしていたのだろう。この陣容を見るに、勝瑞派は単に拠点として勝瑞を確保しただけでなく、旧守護の讃州家や阿波三好家宿老の篠原氏などを取り込み、阿波の政治主体たり得る体裁を整えていたと考えられる。それゆえに、隆景は彼らとの交渉で「一国」を「御味方」とできると判断したのである。

義昭・毛利氏と勝瑞派との提携は、双方にメリットが考えられる。前者は出兵の主目的である瀬戸内海東部の制海権確保が可能となり、後者は義昭・毛利氏の承認により阿波の主導者たる正統性を内外に主張する根拠が得られるのである。逆に長期的な対陣は、織田政権や反勝瑞派という別方面の難敵を抱える以上、どちらにも望ましいとは言い難い。隆景書状に垣間見える楽観的な雰囲気は、そうした事情を反映した両者の歩み寄りをうかがわせるものといえよう。しかし、結果として事態は融和へと向かわず、元吉城は讃岐「惣国衆」によって攻撃され、両勢力は武力対立へと突入していく。その理由は明確でないが、可能性として考えられるのは勝瑞派による讃岐「惣国衆」への統制力の欠乏であろう。

先の隆景書状からは、毛利氏勢力の元吉入城に対し、讃岐において未だ「一両人」が反発を続ける状況が読み取れる（傍線部Ⓑ）。この「一両人」とは、元吉城の所在地とされる那珂郡の櫛梨山に近接して所領を有し、後の和睦交渉過程で人質を供出することとなる長尾・羽床両氏であろう。[21] かつて西讃の守護代であった香川氏を介する毛利氏の讃岐進出は、両氏にとって領域支配の動揺に直結する、容認しがたい事態と見なされていたことがうかがえる。ただし、こうした反応を把握してなお、隆景は提携の成立を楽観視する。前年まで、讃岐は長く阿波三好家の勢力圏に属した上は、国内領主層の大半はその麾下に統率されていた。[22] 阿波三好家の後継勢力である勝瑞派が「御味方」となる意志を示した上は、讃岐諸勢力の敵対行動は当然に抑制されるものと隆景は認識していたのではないだろうか。ところが、結集から間もない勝瑞派は、讃岐諸勢力に対する統制力を十分に発揮することができなかった。結果、提携を希望する勝瑞派の思惑をよそに、長尾・羽床氏は他の讃岐諸勢力を糾合し、「惣国衆」として義昭・毛利氏勢力を排斥するべく実力行使に出る。一旦は友好路線を目指した勝瑞派も、現地の讃岐諸勢力を統御できない以上、彼らを自陣営につなぎとめるため、その行動を容認して対立路線を歩まざるを得なかったのだろう。

かくして勃発した元吉合戦において、籠城方は勝利をおさめる。しかし、讃岐「惣国衆」、および背後にある勝瑞派との対峙は合戦後も継続し、義昭・毛利氏の四国進出は持久戦の様相を呈していくこととなった。

三　阿波三好家再興の背景

元吉合戦を経た後、再び義昭・毛利氏と勝瑞派との接触が見られ始めるのは、天正五（一五七七）年の秋も終わりに近づく時期のことである。先に交渉を持ちかけたのは勝瑞派の側とみられ、九月後半にはその返答にあたり、義昭直臣の真木嶋昭光・小林家孝が小早川隆景と協議を行っている。[23] この際、阿波に赴く使者は、毛利家中の弘中方明が務めた。[24]

両陣営の交渉は、まずは元吉城をめぐって緊張が続く讃岐の状況打開をはかるところから始められた。同年一一月、小早川隆景は安芸厳島社の神職・棚守氏に宛てた書状の中で四国情勢に触れ、「讃州表之儀、長尾・羽床人質堅固取置、阿州衆と参会悉隙明候、於于今阿讃平均ニ成行、自他以大慶無申計候〳〵」と述べている。(25) これを見るに勝瑞派は、讃岐「惣国衆」を主導する長尾・羽床両氏に働きかけ、和睦の受諾を促していたようだ。先に勝瑞派の方針に反発した彼らも、元吉合戦の敗退により武力排斥の困難を悟ったとみられ、和睦に向けた人質の供出を履行している。結果、隆景が「阿讃平均ニ成行」とするように、ひとまず讃岐をめぐる両陣営の緊張状態は解消されることとなった。

ただし、この和睦成立は義昭・毛利氏と勝瑞派との交渉における終着点ではなかった。同年一二月、先の和睦交渉で使者を務めた弘中方明は、毛利輝元より再び阿波への派遣を命じられる。(26) そして翌年正月下旬、役目を果たして帰還した彼に託された勝瑞派の返答は「弥可有馳走」というものであった。(27) 簡略な表現ではあるが、義昭・毛利氏にとってこの回答は重要な意味を持つ。何故なら、先の和睦はあくまで讃岐をめぐる敵対関係の終止であるのに対し、ここで表明される「馳走」には勝瑞派による能動的協力の意志を看取できる。つまり、四国進出当初に義昭・毛利氏が期待していた勝瑞派との提携構築、換言すれば阿波・讃岐の「御味方」化が、ようやくこの時点で実現に至ったのである。

ところで、義昭・毛利氏との提携とほぼ同時期、勝瑞派はもう一つの大きなターニングポイントを迎える。十河存保の阿波入国である。(28) 存保は三好実休の子で、長治の弟にあたる。幼少期に叔父・十河一存の養子となり、主に畿内を活動の場としていた。(29) 天正三年、河内高屋城の陥落で阿波三好家が畿内における拠点を失って以後、存保は堺に居留していたとみられるが、天正六年初頭頃までに勝瑞派の招請で阿波へと帰還を果たすのである。勝瑞派が存保を迎え入れた背景には、毛利氏の讃岐進出に際し浮き彫りとなったような統制力の不安を解消するため、阿波・讃岐を糾合する結集核を求める思惑が想定できる。そして、小早川隆景が入国祝儀の使僧を派遣した事実が示すように[30]、存保の合流は阿波・讃岐の安定を望む義昭・毛利氏にとっても歓迎すべき出来事であった。

かくして勝瑞派は、十河存保を盟主に据えることで新たな「阿波三好家」として再編を遂げた[31]。そして天正六年三月、播磨別所氏の織田陣営離反に呼応して毛利氏が企図した海上軍事行動の計画では、大坂・雑賀・淡路と並んで阿波が連携対象とされており、実際に帰洛運動の一翼を担っているのである[32]。翻って織田政権から見れば、第三極的位置にあった阿波・讃岐の反織田陣営への加担は、環瀬戸内海地域における孤立に直面する深刻な事態である。この状況を打開するため、織田政権は阿波三好家に対処しうる新たな提携勢力を求めていくこととなる。その相手こそ、当時阿波への侵攻を進めつつあった土佐の長宗我部元親であった。

四　織田・長宗我部提携の成立事情

長宗我部氏による阿波進出は、同氏が土佐統一を果たした天正三（一五七五）年、阿波南端部に位置する海部郡への侵攻が端緒とされる[33]。翌天正四年の末頃には阿波三好郡の有力領主・大西氏を麾下へと取り込んでおり、その進出は阿波の南部のみならず、西部でも開始されていた[34]。ただし、この時期における長宗我部氏の浸潤はあくまで土佐と近接する阿波辺縁部にとどまっており、本格的な侵攻につながる動きは確認できない。

そうした状況下で迎えたのが、義昭・毛利氏の讃岐進出である。元吉合戦に先立つ天正五年六月、足利義昭と側近の真木嶋昭光は長宗我部氏一門の香宗我部親泰に対し、元親が「帰洛之儀」への協力要請を受諾したことを称賛する書信を送っている[35]。つまり、当時長宗我部氏は義昭・毛利氏と提携関係を結んでいたのである。長宗我部氏に求められた協力とは、実態としては義昭・毛利氏の讃岐進出に対する側面支援であろう。讃岐・伊予・阿波・土佐の結節点にあたる阿波三好郡を掌握する長宗我部氏の取り込みは、四国経略を進める上で不可欠といえる[36]。一方、長宗我部氏は義昭・毛利氏との提携によって、阿波進出を正当化する大義名分を手に入れることとなる。天正五年一一月には海部郡北部の領主・日和佐氏を麾下に加えるなど[37]、長宗我部氏による阿波への侵食はこの頃から本格化していくが、義昭・毛利氏との提携はその重要な契機になったと想定できよう。

ところが、天正五年の冬頃から義昭・毛利氏と阿波勝瑞派の対立は融和へと向かいはじめ、天正六年に入ると勝瑞派を母体に復活した阿波三好家は帰洛への「馳走」を約束する。これにより、阿波をめぐる義昭・毛利氏と長宗我部氏の利害は、大きく相違することとなった。阿波進出の大義名分を喪失した長宗我部氏だが、以降も侵攻を中止した形跡はない。義昭・毛利氏との提携を解消し、独力による阿波侵攻を継続していたのだろう。

織田政権と長宗我部氏との最初の接触は、恐らくこの天正六年前半頃と考えられる。当時、長宗我部氏は阿波西部美馬郡の有力領主・三好式部少輔と協力関係にあったが[38]、この式部少輔は近縁の三好康長を介して織田政権とも繋がりを持っていた。天正六年六月に発給されたとみられる香宗我部親泰宛の織田信長・三好康長の書状では、三好式部少輔との協力関係を是認するとともに、阿波における一層の「馳走」が期待されている[39]。ここからは、式部少輔を媒介として織田政権と長宗我部氏が結びつき、信頼関係を構築しつつある当時の状況が読み取れよう。そして、織田政権の求める「馳走」とは、具体的には反織田陣営として復活した阿波三好家への対抗であったと考えられる。

同年の一〇月末、信長は長宗我部元親の嫡男である弥三郎に対し、自身の一字を与えて信親と名乗らせた[40]。この偏諱授与は、惟任（明智）光秀を通じて長宗我部氏から懇望されたものであり、同氏の織田政権帰属が確定したことを象徴する出来事と言えるだろう。織田政権は、背後で阿波三好家を牽制する強力な提携勢力を獲得したのである。ただし、長宗我部氏の帰属は織田政権の側のみに利益をもたらしたわけではない。信長の偏諱が授与された直後の天正六年一一月、長宗我部氏家中に属す中島重房らは、惟任光秀の重臣である斎藤利三・石谷頼辰に宛て、長文の書状を送っている。[41]内容は、阿波攻略をめぐる織田政権との連携に関する相談や、讃岐・伊予も含めた四国の現況報告などが大半を占めるが、その中に含まれる次の一節からは長宗我部氏が織田政権へと帰属した目的を端的に読み取ることができる。

一被申入候　御朱印之事、早速御申請候て可被差下儀、大用ニ存候、此隣国之儀、誰在之而只今可申請仁有間敷候へ共、とても元親《長宗我部》無二御味方ニ被参事候間、能被入御精、安堵之　御書可被下候

冒頭の「御朱印」は、末尾の「安堵之御書」と同一の文書（朱印状）と見られる。すなわち、何らかの権益を保証する信長朱印状を長宗我部氏はかねて要望しており、ここではその発給が催促されているのである。そして「此隣国之儀」、つまり阿波を攻略する困難さと、それにも関わらず織田政権の「無二御味方」となる元親の功績が強調されていることを勘案すると、長宗我部氏の要求は攻略成功後の阿波領有を安堵する朱印状であったと考えられる。後世に編纂された軍記類では、信親への偏諱授与と同時に四国の領有を「元親手柄次第」とする朱印状が長宗我部氏に付与された旨の記述がみられるが、[42]少なくとも阿波に関しては類似した文書が存在したものと想定できよう。

義昭・毛利氏と阿波三好家が提携したことで、長宗我部氏は阿波へと進出する根拠を喪失していた。織田政権への帰属は、新たな上位権力の推戴により阿波進出の大義名分を再獲得する必要が生じたためと考えられる。そして、阿

波三好家の立場を相対化する切り札こそが、織田政権より付与される「御朱印」であった。以降の阿波・讃岐を舞台とした阿波三好家と長宗我部氏の抗争は、外部勢力による恣意的な侵略ではなく、異なる上位権力から正統性を保証された阿波「国主」同士の角逐という性格を帯びることとなるのである。

おわりに

中世後期を通じ幾度も勃発した京都をめぐる軍事対立の中で、畿内と指呼の距離にありつつ内海で隔てられた阿波の地と、そこに拠点を置く勢力は、常に重要な役回りを担ってきた。中世最末期の義昭帰洛戦争においてもその地政学的な重要性に変化はなく、義昭・毛利氏と織田政権の双方が、阿波を中心とした四国東部地域の圧服、もしくは与同勢力化を意図した策を講じていくこととなる。

両陣営のうち義昭・毛利氏は、当初は麾下水軍を派遣して四国に直接進出し、長宗我部氏ら周辺勢力とも連携しながら阿波・讃岐の封じ込めをはかるが、最終的には提携関係を結んで自陣営に包摂する。その結果、阿波では義昭・毛利氏の承認のもと断絶していた阿波三好家が復活し、環瀬戸内海地域にまたがる反織田陣営が形成されることとなった。一方、織田政権はこの状況を打開するため、義昭・毛利氏から離別した長宗我部氏の取り込みをはかる。長宗我部氏は帰属の条件として阿波攻略後の領有権を要望し、阿波への対処を急ぐ織田政権はこれを承認した。かくして四国東部地域を取り巻く諸勢力は、曲折を経ながらも織田政権と義昭・毛利氏の両極へと結集していくのである。

最後に、義昭帰洛戦争の後半における阿波の動向、そして織田・長宗我部提携の破綻について、若干付言しておきたい。天正六（一五七八）年末の織田政権帰属以降、長宗我部氏は阿波三好家方の勢力と攻防を繰り広げていく。そして、天正七年末には三好式部少輔と連携し、美馬郡岩倉城近辺における合戦で矢野駿河守をはじめとする旧勝瑞派の主要構成員を多数討ち取る勝利をおさめた(43)。阿波三好家復活の屋台骨となった勝瑞派主力の喪失は、彼らに擁立された十河存保の政治基盤に深刻な動揺を与えたと考えられる。翌年早々には存保が一時勝瑞を放棄して讃岐へ撤退するなど、この敗戦を機に阿波三好家は大きく勢力を削がれ、長宗我部氏の優位が確立することとなった(44)。

ところが、天正九年の末に至り、織田政権は阿波侵攻を進める長宗我部氏に、突如として阿波からの撤退を命じた(45)。当然、長宗我部氏はこの命令に反発するのだが、織田政権がこのように理不尽とも思われる命令を下し得た根拠は、本稿の考察を踏まえることで一定の理解が可能となる。つまるところ織田政権は、長宗我部氏の阿波侵攻が反織田陣営に加担する阿波三好家を排撃するため、織田政権の指示に基づいて実施されたものという前提に立っているのである。当時、劣勢に立つ阿波三好家は織田政権に和睦を打診していたとみられ(46)、敵対陣営から離脱する阿波への攻撃を中止させるのは必然といえる。無論、これはあくまで表向きの論理であり、背後には反織田陣営の急拡大に対処する必要から長宗我部氏の要望を全面受容する内容となった阿波領有承認の朱印状を、戦況が優勢に変化した段階で白紙に戻す思惑が存在することは想像に難くない(47)。それでも、「織田政権の代行者としての阿波平定」は、長宗我部氏自身が主張してきた大義名分である以上、元親は撤退命令を受諾すると見込んだのだろう。しかし、態度を硬化させた長宗我部氏は命令を黙殺し、結果として両者の関係は急速に険悪化することとなる。義昭帰洛戦争の枠組みの中で成立した織田・長宗我部関係は、その枠組みが綻びる過程において、同様に破綻を迎えていくのである。

註

（1）天野忠幸「三好氏の権力基盤と阿波国人」（同『戦国期三好政権の研究』第四章、清文堂、二〇一〇年、初出二〇〇六年）。

（2）二〇〇〇年代以降の主な研究として、前掲註（1）天野論文のほか、天野忠幸「総論 阿波三好氏の系譜と動向」（同編『論集戦国大名と国衆10 阿波三好氏』岩田書院、二〇一二年）、同「三好長治・存保・神五郎兄弟小考」（『鳴門史学』二六集、二〇一三年a）、同「織田・羽柴氏の四国進出と三好氏」（四国中世史研究会・戦国史研究会編『四国と戦国世界』岩田書院、二〇一三年b）、同「阿波三好家の出兵」（『地方史研究』三八八号、二〇一七年）、石尾和仁「長宗我部元親による阿波国侵攻の「記録」と「記憶」」（『四国中世史研究』一一号、二〇一一年）、尾下成敏「羽柴秀吉勢の淡路・阿波出兵」（『ヒストリア』二一四号、二〇〇九年）、曽根總雄「中・近世移行期の阿波の動向」（『東海史学』四二号、二〇〇八年）、中平景介「天正前期の阿波をめぐる政治情勢」（『戦国史研究』六六号、二〇一三年a）、同「阿波大西氏に関する長宗我部元親書状について」（『四国中世史研究』一二号、二〇一三年b）、同「阿波内乱における山間地域」（『地方史研究』三八八号、二〇一七年）、新見明生「勝瑞騒動以後の阿波三好氏権力について」（『鳴門史学』二〇集、二〇〇六年）、長谷川賢二「天正の法華騒動と軍記の視線」（高橋啓先生退官記念論集『地域社会史への試み』原田印刷出版、二〇〇四年）、藤井讓治「阿波出兵をめぐる羽柴秀吉書状の年代比定」（『織豊期研究』一六号、二〇一四年）、山下知之「阿波国守護細川氏の動向と守護権力」（『四国中世史研究』六号、二〇〇一年）、同「戦国期阿波三好氏の動向と地域権力」（『徳島県立文書館研究紀要』七号、二〇一七年）など。なお、守護所勝瑞をはじめとする戦国期阿波の城館・都市を対象とした調査研究も近年活性化しており、代表的な成果として『徳島県の中世城館』（徳島県教育委員会、二〇一一年）、石井伸夫・仁木宏編『守護所・戦国城下町の構造と社会―阿波国勝瑞―』（思文閣出版、二〇一七年）、石井伸夫・重見高博編『三好一族と阿波の城館』（戎光祥出版、二〇一八年）などがある。

（3）前掲註（2）天野二〇一三b論文参照。

（4）前掲註（2）中平二〇一三a論文参照。

（5）（天正四年）二月九日小早川隆景書状写（『広島県史 古代中世資料編Ⅴ』一一三三頁 山口県文書館所蔵文書（譜録））、（天正四年）五月七日毛利輝元書状（東京大学史料編纂所影写本「長府毛利文書」請求番号三〇七一・七七―三九）。

（6）前掲註（2）新見論文・天野二〇一二論文参照。

（7）（元亀四年）五月一五日細川真之書状（天野忠幸編『戦国遺文　三好氏編』三巻─四二頁　木屋平松家家文書、東京堂出版、以降『遺文』三─四二頁と略記する）、（元亀四年）五月一五日三好長治副状（同上）。ここでの三好長治は殊更に真之の意向を奉ずる立場を強調しており、家中の実力者である篠原長房の粛清にあたって真之の権威を前面に押し立てる必要があったことがうかがえる。

（8）三好長治の横死に至る経緯は、基本的に阿波三好家旧臣・二鬼嶋道智が江戸初期に著した「昔阿波物語」（小杉榲邨編『阿波国徴古雑抄』日本歴史地理学会、一九一四年）の記述による。ただし、真之の出奔時期については後掲註（10）の史料が示すように、同書の記す天正四年一二月半ばよりも数か月早いと想定する。

（9）田中省造「三好長治の自刃」（『阿波学会総合学術調査　松茂町』一九九一年）、前掲註（2）天野二〇一三b論文。

（10）（天正四年）一〇月一五日小早川隆景書状写（『遺文』三─七四頁　『福山志料』所収文書）。なお、本文書についての詳細は拙稿「細川真之と三好長治の関係破綻をめぐって」（『戦国遺文三好氏編　月報3』東京堂出版、二〇一五年）参照。

（11）前掲註（8）「昔阿波物語」参照。

（12）松満丸の母（篠原長房室）は、本願寺八世宗主・蓮如の孫にあたる摂津富田の教行寺兼詮の娘である（前掲註（2）天野二〇一二論文）。松満丸の紀伊亡命中にも、彼を擁立する篠原氏旧臣たちが雑賀衆を通じて起請文を提出するなど（天正三年六月一七日篠原政安等起請文、『遺文』三─六七頁　本願寺史料研究所保管文書）、本願寺との関係は極めて密接であったと考えられる。

（13）前掲註（8）「昔阿波物語」参照。同書は矢野駿河守らの蜂起を天正五年五月とする。

（14）元吉合戦の研究は、国島浩正「元吉合戦覚え書」（『香川の歴史』三号、一九八三年）、多田真弓「戦国末期讃岐国元吉城をめぐる動向」（『内海文化研究紀要』三三号、二〇〇四年）、中平景介「讃岐における毛利・長宗我部関係」（『戦国史研究』七三号、二〇一七年）、橋詰茂「瀬戸内をめぐる地域権力の抗争」（同『瀬戸内海地域社会と織田権力』第四章、思文閣出版、二〇〇七年、初出一九九三年）などがある。なお、二〇一七年一二月一六日開催の四国地域史研究連絡協議会・香川大会「四国の中世城館」では川島佳弘氏により「元吉合戦再考─城の所在と合戦の意図─」と題する研究報告が行われ、多くの新知見が示されている。
(15)(天正五年)閏七月二日真木嶋昭光書状(『和歌山県史 中世史料2』四二八頁 真乗寺旧蔵文書)、(天正五年)九月二三日足利義昭書状写(『萩藩閥閲録』一―一七三頁 巻一〇ノ一堅田安房)。
(16)(天正五年)一一月二〇日小早川隆景書状(『広島県史 古代中世資料編Ⅱ』四九五頁 厳島野坂文書)。他の文書では、単に「阿州」とも呼称される。
(17)(天正五年)閏七月九日小早川隆景書状(反町茂雄『弘文荘古文書目録』一九八頁、有限会社弘文荘)。
(18)「吉川家文書」には、天正五年のものと思われる矢野駿河守房村の書状案が含まれている(『大日本古文書 吉川家文書』二―四七〇頁)。小早川隆景を宛所とするこの七月二二日付けの文書で、矢野駿河守は先に隆景から届いた書状の内容に基づき「御入洛」に協力する意向を伝えている。つまり、毛利氏は四国への軍勢派遣を進めつつ「阿州衆」に提携を打診していたとみられ、和戦両様の構えで臨んでいたことが分かる。
(19)前掲註(10)史料においても、真之は「屋形」と呼称されている。
(20)篠原自遁こと篠原弾正忠実長は、篠原長房に次ぐ篠原氏一門の有力者であり、長房死後は阿波三好家の宿老筆頭と呼べる存在であった。松満丸の正確な帰国時期は不明だが、前掲註(8)「昔阿波物語」に登場する「篠原右京進」は松満丸の後身とみられ、天正六年までには帰国していた可能性が高い。いずれも前掲註(2)天野二〇一一論文参照。
(21)前掲註(16)史料参照。なお、元吉城の所在については前掲註(14)橋詰論文・川島報告の説を採った。長尾氏の本拠は那珂郡の西長尾城、羽床氏の本拠は阿野郡の羽床城で、いずれも櫛梨山と一〇キロ未満の距離にあたる。
(22)この時期、毛利氏権力内で交わされた書状に「阿州両国之儀」という表記がみられることからも((天正五年)閏七月一八日福田盛雅書状写、『大日本古文書 小早川家文書』二―附録浦家文書九八頁)、阿波・讃岐は一体の存在であり、意思決定権は阿波が握るという毛利氏の認識がうかがえる。
(23)前掲註(15)足利義昭書状写参照。
(24)(天正五年)九月一五日小早川隆景書状写(『萩藩閥閲録』三―八二〇頁 巻一二三弘中六左衛門)。
(25)前掲註(16)史料参照。

(26)（天正五年）一二月四日毛利輝元書状写（『萩藩閥閲録』三―八二〇頁　巻一三三弘中六左衛門）。
(27)（天正六年）一月二七日小早川隆景書状写（『萩藩閥閲録』三―八二一頁　巻一三三弘中六左衛門）。
(28)十河存保の阿波入国は、前掲註（8）「昔阿波物語」と同じ二鬼嶋道智の手によると思われる「みよしき」（『続史籍集覧』第七冊）では天正五年の出来事とされる。一方、やや後代の寛文二（一六六二）年に成立した福長玄清「三好記」（『続群書類従』第二二輯ノ下）では天正六年一月三日とする。後述の通り、入国を祝う使僧が毛利氏から派遣されていることからも、両勢力の関係が改善に向かう天正五年末～天正六年初頭とみるのが妥当であろう。
(29)前掲註（2）天野二〇一二論文参照。
(30)（天正六年ヵ）月日欠損小早川隆景書状（『広島県史　古代中世資料編Ⅳ』四九三頁　三原城城壁文書（三原高等学校所蔵））。
(31)ここで「再編」と述べたのは、十河存保の合流が単純な推戴対象の加入にとどまらず、勝瑞派内部における意見の対立や陣営離脱の発生を伴った可能性を想定するためである。例えば、元吉合戦の段階で勝瑞派に参与していたと考えられる細川真之は、同年後半以降はその活動が確認できず、後の天正八年末には反勝瑞派の一宮成相とともに長宗我部氏と同調した行動を見せている（（天正八年）一二月四日香宗我部親泰書状写、『高知県史　古代中世史料編』六五四頁　土佐国蠹簡集拾遺）。かつて対立した阿波三好家の復活に対する不満からの離反、あるいは十河存保の意向により排斥された結果と推測される。また、前掲註（28）「三好記」には、十河存保の入国に際し、篠原自遁がこれに反発し、軍事衝突寸前に至った旨の記述がみられる。同時代史料により確認できる事件ではないが、あるいは十河存保の合流にともなう混乱の一端を伝える挿話とも考えられよう。
(32)（天正六年）三月一六日小早川隆景書状（『山口県史　史料編中世2』九六四頁　冷泉家文書）。前掲註（14）多田論文は本文書を天正五年とするが、文書内の「播州衆現形」に相当する事件は天正五年には確認できず、翌年二月の別所氏の一件と解釈すべきと思われる。
(33)「元親記」上、「阿波入最初之事、付岡豊ノ八幡神変之事」（『続群書類従』第二三輯ノ上）。同書は寛永八（一六三一）年成立の軍記物で、著者の高島正重は元親の近習を務めたとされる長宗我部氏旧臣である。

（34）前掲註（2）中平二〇一三b論文参照。
（35）（天正五年）六月一七日足利義昭書状（『高知県史　古代中世史料編』一三七六頁　土佐国古文叢）、（天正五年）六月一七日真木嶋昭光副状（同上）。原本はいずれも「香宗我部家伝証文」（東京国立博物館蔵）第三巻所収。これら二通の文書の発給年次については諸説あるが、比定の根拠については拙稿「織田・長宗我部関係の形成過程をめぐる一考察」（『史窓』四八号、徳島地方史研究会、二〇一八年）参照。
（36）義昭・毛利氏は讃岐出兵の前年から大西氏に協力を打診しており（（天正五年）二月二七日大西高森・同覚用連署状、『新熊本市史　史料編二　古代・中世』六〇二頁　乃美文書）、阿波三好郡を重視していた形跡がうかがえる。海岸線からやや内陸に入った元吉城が拠点とされたのも、猪ノ鼻峠を抜けて阿波三好郡、さらに土佐へと至る通路の確保が意図されていたものと思われる。
（37）天正五年一一月一七日香宗我部親泰起請文（『高知県史　古代中世史料編』三三三頁　土佐国蠹簡集）。原本は高知県立歴史民俗資料館蔵。
（38）前掲註（2）中平二〇一三b論文参照。
（39）（天正六年）六月一二日織田信長朱印状（『高知県史　古代中世史料編』一三七七頁　土佐国古文叢）、（天正六年）六月一四日三好康慶（康長）副状（同上、一三七九頁）。原本はいずれも「香宗我部家伝証文」（東京国立博物館蔵）第三巻所収。これら二通の文書の発給年次については諸説あるが、比定の根拠については前掲註（35）拙稿参照。
（40）（天正六年）一〇月二六日織田信長書状写（『高知県史　古代中世史料編』三三〇頁　土佐国蠹簡集）。
（41）（天正六年）一一月二四日中島重房・某忠秀連署状（浅利尚民・内池英樹編『石谷家文書　将軍側近のみた戦国乱世』一〇一頁、吉川弘文館）。本文書の直接の宛所は「井上殿」とされているが、ウハ書部分に「利三様／頼辰様」と記されており、実質的な受給者はこれら両名と考えて差し支えないだろう。彼らは長宗我部氏と縁戚関係にあり、織田政権との交渉において重要な役割を果たす存在であった。
（42）前掲註（33）「元親記」中、「信長卿と元親被申通事、付御朱印之面御違却之事」。
（43）前掲註（8）「昔阿波物語」、および前掲註（33）「元親記」中、「阿州岩倉合戦之事」。

(44)（天正八年）一一月二四日長宗我部元親書状写（『遺文』三―一三四頁　吉田文書）では、織田家中の羽柴秀吉に対し、阿波・讃岐の攻略を進める様子が詳細に報告されている。これによると、当時勝瑞に籠もっていたのは大坂本願寺と信長との和睦に反発して阿波へ下向してきた大坂牢人らであり、十河存保は文書内で長宗我部氏が攻略目標に挙げる讃岐十河城へと退いていたものとみられる。なお、前掲註（8）「昔阿波物語」によれば、存保の阿波退去は篠原右京進（松満丸）の別心によるもので、岩倉合戦直後の天正八年初頭の出来事という。

(45)後に元親は「御朱印」に応じ阿波から撤退する旨を述べており（（天正一〇年）五月二一日長宗我部元親書状、前掲註（41）浅利・内池編書八〇頁）、信長の阿波撤退命令の存在は間違いない。その発令時期は、（天正一〇年）一月一一日斎藤利三書状（同上、一一一頁）で元親舅の石谷光政（空然）に対し、「御朱印之趣」を受諾するよう元親の説得が依頼されていることから、天正九年の末頃と考えられる。

(46)天正一〇年春に織田政権と長宗我部氏の関係が悪化した際、先陣として阿波に派遣された三好康長は、阿波三好家と共闘して長宗我部氏方の勢力と交戦している（前掲註（8）「昔阿波物語」）。迅速な対応から見て、織田政権と阿波三好家の間には、事前に和睦をめぐる交渉が存在したと考えるべきだろう。

(47)天正九年末当時、かつて環瀬戸内海地域に存在していた反織田陣営は毛利氏を除いてほぼ壊滅状態にあり、その毛利氏も天正七年後半の備前宇喜多氏・伯耆南条氏の離反後は、義昭「帰洛」を標榜した軍事行動は行わなくなっている。（山本浩樹「戦国大名毛利氏とその戦争」、『織豊期研究』二号、二〇〇〇年）。また、この年一一月には羽柴秀吉・池田元助の出兵により淡路が織田政権へと帰属しており、四国への直接介入を可能とする下地も整っていた。つまり織田政権にとって、長宗我部氏との関係を維持する必要性は大きく低下していたと考えられる。

森水軍からみた近世の阿波

根津 寿夫

はじめに

古来より、徳島藩領の阿波・淡路は水軍が活躍した地域として知られる。「土佐泊の水軍」の名前は天慶の乱時にみえ、[1] 淡路水軍の安宅氏は戦国武将三好長慶の覇権を支えた。細川氏・三好氏の時代から阿波の土佐泊（鳴門市）を拠点に水軍として活躍した森氏は、近世においても水軍を家職とした武家であった。

本稿は、戦国から江戸時代にかけて水軍として活躍した森氏の動向から藩社会や阿波の特質を考察する。初めに、二つの視点を整理しておきたい。

まず、近年の近世、特に江戸時代における水軍研究の動向である。これまで、水軍の自立や多様性に着目した織豊期を中心とする研究事例[2]が豊富であったが、最近では江戸時代における水軍の事例が報告されるようになった。[3] しかし、各大名家の水軍については依然として不明なところが多い。西国大名の参勤交代は財政上の理由から大坂まで船を用いて移動することが多かったが、[4] 各大名家において水軍組織が編成されていたのか、また城下に船入りが設けられていたのかなどといった基本的なことが明らかになっているとは言えない。

もう一つは、江戸時代における水上交通・水運の視点である。徳島藩領国の阿波・淡路は海に囲まれた上、河川にも恵まれており、水運は地域的特質といえる。そうした地域において、人々はいかに海や川に向き合ったのだろうか。船と人に着眼すると、船を造る技術者（船大工）や材料となる材木、さらに材木を調達する藩有林[5]の問題にまで至る。本稿で対象とする水軍を家職とした森家や航海技術を有した船頭や水主の存在形態の問題がある。そして彼らの伝統と心性をうかがうことのできる「御船唄[6]」や鱶除けとされる「日和猿[7]」、さらには、以前には町を駆け巡った四所神社（徳島市福島町）の「船だんじり」といった水軍や水運に関する文化・伝統など、着目すべき事象がある。

本稿で扱う森家については、戦国時代から活躍した水軍として、近世期においても、その絶対性が指摘されてきた[8]が、徳島藩水軍組織の整備との関連や政治史の側面から見直しが進んでいる[9]。

本稿は、森氏の動向、藩主や水軍組織との関わりや浦支配、浦加子の徴発などの考察を通じて、森氏の近世期のあり方を具体的に探る。森氏という歴史的な水軍の家を追求することで、海に囲まれた阿波の地域的特質をあらためて捉え直してみたい。

一　戦国時代の森氏

「古伝記[10]」によると、森氏は本姓藤原、俵（田原）藤太秀郷の末裔とされる。因幡出身とされる家祖佐田九郎左衛門（のち九郎兵衛）は、森飛騨守と久米安芸守の取次で阿波国守護の細川家に仕え、名東郡西黒田村（徳島市国府町）で三八貫が給されたが、後にこれを没収された。松永久秀に一時仕えたが、程なくして久秀のもとからも去った。

二代元村は、森飛騨守の姓を譲り受け、森志摩守と改名した。天文年間初め、讃岐諸将が伊予河野氏と呼応し阿波侵攻の報せを受けると、元村は土佐泊城に、四宮和泉守は北泊城に配され守りを固めるとともに、元村は引田の寒川氏を攻め勝利したという。後に元村は隠居し、板東郡沖野原（鳴門市大津町）で兵力を蓄え、嫡子村春が土佐泊城に入った。

この沖野原（段関）は、細川氏・三好氏の居館であった勝瑞城（藍住町）と阿波の玄関口にあたる土佐泊城を結ぶ吉野川の中継点に位置することから、森氏は、細川氏・三好氏のもとで吉野川本流と阿波玄関口を掌握したのではないかと考えられる。

その後、土佐泊近隣の豪族と婚姻により結び付き自立化を図った。

史料一「古伝記 巻之二 村春・忠村譜並子孫系統記」（森孝純氏蔵、傍線筆者）

森ノ一族ハ土佐泊ト云堅固ノ地ヲ構エテ撫養表テ一円ニ一類ニテ堅メタリ、然ルニ撫養ハ阿州北郡ノ津也、是ニヨリ撫養ニ来リ商売亦ハ船ヲ他国エ買船スル者ハ森一統ノ家頼ノ如クナリテ兵粮・玉薬ノ料ヲ入ル、近国・他国ノ買船往来ニ以証文土佐泊ニ兵粮ヲ入ル、若是ニ不応者ハ、関船ヲ以テ押付ケ、悉ク虜トシテ掠メ取ル、世人土佐泊ヲ以テ志摩守カ関ト云

天正五（一五七七）年に三好氏が滅亡し、自立せざるを得なかった時期の森家の威勢を示していると思われる。天正期には、水上での軍事力を有し、一族で結束を固め、阿波玄関口の要衝土佐泊を支配下に置く豪族に成長していた。

ところで、鳴門周辺の海上交通では、撫養から淡路福良に渡る「鳴門海峡」と、西側の北泊から撫養に渡る「小鳴門海峡」とがある。前者は渦潮で有名な海上の難所で、明治時代でも一ケ月に一〇日も渡れないことがあったという(11)。瀬戸内海を東に進み淡路島の南を通過する場合、その難所を避け、航路の安定した小鳴門海峡が多用された。そ

の主要な海上航路に土佐泊は位置したのである。

天正九（一五八一）年の長宗我部元親による阿波侵攻では、阿波の武士たちが軍門に下る中、森一族は徹底抗戦した。

史料二「古伝記　巻之二　村春・忠村譜並子孫系統記」（森孝純氏蔵）

土佐国主長曽我部秦元親阿州ニ責入、国中過半降参ス、土佐泊ヲモ雖厳攻、森一族岡崎・林崎ニ出向力戦シテ土佐泊ハ森一門ノ妻女或ハ家人ノ妻・下女ニ至迄甲冑ヲ帯、焼篝大勢土佐泊ニ篭りタルト見セテ、遂ニ元親ニ不隨、是故謀計ヲ以テ和睦雖乞不応之、委ク氏村譜在リ、爰省略、雖然自立難調故、村春播州姫路ノ城主羽柴秀吉卿へ援兵乞

森一族は出撃し、女性も甲冑を着て篝火を焚いて籠城した。その結果、土佐泊城を守り切ることができたという。この籠城戦勝は、阿波侵攻において長宗我部元親に唯一屈しなかった武将として森氏の名前を高めることになったが、注目すべきは、淡路の仙石秀久[12]やその主君羽柴秀吉と結びつくといった戦略であろう。それを実現たらしめたのは、海上交通の要衝であった土佐泊にあって、天下人に登りつつあった織田信長や豊臣秀吉などの動向を逸早く入手できたからであろう。

二　近世における森氏―天正一三年から元和二年―

（1）四国攻めと森家への知行給付

天正一三（一五八五）年の四国攻めでは、森家三代当主の志摩守村春が豊臣軍の先導役として木津・岩倉・一宮城

攻略に尽力した[13]。

史料三「蜂須賀家政書状 森村春宛」（丈六寺蔵）

常楽村之儀承候、即濃州御判形取置之候、此上若下々相越候て無道仕候者候者、急度此方へ可承候、為其一筆如此候、恐々謹言

七月七日　蜂小六
家政（花押）

森志摩守殿
御宿所

一宮城包囲において、常楽寺村（徳島市国府町）に羽柴秀長が禁制を出したことを知らせ、この上治安を乱す者があれば家政に知らせるよう伝える。村春が在地の治安に直接関与していたこと分かる。四国攻めに勝利した秀吉は、弟秀長に送った朱印状[14]で、「別而目をかけ、まへより取候知行ニ加増いたし可遣」と直接指示し、村春を優遇した。これを受け、新領主蜂須賀家政は村春に対して、三〇二六石を給付している。この知行高は、家老に次ぐ待遇とみなされる[15]。

（2）蜂須賀家入国と土佐泊からの移転

天正一三年に阿波の領主となった蜂須賀家政は、城地を渭津とし地名を徳島と改め、徳島築城と城下町の建設と並

行し、九人の重臣を阿波国の要衝に配置し国内統治を進めた[16]。

これに連動し、森家は、阿波の海上の押さえとして土佐泊から那賀郡椿泊（阿南市）に移住した。この居所移転は森家の在地性・自立性を奪うものとも理解されるが、場所選定は森家側に委ねられており、椿泊は阿波国で最高の港[17]とされていることから、森家の水軍力を積極的に評価した措置と考えておきたい。

（3）朝鮮出兵と総帥志摩守村春の死

文禄元（一五九二）年、村春ら森一族は、蜂須賀家の水軍として朝鮮に渡海した。村春・氏村（村春弟）が熊川島に一番乗りしたが、その後、村春は戦死した。森一族は、その後も軍功をあげたが、慶長元（一五九六）年には実質的に村春に次ぐ存在であった弟の新正氏村も陣中で病没した。この文禄・慶長の役で、森家は、総帥の志摩守村春とその弟新正氏村を相次いで失ったことになる。

村春の跡は嫡男の忠村が相続した。忠村の誕生前に村春養嗣子だった甥の村重は、筑後柳川の立花宗茂の窮地を救う[18]など活躍が顕著であり、実質的に森一族の中心となっていたものと考えられる。

慶長五（一六〇〇）年、関ヶ原合戦に先立ち招集された蜂須賀家政は、甚五兵衛村重と甚大夫氏純を帯同し大坂に入った。二人に屋敷の警護にあたらせるとともに西軍の内情を探らせている[19]。家政は西軍の誘いを断り、所領を豊臣家に返上し高野山に入った。両人は高野山には同行しなかったが、家政の信頼を獲得していたと思われる。

（4）本家忠村と甚五兵衛村重の確執

村重は村春の養嗣子であったことから本家より五〇〇石が分与されていたが、新当主の忠村と不和になり、慶長九

（一六〇四）年にはその求めに応じて知行を本家に返還した。[20] 本家から離れた村重は独立し、藩主至鎮から名東郡津田浦（徳島市津田町）に屋敷地を拝領した。翌年六〇七石が加増され、従前の知行と合わせ七二〇石を領した。

森本家の意向とは別に、藩主至鎮は、軍事的功績があり、先代家政の信頼を得ていた村重を支持していた。村重の置かれた津田は、城下町徳島の玄関口にあたり、村重の水軍力を評価した配置であった。

史料四「蜂須賀至鎮判物写　森村重宛」（「古伝記　三　村重譜」森孝純氏蔵）

定　津田

当国へ入俵物一切令停止之条、廻船者不及云、たとひせき舟たりとも相改、俵子於無之者可通之候、諸侍中年貢者口々奉行共切手次第可通者也

慶長拾四霜月十七日　至鎮御判

森甚五兵衛とのへ

商船・軍船に関係なく、全ての米の移入統制を命じた定書で、藩士の知行米についても手形改めを命じている。津田は、寛永一七（一六四〇）年に川口番所が置かれ、番人には森本家の旧臣四人が任用された。[21]

本家忠村は慶長一五（一六一〇）年に嗣子のないまま病没し同家は断絶となった。その家臣の内、五人に各一〇〇石を給付し、甚五兵衛村重の与力に組み入れた。残りの四三人には彼らを保護する藩主至鎮の判物が給付され、さらに元和二（一六一六）年には彼らに一五〇石が給付された。[22]

（5）大坂の陣と森家の取立

慶長一九（一六一四）年一〇月、蜂須賀至鎮は、加子一〇〇〇人や牢人を合わせ、九一〇〇人[23]の軍勢を率いて大坂城攻めに出陣し、同城西側の二ケ所の砦を攻略した。蜂須賀家は、この軍功により、夏の陣後に淡路国七万石が加増された。

森家は、本家不在のままであったが、村重が加子を指揮し船舶を稼動させた。

史料五「蜂須賀至鎮判物」（『阿波藩民政資料』、徳島縣物産陳列場、一九一四年）

尚々其元ニ在之舟不残今夜中ニ乗廻可申候、万一舟まわり申しましく候ハヽ、加子百人めしつれ可参候、国ゟ舟にてつみまわし申候たて不残舟にてつみまわし可申候、油断有ましく候、以上

急度申遣候、明朝早々ぢんかへにて人入候間、此状参着次第其元ニ有之舟とも不残今夜中ニ是へ相まわし可被申候、万一舟乗ましく候ハヽ、加子百人かたなをさゝせ其方召連、今夜中ニ必々可参候、左候ハヽ、長ゑ十本船中ニ在之てつほう半分加子ニもたせ可参候、油断有ましく候、謹言

十一月十一日　阿波守

至鎮（花押）

森甚五兵衛とのへ

陣替えのため今夜中に船を廻すこと、もしもそれが叶わない場合には加子一〇〇人に刀を指させ召し連れるよう命じた。森家は船を用いて物資の運搬にあたるとともに、加子を率いて砦に肉薄したのである。

森家略系図（「古伝記」より作成）

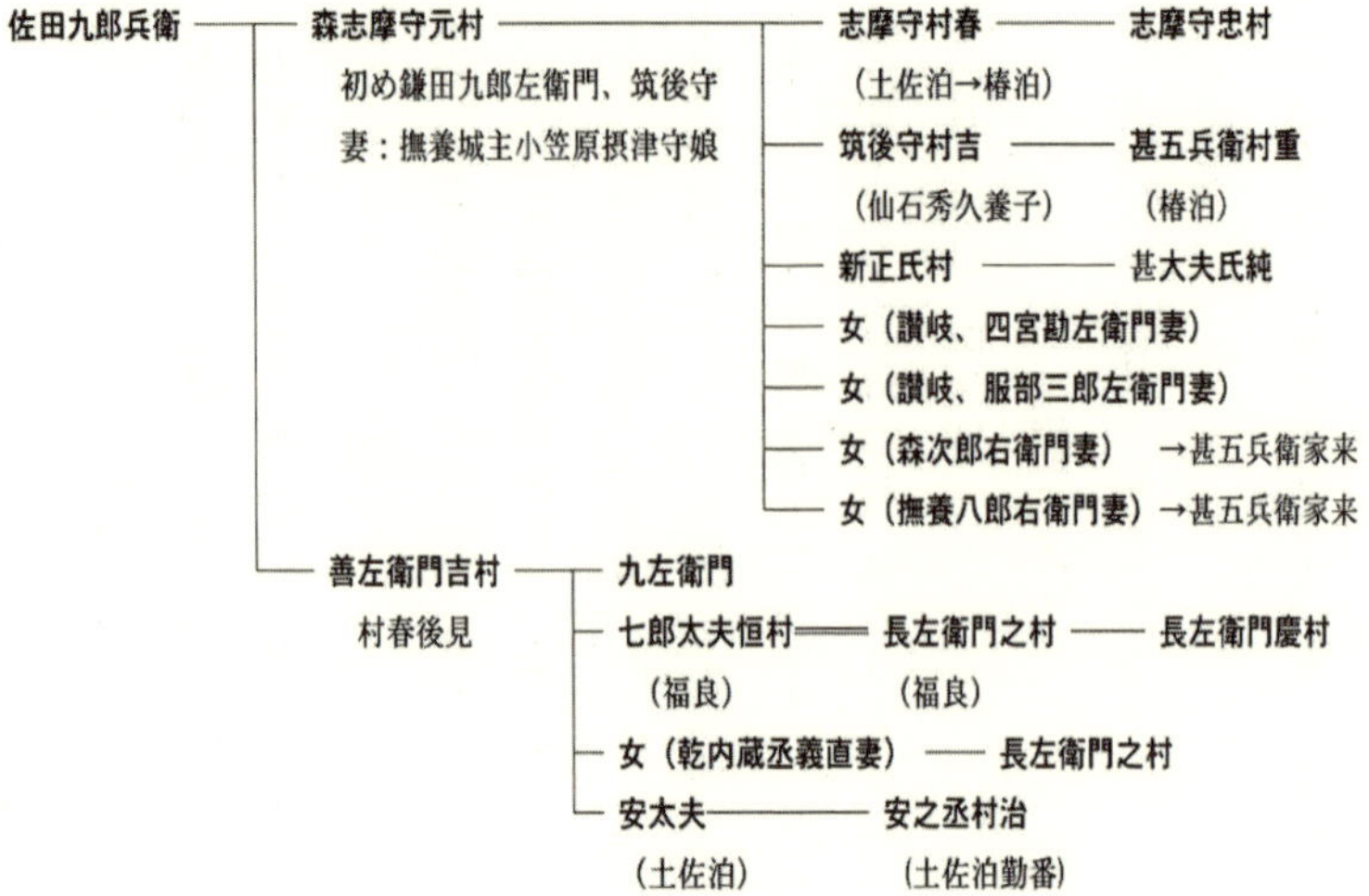

徳島藩蜂須賀家は、一一月一九日と二七日に、大坂城の西側に設けられた二カ所の砦を攻略した。この戦いで手柄のあった七人の藩士たちには、一二月二四日に大御所家康から、翌年一月一一日には将軍秀忠から、それぞれ感状が渡された。藩主至鎮は秀忠から感状が与えられ、この時に松平姓が許された。感状を給付された藩士は、稲田修理亮示植・稲田九郎兵衛植次父子、山田織部佑宗登、樋口内蔵助正長、森甚五兵衛村重と森甚太夫氏純、岩田七左衛門光長の七人で、水軍の森村重と氏純の二人が含まれている。

大坂の陣時に発給された徳川家康・秀忠感状二六通のうち、蜂須賀家関係の受給は一五通と過半を占める[24]。冬の陣は攻城戦で戦功の乏しかった徳川方にとって、大坂城の二カ所の砦攻略は軍事上のポイントとなったことであろうし、それを果たしたのが豊臣取立大名の筆頭格ともいえる蜂須賀家だったことも感状の大量発給に作用したことだろう。夏の陣後に蜂須賀家が淡路国を加増されたのは、実質的な軍功とともに徳川家の思惑、そして蜂須賀家の水軍力、すなわち森家の存在があったと思われる。

大名蜂須賀家では、大坂の陣における軍功を由緒化し、参勤交代の行装や年中行事に盛り込み、蜂須賀家の伝統としている。[25]

大坂の陣後、蜂須賀家躍進の原動力となった森家の取立が行われた。家康・秀忠から感状を拝領した甚大夫氏純は元和元年九月五日に三〇〇石、同じく甚五兵衛村重には一〇月二三日に七三〇石がそれぞれ加増された。

さらに、村重には森本家の知行とその妻の知行八〇石が給付され、与力高と合わせ二〇三四石を領し、翌年、さらに三六〇石が加えられた。この時、藩主より森甚五兵衛村重は、忠村死没以降空白であった森一族の本家に任じられたのである。

三　近世における森氏　―元和二年以降―

(1) 森一族の展開

①中老甚五兵衛村重

森村重は、大坂の陣の軍功により、元和二年に一族の本家として取り立てられ、天正一三年以来の森家の本拠地であった椿泊（阿南市）に赴いた。同家は、家老に次ぐ高位の中老に格付けられ、知行二四〇〇石が給され、代々「船手頭（海上方）」を務めた。

大名家臣の身分秩序は家格が基準で、それに見合う役職に就いた。[26]蜂須賀家家臣では、家老・中老・物頭・平士などといった家格を基準として、それに照応した役職に就任した。

森村重が格付けられた中老は、「将卒役令」[27]によれば三四家あり、知行は二五〇石から二五〇〇石であった。中老が就任した役職は、侍組頭が一三人、藩主の側近く務める近習役（のち年寄役）九人、裁許奉行二人、宗門改奉行一〇人、洲本仕置役一人、船手頭（海上方）二人、物頭三人などがあった。

なかでも、藩主やその一族の側近役人のトップである近習役（初め年寄役）と淡路国の政治を行った洲本仕置役は藩政の中枢に関わる重要な役職である。洲本仕置役は、寛政七（一七九五）年からは家老待遇となった[28]。同職は、享和二（一八〇二）年には年寄役を務めた者から選任されることになった。

中老は諸職を歴任するのが常であったが、森両家は船手頭（海上方）を世襲し、他の役職には江戸時代を通じて就かなかった。同職は無格（卒）の船頭・水主を指揮したため、中老より下位の物頭同等と認識され、知行は多かったが、中老内の座席は低かったという[29]。

寛永元（一六二四）年、先祖以来の吉例のため、藩主参勤交代時における海上随行役を拝命した[30]。これは、水軍の家森家の伝統を踏まえた名誉の職務であったといえる。その一方で、水軍組織の中では位置づけがなく、この海上随行が唯一の職務だった。

②中老森甚大夫氏純

森氏純も、大坂冬の陣の軍功で徳川家康・秀忠から感状を拝領したため、三〇〇石が加増された。しかし、待遇をめぐる不満[31]から、元和八（一六二二）年に阿波国を退去した。

三年後の寛永二（一六二五）年、蜂須賀家の親戚大名彦根藩主井伊直孝[32]の仲介により、氏純は蜂須賀家に帰参した。この氏純の阿波退去の事例は、後に、大坂の陣の軍功で家康・秀忠から感状を得た六家（稲田家は親子で受給したため）

は「御感状之家」[33]として徳島藩蜂須賀家で優遇されたが、当初から等しく優遇された訳でなかったことを示している。氏純は、同年に新知六〇〇石が給付され、後に淡路由良城番を命じられた際、さらに四〇〇石が加増され、買船三艘を預けられた。森本家と同じく中老に格付けされ、藩主参勤交代時の海上随行役を拝命した[34]。知行高は異なるが、徳島藩蜂須賀家は、感状を得た甚大夫家を本家甚五兵衛家と同等の待遇としたのである。

③淡路福良の森七郎大夫・長左衛門

初代七郎大夫恒村は、筑後守元村の弟善左衛門の三男で、慶長年間に蜂須賀家に召し出され、初め一〇〇石が給され、竹奉行を務めた[35]。淡路国加増直後の慶長二〇年七月一五日に、福良浦及び周辺代官に就いた[36]。徳島藩の編年史『阿淡年表秘録』によると、蜂須賀至鎮の淡路拝領は五月二一日で、閏六月三日には領知朱印状[37]が給付され、家臣を派遣し、同月二〇日に岩屋、二二日に由良城を受け取らせている。二六日には至鎮自身が淡路に入った。その半月後に七郎太夫を代官に任命したことになる。阿波へ通じる淡路の玄関口にあたる福良浦の掌握を急いでいたことがうかがわれる。

七郎太夫の養子長左衛門は船の管理を行う一方で、その機動力を活かして淡路や大坂にあって、淡路米の大坂での売却[38]などといった藩主の特命に応じたのである。七郎太夫は、元和八（一六二二）年三月二日に没し、その跡を長左衛門が継ぎ、福良浦及び近郷代官に就任した[39]。代官の基本的職務は年貢収納だが、藩は港支配を重視し「渡舟等不相滞様精を入可申付候」、すなわち渡海航路の維持・確保を重視したことが注目される。

長左衛門は寛永一五（一六三八）年に没したが、同家はその後、福良浦支配から離れ、由良浦番手・洲本船手を務め、淡路国における徳島藩水軍の一翼を担うことになっていく[40]。

④土佐泊の森安之丞

森安之丞は、本家二代目元村の弟善左衛門吉村の孫。父安太夫も土佐泊の番人を務めた。安太夫・安之丞父子は、森一族が土佐泊から離れた後も同所にあって海上の流通統制にあたった。仕置家老賀島主水が寛永二一（一六四四）年に安之丞に出した覚書[41]は、他国よりの五穀・酒等の販売を禁止するよう命じたものである。安之丞は、天正一三（一五八五）年に、本家の志摩守村春が那賀郡椿泊に移住した後も、村春の従兄弟にあたる安太夫は土佐泊に残ったのである。

本家甚五兵衛家、そして甚大夫家は中老・舟手頭（海上方）として高位に遇されたが、実質的な職務は藩主参勤交代の海上随行に限られた。船頭・加子を直接指示し船団を指揮した戦時と異なり、平時には船頭らの支配には関わらなかった。船頭・水主は無格、すなわち足軽クラスで、彼らの支配頭は森家のワンランク下の物頭や組士で、水軍組織でいえば安宅目付がその役を務めた。森家は中老という高位の格付けをされたため、水軍集団の日常的支配からは離れることになったのだ。

一方、鳴門や福良の海上統制に関わった安之丞や長左衛門は実質的な職務を担当した。従来見過ごされてきたが、森本家が土佐泊から阿波の海上の抑えとして那賀郡椿泊に移転した時に一族を挙げて土佐泊を退去したと考えられ、森家は鳴門海峡・小鳴門海峡などの統制に関わらないように理解されてきた。しかし、実際には、移転後も一族の者が土佐泊・撫養、鳴門海峡支配に関与した。このことは従来の通説を覆すだけでなく、森一族が藩政にいかに関わったのか知る上で貴重である。

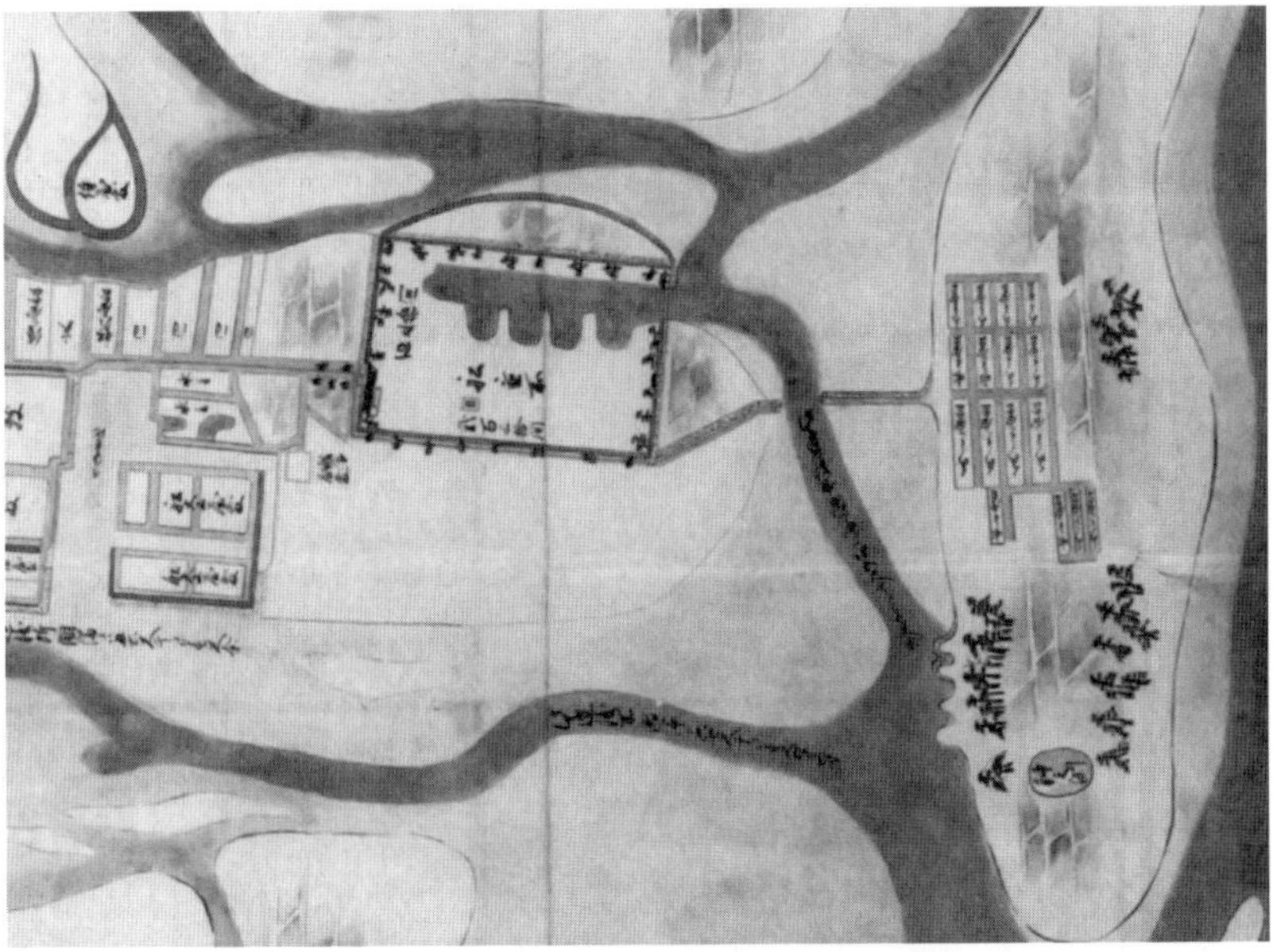

「阿波国渭津城下之図（部分）」国文学研究資料館蔵、天和３(1683)年
中央が水軍の基地「船置所」、西側に船頭・水主屋敷、その南側に船大工屋敷（大工島）、東側の沖洲にも整然と並んだ水主屋敷群がみえる。図の左上、船頭屋敷の隣の「宮」は今も残る四所神社で、同社より東は水軍の管理するエリアだった。

（2）徳島藩水軍の成立と森家

①城下町徳島における安宅の成立

江戸時代、徳島藩領では水軍組織や船置所を「安宅《あたけ》」と呼んだ。[42] 船置所は、初め常三島南東端の「安宅嶋」にあった。同所は、徳島城のすぐ北東に位置し、対岸住吉島には水主屋敷が置かれていた。[43] その後、寛永一七（一六四〇）年から同一九（一六四二）年にかけて福島東部、現在の安宅町へ移転した。[44]

絵図では「船置所」と記される水軍の基地（安宅役所）は、東西が二二八間・南北一五〇間[45]と広大な敷地を有し、一六反帆の御座船、至徳丸と飛鴎丸の二隻（参勤交代時には隔年使用）をはじめとする藩船を収納した。「安宅御船蔵絵図」（笹尾秀登氏蔵）によれば、船倉は七六棟を数える。同所は、藩船の格納庫に加えて、造船・修理を司る「東役所」と船頭・水主を司る「西役所」から構成されていた。

寛永末年に行われた常三島から福島東部への水軍の基地の移転については、常三島の東を流れる住吉島川の土砂堆積が著しく、藩船の航行に支障を来すようになったのが直接的な理由だが、安宅島跡地の武家屋敷地としての利用計画や水軍の一元管理など、船置所移転は一七世紀中葉に進行していた城下町再編計画の一環である[46]。この移転は、戦時の水軍から平時の水軍への変化を象徴するプロジェクトであったと理解される。

水軍の基地の移転とともに、四所神社（徳島市福島二丁目）以東は水軍が管理し、町奉行の警察権の及ばない地域となった[47]。基地の西には船頭・水主の屋敷、その南側の新町川沿いには船大工の屋敷が五五軒[48]、基地の東、沖洲（北沖洲）には一七〇軒[49]の水主屋敷が整然と配置された。水主屋敷は表口五間・奥行一五間の「短冊屋敷」と呼ばれた[50]。

藩船の漕ぎ手は、浦から徴発された「加子」と城下町に集められた常備軍の「水主」があった。

水主の禄は三人扶持・支配四石程度で、無格（卒）であった。その階層と人数は、御目見杖突水主が三人、杖突水主が六七人、矢倉者が四二人、袴着水主が一三六人、最下層の水主が八〇人であった。杖突水主は小舟の船頭役で水主の監督、矢倉者は舵取りと帆綱操作にあたった。杖突は苗字・脇差帯刀を許された[51]。

徳島藩水軍では、船大工を抱え、安宅役所の内で造船や修繕を行った。造船等のための材料は領内から調達した。領内の御林は、藩船を造るために維持されたとされる[52]。御林から伐り出された材木は、住吉島の「御材木屋（板場役所）」で管理された。このように御林、材木、船大工、そして船舶までの一元管理は、徳島藩蜂須賀家が水軍力の保持に腐心したことを物語っている。

船大工たちは、明治時代に藩水軍が消滅したため、仏壇や箪笥、下駄などを製作・販売し自活の道を歩むことになった。船大工の技術は継承され、大工島（大和町）に木工業が定着した。こうして徳島市の地場産業「渭東の木工業」が誕生したのである。

②水軍組織の整備[53]

徳島藩水軍に対する規定は、寛永三（一六二六）年に二代藩主忠英が発給した「安宅嶋万壁書」[54]が初出である。一四ケ条で多岐にわたるが、主眼は船材調達のシステム化を図ったことである。

水軍集団の管理・統制が企図されたのが、明暦三（一六五七）年に三代藩主光隆が安宅目付猪子七兵衛に宛てた覚書[55]である。第三・八・一一・一二・一三・一四条は、船頭と水主の管理に関する規定で、一七条には「安宅諸奉行」もみえるが、水軍集団の統治に関する役職の成立を確認できる。水軍集団の急速な組織化のキーパーソンは安宅目付で[56]、水軍の組織化を進めるために職掌を規定し、安宅目付に職権を付与している。

安宅目付の成立は寛永年間で、船頭・水主・船大工ら、さらに船舶に至るまで水軍の全てを直接指揮・監督した。一七世紀に出された水軍に関する規定は、全てと言ってよいほど同職に宛てて発令されている。

安宅目付の取立がある一方で、阿波の水軍として長い歴史を持ち、江戸時代にも水軍を家職とした森家は、徳島藩水軍の統治ラインには位置付けられなかった。それは、森家が中老という家老に次ぐ高位に格付けられたからである。無格（卒）である船頭・水主・船大工の支配は、原則として中老の下位である物頭や平士の者があたった。中老の森家が船頭らを日常的に指揮することはなかったのである。

森両家を、水主一〇〇人を支配した安宅水主奉行（西の奉行）や船大工らを支配した安宅大工奉行（東の奉行）を指揮する安宅目付の上位に格付けたり、安宅目付の代わりに置くことはできたであろうが、蜂須賀家はそうした選択をせず、安宅目付の職を新設した。

二代藩主忠英治世期、寛永一七（一六四〇）年頃に行われた水軍基地の移転を画期として、森家中心に編成された戦時の水軍から平時のそれへと移行した。それまで森家の影響力の強かった水軍が、徳島藩水軍へ完全に脱却したのである。

藩主から本家に取り立てられた森甚五兵衛家は阿波の海上の押さえとして那賀郡椿泊にあり、寛永二（一六二五）年に帰参し本家と同じく中老に格付けられた森甚大夫は淡路国由良に赴任していた。森両家は独自に船舶や加子等を有し、平時には徳島藩水軍とは別に海上の防備にあたっていたのである。これは、経験と長い伝統を有した水軍の森家でなければ不可能であり、水軍を家職とした森家にとっては名誉な役目であったが、必然的に徳島藩水軍の統治機構からは外れることになったのである。

勿論、藩主参勤交代時における徳島・大坂間の海上移動時には随行し、森両家は藩水軍を指揮した。平時とは異なる藩水軍稼動時には両家は充分な働きをしたが、平時の水軍統治には関わらなかった。こうした矛盾が、江戸中期の森家と安宅目付の確執を生むことになる。

③安宅目付と森家の対立

安宅目付に職権が付与され、水軍組織の整備が進展する一方で、森両家はその統治機構から疎外されていく。そうした現状に強い不満を持った森両家の動きが活発化する。

史料六「森甚五兵衛・甚大夫ら上申書」[57]元禄一五（一七〇二）年

覚

一海上之義詮議薄罷成候は、先年多は力持等ニて被召出、其後は浦々より被召出義も無御座、船頭・水主等御家中奉公仕、又は安宅廻り之作・商売仕、海上一円不心懸ものも被召出ニ付、次第弐拾ケ年以前より尚以右之通罷成、世話之勤専仕悪敷罷成候ニ付、近年度々不調之趣申上、尤、外より船功之者可被召出旨ニて両人被召出候、又は弐三人も役人申立被仰付候義も御座候得共、何と仕候ても安宅一統ニ以前之心得難捨、船道ニ和シ不申故、縦宜敷もの有之候ても、船功之程難相顕躰と相見申候
一安宅御横目共は御成来を相勤申候、海陸打寄年来相談仕候得共、何と仕候ても海陸之面々一統不仕候故、依之海上役人そもく罷成候事
一面々暇遣候水主等陸方より帰算申付候義も御座候、ケ様成義故、海上之勤より陸之勤第一と相心得、海上之役義は愚ニ罷成候事
一唯今安宅より宜敷者出不申、並召置申者も前々御座乗召置候節之様ニ宜者無御座候、惣て海上之心懸薄御座候段は御横目・御奉行、元海上存不申候得ハ、右様之節は御船頭・下代・杖突等致相談、船功之処選申義ニ候得ハ、何と仕候ても右之者共海上之功左程無御座候故、吟味之節詮議不分明候、又は御船頭・杖突・下代等ニより縁引等之方えかたふき了簡仕義も御座候、又は左様之心底ニて無之者可有御座候得共、安宅一統之義ニ御座候得ハ、今日立不申候、右之通諸事詮議之節ハ同意仕躰と相見申候、右之者共之申出候を以御横目・御奉行其通相極、召出シ又は立身・加増・褒美等差遣候故、爰を以船功有之もの出来不仕候、不断は世話之勤専ニ仕候ニ付、若キ時分より右之勤第一之様心懸申故、宜敷者出来不仕、海上之心懸薄罷成候事
右之外ケ様之義共多御座候得共、趣意不相変事長義故、有増申上候、以上

八月廿六日　　森甚五兵衛

森甚大夫

森甚五郎

これに先立ち、元禄一五（一七〇二）年七月二五日に、家老賀嶋主水と長谷川伊豆に宛てた書状[58]で、藩主参勤交代の海上随行時に接した海上役人の不調を申告している。この八月二六日の覚書では、海上経験のない水主の採用や現状の船法について問題点を述べる。そして、その根元が、安宅横目（目付）であると指摘する。安宅目付が水軍を統括する役職であるにもかかわらず、海上での勤務経験がないことを問題視しているのである。

これに対する安宅目付岩田彦之丞の反論が九月一二日にある。[59]安宅目付の職は、安宅役人の賞罰考課であり、水主の採用は安宅水主奉行の役目とする。安宅目付は藩主から発給された判物をもとに職務を遂行していたのである。

史料七「古伝記　九　常純譜」（森孝純氏蔵、括弧内筆者補足）

近年、村安（森甚五兵衛）・常純（森甚大夫）・村建（森甚五郎）ト安宅御横目ノ面々ト一和仕ル様ニ主水重賢（賀島）・伊豆貞長（長谷川）被申事雖成度々、安宅御横目ニハ御判物ヲ元ト立、御雇トシテ御供リ来ル森家ノ者共ナレハ、何ノ御證文無之ニ付、安宅御横目万事ヲ村安・常純・村建ニ不及相談ニ、是故ニ不和ト成リ争論無止時

（以下略）

家老の賀島重賢と長谷川貞長が森両家と安宅目付の関係を取り持とうとするが、両者の主張は平行線をたどった。徳島藩水軍の主導権争いは藩主判物の有無が問題となっていたのである。安宅目付側には職権の根拠となる藩主の判物があったが、森家側は水軍実務の正当性を主張しても、それを裏付けるものはなかった。そこで、森両家は藩主に願い出て、新たな判物給付を求めていくのである。

史料八「海上担任申渡書写」[60]

覚

我等交代上下之節其外於海上船法之儀、諸事其方共三人可任了簡、次船作方并船頭・水主出入之節人柄善悪相撰

紦賞罰其外海上へ相懸る儀者申付置候奉行共遂詮議、其趣安宅目付・其方共相談仕可相極候、雖然難了簡儀於在

之者賀島伊織方迄可申出候、以上

右之條々相心掛堅可守者也

享保十五戌年九月廿七日

森甚五兵衛とのへ

森甚太夫とのへ

森　志摩とのへ

これが「海上担任申渡書」と呼ばれる判物である。初出は、両者の確執が顕在化した元禄一五（一七〇二）年一〇月一九日で、五代藩主蜂須賀綱矩治世期であった。綱矩は二代藩主忠英の四男隆矩の長男であった。父は臣籍降下し家老を務めたため、徳島藩主蜂須賀家を相続し五〇年もの治世中、知行宛行状や役人宛判物を発給しなかった。[61]この間、仕置家老が文書発給を代行し「仮証文」を交付した。後に六代藩主となった宗員（綱矩六男）は、享保一五（一七三〇）年に先代に遡及し一斉に判物を発給した。[62]これが本稿で掲げた享保一五年九月二七日付けの「海上担任申渡書」である。

本書は、「我等交代上下之節、其外於海上船法之儀、諸事其方共三人可任了簡」とあるように、森両家に海上権を

委ねたものとして注目される。その職権は大きい[63]が、同書の文言に示されているように、森両家だけの判断で水軍を統治した訳ではない。担当奉行が調べたことを、安宅目付と森両家に相談し決定すると記されている。だから、安宅目付の職務内容は従前とは変わらないが、森家側にとっては待望の判物を獲得することができたことになる。森家にとって、これは大きな前進といえる。この「海上担任申渡書」によって、水軍集団の統治機構なかで曖昧だった森家の位置付けが明確になったのである。

なぜ、森家はその主張の根拠となる判物を得ることができたのであろうか。それは藩主蜂須賀家の事情によることが大きい。大名の「家」創設期に活躍した軍功の家臣の低迷は、そのまま大名権威の低下を意味したことであろう。五代藩主綱矩は、その治世五〇年間に知行宛行状や役所への判物を発給せず藩政は弛緩したとされる[64]。藩主権威が低迷するなかで、大坂の陣における軍功を再評価し、武威による新秩序を求めようとしたものと考えておきたい[65]。このように、「海上担任申渡書」は、森家の運動だけで発給が実現した訳でなく、藩主権力の動向と連動するなかで生まれたのである。藩権力による森家の取立は、「御感状之家」を中心とした家臣団の序列化が進行していたことを物語っている。

四 地域支配と森家

これまで、戦国時代及び徳島藩主蜂須賀家のもとでの森家の動向や役割、藩水軍との関わりなどを述べてきた。ここでは、地域支配、特に浦支配について、水軍を家職とした森家がどのように関わったのか、漁業権と加子役・安宅役、海上権に着眼し考察していく。

（1）漁業権

まず初めに蜂須賀家政が宍喰浦々代官に宛てた判物を掲げる。

史料九「蜂須賀家政判物　宍喰浦々代官宛」(66)

以上、めいめいに可申遣候へ共、しけく候間如此候
椿ヨリ海部までの浦々にて森志摩にれう仕候へと申付候間、いづれ之浦へ行共無異儀れうさせ得候者也
十二月十日　家政（花押）
ししくい
浦々代官中へ

椿泊（阿南市椿泊町）から宍喰浦（海部郡海陽町）までの間において、森志摩守村春の漁業を認めるよう浦々の代官に命じたものである。村春は文禄元（一五九二）年六月に没したため、この判物は天正一三（一五八五）年から同一九（一五九一）年までの時期のものと考えられる。近世初頭のこの時期には、浦の漁業権が成立しており、そうした既成の浦秩序に対するものと理解される(67)。

また、慶長一五（一六一〇）年、森本家断絶時に藩主至鎮は次のように命じている（『阿淡年表秘録』）。

志摩守家来之者泊ニ可致堪忍之由尤候、猶其浦漁猟并商売仕義ハ浦之商人なミたるへく候、其外諸役可令免許事、已上

慶長十五年霜月十七日

藩主至鎮は、森本家の家来を保護するために、旧領椿泊において、彼らが漁業と商売することを認めた。これは、森本家旧領に限定されており、藩祖蜂須賀家政の判物が発給されたものの、森家は知行地以外の広域的な漁業権は所有していなかったものと考えられる。

(2) 加子役・安宅役の徴収

阿波・淡路両国には六八浦があり、同所に住む者は加子(浦加子)とされた[68]。浦方に対する賦課は、販売した魚貝類に対する「分一銀」と参勤交代等の際に藩船を漕ぐ「加子役」の二つがあった。

加子役は、戦時には軍船に乗り櫓を漕ぎ、戦闘に参加するものであった。しかし、平時には必要が低下し、銀納制となった。加子役銀は一家一人役二〇匁で、これを負担すると屋敷地が付与された。加子役銀は、毎年九月に徴収され、代官・給人へ納められた。

これに対して、水軍・給人手船の漕ぎ手として狩り出される役を「安宅役」といった。その賦課基準が、家役と頭役とが混在していたが、天保六(一八三五)年、家役に統一された。浦加子が安宅役を務めると、米七合五勺と銀四分の日当が支給されることになっていた。

こうした安宅役の管理、つまり出役した浦加子の指揮は誰が行ったのだろうか。

史料一〇「森甚五兵衛他二名連署状 岩田次郎右衛門他二名宛[69]」

一筆致啓達候、然者、若殿様御上京被遊候ニ付、来ル十一日御乗船被遊候、依之例毎之通福良浦・沼島浦・由良浦、右三ケ浦ニ而漕舟三拾艘御用候条、別宮御釣場迄罷越、面々方江致案内候儀、御手配御座候様存候、右之段如此御座候、恐惶謹言

十月五日　森重之助（花押）

森甚太夫　倍（花押）

森甚五兵衛　村（花押）

岩田次郎右衛門様

佐藤兵治様

内藤大太郎様

尚以漕舟之儀、御乗船前日ニ罷出候様御手配可被成候、若シ御乗船御日限少々相狂候而茂、其節態々御達不申候間、御用支ニ相成不申様御了簡可被成候、且又先日御達申候役舟之儀ハ最早御用無之候ニ付、右様御承知可被成候、以上

若殿（のちの一四代藩主茂韶）の上京のため、森両家が淡路国福良浦・沼島浦・由良浦から漕舟三〇艘出役の手配を求めている。沼島は浦加子の中で最も卓越した漕ぎ手として御召船に登用された(70)。宛先の岩田らは洲本本〆役、三原郡代で、本書状は文久二（一八六二）年と推定される。

発給者は森両家なので、森家は藩主出船に伴う船団編成を担当していたものと考えられる。しかし、浦々の加子を直接管理・支配した訳ではなかった。遥か格下の岩田らに格別の配慮しているのは、浦加子の支配頭が彼らであった

からだろう。当該浦加子の支配権は藩主が彼らに付与したものであった。

この書状からは、森家は藩主出船に伴う船団の編成や安宅役として出役した浦加子の指揮は行ったが、浦加子の日常的な支配や管理にあたっていた訳ではなかったことが分かる。

(3) 海上権

参勤交代時における藩主海上随行に伴う海上権は、「海上担任申渡書」の文言から存在したものと考えられる。これは、海上における船頭・水主について指揮したものと推定されるが、藩主参勤交代時における海上随行に限定され、平時は指揮権はなかったものと考えられる。

すなわち、森家は藩船団の編成や海上の指揮に関する役割を負ったものと思われる。

おわりに

森家は、先祖の輝かしい歴史や伝統を受け継ぎ、江戸時代を通じて水軍にこだわり、水軍の誇りを原動力とした武家であった。由緒や伝統がそのあり方を大きく規定した江戸時代の武家社会における、一つの典型が森甚五兵衛家と森甚大夫家であったと考えられる。

ただし、その内実は一様ではなく、慶長一九・二〇年の徳川家康・秀忠からの感状拝領が原動力となり、江戸中期の発給された「海上担任申渡書」を画期として、水軍の家職化が進展したのである。

徳島藩蜂須賀家の浦支配(71)については、分一銀・加子役銀徴収を基礎とする収取体制であり、軍事的な藩水軍による支配・管理ではなかった。その一方で、平時の藩水軍維持については、安宅役により制度化され、徳島藩蜂須賀家の参勤交代などにおける藩船団の稼働が実現したのである。

各地に存在したであろう、森家のような古くからの水軍の家が江戸時代にどのようなあり方をしたのか、興味は尽きない。そもそも、参勤交代時に大坂まで船で移動した西国大名は水軍をどのように編成したのか、注目すべき点である。また浦方支配も四国という地域に限定しても異なるようである。[72]近世大名の水軍編成とからめ、浦方支配を検討する必要を痛感する。

註

（1）『鳴門市史 上巻』（鳴門市史編纂委員会、一九七六年）。
（2）例えば、山内譲「海賊と海城　―瀬戸内の戦国史―」（平凡社、一九九七年）、宇田川武久『戦国水軍の興亡』（平凡社、二〇〇二年）、小川雄「織田政権の海上軍事と九鬼嘉隆」（『海事史研究』六九号、日本海事史学会、二〇一二年）、山内譲『豊臣水軍興亡史』（吉川弘文館、二〇一六年）等がある。
（3）鈴木かほる『史料が語る向井水軍とその周辺』（新潮社図書編集室、二〇一四年）、小川雄編『戦国史研究会史料集2　徳川水軍関係文書』（戦国史研究会、二〇一五年）。
（4）丸山雍成『参勤交代』（吉川弘文館、二〇〇七年）。
（5）『徳島県林業史』（徳島県林業史編さん協議会編、一九七二年）。
（6）藩主の出航・帰航を寿ぎ行われた徳島藩水軍の儀礼であろう。参府のため藩主が徳島城を出て福島橋で川舟に乗ると、第一の拍子木で出航し、第二の拍子木で船路が定まる。暫くして第三の拍子木を合図に御船唄が始まる。唄は沖合の御座船に乗り換えるまで続く。大坂に到着した際にも御座船から川船に乗換え藩邸に至るまで御船唄が歌われる。御船唄は、太鼓も使用されたが、テンポの非常に緩い、のびのびとしたもので、その上低声で謹厳に歌うものであったという。本唄四九番、端唄一〇番があり、一二代藩主斉昌は自作の御船唄を下し、船頭はそれに節を付け歌った。湯村寿一「旧安宅御船方の一巻」(『御大典記念阿波藩民政資料』上巻、徳島縣、一九一六年)、井上良雄著・発行『阿波国交通史』(一九五四年)参照。

(7) 日和猿とは、鱶除けや魔除けの儀礼。御船唄に合わせ猿の面を被り唐団扇を持って日和を見るような姿勢などして芸をしたという。日和猿は世襲なので沖洲の荒川家ともう一家が代々務め、船団が沖に出ると矢倉者(水主)の仕事をした。田所眉東『藩祖家政公御入国三百五十年記念法要誌』(一九三五年)、団武雄『阿波蜂須賀藩之水軍』(徳島市立図書館発行、一九五八年)参照。「徳島藩参勤交代渡海図屏風」(蓮花寺蔵)は明治時代の作だが、日和猿が描かれている。

(8) 団武雄『阿波蜂須賀藩之水軍』(徳島市立図書館発行、一九五八年)、森甚一郎『木瓜の香り』(森先生遺稿集刊行会発行、一九八五年)。

(9) 拙稿「徳島藩水軍の再編—武家集団における秩序の形成—」(高橋啓先生退官記念論集『地域社会史への試み』、二〇〇四年)。

(10) 森甚大夫芳純が、同家や森甚五兵衛家等に伝来した旧記、書状等を集め、享保四(一七一九)年から同六年にかけて著した森家の記録。現存しない蜂須賀家政の書状等を所載し、史料的価値は高い。一三冊(森孝純氏蔵)。森家の歴史書である「古伝記」の編纂は、徳川家康・秀忠からの感状拝領という輝かしい軍功を相対化し、平時の武士の生き方をその歴史のなかから子孫に伝えようとしたものである(序文参照)。

(11) 「加藤寅次郎ら淡路の徳島県編入を反対する」明治一三(一八八〇)年、『徳島市史 第2巻 行政・財政編』史料編(徳島市史編さん委員会、一九七六年)。

(12) 森家の二代当主元村の次男筑後守村吉は、天正一〇(一五八二)年に仙石秀久に仕え、父元村の名を受け継ぎ、森九郎左衛門村吉と名乗った。同一三年、秀久が讃岐に封じられた時に、仙石姓を許されている。同一八年秀久が信濃小諸城で五万七〇〇〇石を給付されると、村吉は七〇〇〇石を与えられた。慶長一一(一六〇六)年没。「古伝記 巻之五」(森孝純氏蔵)参照。後に宗家を継承した甚五兵衛村重は、村吉の嫡子である。

(13) 「古伝記 巻之二 村春・忠村譜並子孫系統記」(森孝純氏蔵)。

(14)「豊臣秀吉朱印状写」(毛利博物館蔵文書、『山口県史』史料編 中世二、二〇〇一年)。
(15)「家政様御代慶長二酉年御入国之砌御家中分限帳」(個人蔵)によれば、細山主水が九五九二石余、稲田小八郎が九三七八石、益田宮内丞が六五七〇石余、林与右衛門が五五四二石余、牛田掃部之助が五三二八石余、山田彦八郎が五三二六石余、中村藤兵衛が五二五四石余、樋口内蔵助が四〇〇〇石、益田内膳丞が三五九九石、長谷川兵庫之助が三五〇〇石で、いずれも家老である。森家の知行はこれらに次ぐ。
(16)拙稿「城下町徳島の成立と阿波九城制の克服」(『史窓』第四一号、徳島地方史研究会、二〇一一年)。
(17)「阿波国海陸道度之帳」(蜂須賀家文書№七一〇—一、国文学研究資料館蔵)。椿泊は「広ク深シ、何風にも舟懸吉」と阿波国では最上級の評価が下されている。ちなみに、城下町徳島にある二つの玄関口の別宮と津田は「東南之大風ニハ波高、舟出入無之」とされる。
(18)慶長三年一二月一三日「蜂須賀家政　朝鮮役褒美御沙汰書」(『阿波藩民政資料』、徳島縣物産陳列場編、一九一四年)。
(19)「家政公大坂玉造御舘ニ籠玉フ、氏純傍門ヲ堅ム、関ヶ原陣ノ時ナリ、家政公ノ依命村重ト同間者ト成ル」とある。「古伝記　七　氏純譜」(森孝純氏蔵)参照。
(20)「古伝記　三　村重譜」(森孝純氏蔵)。
(21)本家の旧臣、久米・広田・忠津・粟田の四人。
(22)森甚一郎「判形者考」(『木瓜の香り』)。慶長一五年に給付された藩主至鎮の判物から、後に四三人の本家旧臣を「判形者」と呼んだ。津田に残った四人以外の者は、海部郡の海岸警備の役を命じられ現地に赴任した。
(23)「大坂御陣有人帳」(蜂須賀家文書№七五〇—一、国文学研究資料館蔵)。
(24)『譜牒餘録』によると、徳川家康感状が一〇通、秀忠感状は一六通。家康感状の内訳は、岡山藩主池田忠継宛一通、と同藩士宛二通、そして徳島藩士宛の七通。秀忠感状の内訳は、徳島藩主蜂須賀至鎮と同藩士宛の計八通、久保田藩士宛の五通と米沢藩士宛の三通である。徳島藩に発給された感状の内で現在確認できるのは森甚大夫宛の二通だけである。
(25)拙稿「大坂の陣と徳島藩—武威の伝統と藩社会—」(『史窓』第四七号、徳島地方史研究会、二〇一七年)。
(26)笠谷和比古『主君押込の構造』(平凡社、一九八九年)。

(27)『御大典記念阿波藩民政資料』上巻(徳島縣、一九一六年)。
(28)『藩法集3徳島藩』(藩法研究会編、創文社、一九六二年)№二六〇四。以下、『藩法集』とのみ記し、番号を付す。
(29)高田豊輝著・発行『阿波近世用語辞典』、二〇〇一年。森家の座席は、中老の内の二七〜二八番目であったという。
(30)「阿淡年表秘録」(『徳島縣史料 阿淡年表秘録』、徳島縣史編さん委員会編、一九六四年)。
(31)森氏純の加増後の知行は六〇〇石で、父氏村の知行高と同じであった。父没時、氏純が幼少であったため知行を減らされ、大坂冬の陣での功績で元に戻ったことになる。同じく感状を拝領した岩田七左衛門は三〇〇石加増され氏純と同じく六〇〇石になり、さらに一〇〇〇石とされた。氏純は、感状拝領者の待遇をめぐる不公平感から不満を抱いていたのである。「古伝記 七 氏純譜」(森孝純氏蔵)参照。
(32)徳島藩主蜂須賀家と井伊直孝との関係については、三宅正浩「近世前期蜂須賀家と親類大名井伊直孝―幕藩関係における役割を中心に―」(『近世大名家の政治秩序』、校倉書房、二〇一四年)参照。
(33)「御感状之家」は、文化一〇年(一八一三)の藩法で確認される(『藩法集3徳島藩』№五〇九)。それ以前でも、六代藩主宗員時代には、「依軍功御感状頂戴」として家督相続時に家老並に優遇されており(「宗員様年中御記録并江戸共帳」蜂須賀家文書№三九四)、実態としては江戸時代中期にまで遡及する。
(34)「阿淡年表秘録」寛永二年六月二三日条。
(35)「成立書并系図共 森長左衛門」、文久元(一八六一)年(徳島大学附属図書館蔵)。
(36)「蜂須賀至鎮判物写」(「古伝記 巻之一 坤」森孝純氏蔵)。
(37)管見の限りでは、淡路加増の領知朱印状は徳島藩主蜂須賀家の文書の中で確認できていない。
(38)「蜂須賀至鎮判物 森長左衛門宛」(森貞夫氏蔵)。
(39)「蜂須賀千松(忠英)黒印状 森長左衛門宛」(森貞夫氏蔵)。
(40)『藩法集3徳島藩』№二五九三。淡路の水軍は、広田加左衛門家と高木善次郎家、元禄一〇(一六九七)年から森長左衛門家が加わる。
(41)「賀島主水覚書」森安之丞宛、寛永一一年一二月一四日付け(『藩法集3徳島藩』№一二六四)。

(42)「安宅」の由来は、紀伊国牟婁郡安宅《あたぎ》（和歌山県日置川町）に出自を持つという水軍の安宅《あたぎ》氏一族が戦国時代に三好氏に仕え、大型軍船を駆使し活躍。大型軍船の通称「安宅《あたけ》」をとって水軍やその基地を呼んだとされる（『徳島県の地名　日本歴史地名大系 三七』、平凡社、二〇〇〇年）。

(43)寛永八（一六三一）年から同一三（一六三六）年の様子を示すとされる「忠英様御代御山下画図」（国文学研究資料館蔵）には、住吉島北部に広大な水主屋敷が描かれている。長方形の囲いに中に整然と屋敷が並び「加子屋敷」と記される。安宅島は、船倉はなく一〇艘ほどの船が浜に引き上げられている。役所らしき建物も数棟見える。「忠英様御代御山下画図」については、『徳島城下絵図図録』（徳島城博物館発行、二〇〇〇年）参照。

(44)拙稿「安宅の移転」（『常三島遺跡1』、徳島大学埋蔵文化財調査室、二〇〇五年）。

(45)「安宅御圍内系譜并御船額控」（『徴古雑抄続編　阿波　十二』国文学研究資料館蔵）。

(46)拙稿「城下町徳島の再編について―下屋敷を中心に―」（『史窓』第二四号、徳島地方史研究会、一九九四年）。

(47)田所眉東『藩祖家政公御入国三百五十年記念法要誌』（蜂須賀彦次郎発行、一九三五年）。

(48)「安宅大工島絵図」（国文学研究資料館蔵）。『絵図図録 第二集　徳島城下とその周辺』（徳島城博物館発行、二〇〇一年）参照。

(49)「御山下島分絵図・沖須」（個人蔵）。『絵図図録 第二集　徳島城下とその周辺』参照。

(50)団武雄前掲註（8）。

(51)河野幸夫「近世中期以降の徳島水軍―その編成と運用の考察」（『金沢治先生喜寿記念論集　阿波・歴史と風土』、教育出版センター、一九七六年）。

(52)前掲註（5）。

(53)前掲註（9）。

(54)『藩法集3徳島藩』No.一一一五。

(55)『藩法集3徳島藩』No.一一二〇。

(56)安宅目付は平士のうちで騎馬の資格を持つ平士で、禄高は二二五石から五〇〇石。「諸御役人被　仰付来格式之帳」（『史料館叢書5　徳島藩職制取調書抜 上』、国立史料館編、一九八三年）、『阿波近世用語辞典』（高田豊輝著・発行、二〇〇一年）参照。

(57)『藩法集3徳島藩』№一一四二。

(58)『藩法集3徳島藩』№一一四一。

(59)『藩法集3徳島藩』№一一四三。

(60)『阿波藩民政資料』（徳島縣物産陳列場編、一九一四年）。

(61)「御作法御成来り替并御家中共以前ニ相違之品草案」（『史料館叢書5 徳島藩職制取調書抜 上』、国立史料館編、一九八三年）。

(62)「宗員様御代御両国諸士え被下御判物控」（蜂須賀家文書№四八三、国文学研究資料館蔵）。

(63)団武雄氏は、「これによって、阿波蜂須賀の水軍と、森一族との関係が了解せられるのである。勿論、それ以前から、水軍のことは森一族の支配に委ねられていたのであって、その住居が二代目森志摩守村春の時代に、土佐泊から那賀郡椿泊に移されても、その勢力には少しの変化もなく、大名の様な大邸宅、幾多の武器が充たされた幾棟の倉庫、造船もやり、水主の訓練も盛んにやる等、大した勢力であった。」（『阿波蜂須賀藩之水軍』）とする。本判物は、水軍における森家の絶大な権限の象徴とされてきたが、当時の森家の実力を表現したものではない。実体はその逆であったから、江戸中期に本判物が発給されたのである。

(64)「賀嶋兵庫存寄書」（蜂須賀家文書№四八三、国文学研究資料館蔵）。五代藩主綱矩治世期に藩主威光が薄れたと認識された問題については、三宅正浩氏は「歴代の血筋の正統性の優劣が「御家」の歴史認識における藩主の「威光」の強弱に符号」とする。三宅正浩「「御家」の継承—近世大名蜂須賀家の相続事情」（『近世大名家の政治秩序』、校倉書房、二〇一四年）参照。

(65)前掲註（9）。

(66)森甚一郎『木瓜の香り』（森先生遺稿集刊行会、一九八五年）。

(67)『徳島県漁業史』（徳島県漁業史編さん協議会、一九九六年）。

(68)前掲註（67）。

（69）山口家文書№三四（徳島城博物館蔵）。
（70）「将卒役令」（『御大典記念阿波藩民政資料』上巻、徳島縣、一九一六年）。
（71）徳島藩蜂須賀家の浦方支配については、『鳴門市史　上巻』で取り上げられているが充分とは言えない。
（72）山本秀夫『近世瀬戸内「浦」社会の研究』（清文堂、二〇一一年）。

II 「地力」を生み出す生業

吉野川流域の竹林景観と藍作――洪水との共生――

平井　松午

一　吉野川流域の地形環境

「四国三郎」の異名をとる吉野川の幹川流路延長は一九四㎞で、流域面積は三七五〇㎢と四国の二〇・五％を占め集水域は四国四県に及ぶ。吉野川の特徴は、基本高水ピーク流量が基準点となる徳島県阿波市岩津において二万四〇〇〇㎥／毎秒にも達し、日本を代表する河川である利根川（八斗島）二万二〇〇〇㎥／毎秒、木曽川（犬山）一万九五〇〇㎥／毎秒、信濃川（小千谷）一万三五〇〇㎥／毎秒を凌ぐ点にある。これは、吉野川の上流域にあたる四国山地の年間降水量が三〇〇〇～四〇〇〇㎜と、日本有数の多雨地帯をなすためである。

高知県と愛媛県境の瓶《かめ》ヶ森（標高一八九六ｍ）を源流とする吉野川は、四国中央部を東西方向に伸びる御荷鉾《みかぶ》構造線に沿って高知県嶺北地方を東流し、高知県と徳島県境に位置する大歩危で直角に北流したのち、三好市池田付近から中央構造線に沿って再び約八〇㎞を東流して紀伊水道に注ぐ。中央構造線北側の阿讃山地は和泉層群の砂礫層からなるため侵食が進み、吉野川に流入する多数の支流河谷の中央構造線崖下には砂礫が堆積して扇状地を形成している。典型的な急傾斜の内陸型扇状地が吉野川北岸（左岸）に東西方向に連続して並ぶことから、かつては「扇状地の教室」とも呼ばれた。

この結果、吉野川河谷（徳島平野）が楔状に広がりはじめる岩津地点以東の吉野川の流路は全体的に南側に押しや

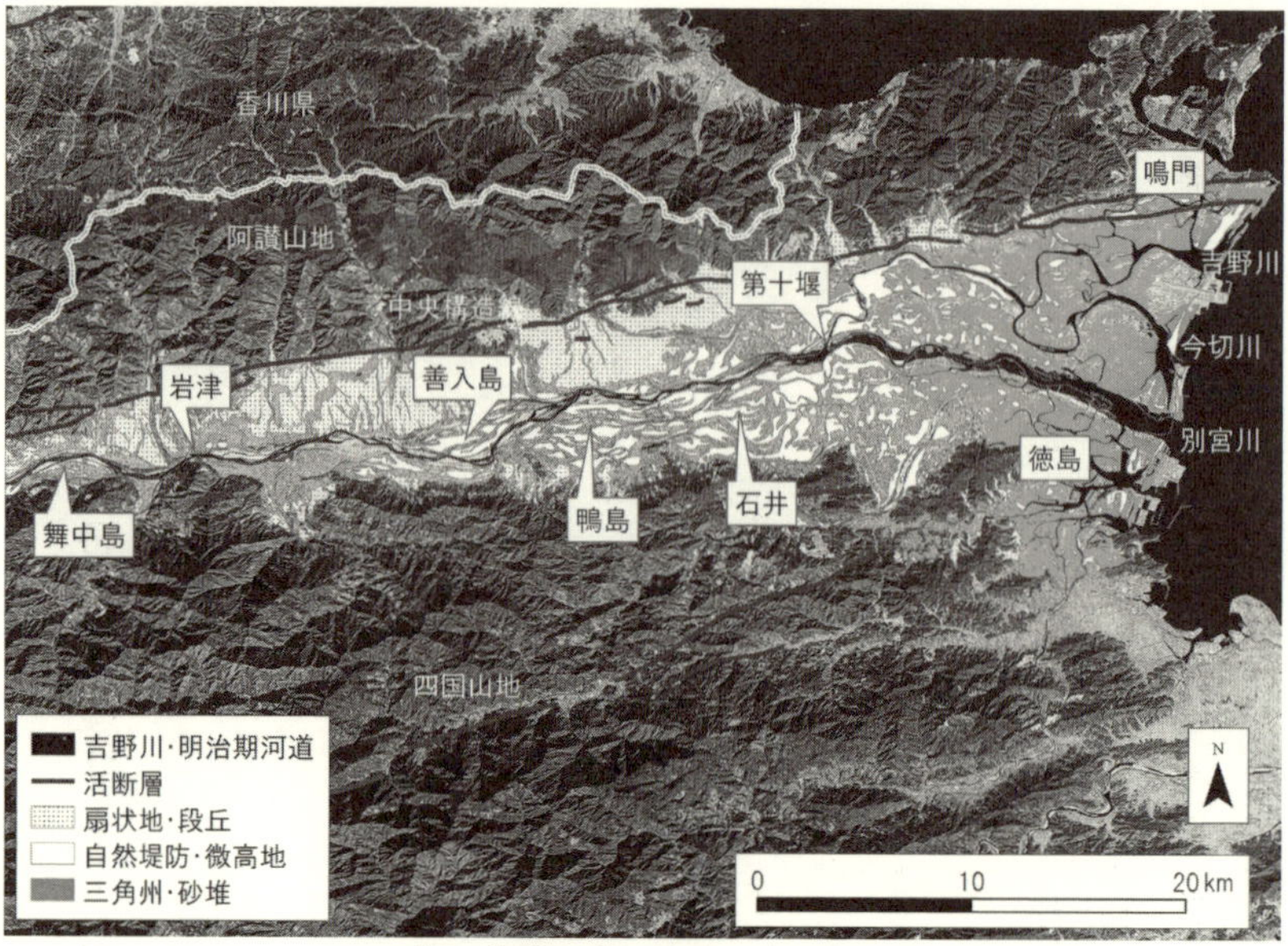

【図1】吉野川下流域の地形環境
四国河川局・国土地理院編の GIS 四国古地理データにより作成。
地形分類は大矢雅彦ほか「吉野川流域水害地系分類図」（1995 年）による。
図中の「吉野川」は現在の旧吉野川で、現在の吉野川本川は図中の「別宮川」。

られ、中下流域の南岸（右岸）域には吉野川によって運ばれてきた大量の土砂が堆積して自然堤防や後背湿地を発達させた【図1】。砂質壌土の微高地をなす自然堤防は比高が数m、南北幅が数百m～最大二kmにも及び、吉野川がつくる沖積平野の特徴の一つにあげられる。地形学者の大矢（一九九三、八七～九四頁）は、洪水時に狭隘部の岩津付近から噴き出された大量の土砂が堆積してこれらの自然堤防を形成したとみている。

吉野川本川には三大川中島（中州）として、上流側から中鳥島《なかとりじま》（美馬市美馬町）、舞中島《まいなかじま》（美馬市穴吹町）、善入寺《ぜんにゅうじ》島（旧名・粟島、吉野川市・阿波市）が知られているが、【図1】から明らかなように、自然堤防が発達する吉野川中下流域の低地部（吉野川市・石井町付近）では吉野川の旧河道や支流が網状河川となって流れ、当該地域はそれらの河川・旧河道が形成する川中島（中州）の連合体のような形状をみせている。

これに対して、旧吉野川[1]や今切川といった分流を含め、低湿なデルタ地帯を形成する吉野川河口部には、近世初頭まで入江状のラグーン（潟湖）が形成されていて、その後の土砂堆積や新田開発の進展によって陸地化が進んだ（平井一九八八ａ）。

二　「北方《きたがた》」の畠方と「南方《みなみがた》」の田方

「北方」と称される吉野川中下流域では、北岸域に乏水性の扇状地、南岸域には四国山地の結晶片岩や阿讃山地の砂岩などが混じる水はけのよい砂質壌土からなる自然堤防が広く発達してきた。こうした地形環境を反映して、阿波国＝粟国の旧国名由来説にもみるように、古来より雑穀を中心とした畠作が卓越してきた。【図2】は、徳島大学附属図書館に所蔵される寛永一八（一六四一）年頃の「阿波国大絵図」（寛永後期阿波国絵図）の畾紙《らいし》書きに記された郡別高目録をもとに、田畠・切畑反別を円グラフで示したものである。阿波国全体（石高一八万六七五三石五斗）では、田方反別七四四七町七反一畝二一歩（三四・八％）に対して、畠方反別が一万一二五七町七反一一歩（五二・六％）を占め、切畑反別も二六七九町八反五畝一七歩（一二・五％）に及んだが、地域別にみるとその差異は顕著である。扇状地や自然堤防が広がる吉野川下流域の板東《ばんどう》郡・板西《ばんざい》郡・名東《みょうどう》郡・以西《いさい》郡・名西《みょうざい》郡・麻植《おえ》郡[2]では畠方反別が約六～八割を占めた。これに対して「南方」と呼ばれる勝浦郡・那東《なとう》郡・那西《なざい》郡・海部《かいふ》郡では田方反別が過半を占め、山分が多い美馬郡・三好郡では切畑（焼畑・切替畑）の占める割合も高い。藩政期にはこうした自然条件を反映して、北方の吉野川流域では葉藍栽培、南方の勝浦川・那賀川流域では水稲栽培、山分の山間地帯では葉煙草栽培が奨励され生産が拡大していくことになる。

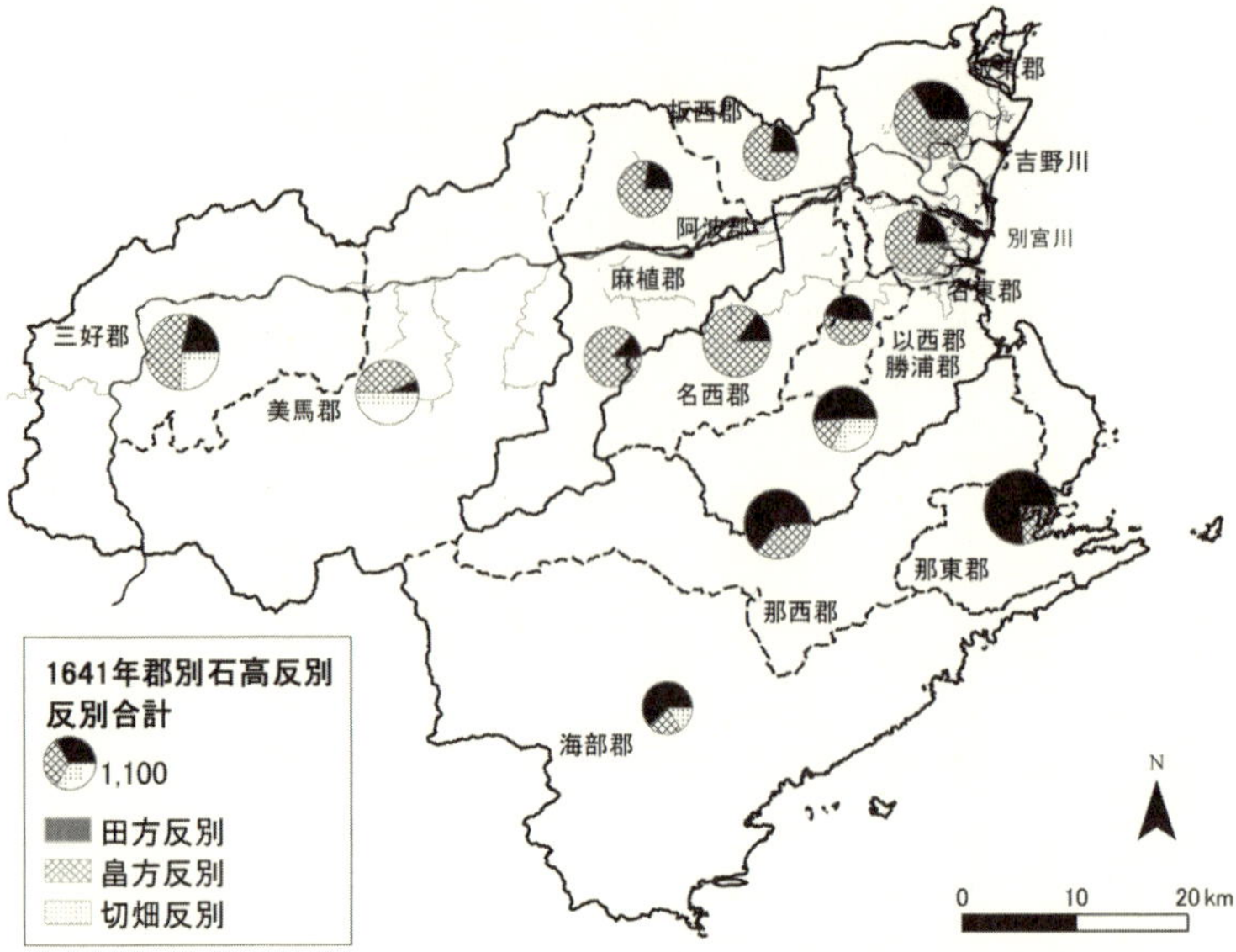

【図２】阿波国における寛永 18（1641）年頃の郡別田畠・切畑反別
徳島大学附属図書館所蔵の「阿波国大絵図」（寛永後期阿波国絵図）より作成。

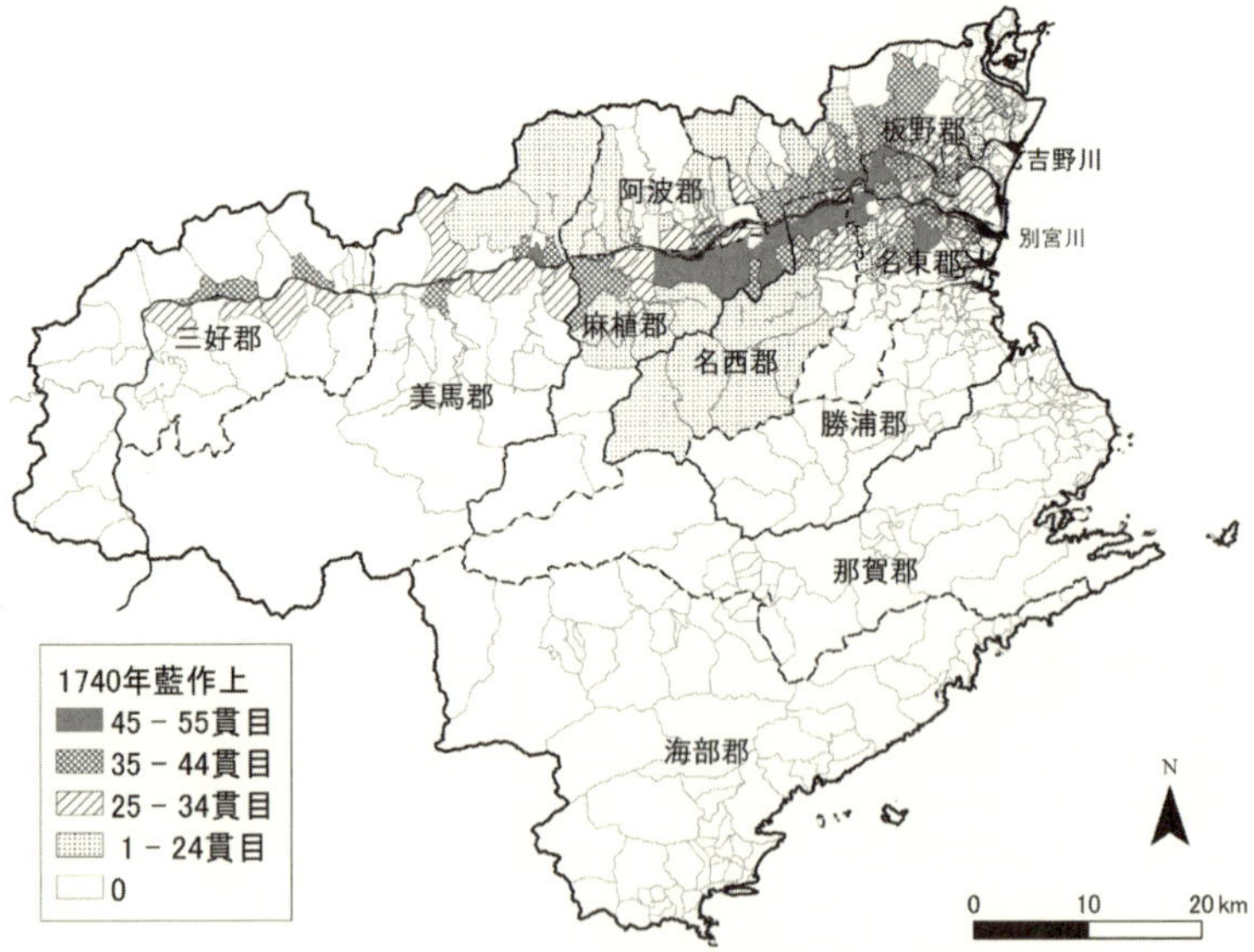

【図３】元文５（1740）年における村別葉藍収穫量
「御国中藍作見分記録」（『阿波藩民政資料　下巻』1916 年）より作成。

三　吉野川流域の藍作地帯

阿波国における藍作の開始時期は不明であるが、文安二（一四四五）年の『兵庫北関入船納帳』に、土佐泊《とさどまり》、武屋《むや》（撫養）、惣寺院（場所不明）の湊から藍が兵庫北関に搬送された記録が残されていることから、当時すでに吉野川流域において藍作が行われていたと考えられているが（今谷一九八一、藤田一九九七、福家二〇一七）、藍作が本格化するのは一八世紀中葉以降である。木綿製品の普及や徳島藩による保護政策・専売制にともない生産が拡大し【表1】、藩政期～明治前期にかけてその生産量は全国の二分の一から三分の一を占めるまでになる（三好・高橋編一九九四、口絵解説）。

年	反別（町）
1740（元文 5）年	2,994
1800（寛政 12）年	6,502
1854（安政 1）年	6,912
1881（明治 14）年	12,216
1891（明治 24）年	14,631
1903（明治 36）年	15,099
1907（明治 40）年	7,541
1911（明治 44）年	2,888

【表1】阿波国・徳島県における葉藍作付反別の推移
『阿波藍譜』、徳島県統計書により作成。

【図3】は、「御国中藍作見分記録」（『阿波藩民政資料　下巻』一七三七～一七五四頁）に記載された二三七ヵ村[3]の「上（藍）」の一反歩当たり葉藍収量を示したものである。これによれば、元文五（一七四〇）年時点では南方に藍作村は確認できず、藍作が吉野川流域の村々に集中していることがみてとれる。言うまでもなく、これは水はけのよい砂質壌土を好む葉藍栽培が、自然堤防が卓越する吉野川流域に適していたからでもある。羽山（一九八三）はすでに、享保六（一七二一）年には阿波国総反別の二〇・一%、畠反別の三一・八%が藍作地であることを指摘した上で、「御国中藍作見分記録」の分析から、北方七郡三三〇ヵ村のうち二三七ヵ村に葉藍が作付され、反収三〇貫以上の高位生産村は自然堤防が卓越する氾濫原地帯に集中し、その中でも御蔵地が藍作の核心地帯をなすことを指摘している。【図3・4】からも、藍作核心地帯は吉野川本川ならびに旧河道によって形成された川中島が連続する吉野川沿岸の村々であることが確認できる。

一方、享和元(一八〇一)年の吉野川洪水に関する民情視察の報告書「一昨年以来相手懸候御用方申上帳」(国文学研究資料館蔵蜂須賀家文書)を分析した松下(二〇〇〇)は、板野郡代の報告から、洪水によって水没した「川成」地が後日「愈上り《いえあが》」地(4)となり、葉藍の生育によい藍作地になったことを紹介している。まさに洪水による「流水客土」(自然客土)が藍作を可能にした事例であり、洪水をもたらす秋の台風襲来は、夏までに葉藍の収穫を終える藍作と好循環をなし得たといえる。

四 藍作地帯にみる景観的特徴

以下では、吉野川流域の藍作地帯に卓越した景観の一端について、天保一一(一八四〇)年一一月の「吉野川絵図」(仮題、徳島県立図書館蔵)から検討してみたい。本図の端書には、「西林村岩津ヨリ第十村関迄大綱絵図吉野川筋」とある。

「吉野川絵図」は吉野川の水制を目的に作成された実測分間絵図(約三〇〇〇分の一)で、岩津~第十堰間約二五kmにおける吉野川本川や支川である江川・神宮入江川の河川流路が描かれている。その中には、吉野川最大の川中島である善入寺島(旧・粟島)や知恵島・西条須賀《すが》・東西覚円《かくえん》などの川中州も含まれ、これらの中州地域は藍作中核地帯の一部をなした【図4】。同絵図には、黄筋で連続堤九ヶ所が断続的に図示され、その間を埋めるように竹植堤や樹木列が連なり、蛇籠出・石出などの水制施設が川中に記載されている。また、洪水の流速低減を目的に翌年に行われた川敷の柳植付地も追記されている（平井一九九八b、羽山二〇〇〇）。

【図5】は、「吉野川絵図」に記載された石堤、堤、竹林の位置を示したものである。堤の多くは堤高二〜五メートルほどの掻寄堤《かきよせ》とみられる。善入寺島（旧・粟島）や知恵島・西条須賀・東西覚円などの川中州に共通していえるのは、上流側にあたる中州の西端付近は石堤、堤、竹林などで堅固に防備されているのに対して、下流側にはそうした水防施設があまり設けられていないことである。すなわち、木曽三川流域に発達した輪中を取り囲む囲堤とは異なる構造を呈しているのである。こうした状況は、明治二六（一八九三）年測図の旧版地形図からも確認できる。

中流域の川中州に位置した中島島や舞中島でも、洪水流が直撃する川中島の西端側は石堤や掻寄堤・竹林などで堅固に補強されたが、掻寄堤は尻切堤であることから、【図6】に示したように、洪水時には吉野川の水嵩が増して標高が低い東端側（下流側）からも洪水流が逆流して島内に流入した（矢野二〇〇〇・平井二〇一四）。これは、洪水時に川中島東側の標高の低い耕地（畠）部を遊水池化し、吉野川本川の洪水水位を一時的に下げる効果を期待したためでもある。吉野川絵図に描かれた下流域の中州地帯でも、同様な方策がとられていたものとみられる。こうした点から推察して、下流域の中州地帯でも中島島や舞中島と同様に、微高地をなす自然堤防上への家屋立地や、浸水対策としての高石垣・土蔵（水屋に相当）の建造、家財・食糧などを避難させるヤマト（天井裏）・イラカ（中二階）の設置、あるいは避難用小舟の用意など、様々な洪水対策が講じられていたといえる。吉野川中下流域に今も残る高地蔵や高石垣家屋・藍屋敷は、そうした洪水遺産の名残りでもある（建設省徳島工事事務所編一九九七）。

ここで注目したいのは、吉野川流域の藍作地帯では、吉野川の洪水被害を前提として様々なハード対策や避難対策などが採られてきた点である。吉野川流域において広く栽培された葉藍は高収益をもたらす商品作物ではあったが、反面、藍畑では地力の低下が著しく、葉藍を連作するには新鮮な土砂の供給が不可欠であった。(5) この点、毎年のよう

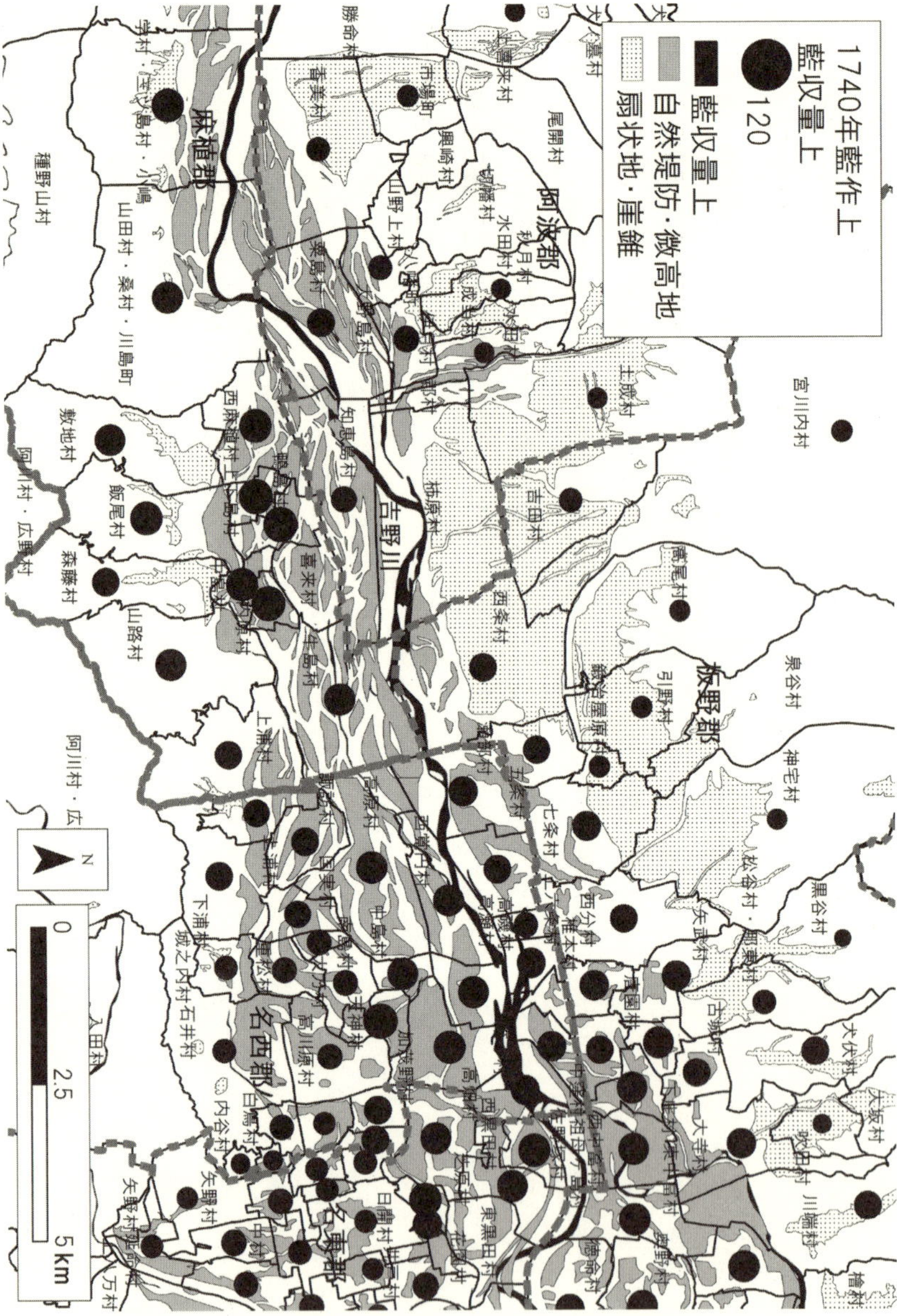

【図４】吉野川下流域における元文５（1740）年の村別葉藍収穫量
「御国中藍作見分記録」（『阿波藩民政資料　下巻』1916 年）より作成。
地形分類は四国河川局・国土地理院編の GIS 四国古地理データによる。

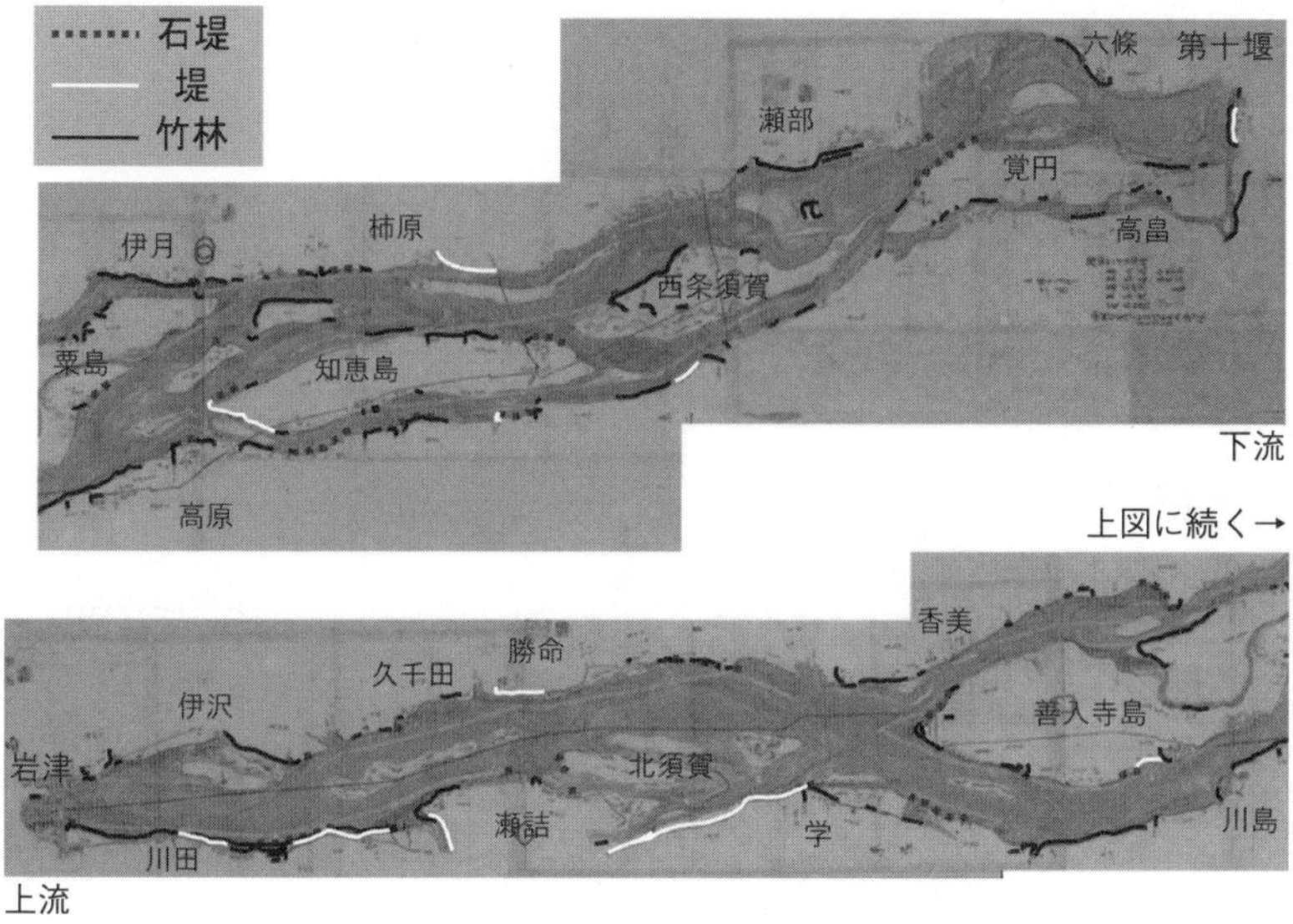

【図５】吉野川下流域における堤・竹林の分布
徳島県立図書館所蔵「吉野川絵図」。

【図６】舞中島における竹林・搔寄堤の分布
空中写真は昭和 36（1961）年撮影、国土交通省徳島河川国道事務所提供。

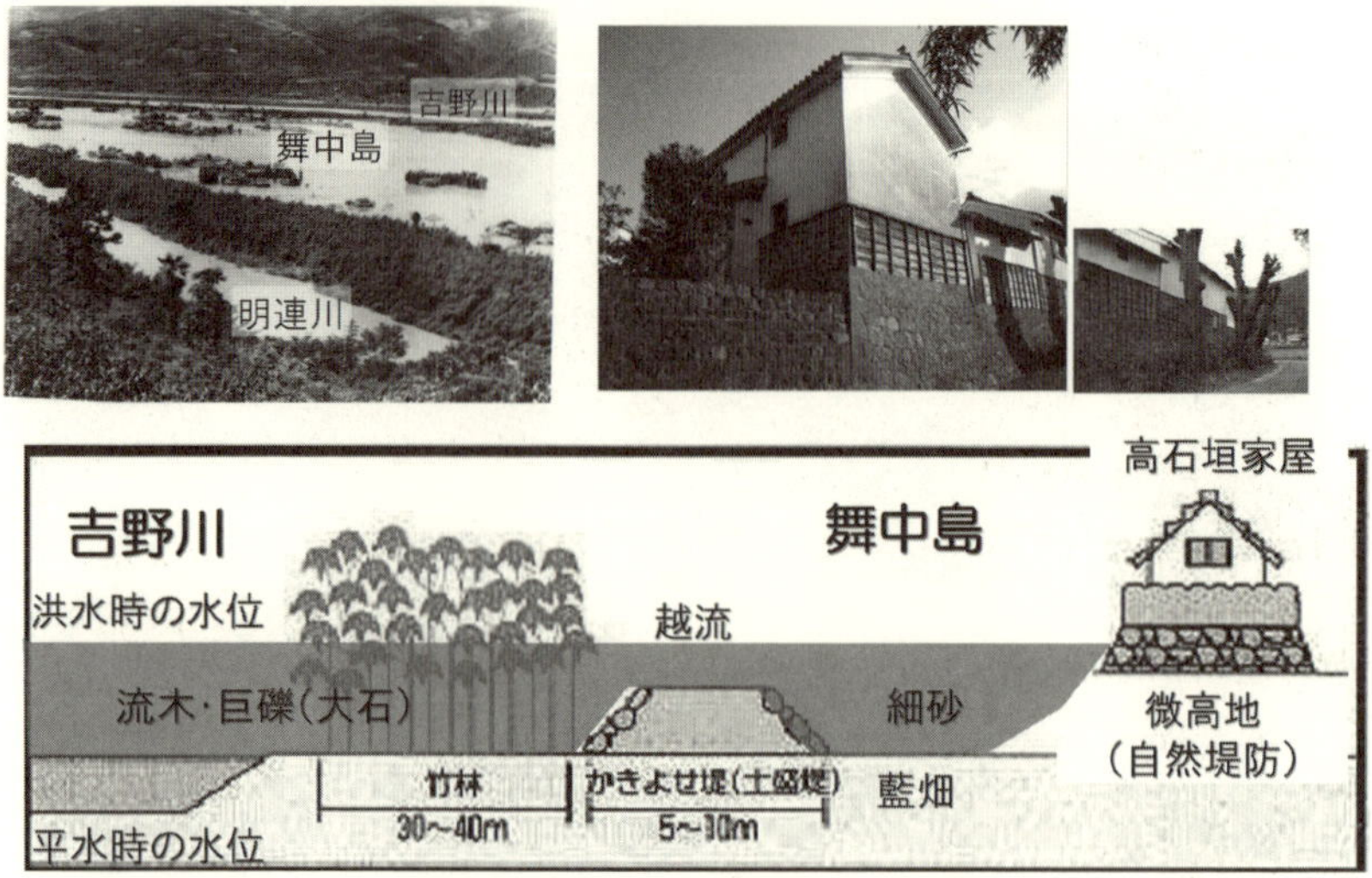

【図7】舞中島の横断面図と洪水対策
左上写真：昭和29(1954)年のジューン台風による大洪水で水没した舞中島。
右上写真：高石垣・土蔵や樹木で防備した藍屋敷。
下図：四国地方建設局徳島工事事務所編『四国三郎物語』1997年、89頁を加筆修正。

に起こる洪水による自然客土は新鮮な砂質壌土をもたらしたことから、吉野川流域は藍作適地であった。しかしながら、そのためには、洪水常襲地帯である藍作地帯では洪水被害を最小限に抑えつつ、新鮮な砂質壌土を藍作地に取り込む仕組みが必要であった。

【図7】は、舞中島を例にその仕組みをモデル化したものである。吉野川本川と支流の明連《みょうれん》川とに挟まれた舞中島は、島の周囲を水害防備林である真竹を主体とする竹林や欅・榎などの樹木、堤高約三m[6]の掻寄堤で囲繞され、竹林や樹木は掻寄堤の護岸林としての役目も果たした。元禄期(元禄一四(一七〇一)年ヵ)の大洪水後には藩主による竹林検視が行われ、竹林の伐り出しは藩の藪奉行によって直接管理された(科学技術庁資源局編一九六三、一二三頁)。また、明治三(一八七〇)年九月に徳島藩が定めた「郡中制法」には「付堤防川岸等へは柳呉竹等を植出水之節の圍に可相成常々可遂心配事」(徳島県史料刊行会編一九八一、一一四頁)とあり、竹林は水害防備林として重要視されていた。享和元(一八〇一)年の洪水時における阿波・麻植郡代の報告でも、竹林の植付けが奨励されたという（松下二〇〇〇）。今日、舞中島地区をはじめ、無堤地区が残る東みよし町加茂地区や洲津地区を中心に吉野川中流域沿岸には竹林景観が卓越しているが、吉野川第一期改修工事が完了する昭和初期までは下流域にも竹林が連続的に保存されていたとされる（科学技術庁資源局編一九六三、一二三頁）。

大洪水時には本川・支川から舞中島内に洪水流が流入したが、大きな被害をもたらす巨礫（岩）や流木などの大半は竹林・樹木で防御され、掻寄堤の上を越流（溢流《いつりゅう》）して流れ込む洪水流は葉藍栽培に適した細砂をもたらした【図7】。島内に流れ込む洪水流の流速は竹林によって低減したものの、一定時間冠水するため、(7)多くの家屋は自然堤防の微高地上に列状に建ち並び、高さ一〜三mの盛土や高石垣を設けていた。また、島内に流れ込む流木などから家屋を守るため、家屋の西側に欅などの樹木を植栽する一方、家財の流出を防ぐために家屋の東側にも樹木を植えていた。

舞中島も藍作地帯の一角をなし、文化一二（一八一五）年に佐野之憲によって編纂された『阿波志』では、舞中島の総反別七二町四畝歩のうち陸田（畠）が一〇分の九（水田一〇分の一）を占めた。舞中島の史料（個人蔵）の集計結果によれば、(8)天保一二（一八四一）年〜元治二（一八六五）年における舞中島の葉藍作付面積は六五〜七七町歩で推移した。「（舞）中島村」の村高は慶長二（一五九七）年の分限帳で四三三石余、寛文五（一六六五）年の「阿波国十三郡郷村田畠高辻帳」（国文学研究資料館蔵）でも四三四石二斗七升八合とあることから、慶長期にはすでに舞中島では生産性の高い藍作が行われていた可能性もある。そう仮定すると、洪水常襲地帯である舞中島にあえて集落が立地した理由も、藍作に求められることになる。同じく吉野川の川中州に位置した粟島村（善入寺島の一部）も、慶長二年の分限帳に村名がみえ、元文五（一七四〇）年の「御国中藍作見分記録」では葉藍の反当たり収量が平均一三貫、上作三五貫と、阿波郡内では最も高い値を示した。中島島でも同様に、全域で藍作が行われていた（矢野二〇〇〇）。

五 洪水との共生―吉野川流域の文化的景観―

以上のように、吉野川流域、とくに川中島を呈する中州地帯では、竹林・掻寄堤は単に水害防備のためだけではなく、藍作に不可欠な細砂を取り込むための一種の濾過装置としての役目も果たしていたと考えられる【図7】。

輪中地帯を形成した木曽川や大規模な瀬替え工事が行われた利根川など、全国の大規模河川流域でも様々な洪水対策が講じられ、長大な連続堤防も築堤されてきた。木曽三川流域の輪中をはじめ国内外の「囲堤」を検証してきた伊藤（一九九六、五〜七頁）は、洪水を防御する防水林による「一種の囲堤方式」として中鳥島・舞中島の竹林を取り上げている。しかし、伊藤が提唱する「囲堤」が洪水対策としての水除堤という大前提に立つならば、藍作に不可欠な砂質壌土を確保するための装置としても機能した吉野川流域の竹林を、そのまま「一種の囲堤方式」とみなすことはできない。

吉野川流域に本格的な連続堤防が築かれるのは、藍作衰退後の明治四四（一九一一）年に着工された吉野川第一期改修工事においてであった。藩政期には六条堤や六十間堤、龍蔵堤など、吉野川沿岸には部分的に連続堤防が築かれていたものの【図5】、それらの多くは甚大な洪水被害が頻発した吉野川の蛇行個所（攻撃斜面）に多く、藩が主導して吉野川の固定化につながる長大な連続堤防が築造されることはなかった。(9) 幕末期の嘉永三（一八五〇）年には、名東郡早渕村の組頭庄屋であった後藤庄助によって吉野川流域の水田化計画である「吉野川筋用水存寄申上書」（後藤一九四二）が藩勧農方に提出され、同六年には和算家・暦学者として知られた徳島藩士の小出長十郎によって、開国後における藍作から米作への転換や吉野川の河床上昇に対応した堤置上（嵩上げ）に伴う愈上り地・川成地の埋立・

造田によって年貢増益を図る建白書も提出されたとみられるが（小出編一九一七、九〇～九七頁）、こうした提言が麻名用水・板名用水として実現するのは、藍作の衰退が顕著になった明治三〇年代以降のことである。洪水対策・用水確保のために吉野川を固定する長大な連続堤を築造することになれば莫大な財政負担が必要となるだけではなく、流水客土（自然客土）に依存する藍作[10]そのものが立ち行かなくなることは明らかであり、そこには藍作を保護し優先する経済政策があったことは間違いない。

それゆえ、吉野川の洪水から逃れることのできない北方地域では、むしろ「洪水との共生」を志向し、自然堤防が卓越する特有の地形環境や水害防備のための竹林・掻寄堤を活かして藍作に特化してきたとみることができる。それはまた、古代の雑穀栽培から連綿と続く畠作卓越地に刻まれた歴史の一断面であり、現在も洪水遺産として残る竹林景観や掻寄堤、高石垣家屋、藍屋敷、高地蔵などは、吉野川流域における「洪水との共生」という思想のもとに育まれた文化的景観[11]と特徴づけることができる。

註

（1）吉野川は、洪水氾濫対策を目的とした明治四四（一九一一）年～昭和二（一九二七）年の吉野川第一期河川改修工事によって、それまで第十堰で分流していた枝川の別宮川を吉野川本川に付け替え、それまでの本川を「旧吉野川」とした。この改修工事に際して、善入寺島（粟島）を河川敷の遊水池とするため、大正四（一九一五）年までに五〇六戸（約三〇〇〇人）全戸を撤去させ、以後、面積約五〇〇haにも及ぶ川中島は無人化した。さらに、昭和五一（一九七六）年の大洪水によって壊滅的な洪水被害を受けた中島島では、昭和六三（一九八八）年までに三一戸全戸が移転を完了し現在は吉野川堤防が設けられている。そのため、現在も住民が居住する川中島は美馬市穴吹町の舞中島のみであるが、舞中島地区も昭和四九（一九七四）年に吉野川堤防が概成し、築堤後は吉野川の洪水（外水）被害は受けていない。

（2）寛文四（一六六四）年の「郡改め」以前に阿波国は一三郡を数えたが、「郡改め」後は板東郡・板西郡は板野郡、那東郡・那西郡は那賀郡に再編され、以西郡は名東郡に編入されて一〇郡となった。

（3）図3は、総務省統計局が提供している町丁目・大字別のＧＩＳ小地域データのポリゴンデータをベースマップとして、明治初年の「旧高旧領取調帳」に掲載された阿波国藩政村域を示している。ただし、一部の藩政村域については大字の範囲と整合しないため、明治三（一八七〇）年刊行の「阿波国図」に示された村境を参考にポリゴン分割（村域確定）を行った（ポリゴン総数は六一四ヵ村分）。なお、「御国中藍作見分記録」に記載のある二三七ヵ村のうち、東川田村・西川田村については川田村に統合し、村域不明な東岩倉村、斎田浦、和田村のうち鮎喰原については「阿波国国」にも未掲載のため、【図3】中の村数は二三三ヵ村となる。

（4）羽山（二〇一五、一六一～一六五頁）は、吉野川の洪水による川成地がその後の災害復旧の「愈上り改検地」に伴い、元地（母地）を再び丈量する積地（仮検地）のために作成された「愈上り絵図」を紹介している。

（5）藍作の拡大に伴い、藍畑の地力回復を目的に蝦夷地・北海道産の鰊〆粕も大量に投入されることになるが、その結果、戸谷（一九四九、四一八～四三一頁）が「阿波型」農業と称したように藍商による前貸制により農民層の分化が進む一因となった。

（6）昭和四九（一九七四）年に慨成した舞中島の吉野川堤防の堤高は約六《メートル》で、岩津基準点で過去最大級の河川流量一万五七〇〇㎥/毎秒を記録した平成一六（二〇〇四）年一〇月の台風二三号時も外水氾濫は免れている。

（7）昭和二九（一九五四）年の台風一二号（ジューン台風）時の洪水被害について「吉野川無堤地帯補償調査報告書」をまとめた矢野（二〇〇〇）によれば、盛土・高石垣を施した大半の家屋で床上浸水し、おおむね湛水時間は二～五時間で、二ｍ一二㎝の床上浸水をみた盛土の低い家屋では最大七時間にわたって湛水したとされる（【図7】写真参照）。一方、水害防備林である竹林が伐採されて竹林の林相幅が狭まると、洪水の流速が早くなることも指摘されている（科学技術庁資源局編一九六三、一二六頁）。

（8）鳴門教育大学の町田哲氏による。

(9) ただし、先の「吉野川絵図」(徳島県立図書館蔵)には、吉野川の築堤計画を示す細長く連続する白帯の懸紙が吉野川本川や支川沿いに付されている。なお関連して、蛇行の大きかった吉野川の直流化計画も立案されていた(高田二〇〇二)。
(10) 幕末期には、吉野川流域の藍作地帯では干鰯やその代用品である蝦夷地産の鰊〆粕が大量に使用されることになるが、洪水によってそうした魚肥が流失してかえって地力の低下を招いていたことも指摘されている(徳島県立文書館二〇一一)。
(11) 文化的景観とは、地域における伝統的な生活と生業を背景として歴史的に形作られた景観を指す(金田二〇一二)。

参考文献

伊藤安男　輪中地域と輪中集落、伊藤安男編『変容する輪中』古今書院。一九九六年
今谷　明　瀬戸内海制海権の推移と入船納帳、燈心文庫・林屋辰三郎編『兵庫北関入船納帳』中央公論美術出版、二七二～二八八頁。一九九六年
大矢雅彦『河川地理学』古今書院。一九九六年
大矢雅彦・春山茂子ほか編「吉野川流域水害地形分類図」(解説書)、建設省徳島工事事務所。一九九五年
科学技術庁資源局編『吉野川流域の水害地形と土地利用』(科学技術庁資源局資料第五四号)、科学技術庁資源局。一九六三年
金田章裕『文化的景観』日本経済新聞出版社。二〇一二年
建設省徳島工事事務所編『四国三郎物語　吉野川の洪水遺跡を訪ねて』建設省徳島工事事務所。一九九七年
小出植男編『小出長十郎傳』私家版。一九一七年
御大典祈念奉祝協賛会編『阿波藩民政資料　下巻』徳島県。一九一六年
後藤捷一『吉野川筋用水存寄申上書』(郷土史談、第四編)、大阪史談會。一九四二年(吉野川資料研究会編:『吉野川関係文書　第一集』同会、一～三六頁。一九九九年に再録)

高田憲二　江戸時代の吉野川直流化論、『暮らしの中の吉野川』特別展企画展解説、徳島県立文書館、七頁。二〇〇二年
徳島県史料刊行会編　『阿波藩民政資料（復刻版）』徳島県。一九八一年
徳島県立文書館　藍作人の苦境、『吉野川と阿波藍』第四五回企画展解説、七頁。二〇一二年
戸谷敏之　『近世農業経営史論』日本評論社。一九一六年
羽山久男　藍作地帯における地主制の展開、石躍胤央・高橋啓編『徳島の研究5　近世・近代篇』清文堂、一八三～二三八頁。一九八三年
羽山久男　徳島藩の河川絵図について、学会誌吉野川、第三号、一～一八頁。二〇〇〇年
羽山久男　『知行絵図と村落空間』古今書院。二〇一五年
平井松午　a吉野川の河川環境と流域史（三一～二五頁）、b絵図にみる吉野川（二九四～三一九頁）、東潮編『川と人間―吉野川流域史―』渓水社。一九九八年
平井松午　吉野川流域・舞中島の洪水対策と竹林景観―洪水との共生―、徳島地理学会論文集、第一三集、三三～四八頁。二〇一四年
福家清司　中世阿波における藍業の発展と紺屋、地方史研究、第三八八号、四二～四六頁。二〇一七年
藤田裕嗣　一五世紀中葉における阿波国から畿内に向かう海上輸送の分析―積荷を中心に―、徳島地理学会論文集、第二集、二七～四〇頁。一九九七年
松下師一　徳島藩地方改革における吉野川治水事業―享和元年の洪水を事例として―、学会誌吉野川、三九～六四頁。二〇〇〇年
三木与吉郎編　『阿波藍譜　栽培製造編』三木産業株式会社。一九六四―七〇年
三好昭一郎・高橋啓編　『図説　徳島県の歴史』河出書房新社。一九九四年
矢野広宣　中州の防災に関する地理学的研究―吉野川中流域を例として―、徳島地理学会論文集、第四集、六五～八一頁。二〇〇〇年

徳島・吉野川下流域における先史・古代の農耕について

中村　豊

はじめに ―古代から中世にかけての農耕の特色―

『続日本紀』（史料一・二）・『延喜式』（史料三～五）・『類聚国史』（史料七）や正倉院宝物の『東南院文書』（史料六）・『新島荘絵図』・『大豆処絵図』（本稿一四〇頁掲載【図8】）などに残された古代史料は、奈良時代（八世紀）から平安時代前期（一〇世紀）の間、阿波国は水田が少なく陸田が多いという記録を残している（丸山一九八九、福家一九九六）。例えば、『続日本紀』天平元（七二九）年一一月七日の条に、阿波国は山背国とともに陸田を班給すると記されている（史料一）。さらに、「同」神護景雲元（七六七）年一二月四日の条にいたっては、阿波国は「その土地に田が少ない」ために、王臣の功田・位田を収公して百姓の口分田として班給する、とまで明記されている（史料二）。これらの記事は、それぞれ『延喜式』の「民部上・官田」（史料三）と「民部上・班田」（史料四）に引き継がれている。平安時代前半の一〇世紀前葉まで同様な様相が継続したとみられるのである。さらには、同じく『延喜式』の「民部下・交易雑物」（史料五）に、粟・小豆・小麦・大豆など、他国を凌駕する畠作物を供給する記述もみられる。『倭名類聚鈔』が明記する田の面積も狭い。文献史料に併行して、古代を対象とした農耕に関する考古学的研究もおこなうべきであるが、古代阿波国が、畠作卓越地帯として認識されていたことは事実であろう。(1)

〔史料一〕　続日本紀　聖武天皇天平元（七二九）年一一月
（前略）又阿波国山背国陸田者不問高下。皆悉還公。即給当土百姓。（後略）

〔史料二〕　続日本紀　称徳天皇神護景雲元（七六七）年一二月
（前略）収在阿波国王臣功田位田。班給百姓口分田。以其土少田也。（後略）

〔史料三〕　延喜式　民部上　官田
凡但馬。紀伊。阿波等国。不得置位田。

〔史料四〕　延喜式　民部上　班田
凡山城。阿波両国班田者。陸田水田相交授之。

〔史料五〕　延喜式　民部下　交易雑物
阿波国。（略）油二石四斗。（略）粟二十石。小豆十六石。秣料大豆八十石。胡麻子四石。小麦七十石。（略）
醤大豆二十二石。隔三年進醤大豆五石。

〔史料六〕　東大寺文書　東南院文書二　阿波国名方郡新島庄券　天平勝宝八歳（七五六年）一一月
東大寺墾田並陸田惣肆拾弐町捌段壱伯陸拾弐歩　阿波国名方郡新島地、有東南河、西江、北錦部志止祢陸田、
墾田一町五段一百五十歩
陸田四一町三段一一歩
且開二八町八段一百七十二歩
未開十二町四段二百歩
以前、以去天平勝宝元年所占野内、且開田並陸田及未開地如前、（後略）

〔史料七〕　類聚国史　田地部上　口分田　淳和天皇天長七（八三〇）年四月
阿波国水田一十町二段。混雑陸田。班民口分田。埆処岸高。無便導水也。

その後中世から近世にかけて、吉野川流域がナタネ・エゴマといった油料作物や藍など商品作物の生産を軸とする畠作卓越地帯であったことは、周知の事実である。古代から中世にかけての、穀物から商品作物への移行過程はあきらかではないが、中近世の歴史的前提として、古代阿波国を畠作卓越地帯と位置づけることができる。

一方、古代以降の畠作優位という地域的特色が、どのような背景のもとで形成されたのかはあきらかではない。以下、近年研究の蓄積が著しいレプリカ法などを通して、決して多くはない考古資料から、農耕の起源と展開を概観するなかで、徳島の「地力」・「歴史的基盤」でもある畠作卓越地帯形成の背景を、可能な限りさぐりたい。

一　レプリカ法と農耕の起源

近年、かつて「狩猟採集経済」とされた、縄文時代の遺跡から農耕の痕跡が次々とあきらかになってきている。従来確実な資料はほとんどないとみられてきたが、レプリカ法（丑野・田川一九九一、丑野・中沢一九九八、中沢二〇一四、小畑二〇一六など）の普及によって、とくに縄文時代晩期後葉の農耕に関する資料は着実に蓄積されつつある。

レプリカ法とは、土器の表面にある凹み（圧痕）にシリコーン印象材を流し込んでレプリカを作成し、それを走査型電子顕微鏡（ＳＥＭ）によって観察・同定する研究法である【図1】。元東京大学の丑野毅氏によって確立された（丑野・田川一九九一）。その後、丑野氏と中沢道彦氏（一九九八）は、縄文時代晩期後半の土器に残された種子圧痕を分析し、レプリカ法が縄文時代までさかのぼって農耕の起源と展開をあきらかにするうえで有効な研究法であることを示した。

農耕の起源をあきらかにするためには、考古資料として栽培植物種実や生産遺構（水田跡、畠跡）、農具などの類例を蓄積していかねばならない。しかし、微細な種実や畠跡などは、発掘調査技術の問題もあって、これを現場でおさえるには限度がある。すでに調査を終えている資料から農耕の証拠を見出すのはレプリカ法以外にない。レプリカ法が研究方法としてとくに優れている点は、家産的な土器作りという日常空間において、栽培植物種実が豊富に存在していることを証明する。さらに、編年の指標である土器に記された圧痕であるため、新しい地層から混入した可能性を排除できる。非破壊であるため後年の検証も可能である(2)。

かつて山内清男氏（一九二五）は、東北地方南部の弥生土器底部にイネの圧痕を見出し、石膏型によるレプリカを作成して報告した。この研究は、稲作が弥生時代の生業に重要な役割を果たしていたことをあきらかにし、土器表面のイネ籾圧痕が、農耕の起源を考える上で重要な資料となることを示した。しかし、研究史上古い段階で土器表面にみられる圧痕の重要性が指摘されたにもかかわらず、レプリカ法の有効性が丑野氏や中沢氏らによって示されるまで約七〇年もの年月を要した。それは、一九三〇年代ごろから、とくに戦後にかけて、縄文時代は狩猟採集経済、弥生時代は農耕経済という、生産力の発展にもとづく歴史像が固定化され、不動の事実となったからであった。戦後、縄文農耕論が提起されることもあったが、確実な証拠の蓄積がなく、縄文土器の種実圧痕が注目されることもあまりなかった。レプリカ法は、このような歴史像の固定化・常識化によって、停滞していた農耕起源論を打開する契機となった。

また、レプリカ法があきらかにした農作物は、イネだけではなく、ダイズ、アズキ、オオムギ、アワ、キビなど多様なものであった。これによって、弥生時代以降の畠作についても再考を促すきっかけにもなったのである。

宮ノ本遺跡・イネ

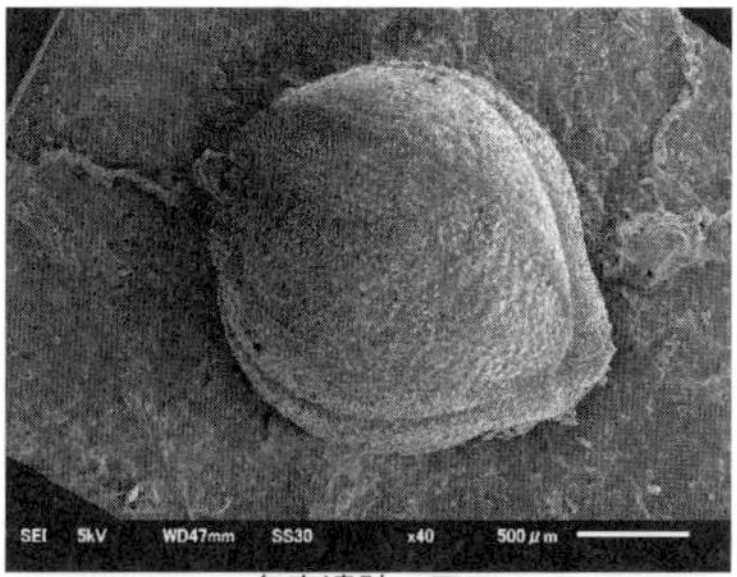

名東遺跡・アワ

名東遺跡・イネ

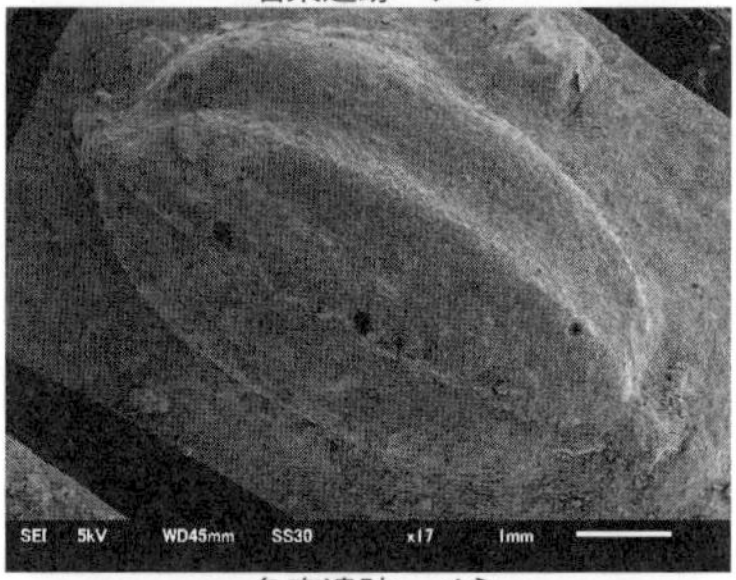

名東遺跡・イネ

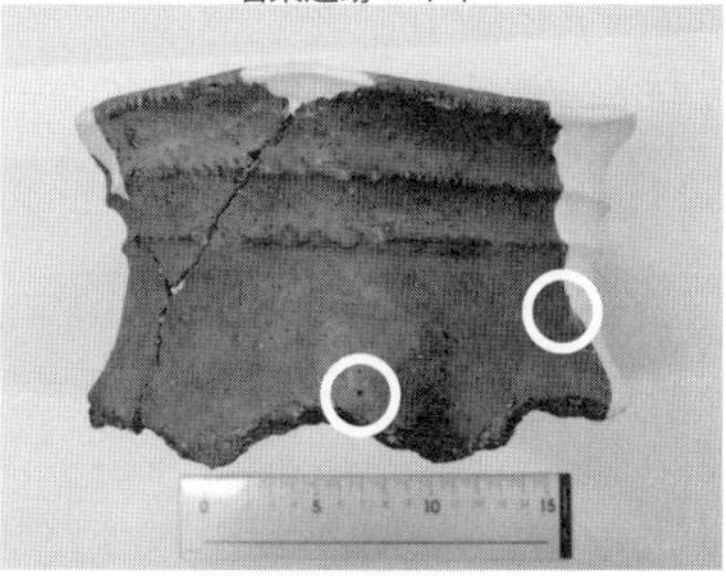
三谷遺跡・キビ・アワ

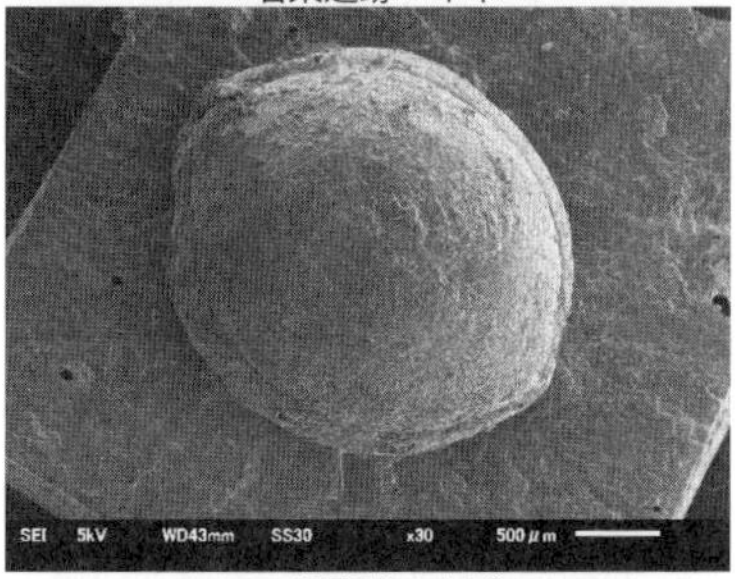

三谷遺跡・キビ

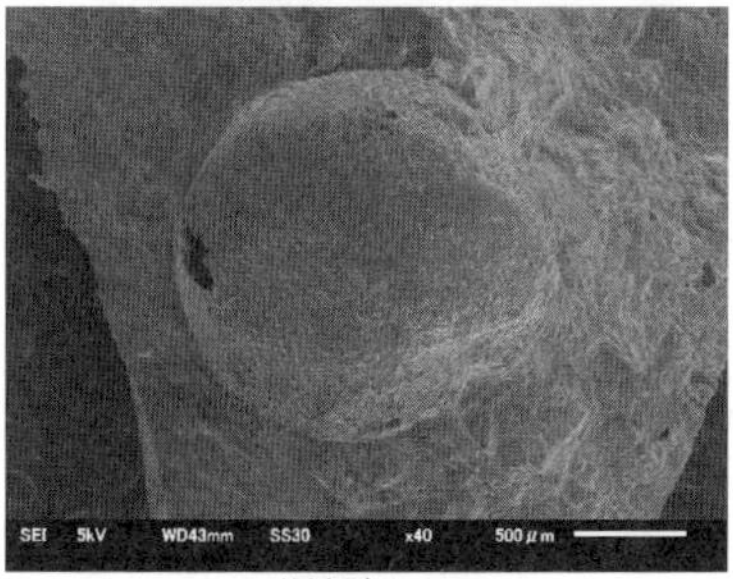

三谷遺跡・アワ

三谷遺跡・イネ

【図1】縄文時代晩期後半の穀物（筆者撮影）

二　農耕前夜

近年、小畑弘己氏（二〇一一・二〇一六）や中山誠二氏（二〇一〇・二〇一四）をはじめとする多くの研究者によって、農耕の起源と展開を復元する研究成果が蓄積されつつある。今後検証すべき問題も残されているが、おおむね以下の二点に関しては、日本列島における農耕開始にかかわる現時点での共通理解とみてよいであろう。

一　中部地方を中心とする東日本の縄文時代中期以降に、ダイズ・アズキの栽培がみられる。

二　西日本から中部地方の縄文時代晩期後半に、イネ・アワ・キビの栽培がみられる。

一方、灌漑水田稲作の確実な証拠はみられない。

縄文海進期の温暖な気候下、縄文時代前期ごろから植物の利用は活発化する。縄文時代中期には中部地方など東日本において、ダイズやアズキ栽培の萌芽がみられたと考えられている。これにヒエやエゴマ・シソ類を含めた一群の栽培化が中部地方から東北地方にかけて萌芽したと想定する。これに歩調を合わせるかのように、打製石斧（土掘り具）のほか、土偶や石棒など呪術具の発達をみる。

縄文時代中期末ごろ、それまで盛行していた東日本で遺跡数の減少がみられ、逆に西日本では増加に転ずる。相前後して、東日本から西日本へ、打製石斧や土偶・石棒などの文化伝播が顕著に認められる。初期の農耕もこれを契機に西日本に伝播していくと想定される。

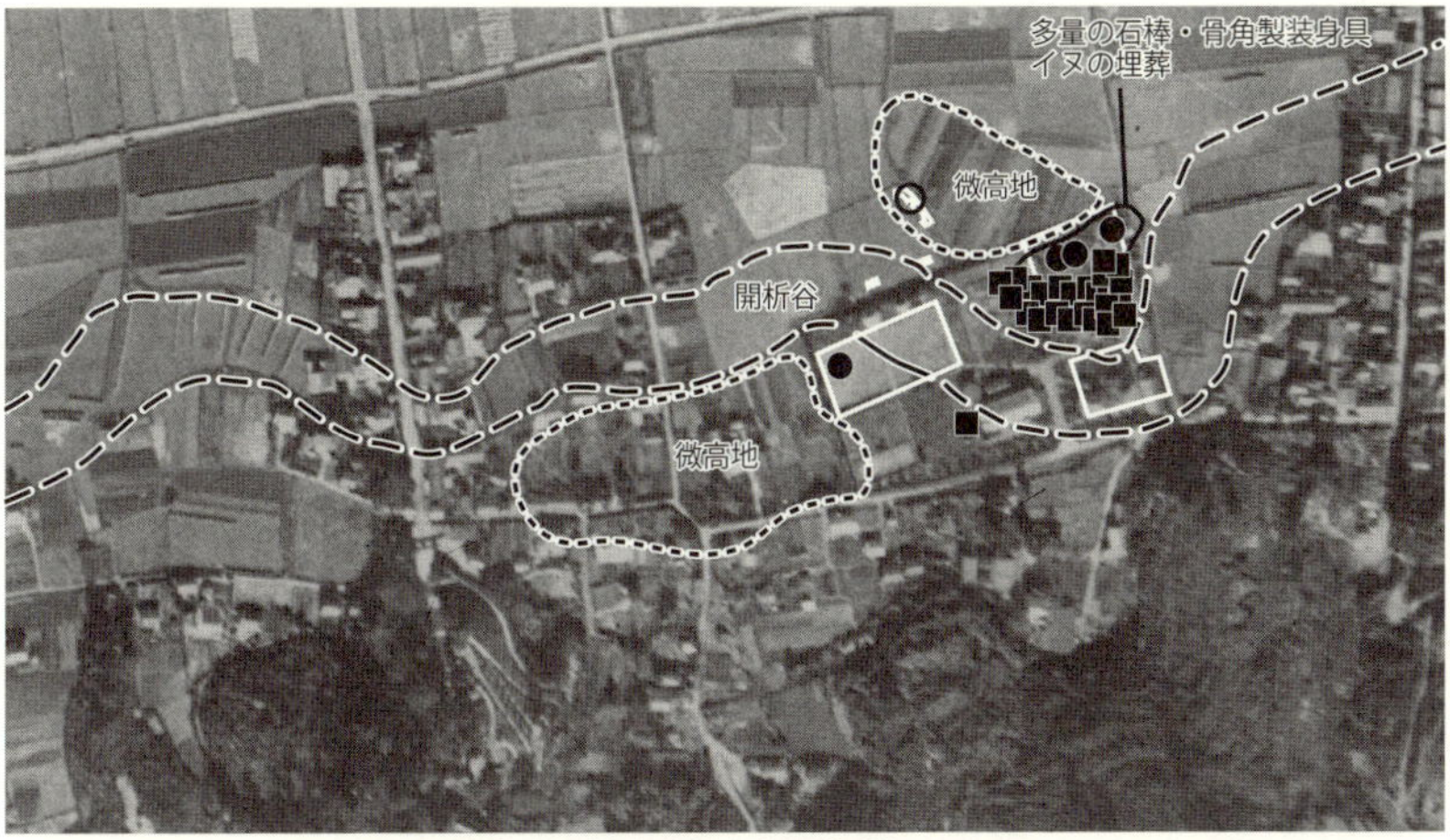

三谷遺跡（縄文/弥生移行期の集落）　1:6,000
※○は住居跡、●は貝塚、■は石棒、白枠は調査地点

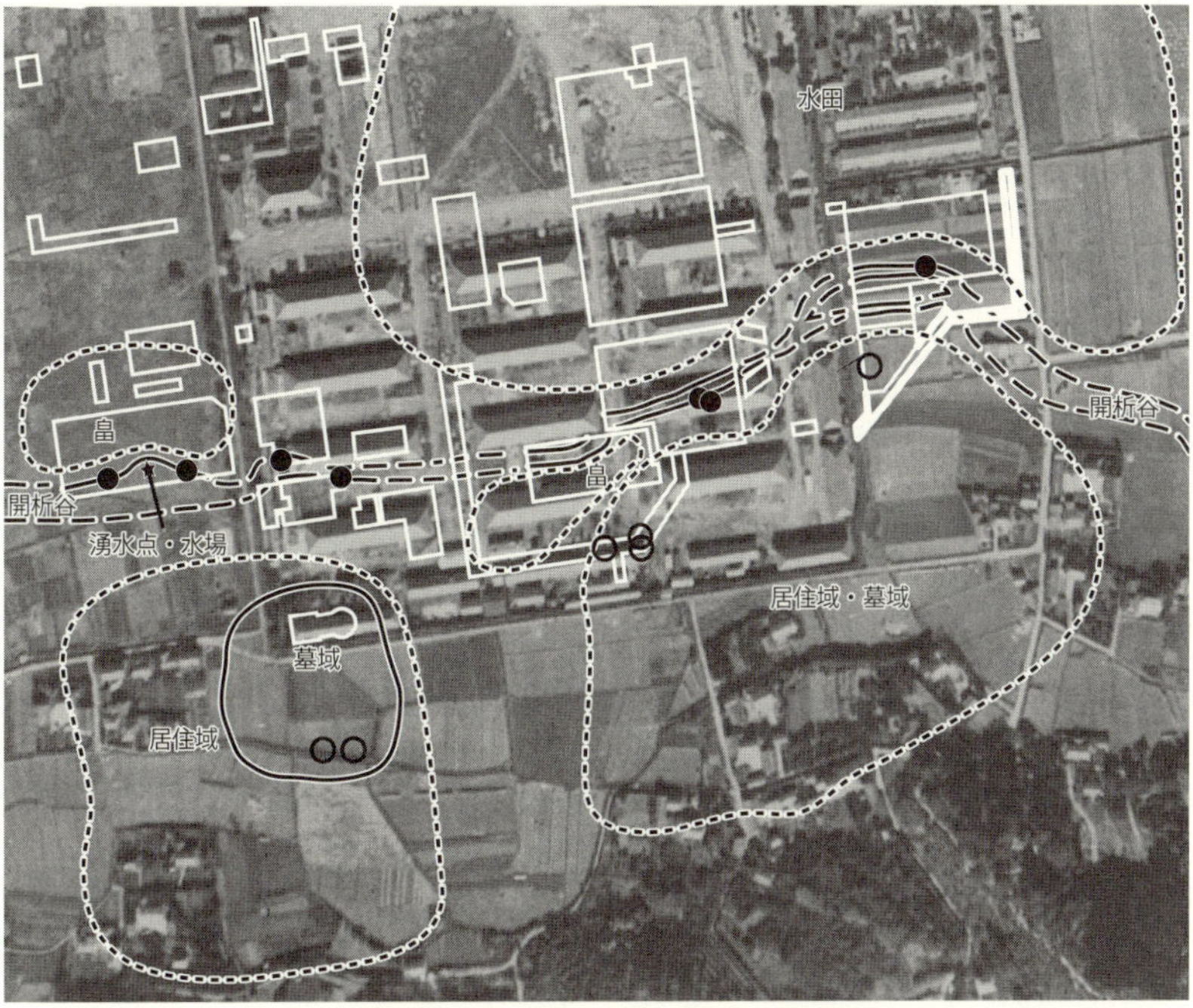

庄・蔵本遺跡（弥生前期中葉の集落）　1:6,000
※○は住居跡、●は井堰または取水口、白枠は調査地点

【図2】三谷遺跡（縄文 / 弥生移行期）と庄・蔵本遺跡（弥生時代前期中葉）
国土地理院 USA-R517-2-7 より作成

縄文時代晩期前半には、口縁部を外側に屈曲させて弥生土器の甕に近い「く」の字形の器形をした深鉢が普及し、煮沸法に変化のきざしがみられる。また、農具とも目される打製石斧（耕作・掘削用）や横刃形石器（収穫用）が急激に増加する。(3) これらの状況証拠から、縄文時代晩期前半までイネ・アワ・キビの利用がさかのぼる余地は残されるので、今後も追究が必要となる。

三 イネ・アワ・キビの出現

現時点で、確実視される最古のイネ科穀物は、島根県飯南町板屋Ⅲ遺跡のイネ圧痕資料（中沢・丑野二〇〇三）と、福岡県粕屋町江辻遺跡（中沢二〇一五）・大分県竹田市石井入口遺跡・宮崎市右葛ヶ迫遺跡・鹿児島県志布志市小迫遺跡（以上三点小畑二〇一五）のアワ圧痕資料四例である。

「灌漑水田稲作」の成立を弥生時代の開始と定義するのであれば、九州北部にみられる夜臼Ⅰ式土器併行期以降が「弥生時代早期」ということになる。上に示した諸事例は、いずれも「弥生時代早期」以前であって、「縄文時代の農耕」と捉えるべきものである。これらは「灌漑水田」をともなわないので、畠作である可能性が高い。また、板屋Ⅲ遺跡や石井入口遺跡などは、山間部に位置するので、このころまでには、西日本一帯である程度の定着と普及がみられたことを想定できる。(4)

現時点で四国や徳島地域では、これらに後続する時期のイネ・アワを確認している。西日本の多くの遺跡でも類例がみられるので、相当浸透していたと考えられる。愛媛県新居浜市上郷遺跡のイネの圧痕（中村二〇一五）、高松市林・坊城遺跡（遠藤二〇一二、濵田二〇一四）のアワ圧痕、高松市東中筋遺跡のイネ玄米圧痕などが相当する（中村

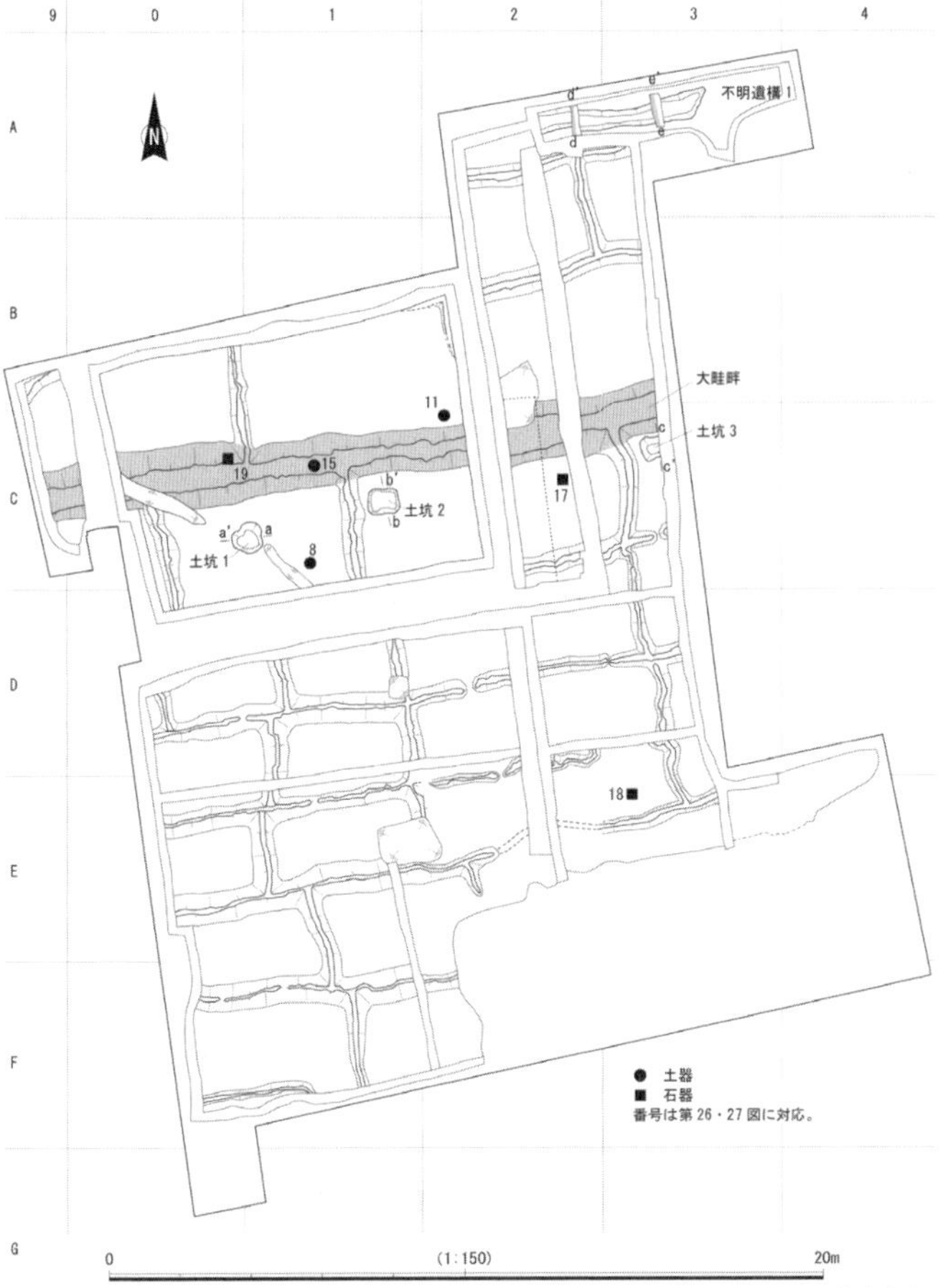

徳島市庄・蔵本遺跡

弥生時代前期中葉の小区画水田（三阪編 2016）

弥生時代前期中葉の灌漑用水路と井堰（徳島大学埋蔵文化財調査室）徳島市庄・蔵本遺跡

【図 3】弥生時代前期中葉の灌漑水田稲作

二〇一五）。徳島では、徳島市名東遺跡でイネ・アワの圧痕を検出し、阿南市宮ノ本遺跡でもイネの圧痕を確認できた（【図1】、中村・中沢二〇一四）。

徳島市三谷遺跡は、縄文時代晩期末の土器（凸帯文土器）と弥生時代前期初頭の土器（遠賀川式土器）とがともなって出土する縄文／弥生移行期の遺跡である。標高約二mの微高地に居住域や生産域を形成し、標高約〇・五mの開析谷に面して貝塚やイヌの埋葬地、石棒祭祀の場を設けていた（【図2】上段）。狩猟・漁撈・採集活動も盛んであるが、貝塚を水洗した結果、多量の炭化米・炭化アズキがみられた。これに、レプリカ法によってアワ・キビを加えることができた【図1】、中沢ほか二〇一二）。おなじく徳島市南蔵本遺跡でも、イネ・キビの圧痕を確認している（近藤二〇一四、中村・中沢二〇一四）。当該期の西日本一帯で、イネ・アワ・キビは確実に定着していたとみてよい。また、縄文／弥生移行期は、東西日本の交流が活発化したようで、東日本系の土器が多く西日本に流入するようになる。この交流を通して、すでに東日本にも相当伝播しているものと推察される。

以上のように、縄文時代晩期後半には、イネ・アワ・キビが相当規模で各地に浸透していたと推察される。一方、本格的な灌漑水田稲作をおこなっていた確実な事例は九州北部の一部をのぞいてみつかっていない。三谷遺跡をはじめ、当該期の集落規模は大きくないところからみて、集落縁辺部で畠作をおこなっていた可能性が考えられる。貝塚の内容をみても、狩猟・漁撈・採集は健在であり、農耕を既存の生業のなかに選択肢のひとつとして加えたとみておくのが穏当である。とくに重要なのは、居住地の標高約二m、貝塚約〇・五mで、内湾に近い土地条件を地域の中心的な集落の立地として選択している点である。後の灌漑水田稲作経営を軸とした土地の選択、集落経営とは明確に異なっており注目しておきたい。

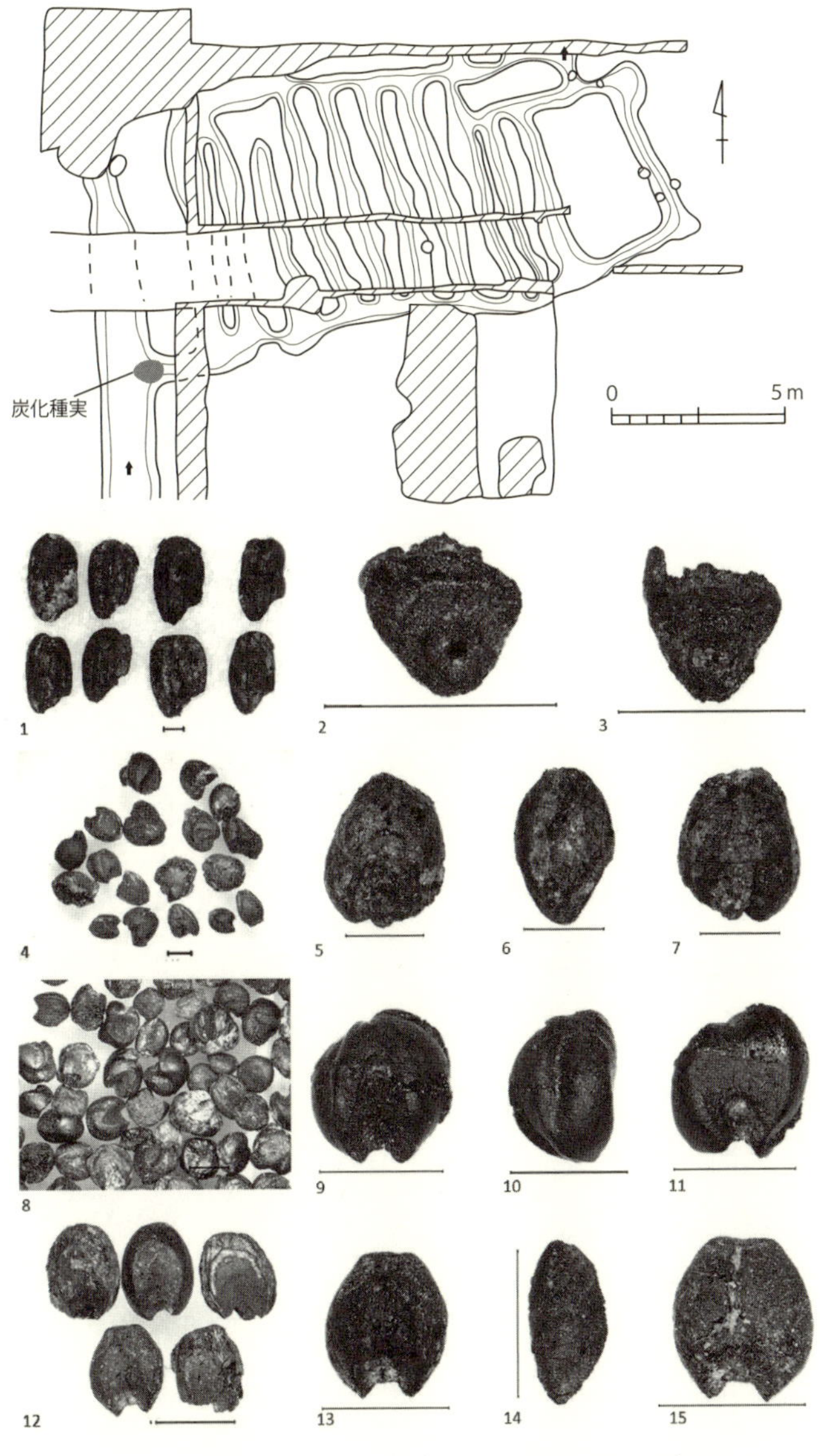

1～3イネ、4～7キビ、8～11アワ、12～15ヒエ
（スケールは1mm）

【図4】庄・蔵本遺跡出土弥生時代前期中葉畠跡・種実
（上段・中村 2009、下段・那須 2017）

四 灌漑水田稲作の導入

弥生時代前期中葉において、西日本各地で灌漑水田稲作が本格化する。徳島市庄・蔵本遺跡は、三谷遺跡の西方約六〇〇〜八〇〇mに位置する（【図2】下段）。鮎喰川の旧河道でもっとも眉山寄りの分流であった開析谷に七か所以上の井堰を設けて、用水路を分水する。用水路は一旦微高地に揚水し、低地へ向かう緩傾斜を利用して灌漑する。水田跡の調査地点は限られているが、少なくとも一万㎡以上の水田を造成したものと推察される【図3】。上流側から取水した用水が北側外縁部の水田を灌漑しているところからみて、下流側から水田を整備していったことがわかる。このように、灌漑水田稲作を軸に開発をおこなっているが、居住地周辺の微高地縁辺部で畠跡を検出した（【図4】上段、中村二〇〇九）。ちょうど、微高地へ揚げた灌漑用水路が水田へ向かう道中周辺を畑地として選択している。畠跡は下流側と上流側の二か所で検出したが、下流側畠跡の一角から多くの炭化種実が出土した。それぞれイネ七四点、アワ二四二点、キビ二〇点、ヒエ属七点（食用かはわからない）、キビ連（アワ・キビ・ヒエのいずれか）一三六点以上が出土している（【図4】下段、那須二〇一七）。灌漑水田稲作を軸に営みつつも、縄文時代晩期後半以来の伝統的な畠作を継承のうえ灌漑水田稲作と複合化し、夏期の降雨によるリスクに対して危険分散をはかっていたものと考えられる。そうしてこの畠作こそ、前後の歴史的文脈をつなぐ重要な役割をはたしたと考えられるのである。

弥生時代前期末から中期初頭にかけて、庄・蔵本遺跡では、現在までの約二四〇〇年間で最大規模の砂層の堆積がみられた（【図5】下段左）。この水害とみられる砂層の堆積は大規模かつ広域的なもので、吉野川流域では、板野町黒谷川郡頭遺跡、石井町石井城ノ内遺跡、徳島市南庄遺跡、東みよし町大柿遺跡など、弥生時代前期の沖積平野に形

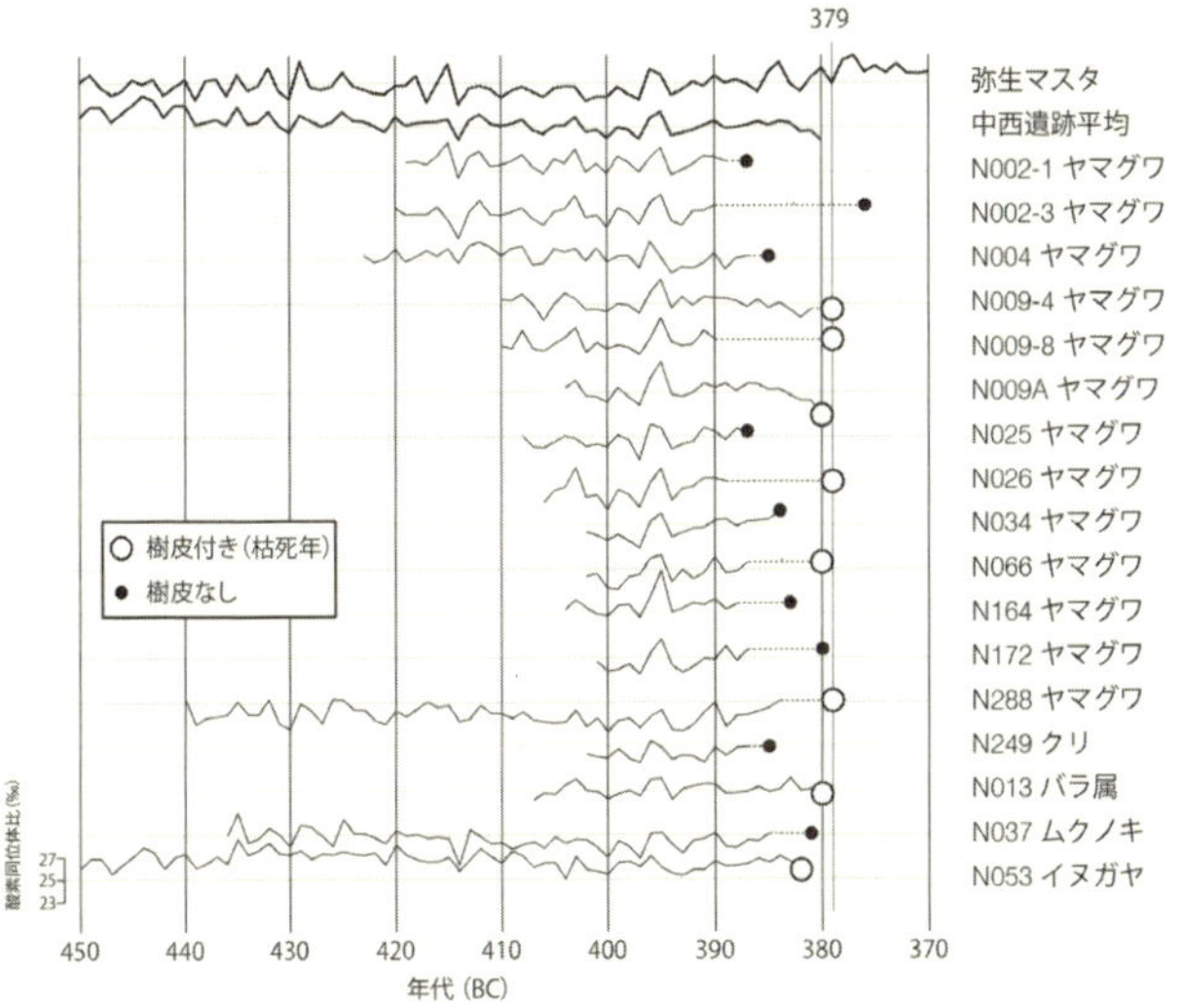

図252　暦年代の確定した17個体の年輪酸素同位体比の変動パタン
破線は化学処理で失われて同位体比を分析できなかった部分を示す

奈良県御所市中西遺跡における弥生時代前期末埋没林の年代（岡田編 2017）

庄・蔵本遺跡における洪水（筆者撮影）

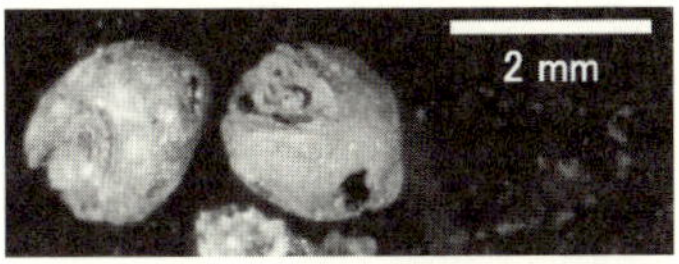

洪水後アワ 2373±20¹⁴CBP
（松谷 2010、年代は小田ほか 2005）

洪水前アワ 2420±30¹⁴CBP
（藤尾ほか 2010）

庄・蔵本遺跡における洪水とその年代

【図５】　弥生時代前期末の砂層堆積とその年代

成された多くの集落が一旦断絶する。その後、弥生時代中期後半から終末期以後に新たな遺構面を形成するケースが多い。

同じころの堆積物は、京都盆地(京都市北白川追分町遺跡、冨井二〇〇五)や奈良盆地(御所市中西遺跡、岡田編二〇一七)、岡山平野(岡山市津島岡大遺跡、野崎二〇〇三)、大阪平野(高槻市安満遺跡)など広く西日本一帯で確認されている。中西遺跡や庄・蔵本遺跡などの年代測定によって、紀元前四世紀後半ごろの出来事であることを示すデータがみられる【図5】[5]。

庄・蔵本遺跡では、この堆積によって水田が埋没して自然堤防化し、灌漑用水の水源であった眉山寄りの開析谷が埋没するなど、周辺の地形環境自体が変化して、灌漑施設は機能不全に陥った(【図5】下段左)。吉野川流域では、弥生時代前期の集落は解体し、弥生時代中期初頭に小規模化し散在する。吉野川中流域では河岸段丘上、下流の平野部では山裾や上記の洪水によって新たに形成された自然堤防への進出がみられる。これらの遺跡において、灌漑水田を復旧し、拡大するような様相はうかがえない。弥生時代中期~終末期のレプリカ法を進めているが、イネが多数を占めることはなく、相当のアワ・キビ圧痕を確認でき、畠作の継続をかいまみることができる【図6】。さらに、弥生時代中期には、青色片岩(徳島県の石)製の柱状片刃石斧の生産が活発化し、近畿から中四国東部一帯に波及する。灌漑水田稲作経営の挫折と交易の活発化が時期的に重なる点は注目される。

古墳時代は、国家形成史への関心が高いため、必然的に生業・農業史の復元といった方面への関心が低い。灌漑水田稲作経営の進展を自明の理とするためである。例えば、古墳の大小は政治的力関係ととらえることが多い。しかし畠作地帯では、治水・利水や水田開発が進展せずに、大規模な土木工事を徴発する必要性がない。徳島において、五世紀初頭以降大型古墳の築造がみられないのも、政治的規制というより地域的な実態に即した選択肢である可能性も

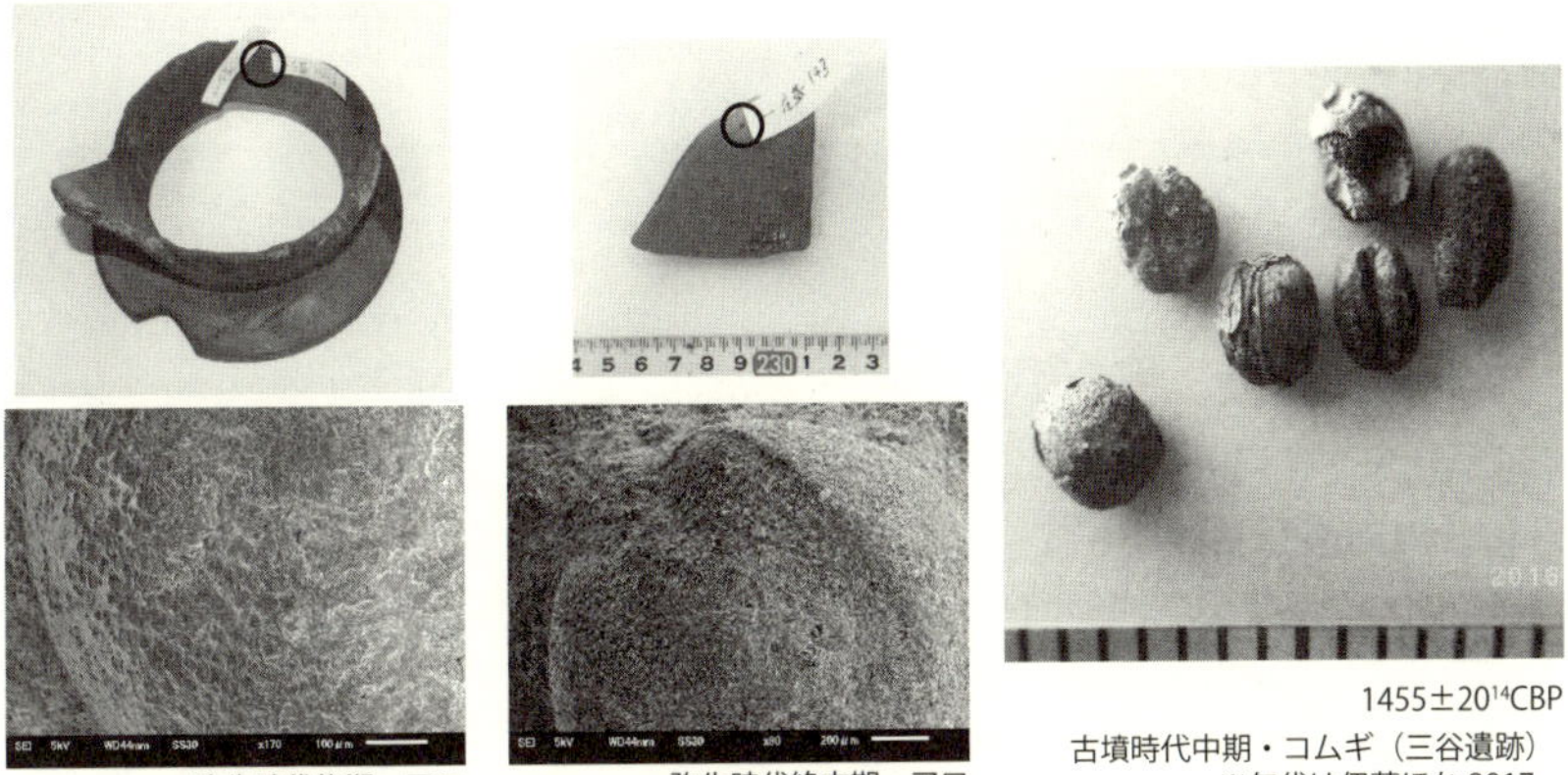

弥生時代後期・アワ
（庄・蔵本遺跡）

弥生時代終末期・アワ
（庄・蔵本遺跡）

1455 ± 20^{14}CBP
古墳時代中期・コムギ（三谷遺跡）
※年代は伊藤ほか 2017

【図6】弥生時代中期〜古墳時代の畠作関連資料（筆者撮影）

1 光勝院寺内　2 黒谷川郡頭　3 石井城ノ内　4 矢野
5 名東　6 南庄　7 鮎喰　8 庄・蔵本および南蔵本
9 三谷　10 城山貝塚

※縄文海進期の推定海岸線（破線）
西山・中尾ほか 2006 を参照

【図7】徳島平野における縄文海進期の推定海岸線と縄文／弥生移行期の遺跡

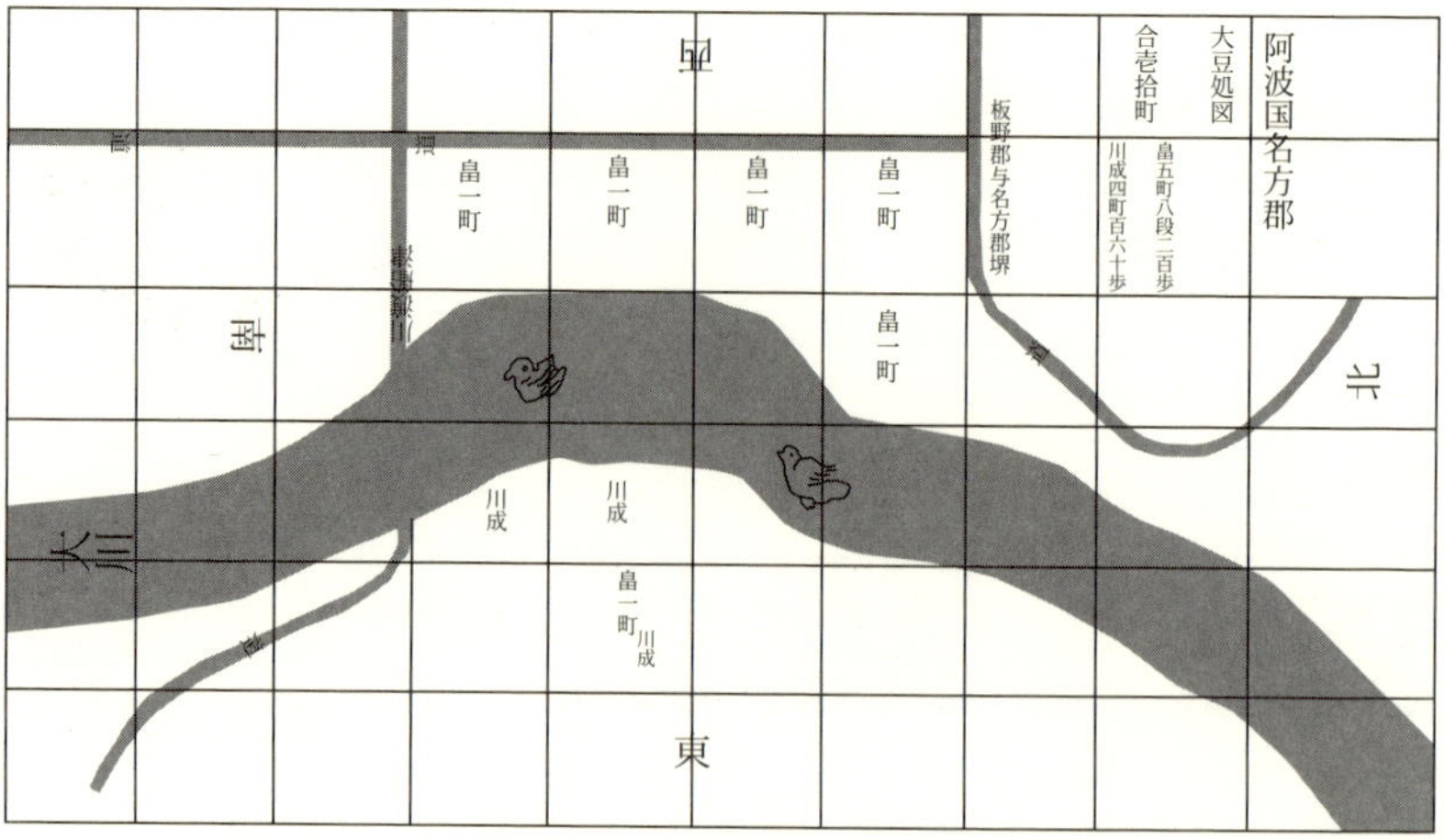

【図8】正倉院宝物　大豆処絵図
（『大日本古文書　家わけ第18巻』からトレース）

想定できる。すなわち、古墳時代を生業史としてとらえなおすのも興味深い課題といえよう。

古墳時代の農業史・生業史をあきらかにするのは今後の課題であるが、三谷遺跡では五世紀後葉のコムギを検出している【図6右端】。夏季のイネ収量が不足する吉野川流域にとって、ムギ類は重要な位置を占めたと推察される。しかし、コムギ・オオムギの出現と展開の過程は（中沢ほか二〇〇二）、今後追究すべき重要課題である。

冒頭に記したように、古代史料は、徳島を畠作卓越地帯として位置づけている。なかでも、『類聚国史』天長七年の記事では、阿波国の水田は、水源の岸が高いため導水の便がなく、陸田を交雑して班給すると明記する（史料七）。すなわち、開発地の高燥化と自然堤防の発達によって、灌漑が困難であったことがわかる。また、古墳時代から古代の考古学的遺構である「水田」は、『大豆処絵図』【図8】や史料七からみて、「畠」としても併用された可能性が高い。

以上、縄文時代晩期後葉から古代における農耕の展開を概観してきたが、地形環境的には広域的な堆積のみられた弥生時代前期末・中期初頭（約二四〇〇年前）がひとつの画期となることがあきらかになった。さらに、本来なら開発の対象となるべき縄文海進期（約七〇〇〇年前、縄文時代前期）に沈水した三角州地帯（西山・中尾ほか二〇〇六）の形成・開発が他地域と比較して大きく遅れる事実も特徴的である【図7】。濃尾平野や河内平野、和歌山平野、岡山平野などの様相を概観する限り、遅くとも縄文時代晩期後葉から弥生時代中期前葉には地域の拠点となるような集落の形成がみられる。一方徳島地域では、古代にいたるまで小規模な遺跡こそ散在するものの、地域の拠点となるような集落の形成はみられないのである。今後はより多角的に畠作地帯形成の背景をさぐる必要がある。

まとめ

徳島地域では、縄文時代晩期後半にイネ・アワ・キビの生産が開始される。この時点では、灌漑水田稲作の確実な証拠はみられない。また、中心的な集落の立地も狩猟・漁撈にともなう協業を視野におく小規模な集落である。当該期に畠作による農耕が、生業のひとつとして既存の地域社会のなかに組み込まれたものと考えられる。

続く弥生時代前期中葉には灌漑水田稲作が普及し、これを軸に地域社会が再編される。集落の立地も広面積の灌漑水田整備をめざしたものとなる。しかし、畠作と組み合わさっている点を見過ごすべきではない。この畠作こそ、前後の歴史をつなぐ重要な役割をはたしたと考えられる。

弥生時代前期末・中期初頭に大規模な砂層の堆積がみられる。この動きは、近畿から中四国地方を含む西日本一帯の広域で検出されている。徳島では、これ以後、灌漑施設や水田の本格的な復旧は、弥生時代中期から古墳時代を通しておこなわれていない。そして、弥生時代と古代をつなぐためにも、国家形成史に関心の集まる古墳時代の生業再考やムギ類栽培の定着・普及過程を追究することが、残された重要な課題であるといえる。

いずれにせよ、弥生時代前期末・中期初頭に西日本一帯で広くみられた砂層の堆積は、農耕開始期の縄文時代晩期後葉から古代の間で最大の地質学的な画期であったといえる。この出来事への人々の対応こそ、西日本各地に農業の地域差を生み出した有力な一要因となったのではあるまいか。そうして、ここ徳島・吉野川流域の人々は、畠作と交易に活路を見出していったのである。すなわち、徳島・吉野川流域の「地力」・「歴史的基盤」は、必然ではなく選択肢として、地域の人々・地域社会自らの営為によって形成されていったとみられるのである。

註

（1）考古資料としては、徳島市敷地遺跡、同延命遺跡、三好郡東みよし町大柿遺跡において、古代の水田跡が検出されている。しかし、『大豆処絵図』【図8】は条里区画として整備した耕地を「畠」「圃」と明記しており、実際『新島庄券』においても陸田の卓越性を明記する（史料六）。これら「水田跡」も畠（陸田）と水田が「混雑する」のが実態であるとみるべきであろう。加えて指摘するならば、列島全域が、高度な技術で様式化した耕地整備をおこなう以前の、より地域の地形環境的実態に即して多様に開発された弥生時代〜古墳時代の「水田跡」にも、当然同様の可能性は考えられるのである。なお、古川久雄氏（二〇一一）は、日本列島における灌漑水田稲作と同じ形態の耕地において畠作をおこなう海外の事例を、多数取り上げている。

（2）ただし、栽培植物の利用開始時期や、ある時点における資料の有無を見極めることは可能だが、脱粒性などにも左右されるので、比率の算出には向いていない。可能であれば、土壌の水洗（フローテーション法）や畠跡の検出など、複数の調査・研究成果を組み合わせるのが理想ではある。

（3）打製石斧の存在自体は、土壌の掘削以上の証拠にはならない。しかしそれを主張するのであれば、すでに縄文時代後期には定着していた打製石斧の需要、すなわち土壌を掘削する機会が、縄文時代晩期前葉に急増する理由は明確にしなければならない。縄文時代晩期前葉に土木工事が拡大するような証拠はみられないので、農具としての可能性と存在意義に対しては今後も十分に配慮し、検討していくべきであろう。

（4）現時点でキビは一段階遅れて見出されているが、イネ・アワ・キビの三種が組み合わさって普及・展開していったものとみておきたい。

（5）一度の大雨で西日本一帯が水害に陥ったというのではなく、この頃の数一〇年間に雨量が多く、弥生時代前期の集落が立地する各地の沖積平野の微高地周辺において、堆積が集中するような傾向がみられたという解釈である。

参考文献

伊藤　茂・安　昭炫ほか『三谷遺跡コムギ炭化穎果の年代測定』（(株) パレオ・ラボ、二〇一七年）

丑野　毅・田川裕美「レプリカ法による土器圧痕の観察」（『考古学と自然科学』第二四号、一九九一年）

遠藤英子「西日本の縄文晩期から弥生前期遺跡を対象としたレプリカ法の実践―第二次調査：中国・四国地域―」（『高梨学術奨励基金年報平成二四年度研究成果概要報告』四六、二〇一二年）

岡田憲一編『中西遺跡Ⅰ』（奈良県立橿原考古学研究所調査報告書第一二三冊　奈良県立橿原考古学研究所、二〇一七年）

小田寛貴・山本直人・池田晃子・中村俊夫「加速器質量分析法による徳島市庄遺跡出土炭化物資料の14C年代測定」（『庄（庄・蔵本）蔵本遺跡―徳島大学蔵本団地体育館建設に伴う発掘調査報告書―』徳島県教育委員会・徳島大学埋蔵文化財調査室、二〇〇五年）

小畑弘己『東北アジア古民族植物学と縄文農耕』（同成社、二〇一一年）

小畑弘己「植物考古学から見た九州縄文晩期農耕論の課題」（『九州縄文晩期の農耕問題を考える』九州縄文研究会、二〇一五年）

小畑弘己『タネをまく縄文人―最新科学が覆す農耕の起源―』（吉川弘文館、二〇一六年）

勝浦康守編『三谷遺跡』（徳島市埋蔵文化財発掘調査委員会、一九九七年）

近藤　玲「南蔵本遺跡出土の圧痕土器について」（『青藍』第一〇号、二〇一四年）

冨井　眞「京都白川の弥生前期末の土石流」（『京都大学埋蔵文化財研究センター紀要』一六、二〇〇五年）
中沢道彦・丑野　毅「レプリカ法による縄文時代晩期土器の籾状圧痕の観察」（『縄文時代』第九号、一九九八年）
中沢道彦・丑野　毅・松谷暁子「山梨県韮崎市中道遺跡出土の大麦圧痕土器について―レプリカ法による縄文時代晩期土器の籾状圧痕の観察（二）―」（『古代』第一一一号、二〇〇二年）
中沢道彦・丑野　毅「レプリカ法による山陰地方縄文晩期土器の籾状圧痕の観察」（『縄文時代』第一四号、二〇〇三年）
中沢道彦・中村　豊・遠部　慎「レプリカ法による徳島県三谷遺跡出土土器の種実圧痕の研究」（『青藍』第九号、二〇一二年）
中沢道彦「長野県域における縄文時代の終末と生業変化」（『八ヶ岳山麓における縄文時代の終末と生業変化』明治大学日本先史文化研究所、二〇一五年）
中沢道彦『先史時代の初期農耕を考える―レプリカ法の実践から―』（日本海学研究叢書、二〇一四年）
中村　豊「西病棟建設に伴う埋蔵文化財発掘調査の成果」（『年報』第一号　国立大学法人徳島大学埋蔵文化財調査室、二〇〇九年）
中村　豊・中沢道彦「レプリカ法による徳島地域出土土器の種実圧痕の研究」（『青藍』第一〇号、二〇一四年）
中村　豊「縄文晩期から弥生時代の農耕について―東部瀬戸内地域を中心に―」（『みずほ別冊二　弥生研究の交差点―池田保信さん還暦記念―』大和弥生文化の会、二〇一五年）
中山誠二『植物考古学と日本の農耕の起源』（同成社、二〇一〇年）
中山誠二『日韓における穀物農耕の起源』（山梨県立博物館、二〇一四年）
那須浩郎「庄・蔵本遺跡第二〇次調査ＳＤ三二から出土した炭化種実」（『紀要』第三号　国立大学法人徳島大学埋蔵文化財調査室、二〇一七年）
西山賢一・中尾賢一ほか「藍住町地域の地下地質」（『阿波学会紀要』第五二号、二〇〇六年）
野崎貴博「岡山平野における弥生時代前期～中期の洪水と集落の動態」（『津島岡大遺跡一二』岡山大学構内遺跡発掘調査報告第一七冊　岡山大学埋蔵文化財調査研究センター、二〇〇三年）
濵田竜彦「山陰地方の突帯文土器と縄文時代終末期の様相」（『中四国地域における縄文時代晩期後葉の歴史像』中四国縄文研究会、二〇一四年）

福家清司「阿波　阿波国名方郡新島荘図・大豆処図」（『日本古代荘園図』東京大学出版会、一九九六年）
藤尾慎一郎・坂本　稔・住田雅和「徳島市庄・蔵本遺跡群出土炭化物の年代学的調査」（『年報』第二号　国立大学法人徳島大学埋蔵文化財調査室、二〇一〇年）
古川久雄『オアシス農業起源論』（京都大学学術出版会、二〇一一年）
松谷暁子「庄遺跡出土炭化粒の識別」（『庄（庄・蔵本）遺跡―徳島大学蔵本団地体育館器具庫・医学部臨床講義棟建設に伴う発掘調査報告書、体育館建設に伴う発掘調査報告書補遺―』徳島県教育委員会・徳島大学埋蔵文化財調査室、二〇一〇年）
丸山幸彦「古代の大河川下流域における開発と交易の進展―阿波国新島庄をめぐって―」（『徳島大学総合科学部紀要（人文・芸術研究篇）』第二号、一九八九年）
三阪一徳編『庄・蔵本遺跡二』（徳島大学埋蔵文化財調査報告書五　徳島大学埋蔵文化財調査室、二〇一六年）
山内清男「石器時代にも稲あり」（『人類学雑誌』第四〇巻第五号、一九二五年）

参考古代史料

黒板勝美編『新訂増補国史大系　類聚国史』（吉川弘文館、一九三四年）
黒板勝美編『新訂増補国史大系　続日本紀』（吉川弘文館、一九三五年）
黒板勝美編『新訂増補国史大系　延喜式』（吉川弘文館、一九五二年）
東京大学史料編纂所編『大日本古文書　家わけ第一八巻　東大寺文書之二』（東南院文書之二）』（東京大学出版会、一九五二年）
辻村敏樹編『早稲田大学蔵資料影印叢書　国書篇第一巻　棭斎書入倭名類聚鈔一』（早稲田大学出版部、一九八七年）

中世阿波国の木材産出と流通の展開

大村　拓生

はじめに

中世阿波国が畿内への木材産出地として重要な位置を占めていたことは、周知の事実である。ただし荘園領主側・現地側の何れにおいても文書史料の残存状況が他国と比して決定的に少ないという事情もあって、重要な事実の指摘は積み重ねられているとはいえ、その全体像が描かれているとは言いがたいように感じられる。

そうした条件の中で、東大寺旧蔵の「兵庫北関入船納帳」（以下「入船納帳」）(1)は、阿波南部の諸港から搬出された木材の詳細が記されており、基本史料として専ら用いられてきた。しかし①文安二（一四四五）年という限られた時期のもので、それ以前の様相を同様に考える根拠にはならないこと、②同時代についても、中世畿内に搬入される木材の全体構造のなかに位置づけられていないこと、という重要な欠点を十分に意識せずに用いられてきたことは問題といわなければならない。

著者は専ら畿内の都市・流通を研究対象としてきたが、そのなかで木材流通の様相にも着目し、一二世紀から一五世紀末にかけての全体的な展開についても一定の見通しを提出している。(2)本稿はその見通しを前提にして、畿内に搬入される木材全体のなかでの阿波国のしめる位置と歴史的展開について考察するものである。なお「入船納帳」では、小規格部材を榑、より大きな材を材木と表現している。混乱を避けるため大型丸太材を含めた建築部材全体の総称としては、報告時の材木ではなく木材を用いることとしたい。

一　平安期の阿波産木材

1　阿波産木材の登場

管見の限り、阿波からの木材調達が確認されるもっとも古い事例は、延暦三（七八四）年に長岡京遷都と関わってみえる山崎橋造営に関する記録で[3]、阿波・伊予・讃岐の三ヶ国に命じて調達されている。それ以前の造営事業では西限は播磨で、それが阿波を含む四国まで拡大したことがわかる。なお『延喜式』巻五〇雑式でも、山崎橋は摂津・伊賀から各六枚、播磨・安芸・阿波から各十枚の板を山城国に送り、造営するよう定められている。阿波から調達された木材が、淀川水系を遡上して山崎橋のために用いられるようになったのである。

この『延喜式』にならぶ播磨・安芸・阿波については、寛仁元（一〇一七）年に実施された後一条天皇賀茂行幸に関わる施設造営にあたって、播磨は種々の召物があるために免除して、安芸・阿波から徴収するように定められている[4]。一一世紀後半成立の『新猿楽記』には特産品として「安芸榑」が登場し、安芸が当該期の代表的な木材産出国として知られていたことがわかるが、京への距離がより近い阿波もそれと並ぶ産出国であったため、このような処置が執られたものだろう。同じ頃に阿波守藤原頼成は平安京内の木材が集荷される堀川沿いに蔵を有していたことが知られるが[5]、そこにも阿波産の木材が貯蔵されていたのかもしれない。

このような阿波産木材がもっとも重要視されたのが、後に「自二承暦之比一至レ于二承安一、（中略）天下公私満レ耳造二堂搭一[6]」と振り返られる、承暦年間（一〇七七～八一）から承安年間（一一七一～七五）の京周辺で大量に御願寺が建立された時期だと考えられる。

その嚆矢となる法勝寺は、金堂・講堂・回廊などが播磨守高階為家、阿弥陀堂は丹波守藤原顕綱の担当で、五大堂は藤原良綱の「任阿波守功」で建立された[7]。残念ながら当該期の造営事業は担当の受領名しか記録されていないため、木材そのものの調達先は確証できないが、播磨・丹波両国ともに古くからの木材産出国として知られ、そこから搬出されたと考えるのが自然であろう。良綱についても当時在任していたかは不明だが、やはり木材が意識されたものと考えられる。

法勝寺を象徴する八角九重塔については、寛治七（一〇九三）年七月一四日に「法勝寺御塔可レ被二作直一故云々」という理由で前述の高階為家の息為遠が阿波守に任じられている（『中右記』同日条、以下も同じ）。しかし近江守の地位にあった為家は興福寺の強訴で八月二八日に土佐に流罪となり、為遠も縁座として停任の処分を受けている。しかし一〇月一八日には復任しており、それを記録する藤原宗忠も「今年之中還着、頗奇恠歟、何道理哉」とそれを訝っている。結局為遠は、承徳二（一〇九八）年一〇月二三日に実施された法勝寺塔供養まで阿波守を継続することになったのである。これは為遠の実務能力が買われたためで、鎌倉の再建時と同じく二七丈とされる巨大建築物には阿波産木材が用いられていた可能性が高いと考えられる。

2 受領による「山」所領の編制

この阿波からの木材搬出のために受領によって編制されたと考えられるのが、福家清司氏[8]によって早くから注目されてきた、阿波特有の「山」と呼称される所領単位である。福家氏が検出したところに依ると、久安二（一一五六）年に初見の大粟山をはじめとして、那賀山・勝浦山・種野山・祖谷山・八田山・大島山・穴吹山の計八カ所を数えることができ、何れも国衙領で木材産出との関係が想定されている。

重要な指摘であり本稿もそれを継承するものだが、その成立についてはすでに福家氏によって早くから取り上げられている史料を、近年の中世荘園制成立史の観点から読み直すことによって、もう少し追究が可能であると考える。

（前略）参院、（中略）往年故仁和寺依レ為二旧庄一、以二院庁文一（下脱カ）阿波国中所レ被二立庄一也、而加納千町訖、山相具被二打籠一由、国司所二訴申一也、早可レ尋二沙汰一也、件庄故為房朝臣可二沙汰一也、其時不レ問二四至一、偏庄所二打入一歟、是前雑色実俊沙汰也者、申云、先召二実俊一可レ問候也、仰云、早可二問仰一者、仰二行重一了（下略）(9)

晩頭参院、前雑色実俊所レ進之仁和寺宮阿波御領之房官下文并田数注文、付二清隆一奏覧之処、依レ召参二御前一、被レ仰云、件庄立始沙汰、実俊何様申哉、予申云、去天永元年九月依二院庁下文一被レ立之時、威儀師顕俊沙汰也、仍不レ知二子細一、次年五月被レ預二給実俊之田百余町一所二沙汰一也、於二残七十余田（町カ）一者、依二寛助僧正申請一、宛二給顕俊子小僧一了、但近代又宛二給房人僧静兼一也、但於二実俊預所之官物一、憖弁二国司一了、材木取山打籠不レ候事也、庄内山野少雖レ在二四至内一、取二材木一事全不レ候、出二材木一山者在二他庄内一（後略）(10)

藤原宗忠が白河院とのやり取りを記したこの史料については、中世荘園の成立における立荘の重要性を指摘した川端新氏によって、(11)すでに概要が明らかにされている。治暦二（一〇六六）年に関白藤原教通が仁和寺に寄進した免田三七町からなる篠原荘が、阿波守藤原忠長が在任中の天永元（一一一〇）年九月発給の院庁下文によって、院司藤原為房と威儀師顕俊の沙汰によって立荘された。そこには勝浦郡全体の四至が記され、田畠山野合わせて千五六百町が押し入れられた巨大な郡荘となったという。それに対して元永元（一一一八）年七月に新任の阿波守藤原尹経が白河院庁に訴え出たことで、国司側と仁和寺側の主張がぶつかることになったのである。

その際に本稿で注目したいのが、国司側が「加納千町」とあわせて、「山」を「打籠」したことを問題としているのに対して、仁和寺覚法法親王側の雑色実俊が、「材木取山」の「打籠」を全否定し、荘内に山野から「取㆓材木㆒事」は全く行っておらず、「取㆓材木㆒山」は「他庄内」にあると反論している点である。すなわち仁和寺側も材木の産出が受領側の権限に属することを完全に承認していることがわかり、これは当該期の阿波では共通認識になっていたので、反論の余地がなかったためと考えられる。なおここで篠原荘から除外された部分が、後に「勝浦山」となることは疑問の余地がなく、材木搬出のための国衙領としての「山」単位の原型は、白河院政期にはすでに成立していたとみるべきであろう。

当該期の院権力によって行われた大規模造営が、様々な物資の生産、流通の組織化、中世荘園制の成立などに大きな意義を有したことが、上島享氏[12]によって指摘されているが、そのなかで阿波は受領が「山」を所領単位とすることで、木材搬出に特化した編制がすすめられたとみることができよう。阿波国が造営国に宛てられる事例は、鎌倉期まで継続的に確認することができ、中央での木材需要に応えるものになっていたのである。

一方、「山」所領の分布を福家氏の比定によってみてみると、勝浦山・那賀山を除く六ヶ所が吉野川水系に分布していることがわかる。吉野川は阿波国を東西に貫く大河川であり、伐採された木材が川を下り搬送されていったものだろう。史料的な実証は困難だが、院政期の大規模造営のための木材需要を支えた地域だったことは確実だと思われる。

二　鎌倉期の阿波産木材

1　木材の商品化と富田荘

その一方で平家の有力家人としても知られる有力在庁の阿波民部重能の滅亡[13]に象徴される治承・寿永内乱は、阿波の木材供給体制にも大きな影響を与えることになった。

それを示すのが、阿波国衙が所在する名東郡・以西郡に立荘された春日社領富田荘《とみだのしょう》の存在である。[14]富田荘の前身は、重能一族の粟田重政および、重能と対立し源義経の阿波渡航を支えた近藤親家の国衙別名所領である南助任保と津田嶋であった。それが平氏による南都焼討ちからの興福寺金堂の再建過程において、「廻廊五十八間可レ令二造営一」[15]のために利用され、それを春日大明神に祈念し成就したため、大江泰兼を仲介として建仁四（一二〇四）年に立荘されるに至ったものである。

すなわちこの立荘は重能の滅亡という政治変動によってもたらされたものであり、造営が契機になっていたことも判明する。南助任・津田嶋ともに近世吉野川（旧別宮川）河口部南岸に立地し、後述するように荘内には津も存在し国衙が管轄していた可能性も想定されている。吉野川水系の「山」所領から搬送されてくる木材の集散地の一つであったと考えられ、従来の受領主導の「山」そのものを確保した供給体制とは大きく異なったものである。そのため受領支配とは対立することとなり、承元二（一二〇八）年には紀伊熊野社の造営料国とされたため院宣によって顛倒されている。建保二（一二一四）年には板野郡に属し旧吉野川流域の春日社領矢上荘を国領とすることで回復されるが、祇園社の造営料国とされた際には、再び顛倒され「国衙使者等」が乱入・狼藉をはたらいている。最終的には国務を掌握していた四条隆衡家による矢上荘とあわせて春日社への寄進が貞応三（一二二四）年の官宣旨で認定され[16]、年貢として「油弐斛弐斗・弐寸半板五拾枚」の納入が定められることとなった。

もっとも当初に春日社との仲介役だった都鄙を往反する国雑掌クラスと考えられる大江泰兼との関係は不安定化したようで、寛喜二（一二三〇）年には泰兼の使者が「御供所造営材木并用途等」[17]を淀津で奪取するという紛争も引き起こしている。ここでは個々の論点に深入りすることはしないが、春日社が富田荘を必要としたのは木材の供給のためであったことは確認しておきたい。また「富田庄之内津」に「国衙使」が乱入して、「富田庄御年貢上分米」に付された榊を抜き棄てて「国津」に付けたという紛争[18]は、津に対する国衙の管轄権を想定させるものだが、この船が興福寺領和泉国谷川荘に寄港している点も重要である。ここから淡路島東方から大阪湾に入るルートが、この段階から利用されていたことが判明する。

このように富田荘が重要になってくるのは、木材が年貢などの貢納品としてだけでなく、商品としても流通するようになったこととも関係していると考えられる。京都周辺では木材供給を名目に成立した荘園を有する権門寺社でも、鎌倉中期からは購入事例が見られるようになり、文永九（一二七二）年の山城国高神社造営に際しては、「阿波檜榑」が「熊野木」・「石見榑」などとともに購入され[19]、商品名としての表記も出現する。建武元（一三三四）年、大徳寺は「材木五六」計八〇支について、「富田庄湊」で引き渡すという文書を残している[20]。紀伊にも吉野山地を源流とする富田川下流域に同漢字の富田荘《とんだのしょう》が存在し、その可能性を完全に否定することはできないのだが、河口までの筏流しと海上輸送との分業関係が進展していったことは間違いなく、阿波富田荘がその中継地であったことを疑う余地はないだろう。

また賀茂別雷社は吉野川中流域の三好郡に福田荘を有していたが、嘉元三（一三〇五）年の遷宮に際しては「庄のめしのよ用とにてかふ」とされ[21]、購入場所は明記されていないがやはり商品として調達していたことがわかる。吉野川流域ではないが、元応二（一三二〇）年の鴨御祖社遷宮でも。阿波国那賀荘内大由郷杣から材木一三一八が三五二貫七〇〇文で購入され、河尻（尼崎）まで搬送されている[22]。那賀荘は那賀山を前身とする王家領で、鴨社が所職を領有していた形跡はなく、鎌倉期に商品化が進行していることが判明する。なお那賀山は建久二（一一九一）年の「長講堂領目録」では荘号を冠しておらず、荘園化が鎌倉中期とされる点も重要である[23]。

このように平安期の受領が組織した木材供給体制が、阿波民部重能の没落など国衙在庁の変化もあり動揺し、荘園化が進行することにもなった。しかし木材そのものは所領ごとに分割されるというよりも、むしろ商品化の進行が顕著で、富田荘に代表されるような河口部の集散地が重要視されるようになった点に当該期の特徴を見いだすことができよう。

2　三木家文書にみる木材搬出

この木材の商品化が進む鎌倉後期の現地の様相を垣間見ることができるのが、吉野川支流穴吹山水系の麻殖郡種野山に関わる文書を伝える三木家文書である[24]。元亨元（一三二一）年の文書（一五）は番頭・百姓が代官側の非法を訴えてそれが認められたもので、材木に関する条項が含まれている。

麻殖山内三木村番頭百姓等訴申条々下知事

一、入□□うりさいもくとう山出河流事、かのむらおくやまふんとして、まいねんりやうとの御ねんくにおいてハ、かわらいたをもてしんせいの事、せんれいいたり、しかるにきんにおいてハ、かわらいたなんかんのよし、やすむらなけき申あひた、御ねんくにおいてハ用途ニなされおハんぬ、よてかくのことくの山出河流等事おほせつけらる、ことなり、せんするところ、しんきひほうのよし、うたへ申うゐハ、うりさいもくとうの事ハちやうし、（中略）

一、ひやうこおくりの事、かいしやうろう〳〵の時、きりやうについてハんとうをめしくする事せんれいなり、むようの時ハちやうし、（以下略）

まず三木村番頭・百姓は毎年両度の年貢として「かわらいた」（船の底板として用いられる巨木）を進済してきたが、近年はそれが困難になったと訴えたところ、年貢を銭納にすることになり、あわせて「うりさいもく」（売材木）の「山出河流」が命じられた。しかしそれを新儀非法と訴えたところ停止という下知がなされたという。ここでも年貢として搬出される材木とは別に、商品として流通するものが成立していることがわかり、年貢を銭納できるのも番頭百姓自身が材木を売買していたためだと考えられる。その一方で巨木は枯渇状態になっているようで、前代からの伐採圧の高さをうかがわせるものである。もっとも中径木の搬出は大量に行われているようで、代官売買分の搬送に百姓を使役することが、新儀非法として訴えられることになったものだろう。嘉暦二（一三二七）年の同様の文書（四五）でも、「なかやま」の材木を買い置いて、百姓に持たせることを非法として禁止するという文言がみられる。これを那賀山とするなら種野山の南に接する所領ということになり、それ以外と解釈しても別の場所からの購入材ということは動かないと思われる。このように大量の木材が当地から搬出されていたことが知られるものである。

また元亨元年の文書では搬送に関する問題も取り上げられており、「ひょうこおくり」（兵庫送り）について、「いしやうろう〳〵」（海上浪々）の時は、「きりやう」（器量）＝能力のある番頭を召し具すのは先例だが、そうではない

「むよう」（無用）の時は禁止するとされている。ここでは兵庫に搬送されていたことがわかるが、そのルートを考えると穴吹川から吉野川本流に出て、旧吉野川の撫養から小鳴門海峡を通り、淡路島西岸を経由したものと思われる。これは最終目的地が淀川を遡上した先（京都・奈良を含む）にあるとすると、距離的には東岸ルートより遠回りになるが、停泊地を考えるとより安全に航行ができたものと思われる。撫養の手前には木津という地名が残り、中世史料にも登場している。吉野川水系の木材集散地としては、前述の富田荘とならぶ有力候補と想定されるものである。恐らく平素は木津までの搬送に動員され、特別の技能を有する番頭のみが状況によって兵庫まで使役されることになっていたと考えられる。

このように鎌倉期の畿内で産まれた木材商品化の波は、種野山まで確実に押し寄せていたことがわかり、むしろ巨木の枯渇状況すらもたらしていたことが想定されるのである。

三　南北朝・室町期の阿波産木材

1　尼崎の隆盛と「兵庫北関入船納帳」の史料的性格

この木材の商品化のなかで、畿内における集散地として富裕な商人を輩出したのが、中世淀川の河口に立地する尼崎で[25]、かれらがもっとも大量に扱ったのが、阿波・土佐という四国産である。

一四世紀後半に尼崎を拠点に活動した善重は、東寺・東福寺・南禅寺・大徳寺との木材取引が確認される富裕な商人だが、永和元（一三七五）年には南禅寺とのあいだで次のような事態が生じた（『南禅寺文書』七九・八〇）。すなわち当初に南禅寺側が獲得した室町幕府の過書には「作州材木」と記されていたが、実際に搬送されてきたのが「四国方之御材木」だったため神崎関所を通過することができなかった。そこで善重が事情説明のために京都に呼ばれ、幕府から「南禅寺材木、自㆓四国㆒所㆓運上㆒也」という文言からはじまる過書が改めて発給されているのである。

　ここから当該期に畿内へ搬入される木材の主力産地が四国に切り替わったことがわかり、京都の事情をみても播磨・美作産はわずかにみえるものの、平安期にみえる安芸榑は姿を消し、鎌倉期に東大寺造営国であった周防産も確認できなくなる。一五世紀前半に尼崎商人の宗儀が東福寺に二二八三貫八〇〇文分の材木を納入しているが、鎌倉期には杣であった周防国上得地の年貢銭で決済されており、これも四国産材木が納入されたと想定される。長禄三（一四五九）年の南禅寺仏殿造営では、柱大小一五本・冠木大小八支・榑一二万支・槙板五〇〇枚・杉桁三〇〇〇支が、四国から搬送されており（『南禅寺文書』二〇六）、その量の膨大さには目を見張るばかりである。一四世紀末の『庭訓往来』では「土佐材木」が特筆されているように、巨木は土佐にシフトしていた可能性が高いが、後述するように阿波南部からの供給量も相当なものだったと考えられる。

　この数量を考える上で留保が必要なのが、文安二（一四四五）年の「兵庫北関入船納帳」である。はじめにでも述べたように、従来の阿波産木材の研究はこれを基本史料として議論が積み重ねられてきた。たしかに後述するように、阿波国内の七ヶ所を船籍とする船が、榑九七件・一四三七五石、材木一四件・一四七五石が計上されており、判明する関税額を総計すると四一貫七六三文となる。豊かな情報を伝えるものであるが、これをもって当該期の阿波から搬出された木材の全体像を示すものと理解すべきではない。

　すなわち当該期の四国産木材は淡路島東岸を通り、尼崎に入るのがもっとも主要ルートであり、需要が淀川水系にあるとするなら、兵庫を経由する必然性は全くありえないからである。なお「入船納帳」で木材取扱量がもっとも多い船籍地は、付近で産出しているとは考えられない淡路東南端に位置する由良である。この由良船頭のもたらしたのは全て榑で、これを取り扱っているのが木屋という問商人であることからみて、[26]その依頼で阿波・土佐産を買い付けていたと考えるのが整合的である。由良以外の淡路船籍が木材を取り扱っている事例もみられず、四国産木材の搬入は淡路東岸ルートが用いられていたことは明白である。

すでに一四世紀後半段階で室町幕府は、後の興福寺領兵庫南関となる「兵庫嶋札狩」について、「西海船」（瀬戸内海を通る船）は兵庫での通関が必要だが、「南海船并近国船」についてはは禁止すべきであることを明確にしている。[27]ここからみて四国方面からの商船に相当する「南海船」が兵庫で通関する必然性も存在しない。さらに一五世紀の京都周辺で木材調達が必要だった場合に使者が派遣されるのは、尼崎もしくは堺で兵庫の事例は管見の限り全く確認できない。逆に堺が一五世紀に急成長する一因は、四国産木材の取り扱いにおいて地理的に尼崎を凌駕するようになったためと考えられる。兵庫に搬入された数量は関税額を一％と想定すると、[28]価格は四一七六貫三〇〇文と巨額であるが、断片的に判明する尼崎商人の取引額からみて総計がその範囲内に含まれているとは思えない。すなわち阿波から尼崎・堺に搬入され畿内で消費された木材は価格では年数万貫文に達していた可能性が想定されるべきである。

その一方で兵庫に搬入された木材は、兵庫およびその西方の播磨を販路としていた可能性が高い。延文五（一三六〇）年、播磨書写山円教寺の三重塔は、心柱一〇〇貫文・中継柱五〇貫文・末継柱一六五貫文分を熊野から購入しているが、「大節」があり使用に耐えなかったという。[29]延文元（一三五六）年から始まる播磨守護赤松則祐による千種川流域での宝林寺造営に際しても、上流から下る木材とともに下流の坂越から引き上げられるものも利用されていたことが判明する。[30]このように古代には畿内への木材供給国であった播磨ですら外部からの購入材が利用されており、阿波産が搬入されていた可能性も十分に想定される。もっとも「入船納帳」にみえる阿波産は小規格の榑が圧倒的で、兵庫の町屋などへの需要が中心だったとするのが妥当かもしれない。なお「入船納帳」に近世阿波の特産品となる藍がみえるのもよく知られているが、これも商品を扱う兵庫側の問の需要があったためだと思われ、瀬戸内海の産物全てが兵庫で通関されたのと同様に、阿波産品を理解すべきではないと考える。

2 那賀山支配と平嶋

このように「入船納帳」のみから阿波産木材について論じることはできないと考えられるが、その情報量はやはり豊富である。とりわけ注目すべきは、院政期に編制された山所領の分布する吉野川河口部の集散地として想定した、富田・木津・撫養船籍が扱う木材が全く確認できないことである（このうち撫養のみ船籍地としては確認できるが、搬出されているのは小麦・藍）。この意味については後述することとし、唯一確認できる、那賀川流域の山所領である那賀山の当該期の様相と、搬出港である平嶋について最初に検討しておきたい[31]。

先述したように、国衙領那賀山は鎌倉期には長講堂領となり、王家が伝領する一方で地頭職も設置されたらしい。暦応三（一三四〇）年には足利尊氏が「那賀野山庄地頭職」を「造営料所」として暦応寺（後の天龍寺）に寄進しており[32]、この段階でも木材搬出が期待されていたことがわかる。恐らく地頭職は北条氏関係者が所持しており、尊氏が没官によって獲得して寄進したものだろう。また貞治六（一三六七）年には「阿波国郡《ママ》賀山庄領家方平島・大田両郷」も北朝方から天龍寺に一〇年限定で寄進されており[33]、永和三（一三七七）年の文書に「那賀山は天龍寺廻禄によりて料木のために光厳院殿御口入候し程に、ちからなく、半分かりめされて候つる、年紀すきて返たひ候ぬ」とあるように[34]、こちらも天龍寺の火災からの再建を目的とした木材搬出が理由だったことがわかる。なおここで崇光上皇から領家の五辻朝仲には半分のみが返付され、残りは以後も天龍寺領として存続した。

至徳四（一三八七）年の「天龍寺領土貢注文案」によると（五一六）、那賀山荘から銭三九〇貫三六八文が「米・麦・大豆・公事銭・榑代」として、平嶋から同じく銭一七一貫四八〇文が天龍寺に納入されることになっていた。ここで注目されるのが榑代とあることで、現地で伐採された木材は常に現物として天龍寺まで搬送されていたわけではなかったことがわかる。すなわち造営事業という領主側の差し迫った必要性がなくなると、現地の裁量で売買され代銭として納入されていたのである。領主側にとっては現物輸送コストが省略できるメリットがあり、現地に売買できる市場が成立していたことで実現可能だったものだろう。その市場と考えられるのが「入船納帳」にも船籍地として登場する平嶋で、天龍寺がここからも得分を得ていたことがわかる。もっとも当該期には全ての木材が天龍寺に帰属していたというわけではない。

一、（応永卅年）五月廿五日当寺御成之時、那賀山流木事、於㆓杉材木㆒国方押領難㆑堪之由、伺申候処、寺家一円如㆑元可㆑為㆓進退㆒之由、被㆓仰出㆒候間、其旨国方へ依㆓申遣㆒、守護奉書如㆑此、去九日依㆓洪水㆒阿波国那賀山流木之事、天龍寺木口印木者、任㆓先規㆒悉直歳方へ可㆑被㆓渡申㆒候、不㆑可㆑有㆓無沙汰㆒之由候也、恐々謹言、

五月廿六日　成善判

東条入道殿

この天龍寺文書は（四〇一）、応永三〇（一四二三）年五月二五日に室町殿義持の御成を迎えた天龍寺が、那賀山の杉材木を守護方（国方）が押領しているのに対して、「寺家一円」の進退を訴えたところ、守護へ命が下された。それに従って「那賀山流木」について、天龍寺の「木口印」のあるものについては、先例のように天龍寺側の「直歳

方」へ引き渡すようにということを命じたもので、守護方の奉行人と思われる成善から現地の阿波守護代である東条入道に宛てた文書の案文だと考えられる。ここで天龍寺側は建前上では「寺家一円」の進退を主張しているのだが、実際に争点になっているのは「天龍寺木口印木」のみである。洪水による「流木」という扱いになっているのは、守護方が国衙を継承して川の管理権を有していたためと思われ、天龍寺側もそれを認めざるをえなかったのだろう。

また「天龍寺御領那賀山雑掌」が同年六月日付で出した文書では（四〇二）、守護方の押領と合わせて、相国寺僧が知行した際に夢想派の禅院である阿波桂林寺の「興行」のための那賀山材木の搬出が「寺家一円知行」という建前から問題とされている。ただしここでも「結句于致二根本之木口印一木被二押領一之段、無レ謂次第也」とあるように、具体的な返還要求は「根本之木口印」のある材木のみで、逆に考えると那賀山から搬出される材木には、天龍寺の印のないものも多数含まれていたことがわかる。

そしてこの様相を反映しているのが、「入船納帳」にみえる平嶋船籍の積み荷の状況だと考えられる。全二〇例のうち、三月二九日入港の榑を掲載した五郎二郎を船頭とする二艘および左近兵衛を船頭とする船、六月一六日入港の前項からみて材木を掲載した彦四郎および枝舟の、計五例については「天龍寺五艘」と注記があり関銭額が記されていない。天龍寺は応永三二年八月二八日付で義持から「天龍寺造営材木」に関する過書を獲得しているが（四〇九）、天龍寺の「木口印」を付した木材を掲載した関銭免除となる特権船が、「天龍寺五艘」と記されたものであることは間違いなかろう。これは石清水八幡神人の「淀十一艘」と同じく関銭免除特権を有していることに意味があるのであり、掲載物が必ずしも京都に運ばれるのではなく、兵庫に搬入されたものは兵庫で売買されたものだろう。

また三月二九日にみえる船頭五郎二郎は、正月四日入港の榑一三〇石を掲載した五郎次郎、一〇月一二日入港の檜木材木七〇石を掲載した五郎二郎と同一人物と考えられる。後者には何の注記もないが関銭額が記録されておらず、前者は確実に商品として扱われてものである。ここから五郎二郎は天龍寺に所属しているというより、過書船を契約として請け負っている存在とみるべきで、その差は関税の有無しかなかったと思われる。これは左近兵衛についても同様で、四月三〇日には榑一〇〇石を、六月一六日には材木（内檜木物三分一）一〇〇石を、九月七日には材木（内檜木物半分）七〇石を、それぞれ掲載して関税を支払っている。三月二九日も一〇〇石で、自身の所有する一〇〇石掲載の船で平嶋と兵庫を往復していたことがわかる。なお材木の注記から何もない場合は杉を指しており、小型の材である榑とあわせて檜など多彩な木材が平嶋から搬出されていたことがわかる。

その一方でもう一人の彦四郎については、一〇月二七日入港時に材木一四〇石を掲載しているが、これも関銭額が記載されておらず、過書船の可能性がある。天龍寺側とより強い契約関係を有していたと想定することもできるが、搬送が相対的に独立した船頭に任されていたことはゆるがないだろう。その他に九月八日に榑六〇石、一〇月二五日に材木六〇石、一二月二三日に材木七五石を搬送して入港している左衛門三郎についても、榑のみ関税額が記載されておらずこれも免除されていた可能性がある。なお八月二七日に大夫が搬送した榑三五石には、関税一三〇文が賦課されており、榑全てが非課税だったわけではない。平嶋船籍の船頭は一〇名と入港回数と比べてかなり多く、尼崎経由で天龍寺に現物で搬送される木材もあったと考えられる。那賀山産出の商品・年貢・過書物など多様な性格を有したものが、これら船頭によって搬送されていたのである。

このように那賀山は前代の山所領としての性格が、守護による流通支配という側面では継承される一方で、搬送面では平嶋の船頭に委ねる構造へと転換していたことがわかる。畠山氏の紀伊守護代である遊佐氏被官の草部太郎左衛門が、寄物の法理とみられる「号二破損船一」して那賀山から天龍寺修造のための材木を紀伊に押領したという記録もあり[35]、その需要は活発で引く手あまただったことがわかる。

3　海部郡の諸港と室町期の阿波の山林

続いて「入船納帳」にみえるそれ以外の船籍との性格を検討した上で、当該期の阿波産出木材の全体像について見通すことにする。[36]

まず平嶋のやや南に位置する橘であるが、河川を通じた明確な上流域をもたない。三例みえる何れも船頭刑部が榑を搬入しているが、八月一一日入船時には特に注記はないが、九月二〇日入船時には「宍咋刑部四郎枝舟歟」、一一月一五日入船時には「海部介兵衛舟」と特記されている。これらの記載は刑部の榑舟が、宍喰もしくは海部から搬出される榑を積み荷にしているとみなされていたためで、橘に集荷されたものでない可能性が高い。

次からは海部郡に含まれ、牟岐（表記は牟木もしくは麦井）は牟岐川河口部の港である。ここは船頭が三郎兵衛（八件）・治部衛門（六件）の二名のみで、全て掲載量は一二〇石、七月一九日分の三郎兵衛分が材木以外は全て榑という単純な構成となっている点が特徴で、搬出量そのものが多くなかったと想定される。

続く海部は海部郡では圧倒的の後背山地を有する海部川河口部の港湾で、掲載物は榑のみだが五四件と数も多い。すでに応永二九（一四二二）年には「かいふのくれ」が京都で売買されていたことが確認され、[37]室町期には商品名になっていたことがわかる。またすでに山下知之氏によって明らかにされているように、総数一〇名（欠損があり一一名の可能性あり）の船頭にはしばしば「鞆」・「浦」・「赤松」・「ヲク」という小地名が記載されている。「入船納帳」では備前牛窓・備後尾道と並ぶもので、その重要性が想起されるところである。山下氏によると小地名のうち前二つは鞆浦地区・後二つは奥浦地区に比定できるとのことで、中世の中心は鞆浦側にあったとされる。鞆浦には明暦四（一六五八）年段階で浄土宗二ヶ寺・浄土真宗・日蓮宗・曹洞宗・真言宗二ヶ寺の計七ヶ寺があったとされ、その繁栄ぶりをうかがわせるものである。またこれも山下氏が指摘していることだが、同一日に複数入港しておりその一部に「枝舟」という記載が見えることから、船団を構成していたことがわかる。このうち船頭九郎左衛門は二八〇石が二例・三五〇石が三例と他の船が一〇〇石台なのと比べて大きく中心的な存在だったと思われる。

完昨川河口の完昨は二〇件だが、枝舟という記載も一部に確認できる。掲載は榑が一八件と圧倒的に多いが、材木も二件あり、一二月五日入港分には檜榑という記載もあり、海部と比べ商品に多様性がある。一五世紀末の南都では堺経由で到着した榑について、「シ、クヒ吉」・「カ井フワルシ」と海部よりも完昨を評価する記述もあり[38]、商品として評価されていたことがわかる。また海部産は九月二三日入港分までは二郎三郎が、一〇月一八日入港分からは藤二郎が兵庫の問として登場するが、完昨では両名の名前もみえるが、二〇件のうち一二件は「木や」が取り扱っている。前述のように由良船籍がもたらした榑を扱っていたのが木屋で、完昨と由良との間にも何らかの関係があったのかもしれない。

このように「入舩納帳」にみえる平嶋船籍以外の船が搬送していた木材は、全て海部郡から産出されたものだったということになる。海部郡は古代には存在せず文治元（一一八五）年を初見とし、郡創出に受領が関わっていたことは当然のこととはいえ、山所領ではなかった点は注目される[39]。前述のように山所領は吉野川流域が多数を占めており、太平洋という外海を経由しなければならない阿南地域よりも、輸送が容易でなおかつ御願寺造営に必要な木材も確保できたためと思われる。しかし伐採の進行によりすでに鎌倉期段階で枯渇を招きつつあったことは、種野山で見たとおりである。

そもそも「入舩納帳」で確認される阿南地域の諸港から兵庫への搬送には、吉野川河口を遡上させなければならない撫養―小鳴門海峡―淡路西岸ルートではなく、由良経由の淡路東岸ルートが利用されていたことは前述の通りである。それにもかかわらず富田・撫養など兵庫への搬送により有利な吉野川の河口部からの木材が搬出されていないのは、偶然ではなくすでに前代の山所領の多くが木材搬出地でなくなっていたためだとみるべきである。種野山など吉野川南岸は傾向として剣山の北向き斜面に相当するため日射量もさほど多くなく、一度伐採すると再生が容易であったとは思えない。そうしたなかで南向き斜面で降水量も多い那賀山・海部郡のみで産出が続いたのではないか。ただし海部郡の主要商品は榑で、ここでも巨木というより小規格材に転換していた可能性が高い。好条件に恵まれある程度の萌芽更新による再生が可能だったため、産出を継続できたと考えられる。

むすびにかえて

平安期から室町期までの阿波産出の木材について、畿内の需要という観点から概観してきた。そこで明らかになったのは一貫して阿波産木材が大量に消費されている一方で、その産出地域、部材の性格、流通構造などは大きく変化しているという事実である。

すなわち平安期には受領により主に吉野川流域に山所領が編制され、御願寺建立に象徴される大規模造営に対応するものであった。しかし鎌倉期になると木材の商品化が進み諸勢力の進出がみられる一方で、資源の枯渇もみられるようになった。室町期になると主要な産出元は那賀山・海部郡という阿南地域が主力となり、製品も小規格部材である榑が主力に変化する。また尼崎など畿内都市を拠点とする材木商人が目立つようになり、その需要に応え船頭が活発に往復するようになった。木材は輸送ルートが確保できないと搬出が不可能なため、完全に資源が枯渇したはげ山状態になったとは考えられないが、平安期から強い伐採圧を受けていた吉野川流域が主要産地から外れ、阿南地域にシフトしていく傾向が読み取れるのである。近世徳島藩が林業地帯として保護・育成の対象としたのも勝浦郡・那賀郡・

海部郡の南方三郡で、[40]気候・地形条件に規定された特質は、中世後期とある種の連続性を示しているものといえよう。

最後に阿南地域の位置づけについて近年の対照的な研究との関係について触れておきたい。一つは石造物の分布をめぐる市村高男氏を中心とする研究グループによるもので、[41]考古遺物・石造物調査を踏まえて、当該地域の独自の性格が強調されている。もう一つは戦国期の勝瑞城を主要対象とした石井伸夫氏・仁木宏氏らによるもので、[42]阿波一国レベルの求心性が強調されている。本稿は戦国期を直接の分析対象としたものではないが、阿南地域とりわけ海部郡の独自性は明白でやはり前者に与するもので、撫養を一国レベルを超えた大集散地とするような議論には到底従えない。ただし花崗岩製（御影石）石造物の濃密な分布を、「入船納帳」から兵庫へ収斂させる前者にも問題があることは前述した。明応四（一四九五）年四月二〇日に京都の貴族三条西実隆が宍喰にある鈴峯山円通寺の勧進帳を求めにより執筆しているように（『実隆公記』）、畿内とのストレートな結びつきそのものにこそ特質を見いだすべきだろう。

蓄積ある阿波地域史について無理解なまま報告を引き受け、にわか勉強で成稿するに至ったため、事実誤認も多々あるかと思われる。また畿内からの需要に焦点を当てたため、地域の実力を軽視しているかもしれない。報告時に寄せられた御指摘を踏まえ、論旨に変更がない範囲で事例を補足したが、引き続き検討していくこととし、ひとまず稿を閉じたい。

註

（1）林家辰三郎編『兵庫北関入船納帳』（中央公論美術出版、一九八一年）、『兵庫県史史料編中世五』東大寺文書―摂津国兵庫関一三四。
（2）拙稿「中世畿内のおける材木流通の展開」（仁木宏編『古代・中世都市論』吉川弘文館、二〇一六年）。
（3）『続日本紀』延暦三年七月癸酉条。
（4）『小右記』寛仁元年一〇月二二日条。

（5）『小右記』治安三年一〇月二五日条。
（6）『明月記』寛喜三年八月一日条。
（7）『諸寺塔供養記』所収「承暦元年十二月法勝寺供養記」（藤田経世編『校刊美術史料寺院篇中巻』中央公論美術出版、一九七五年所収）。上島享「経費調達制度の形成と展開」（『日本中世社会の形成と王権』名古屋大学出版会、二〇一〇年）も参照。
（8）福家「阿波中世所領研究ノート」（『四国中世史研究』創刊号、一九九〇年）・「中世阿波における『山』所領とその展開」（『瀬戸内海地域史研究』八、二〇〇〇年）など。
（9）『中右記』元永元年七月二五日条。
（10）『中右記』元永元年八月一一日条。
（11）川端「院政初期の立荘形態」（『荘園制成立史の研究』思文閣出版、二〇〇〇年、思文閣出版）。なお勝浦荘についてては福家清司「阿波国『勝浦山』について」（『史窓』一六、一九八五年）・「仁和寺領阿波国篠原荘・勝浦荘の成立と展開」（『史窓』一八、一九八七年）も参照。
（12）上島「大規模造営の時代」（前掲『日本中世社会の形成と王権』所収）。
（13）近年の研究として、野口実「十二世紀末における阿波国武士団の存在形態―いわゆる「田口成良」の実像について」（『京都女子大学宗教・文化研究所研究紀要』二七、二〇一四年）がある。
（14）富田荘の概要については、福家清司「阿波国富田荘の成立と開発」（徳島地方史研究会創立一〇周年記念論集『阿波・歴史と民衆』一九八一年）、丸山幸彦「阿波国」（『講座日本荘園史』一〇、吉川弘文館、二〇〇五年）参照。また「富田庄」（平凡社日本歴史地名大系ジャパンナレッジ版）も利用した。
（15）承久四年三月日「大江泰兼愁状」（『鎌倉遺文』五―二九三七、大和大東家旧蔵文書）。
（16）貞応三年五月二一日「官宣旨案」（『鎌倉遺文』五―三二三七、大和春日神社文書）。
（17）寛喜二年六月一三日「興福寺別会所下文」（『鎌倉遺文』六―三九九四、阿波国庄園文書）。
（18）註（15）文書。市沢哲「院御願寺建立の政治史的意義」（『日本中世公家政治史の研究』校倉書房、二〇一一年）、藤本

頼人「河川交通とその担い手―中世前期の吉野川を起点として―」（小野正敏ほか編『水の中世―治水・環境・支配』高志書院、二〇一三年）も参照。
(19)「文永九年山城国高神社造営流記について」（『鎌倉遺文研究』九、二〇〇二年）。
(20)建武元年八月三〇日「某材木手銭請文」（『大徳寺真珠庵文書』七三四）。
(21)「賀茂社嘉元三年遷宮記」（『賀茂文化研究』三、一九九三年）。福田荘については、福家清司「阿波中世水運史小考」（三好昭一郎先生還暦記念論集『歴史と文化・阿波からの視点』一九八九年）・福家前掲「阿波中世所領研究ノート」参照。
(22)元応二年八月日「山城鴨御祖社造替要木注文」（『鎌倉遺文』二六―二七五六二、下鴨社家文書）。
(23)那賀山については、山下知之「中世阿波国における広域所領の展開」（『阿波・歴史と民衆Ⅱ』徳島地方史研究会創立二〇周年記念論集刊行委員会、一九九〇年）参照。
(24)三木家文書の引用・文書番号は、徳島県教育委員会編『阿波の中世文書』（一九八二年）に依る。同文書については、福家清司「種野山の中世的展開」（上）・（中）・（下）（『高校地歴』一三・一四・一六、一九七七～八〇年）、徳島中世史研究会「三木家文書の分析調査」（『徳島県立博物館開設準備調査報告』三、一九八九年）など参照。
(25)尼崎については、拙稿「室町期尼崎における材木商人に関する新史料」（尼崎市立地域研究資料館『地域史研究』一一五、二〇一五年）・前掲「中世畿内における材木流通の展開」で論じているため、典拠は必要最小限とした。
(26)由良と木屋については、小川信「淡路の府中・守護所と港津」（『中世都市「府中」の展開』思文閣出版、二〇〇一年）、戸板将典「室町期における兵庫問丸の活動」（『九州史学』一六八、二〇一四年）参照。
(27)嘉慶元年八月晦日「室町将軍家御教書」（『春日大社文書』三〇二）。
(28)兵庫の位置づけと関税額については、拙稿「畿内・瀬戸内海の交通と流通」（木村茂光・湯浅治久編『旅と移動―人流と物流の諸相』竹林舎、二〇一八年）で論じた。
(29)「捃拾集」（『兵庫県史史料編中世四』寺社縁起類播磨国六）。
(30)貞治四年一二月日「公田・重藤十六名学衆方年貢等散用状」（『相生市史八上』二八四）。
(31)那賀山の概要として、山下知之前掲「中世阿波国における広域所領の展開」があるが、原田正俊編『天龍寺文書の研究』

思文閣出版、二〇一一年）など近年公刊された史料を加えて検討する。なお同書所収文書は本文に文書番号のみを記す。

(32) 暦応三年六月一五日「足利尊氏寄進状」（原田正俊編『鹿王院文書の研究』三七、思文閣出版、二〇〇〇年）。

(33) 貞治六年五月一三日「天龍寺都官連署状」（『大日本史料』六―二八、一五頁、古今消息集）。

(34) 永和三年八月一五日「崇光上皇書状」（『大日本史料』六―四九、四一八頁、波多野幸彦氏所蔵文書）。

(35) 『蔭涼軒日録』文正元年七月二〇日条。

(36) 代表的な先行研究として、福家清司前掲「阿波中世水運史小考」、藤田裕嗣「一五世紀中葉における阿波国から畿内に向かう海上輸送の分析」（『徳島地理学会論文集』二、一九九七年）、山下知之「中世後期阿波南方における水運の発達と地域社会」（『四国中世史研究』四、一九九七年）があり、本節で触れる山下氏の所論は全て同論文に依る。

(37) 『教王護国寺文書』一〇八〇。

(38) 『大乗院寺社雑事記』文明一五年一二月二四日条。

(39) 福家清司前掲「阿波国中世所領研究ノート」・丸山幸彦前掲「阿波国」など参照。

(40) 近世の状況については、町田哲「近世後期における徳島藩の御林と請負―那賀川中流域を事例に―」（『鳴門史学』二六、二〇一三年）・「近世前期徳島藩における御林制度」（『鳴門教育大学研究紀要』一八、二〇一三年）・「近世前期徳島藩の御林と御林番人―那賀川中流域を事例に―」（『史窓』四三、二〇一三年）・「近世後期徳島藩における御林の分布と特徴」（『鳴門教育大学研究紀要』三〇、二〇一五年）など一連の研究に依る。

(41) 市村高男「中世西日本における御影石製石造物の分布と流通経路」、大川沙織「中世阿波における花崗岩製石造物の受容とその背景」（市村高男編『御影石と中世の流通』高志書院、二〇一三年）。

(42) 石井伸夫・仁木宏編『守護所・戦国城下町の構造と社会―阿波国勝瑞―』思文閣出版、二〇一七年。

阿波藍をめぐる藍商・紺屋と藩政の動向――藍商手塚家・井上家を中心に――

松永　友和

はじめに

江戸時代、「阿波」と言えば「藍」と言われたように、「阿波藍」は江戸や大坂など各地へと運ばれ、全国ブランドとして成長・発展した。阿波藍をめぐる研究史は戦前に遡るが、[1]研究が本格化するのは一九五〇年代以降である。一九五〇～六〇年代の研究[2]は、概して藩政史（制度史）研究と並行して進められた。その後、一九七〇～八〇年代になると、藩政史（制度史）から藍商研究（藍商の経営分析等）へと進展し、新史料の発見とともに研究は盛んに取り組まれた。[3]この動向は一九九〇年代以降も継続し、研究は緻密化するとともに、阿波藍の周辺分野、例えば地域史や流通経済史との関連、近代への展望などについても研究が行われている。[4]阿波藍関連の史料については、一九九〇年開館の徳島県立文書館による史料整理が特筆される。[5]

右の研究動向をまとめると、以下のようになる。これまでの研究により、阿波藍に関する藩政と地域との関係や、三木家や奥村家などの藍商の経営分析を通して近代移行期の地方における経済発展の様相などが解明されてきた。徳島県内外の研究者が阿波藍研究に取り組み、様々な実態が明らかにされた。その意味で、徳島藩研究のなかでも比較的豊富な研究蓄積を有する分野であると言えるが、残された課題が無いわけではない。例えば、①藍商によって研究の進度が偏重していること、[6] ②藍の生産・流通については研究素材として取り上げられるが、阿波藍の「消費」、すなわち紺屋との取引や関係については、相対的に関心が低いことを指摘し得る。①は史料の残存状況にも規定されるが、近年蓄積されている史料を充分に活かしているとは言えない。②については、一部の研究[7]において、藍商と紺屋との関係の重要性が指摘されているが、研究はその後充分に展開されているとは言い難い。阿波藍を需要した紺屋の存在があってこそ、はじめて藍商の経営が全国展開したのであり、紺屋の存在抜きに阿波藍を論述することは十分でないだろう。

以上をふまえ本稿では、これまで個別論文においてほとんど取り上げられたことがない手塚家文書と、平成二八年度に公開された井上家文書を用いて、藍商・紺屋の動向を把握する。具体的には、藍売帳と呼ばれる史料の分析を通して、広範な取引先を確保した藍商の実態を明らかにする。さらに、近年の自治体史の成果によって見出された史料をもとに、藍商と紺屋との関係を探り、藩専売制と深く関わる他国藍との比較を通して、藍の全国市場において主導権を獲得した阿波藍の魅力や藩政との関わりについて考察する。[8]

一 藍商手塚家・井上家の藍取引—藍売帳の分析—

1 藍商手塚家

(1) 手塚家と手塚家文書

手塚家は、阿波国名東郡中村を拠点に、江戸鉄砲洲船松町一丁目に「江島屋」の屋号で支店を設け、関東一円に藍を販売した藍商である。手塚家について触れた研究に、井内弘文氏や大槻弘氏の論文がある。ともに一九五〇年代に発表されたもので、当時の手塚家当主からの聞き取りが記されている。

井内氏の論文(9)には、「例えば名東郡国府町中村のT家も天神のT家に劣らず江戸時代からの有名な藍商であるが、その耕作規模は田畑合計一町半で、寝床面積は合計八十坪であるから、阿波国屈指の藍商であったにもかかわらず、その割には生産規模は大でない。当主談によれば、私の家は蒅は製造するよりも買う主義であった」と記されており、ここに見える「名東郡国府町中村のT家」とは手塚家を指す。

一方、大槻氏の論文(10)には、「大藍師として名東郡中村の手塚家を例示しよう。同家は（中略）売場株として江戸をもち、相州その他八ヶ国を販売市場としていた。明治三、四年の二年間に同家は藍玉三三四二俵、価格にして七万六八三〇両を販売していることや同年までの売掛金を精算すれば二一万三九八三両に達していることなどから、経営規模の大きさを推察することができよう。大藍師は普通借床をおこなうが、手塚家も例外ではなかった（現当主からの聞きとり）」とある。有力藍商手塚家について、当時の当主によって家の歴史が語られている。

また、天野雅敏氏の論文(11)には、「明治一二三年から二三年の高橋家の藍蒅販売高の約半数が、名東郡の手塚六三郎家と徳島市の森六郎家といういわゆる関東売藍商に販売されていた」とある。つまり、手塚家は、領内の藍師から蒅の状態で藍を購入し、領外へと販売していた。この経営のあり方は、同じく天野氏によって明らかにされた三木家の経営と類似している。

さらに近年、信州上田藩領内における藍の流通に関する論文(12)が発表され、手塚家によって阿波から上田へと阿波藍が移出されていたことが明らかにされている。

次に、手塚家文書について述べる。手塚家文書が初めて見出されたのは、一九一七年発行の『國府町史資料』（国府尋常高等小学校）においてであろう。同書には一部の文書が翻刻されている。その後、一九六一年発行の『國府町郷土資料』（国府町文化財保護委員会）に史料目録が掲載され、五年後の一九六六年には、徳島県博物館が古文書を含む道具類などの資料を一括購入している。『手塚家資料目録』（徳島県博物館）が発行されたのは一九八七年で、現在は徳島県立博物館が資料を所蔵している。手塚家資料は、近世・近代文書が九五一点、藍商具が四二点、藍資料が二二点、合計一〇一五点の資料群である。

以上、確認したように、藍商手塚家はこれまで一部の研究論文において触れられてはいるものの、手塚家文書を用いた研究は管見の限り見られない。藍師のなかでも有力藍商であったとされるが、その名はあまり知られていないのが現状である。

(2) 藍売帳にみる手塚家の取引先

手塚家文書には、表紙に「藍売帳」と記された横帳の史料三点が伝存する。藍売帳には、手塚家が取引を行った紺屋の名前とその所在地、藍玉の購入量やその金額などが記されており、本稿では「藍売帳」と「上総・下総・安房藍売帳」の二点の史料を分析に用いる(13)。

まず、「藍売帳」について、史料の内容年代は文化期~明治初年で、主に相模・甲斐国の取引先が記載されている。文書の全体を概観すると、取引相手ごとに記載された部分（本稿では便宜上、（A）とする）と、取引相手が次々と記帳されている部分（史料には「付込」とあり、便宜上（B）とする）から構成されている。（A）は、手塚家と一定期間、取引関係を有した相手であり、言わば手塚家の得意先であると考えられる。一方（B）は、手塚家と単発（あるいは数回）の取引を行った相手であるとみられる。

【表1】（表1～3は本稿の末尾に掲載）は、「藍売帳」に記された取引相手とその所在地をまとめたものである。表によれば、（A）は相模・武蔵国で六二名、甲斐国で八一名、計一四三名の名前が確認される。一方（B）は、相模国で四〇名（取引額は金三九七四両余）、甲斐国で五六名（金二七八七両余、ただし相模の取引相手一名を含む）、加筆分（史料の後半に記載）七名を含めると計一〇三名となる。（A）と（B）の合計は二四六名に及ぶ。

次に、「上総・下総・安房藍売帳」について分析を加える。史料の内容年代は文化～慶応期で、「藍売帳」と同様、取引相手ごとに記載された部分（A）が記されている。ただし（B）にあたる部分は見られず、代わりに手塚家が金銭を貸した相手（史料には「古貸座」とあり、便宜上（C）とする）が記されている。（A）は、手塚家の得意先であり、（C）は、その多くが紺屋であると思われるが、詳細は不明である。

【表2】は、「上総・下総・安房藍売帳」に記された取引相手とその所在地をまとめたものである。表によれば、（A）は上総・下総・安房国で計一二二名が記されている。一方（C）は、上総・下総国で五一名（ただし常陸の取引相手一名を含む）、安房国で四一名、計九二名に及ぶ。

以上、伝存する二冊の藍売帳について分析を加えた。それによれば、手塚家は相模・甲斐・上総・下総・安房などにおいて、四六〇名に及ぶ人々と取引関係にあったことがわかる。

2　藍商井上家

（1）井上家と井上家文書

井上家は、阿波国勝浦郡小松島浦を拠点に、駿河国沼津宿上土町に「鹿島屋」の屋号で本店を、江戸や土佐国などに支店を設け、関東甲信や駿河・土佐国などに藍を販売した藍商である。手塚家とは対象的に、これまでいくつかの論文や著書において取り上げられている[14]。

次に、井上家文書について述べる。同文書は一九五六年に徳島県立図書館に寄託され、一九五八年に『特殊資料目録 第一集』（編集発行・徳島県立図書館）が発行される。その後、徳島県立文書館に移管され再度史料調査が行われる。一九九〇年代には、史料の保存・利用の点で課題を投げかけることとなるが[15]、二〇一六年度に近世文書を中心に三三九一点が公開されている。

（2）藍売帳にみる井上家の取引先

井上家文書には八点の藍売帳が伝存する。そのうち本稿では、分析を終えた「藍売帳（府中 駿府 遠江国榛原郡）」を取り上げる[16]。「藍売帳（府中 駿府 遠江国榛原郡）」の内容年代は文政期～明治初年で、手塚家の藍売帳と同様、取引相手とその所在地、藍玉の購入量やその金額などが記されている。駿河国と遠江国榛原郡を三つの地区に分け、取引相手ごとに記載された部分（A）と、取引相手が次々と記帳された（B）により構成されている。

【表3】は、「藍売帳（府中 駿府 遠江国榛原郡）」に記された取引相手とその所在地をまとめたものである。表によれば、（A）については、岩渕から府中の地区で一三名、岡部から島田の地区で一七名、藤枝から榛原の地区で二六名、計五六名の紺屋の名前が記されている。一方（B）は、岩渕から府中の地区で五九名、岡部から島田の地区で一九名、藤枝から榛原の地区で三七名、計一一五名となる。特に府中については、（A）が少ない分、（B）の多さが特徴的である。（A）と（B）の合計は一七一名に及ぶ。

3　小括

藍商手塚家と井上家は、ともに広範な取引先を確保していた。藍商にとって一定期間、取引関係を有した相手（A）をいかに獲得するかが、安定的な経営を行うことにつながると考えられる。（A）に加え、単発あるいは数回の取引を行った相手（B）を増やすことにより、市場の拡大を図ったとみられる。さらに（C）のように、資金を貸与することにより、貸付相手よりも優位に立つとともに、その貸与相手が取引相手（紺屋）である場合は、取引上の主導権を獲得していったものと考えられる。

このような様相は、有力藍商に共通したあり方であったとみられ、阿波藍商は、各地の問屋を介して藍玉や蒅を販売するのではなく、藍商が各地域内に支店を設け、紺屋と直接的に取引を行った。その意義は大きく、藩によっては阿波藍商を排除する動きも見られた。その点は「三　阿波藍と他国藍」で述べる。

二　藍商と紺屋—藍の消費者との関係—

1　金銭貸借

(1) 手塚家の事例

手塚家文書には、紺屋からの借用証文（質地証文等）が多数残されており、寛政六（一七九四）年から明治三（一八七〇）年までの七七年間で一一三通を数える。そのうち次の三つの事例を取り上げ、藍商と紺屋との関係の一端を探りたい。

一つは、文化六（一八〇九）年、武蔵国橘樹郡西寺尾村の治兵衛が、江島屋利助（手塚家の江戸での町人名）から金一七両を「藍玉仕切金」として借用した事例である[17]。史料中には治兵衛の肩書が記されていないが、手塚家から阿波藍を仕入れていたことから、当該地域における紺屋であると考えられる。この事例は、手塚家に残された借用証文のなかでも比較的時期の早いものである。

次に取り上げるのは、天保四（一八三三）年に甲州道中吉野宿の太郎兵衛が、金七四両余を江島屋から、金二四両余を駿河国沼津宿の藍商福島屋八郎右衛門から、それぞれ借用した事例である[18]。この借用証文の本文には、「右者我等年来紺屋渡世仕来候処、其御両店ゟ藍荷物御仕送り被下、忝奉存候、然処其後不陽気打続、速々難渋仕候ニ付、勘定相滞、前書之通り借用仕候」と記されている。「不陽気打続」とは、天保期における天候不順（冷害）のことを指し、そのことが「難渋」の原因とされている。史料の前年にあたる天保三年から始まる天保飢饉は、紺屋の経営を悪化させたものと推察される。

三つ目の事例は、天保一四年に武蔵国多摩郡八王子宿の友吉が、江島屋から金三〇両を借用した事例である[19]。天保飢饉を経た時期にあたるが、経営は回復できずに藍玉代金の支払いが滞納したのであろう。借用証文には、「建家屋敷・紺屋道具・藍瓶」が残らず引当となっている。

（2）井上家・武知家・元木家の事例

次に、手塚家以外の事例を見てみよう。まず、藍商井上家に関連して、文化七（一八一〇）年の甲斐国都留郡井倉村の事例を取り上げる[20]。井倉村の治郎左衛門は、先年加畑村の治郎左衛門の仲介で鹿島屋甚太郎（井上家の江戸での町人名）から藍玉を仕入れて紺屋商売を始めた。しかし商売はうまくいかず、藍玉代金の支払いは滞り、その額は四〇両に達した。鹿島屋は度々催促するが代金は支払われなかったため、治郎左衛門の世話人が介入し、同年一〇月までにまず一〇両を返済し、残りの三〇両は年賦返済することで落着した。このような事例は、都留郡井倉村に留まらなかったものと思われる。

次に、藍商武知家の事例を見てみよう。武知家は、阿波国名西郡天神村を拠点に、江戸深川佐賀町に「宮本屋」の屋号で支店を設け、関東や伊予・筑前・肥後国に藍を販売した藍商である。[21] 武知家と紺屋との関係をうかがわせる史料が残されている。[22] 天保九（一八三八）年、甲斐国都留郡朝日馬場村の彦兵衛が、宮本屋安兵衛（武知家の江戸での町人名）から購入していた藍玉代金の支払いが滞り、その額は金一四六両余に達した。天保飢饉によって紺屋の経営が悪化したものと考えられる。そこで、滞代金一四六両余のうち七五両余を年賦返済し、残りの七一両余を支払い免除とすることで決着した。武知家側は、約半分近い七一両余を支払い免除にしたとしても、残りの七五両余を回収する方が得策であると認識したのであろう。

最後に、藍商元木家の事例を紹介したい。元木家は、阿波国名西郡高原村を拠点に、江戸深川佐賀町に「池北屋」の屋号で支店を設け、関東や備前・備中・備後・美作・安芸・因幡・伯耆国に藍を販売した藍商である。[23] 元木家については、藍玉代金の支払いをめぐって訴訟に発展した事例を確認することができる。[24] 武蔵国多摩郡上恩方村の健蔵は、池北屋清兵衛（元木家の江戸での町人名）から藍玉を仕入れていた。慶応四（一八六八）年七月、藍玉支払い代金の滞納により、池北屋は上恩方村健蔵を相手取り訴訟を起こしている。

以上、断片的ではあるが金銭貸借（借用証文等）を通して見えてくる藍商と紺屋の関係について確認した。『石井町史上巻』には、紺屋からの売上金を回収できずに経営破綻した元木家の事例が紹介されている。[25] その意味で、藍商にとって、紺屋から藍の売上金を確実に回収することは、経営上いかに重要な事柄であったかがわかる。

2 藍仲間と紺屋仲間との取極め

次に、江戸の藍仲間（関東売場株を所持した藍商）が紺屋仲間と取極めを結んだ事例を紹介したい。それは甲斐国都留郡のもので、弘化二（一八四五）年一〇月付の「藍仲間取極条々」と呼ばれる書付が残されている。(26)「藍仲間取極条々」は一六ヵ条にわたって記された規定であり、藍取引の様子や紺屋の状況などを伝えている。史料の冒頭には、天保一二年の株仲間解散令に関する記載も見られ、江戸幕府の法令には従わず、「仲間之義ハ是迄通り」とする徳島藩の対応が見て取れる。

さて、一六ヵ条のうち紺屋にかかわるものは一〇ヵ条に及ぶ。本稿では各ヵ条の詳細には立ち入らないが、「不実意之紺屋」への荷物の差止（三ヵ条目）、紺屋株の譲渡（九ヵ条目）や藍仲間配下の手代の行跡（一三ヵ条目）、さらには年始の年玉に関する規定（一二ヵ条目）など、事細かに書き記されている。また、藍が品薄で払底したときは藍仲間で融通し合い、紺屋の商売に差し支えが生じないよう配慮した規定（一〇ヵ条目）もある。

このような取極めが、各地の紺屋仲間と取り結ばれたのか、甲斐国都留郡に特徴的なものであったのか、さらなる検討を要するが、少なくともこのような規定が作成された背景には、仲間の内外で、規定に外れるような出入（もめ事）が発生していたものと考えられる。次に、その点について述べる。

3 仲間の内外

（1）紺屋の新規開業

藍の取引をめぐる出入について見る前に、紺屋の新規開業について、次の二点の事例を確認しておきたい。嘉永三（一八五〇）年八月二五日、八王子宿阿波屋金次郎ら三三名の紺屋が、「藍屋衆中」（藍仲間）宛に、新規開業手順を記した「口上書」(27)を提出している。史料には、「私共義も弟子とも在之候へハ、新規渡世相始候とも、八王子宿在とも渡世之ものとも一同示談之上ニ而、藍屋衆中御一統江御掛合申入、御承知御座候上ニ而相始候様仕度」とある。つまり、紺屋を新規開業する者は、藍仲間に事前に申入を行い、承諾を得る必要があった。これが一点目である。

二点目は、慶応二（一八六六）年の甲斐国都留郡の事例である(28)。都留郡では、次の手順で紺屋の新規開業が行われた。①まず熟練の紺屋に弟子入りし、その親方のもとで染方など一切を学ぶ、②日常の行跡などをも含め、親方の眼に叶った上で、はじめて親方が紺屋仲間や藍仲間に新規開業の申入を行う、③それが承認されると、親方が「引受」（保証人）となり紺屋商売が始まる、というものである。

（2）紺屋商売の規制

右のように、新規開業する紺屋は、仲間組織の承諾を得たり、親方のもとで染方などの修行を行ったりするなど、一定の手続きや経験を要した。新規開業後も紺屋は仲間内における一定の秩序・規制のもとで商売を行ったが、規制に反する者も存在した。それに関して、次の二つの事例を紹介したい。

一つは、嘉永六（一八五三）年に「乱染」をはたらいたとして紺屋仲間によって訴えられた一件である(29)。甲斐国下郡内秋山村七郎兵衛子分弥五兵衛は、「格別相違之乱染」を行い、紺屋仲間と得意先（織屋）との従来の関係性を狂わせたことにより、下郡内紺屋仲間は「難渋」したという。そこで紺屋仲間は弥五兵衛に藍を卸していた江島屋（手塚家）他四軒に対し、藍荷の差止を依頼した。その後の経緯や結末は不詳だが、仲間組織にとって、紺屋の得意先を乱すような「乱染」は規制の対象であった。

もう一つは、藍商が特定の紺屋に藍荷を送った一件である。[30] 甲斐国都留郡小明見村の又八と同郡船津村の岩右衛門の両人は、藍仲間の住吉屋又次郎（山城屋平左衛門家の江戸での町人名）と住吉屋惣兵衛（糸田川熊蔵家の江戸での町人名）から「猥りニ荷物送り入」れていたとして、紺屋仲間一同が「難儀」したという。その後、住吉屋の両店は、秘かに紺屋又八と岩右衛門とで「内実心組」をしていたことが発覚した。つまり、藍商と紺屋の両者は結託し不正をはたらいていたのである。その後、紺屋仲間は藍仲間に対して藍荷の差止などを申し入れている。

4　小括

以上、藍商と紺屋との間の金銭貸借や仲間組織での取極め、仲間の内外をめぐるもめ事などを通して、両者の関係の一端を垣間見た。藍仲間と紺屋仲間の双方は、相互の良好な関係を保つため取極めを締結した。また、紺屋仲間は秩序を乱す行為に対して規制を行ったり、さらに藍仲間に対しても藍荷の差止などを求めたりした。それは、藍の商売を安定的に行うとともに、自らの取引上の特権を維持するためであったと考えられる。

三　阿波藍と他国藍―阿波藍の魅力―

1　他国藍との関係

次に、阿波藍と他国藍（阿波国以外で生産された藍）との比較検討を加える。他国藍の生産・流通が盛んになるのは一八世紀末頃からであり、藩の専売制と深く関わっている。[31] 本稿では、薩摩藩、長州藩、鳥取藩、広島藩、尾張藩における藍に関する政策について述べる。さらに、武州藍の動向についても触れる。

薩摩国において、阿波藍の販売が行われるのは元文期以降である[32]。天明期頃から薩摩で生産された地藍が増え始め、さらに琉球藍の移入が行われるようになる。そうしたなか薩摩藩は、文化一一（一八一四）年に阿波藍を含む、他国からの藍の積込みを禁止する。藩権力によって他国からの藍が強制的に排除されたが、それが解禁されるのは慶応期である。解禁の理由は、薩摩における地藍生産の減少とされる。

長州藩では、文政期に領内に藍の販売会所を設け、国産藍の拡大を試みるが失敗する。その原因は、藍の品質の劣等とされている。長州で生産された藍とは対象的に、質の高い阿波藍は長州藩領内の紺屋に支持され、藩の規制にも関わらず移出は継続されたことが知られている。

鳥取藩では、文化期に「他国藍積込御指留」が発令されるが、天保～嘉永期になると、国産藍の存在にも関わらず、他国藍（ここで言う「他国藍」は主に阿波藍を指す）の移入を藩が認めざるを得なくなる。山中寿夫氏の論文[33]には、「阿州藍屋の積極的な進出が、新興の在郷商人をおし立て、藩の阿州玉藍入津許可をかち取ったことも、十分に認めなくてはならない」とあり、阿波藍の優勢が示されている。

広島藩では、文政三（一八二〇）年の藍座設置後に本格的な藍の生産・統制が始まる[34]。嘉永期には阿波藍に対する統制が加えられ、阿波藍商が広島藩領内の紺屋と直接取引することが禁止される。この政策は広島藩主導により、一定の成功をおさめたとされるが、紺屋の間では阿波藍を求める動きがあった（後述）。また、文政末期の地方書「秘話独断」によれば、藩が藍の生産を奨励したにも関わらず、生産は進展せず減少傾向にある状況が報告されている[35]。

尾張藩では、文化期に勘定奉行を中心に藍生産及び流通統制が行われる。天保一三（一八四二）年に、尾張で生産された藍の「他所売」の禁止、名古屋への販売が命じられる[36]。同一三年の史料[37]には、「藍製作方之義も、追々巧者ニ相成候付、阿州藍多分相用不申様相成、則御国益之姿ニも相成安心候」と記されている。様々な解釈が可能な一節ではあるが、阿波藍を多量に用いないことは尾張藩の「国益」につながると読むことができる。つまり、阿波藍は尾張藩の「国益」に関わる存在だったのである。

最後に、武州藍の動向について述べる。武州藍の生産が活発化するのは文化期以降とされる[38]。その背景に、関東を中心とした織物生産の増大にともなう藍の需要の高まりがあり、天保期になると関東売藍商も武州藍をかなり意識するようになる。「御国敵関東地藍と合戦之次第[39]」などと記されるように、「関東地藍」(主に武州藍)と阿波藍とが対比されることもあったようである。幕末期江戸に移入された藍の数量については、阿波藍が四万八九三〇俵であるのに対し、「地藍」(武州藍)は一万俵であったとされる[40]。この数値からもわかるように、武州藍は文化期以降急成長を遂げたと言えるが、全体的には依然として阿波藍の優勢は明らかであり、武蔵側の史料にも「藍玉之儀は阿州を第一ニいたし[41]」と記されたものがある。

以上、いくつかの藩における藍の政策と武州藍の動向を確認した。各藩は阿波藍を領外へと排除し、自国の藍を生産・保護しようとしたが、おおよそ成功したとは言い難い。その要因として、他国藍にはない阿波藍の魅力があった。次に、その点について考察する。

2 阿波藍の魅力

全国各地の紺屋はなぜ阿波藍を需要したのであろうか。その疑問に即答するのは困難であるが、考えられることとして次の二点がある。一つは、阿波藍の種類の多さと品質の良さである。試みに、手塚家文書「藍売帳」に記された藍の商品名(商標)を列挙すると、その数は九六種に及ぶ。「三国一」や「錦」、「随一」、「八重桜」などの名称が見られる。推察の域を出ないが、これ程多くの種類の藍を生産したのは阿波国以外にはなく、種類の多さは消費者の多様な需要に応えるものであったと考えられる。さらに品質について、徳島城下の藍場浜では一八世紀後半以降、藍大市が開かれ、藍の良品選定や新年度の相場決定などが行われた[42]。そして良質な藍には、「随一」や「天上」などと刻まれた栄誉の懸札が贈られ、常に品質の向上が図られていた。

紺屋が阿波藍を需要したもう一つの理由は、阿波藍商が各地の紺屋と直接的な取引を行った点と関連する。阿波藍の種類や品質とも関わるが、例えば、先述したように広島藩は領内の紺屋に対し国産藍の使用を指示したが、紺屋は国産藍では「何分水ニも合不申義ニ御座候歟、藍之色殊外不宜[43]」と述べ、非常に勝手が悪いと訴えている。そして、国産藍の代わりに広島の紺屋が求めたのは阿波藍であった。「一　藍商手塚家・井上家の藍取引」で確認したように、各地に存在した紺屋からの需要は、阿波藍商が設置した支店を通じて直接的に藍商へと届く仕組みであった。このような関係は、阿波藍の市場の拡大に大きな効果をもたらしたと考えられる。

3　徳島藩との関係

最後に、徳島藩との関わりについて触れておきたい。他藩が専売により国産藍の生産・保護政策を行ったのと同様、徳島藩においても藍の専売が行われたが、その開始時期は享保期であった。その後、徳島藩の中期藩政改革では様々な政策が実施されたが、とりわけ藍の政策は改革の主軸であったとされる。一〇代藩主蜂須賀重喜が主導した宝暦・明和の改革では、それまで大坂商人の金融的な影響下で大坂側に有利にはたらしていた阿波藍の流通・市場が改められた。改革にともなう政策転換（政策の立案には地域からの献策があったことに留意）により、領内経済の自立化と藍商をはじめとする領内全体の致富化が図られた[44]。さらに徳島藩はそれに留まらず、阿波藍商に対して様々な便宜を図ったとみられる。次に取り上げる藍商木内家の事例(45)は、その一つである。

天保期、越後に売場株を所持していた藍商木内兵右衛門は、手代の木内国助を派遣して藍の売上金の回収を図ったが、越後の紺屋が不払いをしたため訴訟に発展していた。その際、木内家は徳島藩江戸藩邸役人と相談し、国元の郡代を通じて前例となるような訴訟事例を参照している。さらに、訴訟の際に旅宿に泊まると費用がかさむため、木内国助は「八丁堀御屋敷ニ而扣番之御長屋馬詰利八郎殿家来」と称して徳島藩江戸藩邸に逗留している。一般的に、江戸藩邸に武士身分ではない者が長期にわたり逗留することは通例ではなく、徳島藩が藍商の手代を武士の家来としたのは、藩による藍商への特別な取計い（便宜）であると考えられる。

寛政一二（一八〇〇）年に徳島藩は、有力藍商に徳島藩江戸藩邸での経費の一部を負担させた。その代わりに藩は、享和二（一八〇二）年に関東売場株を公認している。それにより関東売藍商は仲間組織を結成し、藍玉価格の決定権などを認められ、関東での阿波藍の独占販売を手にしたのである(46)。徳島藩にとって藍商は共存共栄の関係にあり、藍商木内家の例で見たように、藩は藍商が紺屋と訴訟となったとき、藍商側に事が有利に運ぶよう様々な便宜を図ったとみられる。

4 小括

文化期以降、各地で藍の生産が本格化し、いくつかの藩は国産藍を保護し、阿波藍を排除する政策を行った。しかし、全国市場における阿波藍の優勢は明らかであり、藩による生産・流通統制にも関わらず、阿波藍は各地の紺屋からの支持を受け、結果として阿波藍の販売は継続・拡大した（薩摩藩のように一部例外を除く）。阿波藍商は、他国藍との差異を明確化させ、藍の消費者である紺屋の嗜好や多様なニーズに応えるとともに、紺屋と直接取引を行うことで、藍の全国市場における主導権を獲得したと考えられる。また、徳島藩は自らの存立を第一優先としつつも、藍商を後押しした。

おわりに

以上、徳島藩において最も有力な産物（商品）である阿波藍を素材に、藍商・紺屋と藩政の動向について述べてきた。最後に、「地力」に関わって簡単なまとめをしておきたい。

徳島藩による藍の政策転換と藍商の成長（力量）が、阿波藍を全国ブランドにまで発展させ、市場における主導権を確立させていった。藩と藍商の共存共栄の志向が、結果として徳島藩領内に富をもたらしたと言えよう。その背景には、藍商が広範な取引先を確保していたこと、紺屋と取極めを結ぶなど安定的な関係を構築していたことなどがあげられる。さらに、他国藍にはない阿波藍の魅力、その種類の多さや品質の良さが、消費者の心をつかんだのであろう。もちろん、阿波の地において、良質な藍を生産・加工し続けた藍作人や藍師の存在は、必要不可欠であったことは言うまでもない。

ただし、阿波藍の魅力が失われたとき、その衰退は始まる（明治三〇年代におけるインド藍とドイツ化学染料の出現[47]）。多くの藍商が事業を縮小、あるいは事業自体からの撤退を余儀なくされるなか、経営の多角化によって危機を乗り越えた藍商も存在する[48]。そのためには、従来とは異なる全く別の「力」や発想の転換が必要とされた。

註

（1）岡本由喜三郎編『贈従五位志摩利右衛門』（一九一六年）、西野嘉右衛門編『阿波藍沿革史』（一九四〇年）、戸谷敏之「旧藩時代に於ける阿波の農業経営」（『近世農業経営史論』、日本評論社、一九四九年、論文発表は一九四三年）などがあげられる。

（2）主な研究として以下のものがある。井内弘文「明治維新における阿波藍業制度改革の意義」（『歴史評論』三三、一九五一年、のち『徳島経済史研究』、教育出版センター、一九八〇年所収）、大槻弘「阿波藩における藩政改革」（堀江英一編『藩政改革の研究』、御茶の水書房、一九五五年）、後藤捷一「阿波藍」（『日本産業史大系7』、東京大学出版会、一九六〇年）、三木與吉郎編『阿波藍譜 史話図説篇』（三木産業株式会社、一九六三年）、沖野舜二「阿波藍販売政策の変遷」（『徳島大学学芸紀要 社会科学人文科学』一三、一九六四年）、三木雄介「封建権力の商品統制（上）・（下）」（『史学』三九—四・四〇—一、一九六七年）。

（3）主な研究として以下のものがある。長谷川彰「阿波藍専売仕法をめぐる幕藩対立」（『近世史研究』四六、一九七一年、のち三好昭一郎編『徳島藩の史的構造』、名著出版、一九七五年所収）、泉康弘「幕藩制下における阿波藍の流通形態」（『史窓』二、一九七二年）、泉康弘「幕末維新期における藍商経営」（石躍胤央・高橋啓編『徳島の研究4』、清文堂出版、一九八二年）、高橋啓「江戸積藍商の研究」（『徳島藩の史的構造』、一九七五年）、高橋啓「阿波藍の生産と流通」（『徳島の研究5』、一九八三年、のち「商品生産の展開」と改題の上『近世藩領社会の展開』、溪水社、二〇〇〇年所収）、天野雅敏「徳島藩流通政策についての一考察」（『社会経済史学』四一—二、一九七五年、のち「徳川後期徳島藩経済政策の展開」と改題の上『阿波藍経済史研究』、吉川弘文館、一九八六年所収）、天野雅敏「幕末・明治初期における前期的資本の存在形態」（『社会経済史学』四三—四、一九七七年、のち「幕末・明治初期藍商経営の構造変化」と改題の上『阿波藍経済史研究』所収）、真貝宣光「本八丁堀三丁目、大坂屋庄三郎店について」（『史窓』一八、一九八七年）。史料については、三木與吉郎編『阿波藍譜 史料篇上・中・下巻』（三木産業株式会社、一九七四年）、『阿州藍屋奥村家文書』一～六巻、（編集発行・藍住町教育委員会、一九八六～九三年）などがあげられる。

（4）主な研究として以下のものがある。泉康弘「阿波藍商の他国売場経営」（『史窓』二〇、一九九〇年）、天野雅敏「明治中期における中小藍師の経営動向について」(『国民経済雑誌』一六七―三、一九九三年)、天野雅敏「明治期の阿波藍業の動向と地域経済」(『農業史研究』四一、二〇〇七年)、平川新「地域経済の展開」(『岩波講座日本通史15近世5』、岩波書店、一九九五年、のち「献策と世論」と改題の上『紛争と世論』、東京大学出版会、一九九六年所収)、森本幾子「幕末期の中央市場と廻船経営」(『ヒストリア』一七七、二〇〇一年)、町田哲「近世中後期における藍師後藤家の展開」(地方史研究協議会編『歴史に見る四国』、雄山閣、二〇〇八年)、白川部達夫「阿波藍商と肥料市場(一)」(『東洋大学文学部紀要　史学科篇』三六、二〇一〇年)。なお、阿波藍については、右にあげた論文・著書以外にも貴重な研究蓄積がある。ここでは、本稿の主張をより理解しやすくするという意図から研究史整理を行っている。その点を、あらかじめお断りしておきたい。

(5)犬伏家文書一一九七点や木内家文書三〇七一点、井上家文書三三九一点などがある。いずれも徳島県立文書館収蔵。

(6)そもそも研究で取り上げられている藍商は、全体からすればほんの一握りである。葉藍から蒅や藍玉を製造した藍師の多くは、藍商(藍を販売した者)を兼ねており、文政七(一八二四)年に一五六〇人、安政四(一八五七)年に一四七〇人、明治一一(一八七八)年に四〇〇四人いたとされる。また、幕末期に他国売を行った大藍師は六八〇人いたと言われる。泉康弘「幕藩制下の阿波藍流通と他国藍生産」(『史窓』一〇、一九八〇年)参照。

(7)石井町史編纂会編『石井町史上巻』「藍の生産と石井の発展」(石井町、一九九一年)、前掲註(4)天野雅敏「明治中期における中小藍師の経営動向について」、天野雅敏「近世尾張の紺屋に関する一考察」(『国民経済雑誌』一七九―三、一九九九年)。

(8)地方史研究協議会第68回(徳島)大会の口頭発表(平成二九年一〇月二一日)では、「第一章 阿波藍の概要―藩政の展開を基軸にして―」を設け、藍に関わる徳島藩の政策転換について述べたが、本稿では紙幅の関係で割愛した。その点については、拙稿「阿波藍関係文書について」(『徳島県立博物館研究報告』二七、二〇一七年)を参照いただきたい。

(9)前掲註(2)井内弘文「明治維新における阿波藍業制度改革の意義」。

(10)前掲註(2)大槻弘「阿波藩における藩政改革」。

(11)前掲註(4)天野雅敏「明治中期における中小藍師の経営動向について」。

（12）矢嶋千代子「幕末期「藍玉通帳」にみる上田地域の藍玉流通（上）・（下）」（『信濃』七九九・八〇〇、二〇一六年）。

（13）手塚家文書「藍売帳」（H001081）、「上総・下総・安房藍売帳」（H001084）、徳島県立博物館所蔵。なお、「上総・房州藍売帳」（H001082）も伝えられているが、史料の内容や記載方法が異なるため、本稿では分析の対象外とした。

（14）泉康弘「明治維新と藍商人」（『高校地歴』八、徳島県高等学校教育研究会地歴学会、一九七二年）、泉康弘『藍の豪商』（徳島新聞社、一九九一年）、松本博「徳島藩における特権的商人地主の成立と展開」（『徳島県立富岡東高等学校 研究紀要』四、一九七三年）、天野雅敏「維新期の徳島藩商法方政策」（『地方史研究』一六一、一九七九年、のち「維新期徳島藩経済政策の展開」と改題の上前掲註（3）『阿波藍経済史研究』所収）、『第一三回企画展 阿波商人鹿島屋 小松島・井上家文書より』（編集発行・徳島県立文書館、一九九六年）など。

（15）史料保存問題特別委員会「史料の保存と利用を考える」（『史窓』二七、一九九七年）。

（16）井上家文書「藍売帳（府中 駿府 遠江国榛原郡）」（イノウ07229）、徳島県立文書館収蔵。なお、残る七点の藍売帳の分析については今後の課題である。

（17）手塚家文書「借用申金子証文之事」（H001107）、徳島県立博物館所蔵。なお、史料のまとまった形での引用は、紙幅の関係で割愛した。

（18）手塚家文書「差入申一札之事」（H001127）、徳島県立博物館所蔵。

（19）手塚家文書「入置申一札之事」（H001139）、徳島県立博物館所蔵。

（20）「井倉村紺屋治郎左衛門の沼津宿藍問屋への返済金につき証文」（加畑 森嶋芳彦家文書、都留市史編纂委員会編『都留市史資料編近世Ⅱ』（都留市、一九九四年）五〇九頁）。

（21）前掲註（7）『石井町史上巻』三六二一―三六六頁、『武知家住宅調査報告書』（編集発行・石井町教育委員会、二〇一六年）参照。

（22）「藍玉代金年賦返済証文」（朝日馬場 渡邉洋男家文書、前掲註（20）『都留市史資料編近世Ⅱ』五一一―五一二頁）。

（23）前掲註（7）『石井町史上巻』三五七―三六二頁、参照。

（24）「慶応四年七月 藍玉代金滞り訴訟につき一札」（上恩方町 草木家文書・八王子市郷土資料館寄託、八王子市市史編集委員会編『新八王子市史資料編4近世2』（八王子市、二〇一五年）五八七頁）。

(25)前掲註(7)『石井町史上巻』三五九頁。
(26)「藍仲間取極条々」(富士吉田市渡邊隆一郎家文書、『山梨県史資料編12近世5』(編集発行・山梨県、二〇〇一年)八四五—八四八頁)。
(27)「嘉永三年八月　紺屋新規開業手順につき藍屋宛紺屋口上書」(横川町横川家文書・八王子市郷土資料館寄託、前掲註(24)『新八王子市史資料編4近世2』五八一—五八三頁)。
(28)「新規紺屋稼ぎ出入り内済につき吟味下げ願書」(渡辺孝男家文書、富士吉田市史編さん委員会編『富士吉田市史史料編第四巻近世Ⅱ』(富士吉田市、一九九四年)三六五—三七〇頁)。
(29)「下郡内紺屋仲間より乱染相働者の荷物差留願一札」(上野原町小俣喜一家〔中紺屋〕文書、前掲註(26)『山梨県史資料編12近世5』八四八—八五〇頁)。
(30)「上郷組紺屋仲間議定連印帳」(富士吉田市山口嘉一家文書、前掲註(26)『山梨県史資料編12近世5』八五〇—八五一頁)。
(31)吉永昭『近世の専売制度』(吉川弘文館、一九七三年)、前掲註(4)泉康弘「阿波藍商の他国売場経営」参照。
(32)薩摩藩と長州藩の動向については、前掲註(3)泉康弘「幕藩制下における阿波藍の流通形態」参照。
(33)山中寿夫「鳥取藩における藍の統制について」(『鳥取大学教育学部研究報告 人文・社会科学』二五—一、一九七四年)。
(34)『広島県史近世2通史Ⅳ』(編集発行・広島県、一九八四年)三八五—三八七頁。
(35)勝矢倫生「近世農政思想に関する一考察」(『尾道短期大学研究紀要』三一—一、一九八二年、のち「南涯主人著『秘話独断』にみる文政末期広島藩農政の動態」と改題の上『広島藩地方書の研究』、英伝社、一九九九年所収)。
(36)前掲註(6)泉康弘「幕藩制下の阿波藍流通と他国藍生産」。
(37)「天保三年十一月・同四年正月　地藍問屋締り方につき紺屋仲間より紺屋頭宛願書写」(弥富町服部家文書、愛知県史編さん委員会編『愛知県史資料編16近世2尾西・尾北』(愛知県、二〇〇六年)四九二—四九四頁)。
(38)佐々木陽一郎「武蔵国東部における藍業」(『三田学会雑誌』五四—八、一九六一年)、天野雅敏「幕末・明治前期における武州藍の動向について」(『愛媛経済論集』四—一、一九八四年、のち「幕末・明治前期領外市場の構造変化」と改題の上前掲註(3)『阿波藍経済史研究』所収)。

(39) 前掲註(3)三木與吉郎編『阿波藍譜 史料篇中巻』一四頁。
(40) 後藤捷一「Ⅰ藍」(児玉幸多編『産業史Ⅱ体系日本史叢書11』、山川出版社、一九六五年、三一五頁)。
(41) 「関内地藍取締并冥加上納願」(東大和市蔵敷　内野秀治家文書、『新編埼玉県史資料編16近世7産業』(編集発行・埼玉県、一九九〇年)三七二―三七九頁。
(42) 藍大市は毎年一一月九日～一六日の期間に開催され、優秀制藍の品種が手板で鑑定され、入札により新年度の最優良品が選定されたという。前掲註(2)後藤捷一「阿波藍」参照。
(43) 前掲註(3)三木與吉郎編『阿波藍譜 史料篇中巻』八七頁。
(44) 前掲註(4)平川新「献策と世論」参照。
(45) 木内家文書「國助(書簡・越後方面藍売掛貸金約め方公訴に付相談)」(キノウ01802001)、徳島県立文書館収蔵。徳野隆氏のご教示による。
(46) 前掲註(3)高橋啓「商品生産の展開」参照。
(47) 明治期における外国藍の輸入と国内市場との関係について論じたものに、長谷川彰「明治期における阿波藍と国内市場」(『桃山学院大学経済経営論集』一五―二、一九七三年)がある。
(48) 例えば、阿波藍を取り扱うとともに、寛政期から酒造業をも同時に行い、今なお清酒金陵の醸造で知られる西野家、阿波藍に加え化学染料の販売を手掛けるとともに工業薬品関連の事業を行った三木家、醤油の醸造や肥料の販売に加え工業薬品関連の事業を展開させた森家、幕末維新期に藍商として急成長し、さらに酒造業や肥料販売事業を行った奥村家などがあげられる。

付記

本稿作成にあたり、史料の原所蔵者である井上家の方々、同文書を収蔵・保管している徳島県立文書館の方々には、大変お世話になりました。また、徳島大会当日や準備報告会などでは、多くの方々に貴重なご意見やご指摘を賜りました。記して厚く御礼申し上げます。

甲斐				
	国名	郡名等	村名等	取引相手
1	甲州（甲斐）	郡内	塚場村	紺屋喜兵衛
2	（甲斐）	郡内	上野原宿	大和泉屋八郎左衛門
3	（甲斐）	郡内	下新田村（新田）	紺屋久太郎
4	（甲斐）	郡内	四方津村（四日津）	紺屋藤助
5	（甲斐）	郡内	新田村	河内　紺屋新八
6	同国（甲斐）	（都留郡）	四方津村（四日津）	紺屋清助
7	同国（甲斐）	（都留郡）	上新田村（新田）	飯島伊右衛門
8	（甲斐）	郡内	上野原羽佐間	富田八郎右衛門
9	同国（甲斐）	（都留郡）	鶴川宿	臼井　紺屋兵助
10	（甲斐）	郡内	野田尻宿	大黒屋新助
11	同国（甲斐）	（都留郡）	犬目駅	里由　紺屋仲助
12	同国（甲斐）	（都留郡）	鳥沢宿鳥沢村	山田　紺屋源助
13	同国（甲斐）	（都留郡）	鳥沢宿寺向	茂助改メ　紺屋光三郎
14	（甲斐）	郡内	猿橋宿	花田屋武兵衛
15	同国（甲斐）	（都留郡）	猿橋宿	紺屋忠助
16	（甲斐）	郡内	駒橋宿	関戸　紺屋茂八
17	同国（甲斐）	（都留郡）	藤咲村（藤崎）	紺屋茂兵衛
18	同国（甲斐）	（都留郡）	畑倉村	紺屋半右衛門
19	（甲斐）	郡内	葛野村	土屋安兵衛
20	（甲斐）	（都留郡）	谷村早馬町	渡邊 鶴屋要右衛門 出店 金七
21	（甲斐）	郡内	下花咲宿	宮本屋忠右衛門
22	同国（甲斐）	（都留郡）	下初狩宿	布袋屋八之丈
23	（甲斐）	郡内	初狩宿	山中　播磨屋有助ヵ
24	（甲斐）	郡内	小形山村	冨士屋萬助
25	（甲斐）	郡内	殿上村	阿波屋兼助
26	同国（甲斐）	同郡（都留）	白野宿	紺屋又右衛門
27	（甲斐）	郡内	小形山村	紺屋作兵衛
28	（甲斐）	郡内	川茂村坂口	紺屋宗平
29	同国（甲斐）	（都留郡）	井倉村	紺屋金兵衛
30	同国（甲斐）	（都留郡）	川茂村	江嶋屋文右衛門
31	同国（甲斐）	（都留郡）	川茂村	紺屋九兵衛
32	（甲斐）	郡内	与縄村	紺屋金兵衛
33	（甲斐）	郡内	谷村片羽町	布屋甚右衛門
34	同国（甲斐）	（都留郡）	谷村横町	本紺屋新七
35	同国（甲斐）	（都留郡）	谷村早馬町	小林　鶴屋要右衛門
36	同国（甲斐）	（都留郡）	谷村天神町	布袋屋林右衛門
37	同国（甲斐）	（都留郡）	金井横畑	天野半右衛門
38	（甲斐）	郡内	中津森村	紺屋慶蔵
39	同国（甲斐）	（都留郡）	境村	志村　紺屋良助
40	（甲斐）	郡内	谷村立町	中島勘四郎
41	同国（甲斐）	（都留郡）	下吉田新田	紺屋茂兵衛
42	同国（甲斐）	（都留郡）	下吉田村森	渡邊　紺屋治助
43	（甲斐）	郡内	吉田村在松山村	紺屋武兵衛
44	同国（甲斐）	（都留郡）	吉田村新屋敷	紺屋卯兵衛
45	同国（甲斐）	（都留郡）	下吉田村堀	紺屋清右衛門
46	（甲斐）	郡内	吉田村	山崎屋亦右衛門
47	（甲斐）	郡内	下吉田	吉島文蔵
48	（甲斐）	郡内	境村	天野屋伴蔵
49	（甲斐）	郡内	初狩	山中直助
50	（甲斐）	郡内	鶴川	紺屋伊三郎
51	（甲斐）	（都留郡）	下花咲宿	飯島　紺屋長兵衛
52	（甲斐）	都留郡	白野	平井丈右衛門
53	（甲斐）	郡内	花咲宿	紺屋太兵衛
54	（甲斐）	郡内	谷村早馬町	鶴屋重七ヵ
55	同国（甲斐）	同（郡内）	塚場村	紺屋儀兵衛
56	同国（甲斐）	（都留郡）	大椚村	紺屋直蔵
57	（甲斐）	郡内	上花咲宿	冨士屋幸七
58	同国（甲斐）	（都留郡）	鶴川宿	紺屋伊三郎
59	同国（甲斐）	（都留郡）	桐原村用竹	紺屋文右衛門
60	同国（甲斐）	（都留郡）	鶴川宿	紺屋清兵衛
61	同国（甲斐）	（都留郡）	桑久保村	紺屋亦兵衛
62	同国（甲斐）	（都留郡）	下和田村	布袋屋甚兵衛
63	同国（甲斐）	（都留郡）	鳥沢宿	冨士屋甚右衛門
64	同国（甲斐）	（都留郡）	下花咲宿	井上武右衛門
65	同国（甲斐）	（都留郡）	下花咲宿	紺屋伊八
66	同国（甲斐）	（都留郡）	田野倉村	布袋屋彦四郎
67	同州（甲斐）	同（都留）	中初狩宿	紺屋弥五市
68	同国（甲斐）	（都留郡）	尾沢村（小沢）	紺屋甚兵衛
69	同国（甲斐）	（都留郡）	与縄村	紺屋幸七

表１―（A）　相模・武蔵・甲斐における手塚家の取引先

相模・武蔵				
	国名	郡名等	村名等	取引相手
1	相州（相模）	高座郡	九沢村	紺屋八右衛門
2	相州（相模）	高座郡	九沢村	笹野　紺屋忠兵衛
3	同国（相模）	（鎌倉郡）	藤沢宿	紺屋冨十郎
4	同国（相模）	高座郡	大島村	紺屋又右衛門
5	同国（相模）	県内（津久井）	不津倉	長田　紺屋重兵衛
6	相州（相模）	津久井	根小屋字中野村	菊地原 紺屋五郎右衛門
7	同国（相模）	津久井	長竹稲生	宇多田 阿波屋市郎兵衛
8	相州（相模）	愛甲郡	半原村	小島 紺屋喜兵衛
9	同国（相模）	同郡（愛甲）	半原村	紺屋傳兵衛
10	同国（相模）	県内（津久井）	青山村関宮前	阿波屋幸兵衛 / 新兵衛
11	同国（相模）	県内（津久井）	青山村	角田　紺屋吉太郎
12	同国（相模）	津久井	三ヶ木村	八木　紺屋永助
13	同国（相模）	津久井県	阿津	紺屋常吉
14	同国（相模）	（津久井県）	阿津水柳山口	平井　紺屋榮吉
15	同国（相模）	津久井	与瀬宿	坂本内蔵之助
16	相州（相模）	津久井	与瀬宿	紺屋初五郎
17	同国（相模）	県内	千木良村	紺屋四郎左衛門
18	同国（相模）	（津久井県）	奥牧野村	紺屋倉之助
19	同（相模）	津久井	勝瀬村	吉澤　紺屋米七
20	同国（相模）	津久井県	日連村	森久保　紺屋武兵衛
21	同国（相模）	（津久井県）	青根村東野	紺屋三郎右衛門
22	同国（相模）	津久井県	藤野村	小俣　紺屋長左衛門
23	同国（相模）	（津久井県）	関野宿	江藤　紺屋平助
24	同国（相模）	県内（津久井）	牧野村堂地	佐藤　紺屋喜兵衛
25	同国（相模）	県内（津久井）	青野原長野	尾崎　紺屋儀兵衛
26	相州（相模）	津久井県	鳥谷村（鳥屋）	中村　紺屋重三郎
27	相州（相模）	津久井郡	長野（青野原内ヵ）	尾﨑倉之助
28	同国（相模）	愛甲郡	半原村	紺屋久右衛門
29	相州（相模）	高座郡	相原村	紺屋宗兵衛
30	同国（相模）	同郡（高座）	久保沢	紺屋吉右衛門
31	同国（相模）	県内（津久井）	青山村関	阿波屋幸兵衛 / 新兵衛
32	相州（相模）	高座郡	相原村	紺屋次郎右衛門
33	同国（相模）	同郡（高座）	相原村	紺屋常七
34	同国（相模）	同郡（高座）	原宿	佐藤熊蔵
35	同国（相模）	同郡（高座）	久保沢宿	紺屋勘右衛門
36	武州（武蔵）	（多摩郡）	小山田むら	紺屋榮助
37	武州（武蔵）	（多摩郡ヵ）	小山村（小山田ヵ）	紺屋珠之助
38	同国（相模）	（津久井県）	名倉大舘	紺屋利助
39	同国（相模）	（津久井県）	吉野宿	紺屋太郎兵衛
40	相州（相模）	県内（津久井）	関野宿	紺屋吉左衛門
41	同国（相模）	県内（津久井）	新田村	紺屋彦四郎
42	同国（相模）	県内（津久井）	千木良村	中里伴右衛門
43	（相模）	県内（津久井）	青根村青鹿	紺屋三郎右衛門
44	同国（相模）	同郡（津久井）	奈良本村	紺屋重郎兵衛
45	同国（相模）	（津久井県）	与瀬宿	紺屋辰蔵
46	同国（相模）	同郡（津久井）	三ヶ木村	紺屋治郎兵衛
47	同国（相模）	（津久井県）	中沢村	山口屋藤八
48	同国（相模）	（津久井県）	三井村	紺屋乕吉
49	同国（相模）	（津久井県）	青野原村	紺屋重左衛門
50	同国（相模）	（津久井県）	根古屋村	阿波屋今蔵
51	同国（相模）	（津久井県）	与瀬宿	稲荷屋市郎右衛門
52	同国（相模）	県内（津久井）	青山村	紺屋庄兵衛
53	同国（相模）	県内（津久井）	三ッ木村落合	紺屋徳太郎
54	同国（相模）	県内（津久井）	若柳村阿津	紺屋専右衛門
55	同国（相模）	県内（津久井）	若柳村山口	紺屋荘兵衛
56	同国（相模）	県内（津久井）	千木良村	紺屋四郎右衛門
57	同国（相模）	県内（津久井）	沢井村	紺屋作右衛門
58	同国（相模）	県内（津久井）	勝瀬村	紺屋徳太郎
59	同国（相模）	県内（津久井）	名倉大舘	紺屋茂八
60	同国（相模）	県内（津久井）	青根村青鹿	紺屋孫右衛門
61	同国（相模）	県内（津久井）	西野村	紺屋安兵衛
62	相州（相模）	（津久井県）	青根村あら井	紺屋六兵衛
				計　62名

7	（甲斐）	（都留郡）	白野宿	新右衛門
8	（甲斐）	（都留郡）	白野宿	喜兵衛
9	（甲斐）	（都留郡）	下谷村	傳右衛門
10	（甲斐）	（都留郡）	小沢村	太兵衛
11	（甲斐）	（都留郡）	大椚村	平三郎
12	（甲斐）	（都留郡）	鶴島村	小俣　伴右衛門
13	（甲斐）	（都留郡）	吉田在新倉	武七
14	（甲斐）	（都留郡）	大野むら	助九郎
15	（甲斐）	（都留郡）	あら田村（新田）	飯島伊右衛門
16	（甲斐）	（都留郡）	小沢村	加藤祐助
17	（甲斐）	（都留郡）	鳥沢宿	文兵衛
18	（甲斐）	（都留郡）	田野倉村	長兵衛
19	（甲斐）	（都留郡）	矢坪村（矢壺）	染蔵
20	（甲斐）	（都留郡）	小向村	安兵衛
21	（甲斐）	（都留郡）	上の原宿（上野原）	惣右衛門
22	（甲斐）	（都留郡）	上野原宿	久右衛門
23	（甲斐）	（都留郡）	同所 （上野原宿）横町	清次郎
24	（甲斐）	（都留郡）	大椚村	角之丈
25	（甲斐）	（都留郡）	猿橋宿	八郎右衛門
26	（甲斐）	（都留郡）	駒橋宿	忠蔵
27	（甲斐）	（都留郡）	朝日村	平左衛門
28	（甲斐）	（都留郡）	上谷村	治左衛門
29	（甲斐）	（都留郡）	上谷村	せりや　利兵衛
30	（甲斐）	（都留郡）	上吉田	市右衛門
31	（甲斐）	（都留郡）	下吉田	吉右衛門
32	（甲斐）	（都留郡）	堺村（境）	利助
33	（甲斐）	（都留郡）	夏狩村	佐兵衛
34	（甲斐）	（都留郡）	十日市場	新右衛門
35	（甲斐）	（都留郡）	谷村早馬町	江之島屋兵右衛門
36	（甲斐）	（都留郡）	白野宿	幸助
37	（甲斐）	（都留郡）	谷村	海老村七郎次ヵ
38	（甲斐）	（都留郡）	田ノ倉村（田野倉）	仁右衛門
39	甲州（甲斐）	（山梨郡）	勝沼	材木屋良助
40	甲州（甲斐）	（山梨郡）	勝沼	良助
41	（甲斐）	（都留郡）	井倉村	五兵衛
42	（甲斐）	（都留郡）	谷村	次兵衛
43	（甲斐）	（都留郡）	同（谷村）上町	藤助
44	（甲斐）	（都留郡）	同（谷村）天神町	才兵衛
45	（甲斐）	（都留郡）	谷村	平六
46	（甲斐）	（都留郡）	同処（谷村）	要助
47	（甲斐）	（都留郡）	鶴島村	太兵衛
48	（甲斐）	（都留郡）	同処（鶴島村）	定兵衛
49	（甲斐）	（都留郡）	鶴川宿	安兵衛
50	（甲斐）	（都留郡）	上野原　諏訪村	忠八
51	（甲斐）	（都留郡）	十日市場	市右衛門
52	（甲斐）	（都留郡）	暮地	甚右衛門
53	（甲斐）	（都留郡）	同処（暮地村）	忠兵衛
54	（甲斐）	（都留郡）	小福寺村	善之丈
55	（甲斐）	（都留郡）	犬目宿	利兵衛
56	（甲斐）	（都留郡）	白野宿	常蔵
				計　56名
				〆金 2787両1分 13匁5分4厘

（加筆分）

	国名	郡名等	村名等	取引相手
1	（甲斐）	郡内	鶴島村	紺屋弥平
2			清津ヵ	福島屋幸平
3	（甲斐）	郡内	境村	亀三郎
4	（甲斐）	（都留郡）	上野原	八郎左衛門
5	（甲斐）	郡内	鶴島村	紺屋貞治郎
6	（武蔵）	（多摩郡）	八王寺駅	青梅や兼吉
7	（相模）	（津久井県）	牧野	常治郎
				計　7名
				合計　103名

※手塚家文書「藍売帳」（H001081、徳島県立博物館所蔵）をもとに作成。（　）内は筆者が補足し、推察を含むものは「ヵ」を付した。なお、地名については辞典等で調べ、可能な限り村名・町名を確認した（以下、表２・３も同じ）。

70	同国（甲斐）	（都留郡）	川茂村	紺屋源七
71	同国（甲斐）	同（都留）	川茂村	江之島屋文右衛門
72	同国（甲斐）	（都留郡）	黒野田村	紺屋常兵衛
73	同国（甲斐）	（都留郡）	谷村天神町	紺屋源五左衛門
74	同国（甲斐）	（都留郡）	谷村早馬町	鶴屋平八
75	同国（甲斐）	（都留郡）	強瀬村	紺屋周八
76	同国（甲斐）	（都留郡）	小沢村	紺屋周八
77	同国（甲斐）	（都留郡）	谷村天神町	海老屋半七
78	同国（甲斐）	（都留郡）	谷村新町	海老屋治兵衛
79	同国（甲斐）	同（都留）	小沢村	森田屋友右衛門
80	同国（甲斐）	同（都留）	下吉田宿	千年屋五郎左衛門
81	同国（甲斐）	同（都留）	下吉田	紺屋堅蔵
				計　81名
				合計　143名

表１－（B）相模・武蔵・甲斐における手塚家の取引先

相模

	国名	郡名等	村名等	取引相手
1	（相模）	（高座郡）	相原村	喜平
2	（相模）	（高座郡）	同所（相原村）	金兵衛
3	（相模）	（高座郡）	同所（相原村）	文蔵
4	（相模）	（高座郡）	同所（相原村）	直蔵
5	（相模）	（愛甲郡）	半原村	久蔵
6	（相模）	（津久井県）	藤野村	五郎兵衛
7	（相模）	（津久井県）	勝瀬村	吉兵衛
8	（相模）	（津久井県）	三ヶ木村	次兵衛
9	（相模）	（津久井県）	須嵐村（寸沢嵐村）	忠兵衛
10	（相模）	（津久井県）	与瀬宿	弥右衛門
11	（相模）	（高座郡）	大島村	粂蔵
12	（相模）	（津久井県）	勝瀬村	安兵衛
13	（相模）	（高座郡）	葛原村	唐五郎
14	（相模）	（津久井県）	鳥屋村	文蔵
15	（相模）	（津久井県）	同処（鳥屋村）	弥八
16	（相模）	（津久井県）	沢井村	甚右衛門
17	（相模）	（津久井県）	同処（沢井村）	傳蔵
18	（相模）	（津久井県）	同処（沢井村）	萬五郎
19	（相模）	（津久井県）	同所（沢井村）	源左衛門
20	（相模）	（津久井県）	長野村（青野原内ヵ）	八蔵
21	（相模）	（津久井県）	名倉	勘兵衛
22	（相模）	（津久井県）	吉野宿	忠蔵
23	（相模）	（津久井県）	同宿（吉野宿）	與左衛門
24	（相模）	（愛甲郡）	半原村	傳兵衛
25	（相模）	（津久井県）	青野原村	清吉
26	（相模）	（津久井県）	不津倉村	徳左衛門
27	（相模）	（鎌倉郡）	川和村	弥兵衛
28	（相模）	（津久井県）	牧野村中尾	文五郎
29	（相模）	（津久井県）	与瀬宿	金兵衛
30	（相模）	（津久井県）	右同処（与瀬宿）	次郎兵衛
31	（相模）	（津久井県）	日連村杉	斎蔵
32	（相模）	（津久井県）	同むら（日連村）	久兵衛
33	（相模）	（津久井県）	千木良村	佐十郎
34	（相模）	（津久井県ヵ）	鮑子村	九郎次
35	（相模）	高座郡	久保沢	武兵衛
36	（相模）	（津久井県）	勝瀬村	彦右衛門
37	（相模）	（津久井県）	三ヶ木村	善兵衛
38	（相模）	（津久井県）	与瀬宿	染八
39	（相模）	（津久井県）	奈良本	弥助
40	（相模）	（津久井県）	長野むら（青野原内ヵ）	儀兵衛
				計　40名
				〆金 3974両1分 10匁9分9厘

甲斐・相模

	国名	郡名等	村名等	取引相手
1	（甲斐）	（都留郡）	野田尻宿	市十郎
2	（甲斐）	（都留郡）	太田村（大田）	嘉十郎
3	（甲斐）	（都留郡）	藤咲村（藤崎）	幸八
4	（相模）	（津久井県）	牧野むら	幸七
5	（甲斐）	（都留郡）	鳥沢宿	亀屋又兵衛
6	（甲斐）	（都留郡）	畑倉村	佐兵衛

表2－（A）上総・下総・安房における手塚家の取引先

上総・下総・安房

	国名	郡名等	村名等	取引相手
1	下総	千葉郡	畑村	紺屋石松
2	下総	千葉郡	大和田村	紺屋佐吉
3	下総	千葉郡	検見川村	紺屋兼吉
4	下総	（千葉郡）	千葉町	大坂屋甚兵衛
5	下州（下総）	千葉郡	冨岡村	紺屋八百蔵
6	下総	同郡（千葉）	中西村	紺屋重右衛門
7	上総	市原郡	草苅	紺屋冨次郎
8	上総	同郡（市原）	下野村	紺屋甚右衛門
9	下総	長柄郡	真名新町	大坂屋卯兵衛
10	下総	同郡（長柄）	金谷村	紺屋平作
11	上総	市原郡	牛久村	紺屋沖平
12	上総	（長柄郡）	箕輪村	紺屋才助
13	（上総）	（望陀郡）	三田村	紺屋染吉
14	上総	望陀郡	久留利町（久留里）	田村三右衛門
15	上総	同郡（望陀）	大竹村	紺屋治郎左衛門
16	上総	同郡（望陀）	望陀村	紺屋武右衛門
17	上総	同郡（望陀）	岩井	紺屋弥兵衛
18	上総	同郡（望陀）	飯冨	紺屋治兵衛
19	上州（上総）	同郡（望陀）	木更津北町	大津屋幸助
20	同国（上総）	（望陀郡）	同処（木更津）南片町	大津屋儀助
21	同国（上総）	（望陀郡）	同処（木更津）新田町	紺屋源之助
22	上総	周推郡（周淮）	杢師村	紺屋亦七
23	上総	同郡（周淮）	六手村	紺屋利助
24	上総	天羽郡	佐貫横町	丸屋善右衛門
25	上総	同郡（天羽）	宝龍寺村	紺屋文兵衛
26	上総	天羽郡	古船村	紺屋惣吉
27	上総	同郡（天羽）	古船村	紺屋平蔵
28	上州（上総）	同郡（天羽）	天神山□木村	紺屋庄右衛門
29	上州（上総）	同郡（天羽）	売津村	菱屋源兵衛
30	同国（上総）	同処（天羽）	同村（売津）	菱屋新蔵
31	上総	同郡（天羽）	百首村	土屋伊八
32	上総	天羽郡	岩瀬村	紺屋弘兵衛
33	上総	周推郡（周淮）	下飯野村	紺屋源右衛門
34	上総	市原郡	姉崎新田（姉ヶ崎）	小島屋運平・周助
35	上総	同郡（市原）	海保中屋村（海保）	紺屋吉左衛門
36	上総	同郡（市原）	畑木村	紺屋定吉
37	上総	同郡（市原）	島野村	紺屋彦四郎
38	同国（上総）	同郡（市原）	五井玉崎村	紺屋新五郎
39	上総	（市原郡）	吾井村（五井）	紺屋巳之吉
40	上州（上総）	市原郡	五井村	紺屋善九郎
41	上総	同郡（市原）	海士有木村（有木）	紺屋利助
42	同国（上総）	同郡（市原）	郡本村	紺屋與左衛門
43	下州（下総）	千葉郡	浜野村	紺屋長太郎
44	上総	（望陀郡）	久留利町（久留里）	紺屋清蔵
45	上総	（天羽郡）	古舟村（古船）	紺屋美之助
46	上総	（市原郡）	加茂村出張牛久村	紺屋長左衛門
47	上総	天羽郡	上後村	紺屋半右衛門
48	上総	（天羽郡）	木村	紺屋庄右衛門
49	下総	（千葉郡）	検見川村	紺屋吉助
50	下州（下総）	（千葉郡）	大和田村	紺屋亦兵衛
51	下州（下総）	（千葉郡）	亀成村（亀成新田）	紺屋半右衛門
52	上州（上総）	（市原郡）	五井村	紺屋助次良・安五郎
53	上総	（長柄郡）	刑部村	大坂屋染次良
54	同州（上総）	（望陀郡）	久留り町（久留里）	紺屋清蔵
55	上総	（望陀郡）	大鳥イ村（大鳥居）	紺屋新兵衛
56	同州（上総）	（周淮郡）	大鷲村	紺屋仁三良
57	上州（上総）	（望陀郡）	吉野中村（吉野田ヵ）	紺屋重郎兵衛
58	同州（上総）	（天羽郡）	長サキ村（長崎）	紺屋忠蔵
59	下州（下総）	（葛飾郡）	行徳湊村	紺屋勘三良
60	同州（下総）	（葛飾郡）	同所（行徳湊）三丁目	阿波屋善兵衛
61	房州（安房）	長狭郡	天津引土村（天津）	紺屋治七
62	房州（安房）	長狭郡	前原村	紺屋要助
63	同州（安房）	同郡（長狭）	貝渚	紺屋武兵衛
64	同州（安房）	朝夷郡	江見村	紺屋與七
65	同州（安房）	同郡（朝夷）	白渚	河松屋六右衛門
66	同州（安房）	同郡（朝夷）	小川村	紺屋銀兵衛
67	同州（安房）	同郡（朝夷）	川谷村	紺屋嘉兵衛
68	同州（安房）	同郡（朝夷）	加茂相ヶ谷村	紺屋治助
69	同州（安房）	同郡（朝夷）	白子岸村	紺屋忠吉
70	同州（安房）	同郡（朝夷）	千倉村寺庭	紺屋久治郎
71	同州（安房）	同郡（朝夷）	千倉村	紺屋勝五郎・倅吉兵衛
72	房州（安房）	安房郡	神余村	紺屋由兵衛
73	房州（安房）	同郡（安房）	伊戸村	紺屋源助
74	房州（安房）	同郡（安房）	笠名村	紺屋九兵衛
75	房州（安房）	安房郡	柏崎村	紺屋源兵衛
76	房州（安房）	安房郡	柏サキ村（柏崎）	紺屋勇治
77	房州（安房）	（安房郡）	柏崎村仲町	紺屋源太良
78	房州（安房）	（安房郡）	長須賀あら久町	内田屋勘四良
79	房州（安房）	（安房郡）	長須賀村	内田屋利八
80	房州（安房）	（安房郡）	長須賀浦宿	紺屋清吉
81	房州（安房）	安房郡	広瀬村	紺屋利八
82	房州（安房）	平郡	船形村	紺屋廣吉
83	房州（安房）	平郡	岡本村	紺屋又右衛門
84	房州（安房）	平郡	久枝村	秋田屋六兵衛
85	房州（安房）	平郡	上佐久間村	秋田屋利右衛門
86	房州（安房）	平郡	下佐久間村	紺屋佐兵衛・倅兵吉
87	房州（安房）	同郡（平）	勝山田町（勝山ヵ）	紺屋園右衛門
88	房州（安房）	安房郡	湊村	紺屋傳次良
89	房州（安房）	（安房郡）	湊村	紺屋兵助
90	房州（安房）	（安房郡）	柏崎村西原	紺屋伊兵衛
91	房州（安房）	（安房郡）	柏崎村西原	紺屋由兵衛
92	房州（安房）	（安房郡）	柏崎村西原	紺屋由兵衛・貞吉
93	房州（安房）	（平郡）	舟形村（船形）	紺屋安右衛門
94	房州（安房）	（安房郡）	柏崎村仲町	紺屋源太郎
95	房州（安房）	（朝夷郡）	川谷村	紺屋嘉兵衛
96	房州（安房）	（長狭郡）	貝渚	紺屋武兵衛
97	房州（安房）	（長狭郡）	宮下村（宮野下）	紺屋傳蔵
98	同州（安房）	（朝夷郡）	三原郷黒岩村	紺屋久右衛門
99	同州（安房）	（朝夷郡）	瀬戸村大和田村	紺屋半右衛門
100	同州（安房）	（安房郡）	北条村	岡田屋弥平次
101	同州（安房）	（平郡）	舟形村（船形）	紺屋安右衛門
102	同州（安房）	（平郡）	竹之内村（竹ノ内）	紺屋定八
103	同州（安房）	（平郡）	下佐久間村	紺屋平助
104	同州（安房）	（平郡）	勝山田町村（勝山）	紺屋勘右衛門
105	上総	（望陀郡ヵ）	新田村	紺屋利七
106	房州（安房）	（朝夷郡）	加茂村	紺屋平吉
107	上総	（望陀郡）	下泉村	紺屋万蔵
108	同州（上総）	（望陀郡）	神納新田村（神納）	紺屋三郎右衛門
109	上州（上総）	（望陀郡）	坂戸市場村	紺屋新五郎
110	（上総）	（望陀郡）	同所（坂戸市場村）	紺屋柳助
111	（上総）	（望陀郡）	同所（坂戸市場村）	紺屋久七
112	上サ（上総）	（望陀郡）	木更津吾妻村	紺屋忠蔵
113	上総	（周淮郡）	六手村	紺屋宗吉
114	同国（上総）	（天羽郡）	数馬村	紺屋庄八
115	同州（上総）	（天羽郡ヵ）	大坪村	紺屋惣助
116	（上総）	（天羽郡）	木村	右同人（紺屋惣助）
117	房州（安房）	（平郡）	名古川崎村（那古）	紺屋忠蔵
118	同州（安房）	（朝夷郡）	前田村	紺屋市良右衛門
119	同州（安房）	（安房郡）	大神宮村（太神宮）	泉屋金右衛門
120	同州（安房）	（朝夷郡）	和田村	泉屋万右衛門
121	房州（上総）	（天羽郡）	花輪村	島屋傳右衛門
122	上総	（市原郡ヵ）	新堀村	紺屋善三良
				合計　122名

表2－（C）上総・下総・安房における手塚家の取引先

上総・下総・常陸	国名	郡名等	村名等	取引相手
1	下サ（下総）	（葛飾郡）	舟橋宿	善兵衛
2	同（下総）	（千葉郡ヵ）	畑村ヵ	義助
3	同（下総）	（千葉郡）	検見川	正兵衛
4	（下総）	（千葉郡）	（検見川）	右同人（正兵衛）
5	同（下総）	（千葉郡）	千葉町	吉左衛門
6	同（下総）	（葛飾郡）	大工町（三軒屋内ヵ）	伊兵衛
7	同（下総）	（千葉郡）	中西村	重蔵
8	同（下総）	（市原郡）	国吉村	源兵衛
9	上サ（上総）	（市原郡ヵ）	田村	林平
10	同（上総）	（望陀郡）	貝渕村（貝淵）	新兵衛
11	（上総）	（望陀郡）	同村（貝淵）	宇之助
12	同（上総）	（望陀郡）	茅の村（茅野）	彌十郎
13	（上総）	（望陀郡）	同所村（茅野）	市兵衛
14	同（上総）	（望陀郡）	末吉村	永助
15	同州（上総）	（望陀郡）	大竹村	善兵衛
16	同（上総）	（望陀郡）	木更津町	清右衛門
17	同（上総）	（望陀郡）	吉野中村（吉野田ヵ）	十良兵衛
18	同州（上総）	（望陀郡）	長渚村（長須賀）	佐右衛門
19	同（上総）	（望陀郡）	太田村	孝蔵
20	同（上総）	（望陀郡）	木更つ北町（木更津）	善助
21	（上総）	（望陀郡）	同所（木更津）八万町	弥右衛門
22	（上総）	（望陀郡）	同吾井村	新平
23	同（上総）	（望陀郡）	木更津	市兵衛
24	同（上総）	（望陀郡）	柳成村（柳城）	綱右衛門
25	同（上総）	（望陀郡）	下郡村	彌七
26	同（上総）	（望陀郡）	久留里町	源七
27	同（上総）	（望陀郡ヵ）	市場村	宗八
28	同（上総）	周淮郡	行馬村	市右衛門
29	同（上総）	（望陀郡）	長渚村（長須賀）	勘右衛門
30	同（上総）	（周淮郡）	青木村	市良兵衛
31	同（上総）		武葉村ヵ	多右衛門
32	常州（常陸）	（行方郡）	手賀村	宗右衛門
33	上サ（上総）	（天羽郡ヵ）	天神山村	金助
34	同（上総）	（天羽郡）	百首村	忠七
35	同（上総）	（市原郡）	池和田村	文右衛門
36	同（上総）	（望陀郡）	奈良輪村	孫兵衛
37	（上総）	（望陀郡）	牛袋村	惣兵衛
38	同（上総）	（望陀郡）	花山村	半兵衛
39	同（上総）	（望陀郡）	久津間村	勘蔵
40	同（上総）	（望陀郡または天羽郡）	桜井村	宗兵衛
41	同（上総）	（望陀郡）	長渚村（長須賀）	直次郎
42	同（上総）	（望陀郡）	三ツ作村	忠兵衛
43	同（上総）	（周淮郡）	冨津村	與左衛門
44	同（上総）	（望陀郡）	三田村	新兵衛
45	同（上総）	（望陀郡）	久留里町	清蔵
46	（上総）	（長柄郡）	三輪村（箕輪）	利兵衛
47	（上総）	（天羽郡）	数馬村	重右衛門
48	（上総）	（望陀郡）	木更津町	要七
49	（上総）	（望陀郡）	下内橋村	清吉
50	（上総）	（望陀郡）	三田村	永助
51	（上総）	（望陀郡）	木更津	平次郎
				計　51名

安房	国名	郡名等	村名等	取引相手
1	（安房）	（平郡）	竹之内村（竹ノ内）	五兵衛
2	（安房）	（平郡）	同下村	三次郎
3	（安房）	（平郡）	下瀧田村（下滝田）	彦八
4	（安房）	（平郡または安房郡）	川名村	清次郎
5	（安房）	（平郡）	舟形村（船形）	小兵衛
6	（安房）	（長狭郡）	金山村	久次郎
7	（安房）	（平郡）	名古村（那古）	藤八
8	（安房）	（安房郡ヵ）	畑野村（畑ヵ）	孝八
9	（安房）	（平郡）	府中村	小三郎
10	（安房）	（朝夷郡ヵ）	小久保村（久保ヵ）	佐吉
11	（安房）	（安房郡）	柏サキ西濱（柏崎浦）	宗助
12	（安房）	（安房郡）	宮城村	吉助
13	（安房）	（安房郡）	同所村（宮城）	林兵衛
14	（安房）	（安房郡）	同所（宮城）	安蔵
15	（安房）	（安房郡）	神余村	徳兵衛
16	（安房）	（安房郡）	大神宮村（太神宮）	武兵衛
17	（安房）	（朝夷郡）	加茂村	弥七
18	（安房）	（長狭郡）	寺角村（寺門）	豊八
19	（安房）	（長狭郡）	押切村	六兵衛
20	（安房）	（朝夷郡）	三原川サキ	政八
21	（安房）	（朝夷郡）	三原村	多七
22	（安房）	（長狭郡）	前原村	万蔵
23	（安房）	（平郡）	元名村	利兵衛
24	（安房）	（安房郡ヵ）	北條田村（北条ヵ）	国蔵
25	（安房）	（安房郡）	館山町	武右衛門
26	（安房）	（安房郡）	同所（館山町）	久兵衛
27	（安房）	（平郡ヵ）	岩井戸（岩井袋ヵ）	市郎兵衛
28	（安房）	（朝夷郡）	江見村	新助
29	（安房）	（安房郡）	根戸村（根本）	千次郎
30	（安房）	（安房郡）	水玉村	徳次郎
31	（安房）	（平郡）	岡本村	弥助
32	（安房）		鏈谷村ヵ	千助
33	（安房）	（平郡ヵ）	高崎村（不入斗村内ヵ）	松兵衛
34	（安房）	（安房郡）	中村	嘉七
35	（安房）	（平郡）	犬懸村（犬掛）	清助
36	（安房）	（平郡）	舟形村（船形）	幸助
37	（安房）	（安房郡）	広瀬村	林蔵
38	（安房）	（安房郡）	宮城村	△吉店
39	（安房）	（長狭郡）	小湊村	伊助
40	（安房）	（平郡）	勝山村	弥助
41	（安房）	（平郡ヵ）	田町（勝山内ヵ）	勘兵衛
				計　41名
				合計　92名

※手塚家文書「上総・下総・安房藍売帳」（H001084、徳島県立博物館所蔵）をもとに作成。（　）内は筆者が補足し、推察を含むものは「ヵ」を付した。判読不能な文字は「□」とした。

表３－（B）駿河・遠江における井上家の取引先

岩渕から府中まで

	国名	郡名等	村名等	取引相手
1	（駿河）	（庵原郡）	岩渕村	増右衛門殿
2	（駿河）	（庵原郡）	中ノ郷村 （中之郷）	六左衛門殿
3	（駿河）	（庵原郡）	由井宿（由比）	平左衛門殿
4	（駿河）	（庵原郡）	西久保村（西窪）	文左衛門殿
5	（駿河）	（庵原郡）	同処（西窪村）	市郎左衛門殿
6	（駿河）	（有渡郡 または安倍郡）	長沼村	與左衛門殿
7	（駿河）	（庵原郡）	江尻宿	善六殿
8	（駿河）	（有渡郡 または安倍郡）	長沼村	文左衛門殿
9	（駿河）	（有渡郡 または安倍郡）	同処（長沼村）	新八殿
10	（駿河）	（有渡郡 または安倍郡）	同処（長沼村）	喜三郎殿
11	（駿河）	（庵原郡）	江尻宿	七右衛門殿
12	（駿河）	（府中）	横内町	次右衛門殿
13	（駿河）	（府中）	下石町	長兵衛殿
14	（駿河）	（府中）	同処（下石町）	麦屋三左衛門殿
15	（駿河）	（府中）	新通町	権七殿
16	（駿河）	（府中）	馬場町	彦兵衛殿
17	（駿河）	（府中）	新通町	権左衛門殿
18	（駿河）	府中	宮島	惣左衛門殿
19	（駿河）	（府中）	材木町	惣左衛門殿
20	（駿河）			中形屋六右衛門殿
21	（駿河）	（府中）	安西三丁目	甚左衛門殿
22	（駿河）	（府中）	新通町	平兵衛殿
23	（駿河）	（府中）	元通ヵ	麦屋勘兵衛殿
24	（駿河）	（府中）	同処（元通）	権右衛門殿
25	（駿河）	（府中）	両替町	久兵衛殿
26	（駿河）		宮内町	傳兵衛殿
27	（駿河）	（府中）	横内町	七右衛門殿
28	（駿河）			竹屋重兵衛殿
29	（駿河）	（府中）	馬場町	長右衛門殿
30	（駿河）	（府中）	梅屋町	清次殿
31	（駿河）	（府中）	元通町	甚左衛門殿
32	（駿河）	（府中）	両替町	庄助殿
33	（駿河）		清水	紀伊国屋藤蔵殿
34	（駿河）	（府中）	馬場町	源七殿
35	（駿河）	（有渡郡 または安倍郡）	長沼村	藤吉殿
36	（駿河）	（庵原郡）	江尻宿	あわや又右衛門殿
37	（駿河）	（府中）	元通	深江屋甚左衛門殿
38	（駿河）	（庵原郡）	蒲原宿	柏屋権右衛門殿
39	駿州	（府中）	江川町	與兵衛殿
40	（駿河）	（府中）	下石町	佐平次殿
41	（駿河）	（府中）	上石町	大佛屋清吉殿
42	（駿河）	（府中）	馬場町	松葉屋與七殿
43	（駿河）	（府中）	横内町	平七殿
44	（駿河）	府中	横内町	吉田屋熊次郎殿
45	（駿河）	（有渡郡ヵ）	岡清水	惣兵衛殿
46	（駿河）	（有渡郡 または安倍郡）	永沼村（長沼）	市左衛門殿
47	（駿河）	（有渡郡 または安倍郡）	永沼村（長沼）	喜三郎殿
48	（駿河）	府中	元通□丁目	二葉屋半七殿
49	（駿河）	府中	紺屋町	大吉殿
50	（駿河）	（府中）	同処（紺屋町）	源次郎殿
51	（駿河）	（庵原郡）	江尻紺屋町	惣助殿
52	（駿河）	（府中）	本通三丁目	二葉屋勘助殿
53	（駿河）	府中	横内町	権右衛門殿
54	（駿河）	（有渡郡）	石部村	幸八殿
55	（駿河）	（有渡郡）	下川原村 （下川原新田）	粂八殿
56	（駿河）	（庵原郡）	小金村	又兵衛殿
57	（駿河）	（庵原郡）	西久保（西窪）	清右衛門殿
58	（駿河）	（庵原郡）	鳥坂村	長重殿
59	（駿河）	（有渡郡）	小吉田村 （国吉田ヵ）	政吉殿
				計　59名

表３－（A）　駿河・遠江における井上家の取引先

岩渕から府中まで

	国名	郡名等	村名等	取引相手
1	（駿河）	（庵原郡）	蒲原宿	関孫兵衛殿
2	（駿河）	（庵原郡）	由比宿本町	紺屋傳左衛門殿
3	（駿河）	（庵原郡）	興津宿	みのや助右衛門殿
4	（駿河）	（庵原郡）	（興津宿） 清見寺町	紺屋清吉殿
5	（駿河）	（有渡郡ヵ）	岡清水	新蔵殿
6	（駿河）	（有渡郡ヵ）	岡清水	原紺屋庄右衛門殿
7	（駿河）	府中	横内町	尾張紺屋仙次殿
8	（駿河）	府中	呉服町五丁目	利左衛門殿
9	（駿河）	駿府	呉服町二丁目	藍屋利兵衛殿
10	（駿河）	駿府	両替町	池田紺屋與八殿
11	（駿河）	府中	本通町	稲葉紺屋嘉兵衛殿
12	（駿河）	府中	本通町三丁目	紺屋常蔵殿
13	（駿河）	駿府	安倍町	行人橋六兵衛殿
				計　13名

岡部から島田まで

	国名	郡名等	村名等	取引相手
1	（駿河）	（志太郡）	子持坂村	冨五郎殿
2	（駿河）	（志太郡）	借宿村	傳蔵殿
3	（駿河）	（志太郡）	藤枝浜小路	平兵衛殿
4	（駿河）	（志太郡）	藤枝北裏五十海村	紺屋友蔵殿
5	（駿河）	（志太郡）	長楽寺町	紺屋文次殿
6	（駿河）	（志太郡）	藤枝宿鍛冶町	花倉屋平六殿
7	（駿河）	（志太郡）	藤枝宿鍛冶町	紺屋八兵衛殿
8	（駿河）	（志太郡）	長楽寺町	織屋源兵衛殿・小松 紺屋惣七殿
9	（駿河）	（志太郡）	藤枝宿倉小路	紺屋金四郎殿
10	（駿河）	（志太郡）	志田村（志太）	紺屋與吉殿
11	（駿河）	（志太郡）	島田宿三丁目	森屋源太良殿
12	（駿河）	（志太郡）	島田宿	紺屋孫次郎殿
13	（駿河）	（志太郡）	島田宿七丁目	紺屋五平殿
14	（駿河）	（志太郡）	島田宿	紺屋松右衛門殿
15	（駿河）	（志太郡）	細島村	源重殿
16	（駿河）	（志太郡ヵ）	栃山村ヵ	紺屋文吉殿
17	（駿河）	（志太郡）	青島村	平助殿
				計　17名

藤枝から榛原まで

	国名	郡名等	村名等	取引相手
1	（駿河）	（志太郡）	島田宿二丁目	紺屋荘平殿
2	（駿河）	（志太郡）	筑地村（築地）	紺屋孫平次殿
3	（駿河）	（志太郡）	前島村	紺屋吉右衛門殿
4	（駿河）	（志太郡）	弥左衛門新田	元八殿
5	（駿河）	（志太郡）	土瑞村	紺屋長次郎殿
6	（駿河）	（志太郡）	下新田	紺屋伊吉殿
7	（駿河）	（志太郡）	上新田	紺屋峯蔵殿
8	（遠江）	（榛原郡）	吉長村（吉永）	萬三郎殿
9	（遠江）	（榛原郡）	藤守村	紺屋半蔵殿
10	（駿河）	（志太郡）	大島村	紺屋文次殿
11	（駿河）	（志太郡）	与左衛門新田	紺屋惣左衛門殿
12	（駿河）	（志太郡）	大住村	紺屋権右衛門
13	（駿河）	（志太郡）	三右衛門新田	紺屋善四良殿
14	（駿河）	（志太郡）	三右衛門新田	紺屋藤蔵殿
15	（駿河）	（志太郡）	上小田村	紺屋勘助殿
16	（駿河）	（志太郡）	大島新田	紺屋常右衛門殿
17	（遠江）	（榛原郡）	下小杉村	紺屋與兵衛殿
18	（駿河）	（志太郡）	田尻北村	紺屋源助殿
19	（駿河）	（志太郡）	小川村	安兵衛殿
20	（駿河）	（志太郡）	小川村	平右衛門殿
21	（駿河）	（益津郡）	焼津村	紺屋和助殿
22	（駿河）	（益津郡）	焼津村	紺屋太右衛門殿
23	（駿河）	（益津郡）	大村	紺屋與蔵殿
24	（駿河）	（志太郡ヵ）	与三次新田 （与惣次）	紺屋幸吉殿
25	（遠江）	（榛原郡）	下江留村	紺屋金平殿
26	（遠江）	（榛原郡）	横岡村	紺屋源蔵殿
				計　26名
				合計　56名

から榛原まで

国名	郡名等	村名等	取引相手
（駿河）	（志太郡）	一色村	源之丞殿
（駿河）	（志太郡）	同村（一色）	佐次兵衛殿
（駿河）	（志太郡）	大島村	奥右衛門殿
（駿河）	（志太郡）	同処（大島村）	五左衛門殿
（遠江）	（榛原郡）	宗高新田	安兵衛殿
（遠江）	（榛原郡）	与五郎新田	利兵衛殿
（駿河）	（志太郡）	小川村	喜八殿
（駿河）	（志太郡）	同村（小川）	澤右衛門殿
（駿河）	（志太郡）	土瑞村	伊助殿
（駿河）	（益津郡）	平島村	源五郎殿
（駿河）	（志太郡）	石津村	文蔵殿
（駿河）	（益津郡）	新谷（新屋）	勘四郎殿
（駿河）	（志太郡）	兵太夫新田	重右衛門殿
（遠江）	（榛原郡）	藤守村	権次郎殿
（駿河）	（益津郡）	城之越村（城之腰）	與左衛門殿
（駿河）	（志太郡）	中新田	粂右衛門殿
（駿河）	（志太郡）	同処（中新田）	梅蔵殿
（駿河）	（志太郡）	中新田	惣重殿
（遠江）	（榛原郡）	吉永村	勘右衛門殿
（遠江）	（榛原郡）	相川村（鮎川）	次兵衛殿
（駿河）	（志太郡）	下小田村（北小田ヵ）	孫右衛門殿
（駿河）	（志太郡）	下新田	青屋文蔵殿
（遠江）	（榛原郡）	吉永村	四郎右衛門殿
（遠江）	（榛原郡）	同処（吉永村）	傳左衛門殿
（駿河）	（志太郡）	小土村	吉五郎殿
（駿河）	（志太郡）	本中根村	定右衛門殿
（遠江）	（佐野郡）	飛鳥青所	友右衛門殿
（遠江）	（榛原郡）	藤守村	新助殿
（駿河）	（志太郡ヵ）	会下の島村（小川内ヵ）	八郎兵衛殿
（駿河）	（益津郡）	焼津村	忠兵衛殿
（駿河）	（益津郡）	新屋村	勘七殿
（駿河）	（志太郡）	島田宿七丁目	永吉殿
（駿河）	（志太郡）	藤枝吹屋町	巳之助殿
（駿河）	（益津郡）	城之越南新地（城之腰）	金次郎殿
（駿河）	（志太郡）	横内村	喜助殿
（駿河）	（益津郡）	大村	平吉殿
（駿河）	（志太郡）	小田村	紺屋熊蔵殿
			計　37名
			合計　115名

上家文書「藍売帳（府中 駿府 遠江国榛原郡）」（イ
ウ 07229、徳島県立文書館収蔵）をもとに作成。
）内は筆者が補足し、推察を含むものは「ヵ」を付
た。判読不能な文字は「□」とした。

岡部から島田まで

	国名	郡名等	村名等	取引相手
1	（駿河）	（志太郡）	子持坂村	嘉兵衛殿
2	（駿河）	（志太郡）	岡部村（岡部宿）	勘蔵殿
3	（駿河）	（志太郡）	保福島村	利助殿
4	（駿河）	（志太郡）	藤枝白子町	傳兵衛殿
5	（駿河）	（志太郡）	長楽寺町	平七殿
6	（駿河）	（志太郡）	藤枝かじ町（鍛冶）	平六殿
7	（駿河）	（志太郡）	同処（藤枝鍛冶町）	倉小路源六殿
8	（駿河）	（志太郡）	藤枝白子町	和右衛門殿
9	（駿河）	（志太郡）	原村	庄兵衛殿
10	（駿河）	（志太郡）	青島村	藤四郎殿
11	（駿河）	（志太郡）	青島村瀬戸	藤四郎殿
12	（駿河）	（志太郡）	同村（青島村）瀬戸	三次郎殿
13	（駿河）	（志太郡）	青島村	清五郎殿
14	（駿河）	（志太郡）	青島村壱里山	傳兵衛殿
15	（駿河）	（志太郡）	島田宿一丁目	久左衛門殿
16	（駿河）	（志太郡）	藤枝下伝馬町	府中屋団兵衛殿
17	（駿河）	（志太郡）	島田宿谷川	勘蔵殿
18	（駿河）	（志太郡）	藤枝在ヵ新村	鉄蔵殿
19	（駿河）	（志太郡）	保福島村	仲助殿
				計　19名

III 「地力」を拡げる内と外との交流

人類学者鳥居龍蔵の足跡と業績 ――生地徳島からの情報発信――

天羽　利夫

はじめに

世界的な人類学者鳥居龍蔵博士は徳島に生まれ、二〇歳の時東京遊学したのを契機に、東京帝国大学理科大学人類学教室の坪井正五郎のもとで研究者として歩み始めた。鳥居龍蔵は明治二八（一八九五）年の遼東半島調査を皮切りに、国内はもとより毎年のように海外調査にでかけた。鳥居龍蔵の調査成果は広く海外でも知られているところである。

鳥居龍蔵のライフワークには主として二つの大きなテーマがあった。その一つは、日本文化・日本人のルーツを日本列島周辺地域から探る研究である。もう一つは、特に晩年のテーマとして、契丹（遼）の文化の研究である。契丹はモンゴル系遊牧民である契丹族が建国（九一六～一一二五）したもので、内蒙古を中心に中国東北部に栄えた。とりわけ、契丹研究は戦時中も北京に留まり執筆活動に専念した。そのときの大部の原稿が未完のまま徳島県立鳥居龍蔵記念博物館に眠っている。

鳥居龍蔵記念博物館には約七万点にも及ぶ鳥居龍蔵関連の遺品が収蔵されており、順次整理が進められている。これまでに公開された新出の資料のなかには、従来知られていなかった小学校卒業証書や海外調査での原住民からの聴き取りメモやスケッチ、人類学的計測カードなど鳥居龍蔵の丹念な様々な調査記録などが大量に含まれている。鳥居龍蔵は驚くほどの論文や報告書、紀行文、随筆等の著作物を残しているが、それらに関連する原稿や下書き、メモ類なども豊富にある。また鳥居龍蔵と他の学者たちとの交流を物語る往復書簡もあり、鳥居の人物像を探る格好の材料を提供してくれている。また、龍蔵と共に人生を歩んだ妻きみ子や龍雄、龍次郎、幸子、緑子たちの遺品等も含まれており、鳥居龍蔵ファミリーの全体像を探る好材料も含まれている。

本論に掲載する新出の遺品写真は、鳥居龍蔵記念博物館刊行の『企画展図録』や『研究報告』等に収録・公開されているものの中から選び、同館から提供を受けたものである。

一方、筆者等が二〇〇六年に設立した「鳥居龍蔵を語る会」においては、鳥居龍蔵の正確な足跡と業績の実体を検証している。鳥居龍蔵の著述文献は、すでに『鳥居龍蔵全集』（全一二巻・別巻、朝日新聞社、一九七五〜七七）に収録されているが、それ以外の未収録の文献が多数存在していることが判明している。これらの文献については、機関誌『鳥居龍蔵研究』（一〜四号、鳥居龍蔵を語る会、二〇一一〜二〇一八）に順次目録を掲載している。数的には、全集収録の文献と同等の著作物を残していることも明らかになってきている。また、会の活動によって、鳥居龍蔵が最後に残した自伝『ある老学徒の手記』（朝日新聞社、一九五三。以下『手記』と記載）に記載されている内容と異なる事実も次第に明らかになってきている。

本稿は、主として徳島県立鳥居龍蔵記念博物館における遺品整理や調査研究の成果と、「鳥居龍蔵を語る会」の活動成果をも合わせて、鳥居龍蔵の足跡と業績について概要を述べることとする。

一　鳥居龍蔵と妻きみ子の略歴

鳥居龍蔵（一八七〇～一九五三）

明治三（一八七〇）年四月四日、徳島東船場の煙草問屋の二男として生まれる。同九年勧善小学校に入学し、一六年新町小学校小学中等科を卒業した。その後独学し知識を高める。明治一九年東京人類学会に入会し、東京帝国大学理科大学人類学教室の坪井正五郎との交流が始まる。

明治二一年、坪井正五郎の来徳を契機に「徳島人類学材料取調仲間」を設立、本格的な活動を始める。同二三年、二〇歳の時修学のために上京し、三ヶ月ほどで帰郷。同二五年、一家をあげて東京に移住。師坪井正五郎の奨めで人類学教室の標本整理をしながら人類学の研究に励んだ。

明治二八年の遼東半島調査を皮切りに、その翌年から毎年のように台湾をはじめ千島列島、西南中国、中国東北部、朝鮮半島、サハリンなど東アジアを精力的に駆け巡った。業績が認められるにつれて、助手、講師、助教授へと昇進し、世界的な学者としての評価を高めていった。

大正一三（一九二四）年、突如として東京帝国大学を辞任。自宅に鳥居人類学研究所を設立し、きみ子夫人ら家族とともに活動した。

昭和一四（一九三九）年、中国北京の燕京大学から招聘され、家族とともに北京に移住、ハーバード燕京研究所の客員教授として研究を続けた。太平洋戦争が勃発し、大学が閉鎖されても北京に留まり、生涯の研究テーマである契丹（遼）の研究に没頭した。終戦後、大学が再開されると復帰した。

昭和二六年、老齢を理由に帰国。『ある老学徒の手記』の刊行を最後に、昭和二八年一月一四日、東京にて八二歳の生涯を閉じた。

鳥居きみ子（一八八一〜一九五九）

本名キミ。明治一四（一八八一）年二月一三日、武術家市原応資の三女として徳島市富田浦町に生まれる。富田尋常小学校、徳島県尋常師範学校附属小学校高等科、淑慎女学校を経て徳島県師範学校師範科を卒業。卒業後、撫養尋常小学校の訓導として勤務、その後上京して東京音楽学校に入学。明治三四年、鳥居龍蔵と結婚する。

明治三九年三月、蒙古喀喇沁王府から龍蔵とともに招聘され、きみ子は龍蔵より一足先に単身で赴任する。その道すがら綴った紀行文が『蒙古行』（読売新聞社、一九〇六）として刊行された。龍蔵は二ヶ月後に赴任、きみ子は女学堂、龍蔵は男子学堂とそれぞれの教師となる。その傍ら蒙古語を学んだほか、龍蔵と共に近辺の遺跡調査を行う。出産のため一年後に帰国し、出産後幼子を伴って再び蒙古へ出かけ、親子三人で蒙古の調査旅行を敢行した。

きみ子は龍蔵の妻として、助手として龍蔵の調査に同行し、多数の著作物を残している。大著『土俗学上より観たる蒙古』（六文館、一九二七）は代表作である。龍蔵との共著『西比利亜から満蒙へ』（大阪屋号書店、一九二九）や『蒙古を再び探る』（六文館、一九三二）なども龍蔵との調査行の記録である。近年、女性民族学者の草分けとしての評価も高まっている。

二　小学校中退問題と幼児期の龍蔵

明治九（一八七六）年、自宅近くの勧善小学下等科に入学した鳥居龍蔵は、自伝『手記』に次のように綴っている。

尋常小学校を中途で退学し、その後専ら独学で自修して来た。（同書「はしがき」一頁）

私は尋常一、二年級の間に、二度落第した。（中略）私はどうしたものか、だんだん進むにつけ、一層学問がいやになり、家庭で勉強するのが好きになり、圓藤先生は、とても見込みがないからと遂に退学させた。学務課から父の許に、何故学校を休学しているやと、度々の催促であったけれども、最後まで学校に行かなかったのである。（同書一五～十六頁）

私は学校としては正式に修業もせず、小学二年の中途で退学させられたものである。私は小学校退学後、自ら単独に小学校から中学校の科程を家庭で学び、新著を読みどうやら一人前になったと思い、明治二三年に上京し、二十六年東京帝国大学理科大学人類学教室標本整理係となり、坪井先生は私に研究の自由を与えられ、大学内でインキを携え各講義を聞き廻り、……。（同書「結語」二五二頁）

『手記』は昭和一二（一九三七）年までの自伝で、逝去する直前に刊行された。この記述をもとに、鳥居龍蔵は小学二年で退学し、その後独学して世界的な学者になった、と表記されることが通例となる。筆者自身もそのような記述をしてきた。

こうしたこれまでの記述を覆す卒業証書が、鳥居の遺品の中から現在までに一一通確認されている。卒業証書の実態は、半年単位の級や上等・下等などの過程の修了証書である。一一通のうち、もっとも早い段階の下等小学第八級

（明治一〇（一八七七）年九月一五日、寺町小学）で、もっとも新しい段階の小学中等科第三級（明治一六（一八八三）年五月一六日、新町小学校）である。校名は、入学時の勧善小学校から寺町小学校、新町小学校と変遷するが、当初の勧善小学校名の証書はない。現存する証書からすると、義務教育である尋常科は修了したことになる。

この一一通の卒業証書について、当時の小学校制度の推移と合わせて、詳細に分析した論考が長谷川賢二によって著されている（長谷川二〇一七）。その中で、問題点がいくつか指摘されている。その一つは下等小学五級と四級の証書が欠落しており、空白があるのは鳥居の言う落第の可能性があること。さらに、小学下等三級がおよそ一年間費やしていることも重視している。

鳥居龍蔵は『手記』以外にも幾つかの幼児期の回想録を残している。鳥居龍蔵の小学生時期の過ごし方は、自身が綴った小学校退学問題と連動しているようにも見える。次に紹介する回想録では、『手記』の記述と少しずつ齟齬があって、鳥居龍蔵自身の心の中に定まった明確な記憶でないことを示している。そのことは、鳥居の幼児期の学校に対する捉え方や自身の幼児期の過ごし方、また自身の性格等様々な要因からくるものであろうと想像される。

『手記』より先に刊行された「我が生活と旅」（一九三九）では、次のように記している。

私は、学校教育といふものは、専門学校教育も受けていない。それどころか、小学校も卒業していない、まあ、大いに出来損なったものである（同書一四一頁）。

当時、私は、小学校で落第を二年置き位に二度やったが、私はその際、先生の講義は何んとなくいやで、興味がなくいつも自分の好きな本ばかり読んで居た。その時小学校の先生は富永幾太郎といふ人があって、（中略）この先生の言行は今から追想すると小さな私に対して大きな感化があったと思われる。この先生は別として私は学校の事は面白くなく、殆ど役に立たぬやうな気がしたので、学校をつひに止してしまったところ、学務委員の督促が来て、子息をなぜ学校に入れぬかなどと申してをった。しかし両親は、私の意見を容れて、つひに小学校を止させたのであった。（同書一四二頁）

同じく「幼時の記臆」（一九二四）では、小学校の情況を記しているが退学等の記述は見られない。

私の幼時通って居った小学校は大瀧山麓、寺町の寺町小学校と云ふのであって、多くの大きな寺院のある間に設けられた学校であった。当時はまだ生徒の體操場としての特別な設備はできて出来て居らず、教員はいつも生徒を其の附近の寺院内の廣い庭へ連れて居って、體操を教えたりまた各自に生徒を自由に遊ばす事とした。（同書九二頁）

そして、「私の幼年と当時のその世相」（一九二九）では、学校嫌いで、内弁慶であったという自身の性格を記述しているが、退学等の記述はない。

私は商家に生れ、生活も可なりにして居ったから士族の子弟のやうに生活の為めに仕事をしようとする念は少しもなかった。思ふ儘の生活をして来た。小学校に入るやうになってからは、自由気儘、思ふ存分の事が出来ないから学校には余り興味をもたなかった。最初入学した時には、いつも学校から逃げ帰ったもので、それが為下女のオシゲと云う女性はいつもその間に立って、学校に連れて行ったものであった。

一體私は私の家を中心として遊んだもので、云はゞ内辨慶であった。一度学校へ通ふとその境遇が一變して来て何だか不安なやうな心持であった。そして余り学校のことなどどうでもよいと云ふような考をして居て、歴史や地理の本を盛んに讀んだものであった。（同書二九〇～二九一頁）

『我が生活と旅』(一九三九)にある「小学校で落第を二年置きに二度やった」という記述は、『手記』の記述とは異なり、長谷川が指摘する卒業証書の空白期間等の問題が該当する可能性がある。ただ、証書の発見によって、二年で中退という事実は誤りであることが確認できる。ただ、鳥居の回想録にあるように、学校嫌いで真面目に通学していたとは思えない雰囲気は窺える。実態として、卒業証書通りに終了していたかも疑問点として残る。

鳥居の学歴問題は、妻きみ子の回想録にも頻繁に登場する。きみ子の認識はどうであったか探ってみる。「夫の職業と妻の苦心を語る座談会」(鳥居きみ子一九三三)では、

記者　鳥居さんの奥様、ご結婚なさいました時は、ご主人様は?

きみ子　大学の人類学教室の助手をしておりました。助手になるまでには、何も学校を出たのではないので、郷里の方の小学校を一、二年位までやったそれきりで、あとは独学でございます。大学に初め小使みたいにして入ってをりまして、好きなものですから、助手にして頂きました。暫く勤めて後、講師になりました。講師の時に蒙古へ出掛けまして、蒙古に足かせ三年程をりましたが、その間私は家庭教師をしておりました。(同書五九頁)

そして、「思い出」(一九三九)にも次の記述がある。

それは四十年もの昔に遡らなければならないのであります。三十一歳と二十歳との新婚の夢は、前途の希望に燃えて居りました。貧しい生活の中から四方厭迫の中から、確かりと大地を踏みしめて立上がろうと総べてに努力いたしました。

当時学歴なしに人類学の助手となったばかりの夫は、理科大学長と坪井博士の許可を得て数年間に亘り毎日ノートとインク壷をさげて帝大の理科医科文化と各教室に出入りして、人類学に必要な講義を熱心に聞き、朝は

六時から仏語の時間に欠かさず出席し、夜は暁星の夜学に出かけ、既習の英独露の外に仏文の原書を読破し得る迄にこぎつけ夜更くるまで読書に耽り、自ら基礎学の修養に非常な奮闘努力を続けて居りました。（同書一四三頁）

また、「夫と共に「歴史」を歩む」（一九五二）では、龍蔵との結婚問題に絡み次の記述がある。

かくして苦学して居るが、此者を助けて成功させる気持ちはないか、但し此人は小学校を卒業して居ないで全く独学であるから、此事も承知して置いて貰ひたい、然し確かに前途有望だ云々とあった。

私は随分考えた。それは兼ねての独立独行と、何れを取る可きかと、数日間自問自答した。私は第一に小学も卒業して居ないと云ふ事に、大変魅力を感じたのであった。そして此様な苦学生を助けて成功させるのは、自分の一生を捧げても、有意義な事であると堅く決意した。（同書一九三頁）

次に、きみ子の評伝から拾ってみると、「蒙古より帰朝せる鳥居君子女史」（樂石生一九〇七）には次の記述がある。

良人龍蔵氏は、人も知る如く熱心なる人類学者にして、学歴としては小学の課程をも卒へざる人なりといえども、堅忍不抜の志を以って独学自修、頗るこの道に造詣深く、坪井理学博士の助手として、東京帝国大学理科大学の人類学教室に在り、……。（同書三六頁）

また、「日本のキューリー夫人―鳥居龍蔵博士の妻きみ子女史の半生―」（影山一九五三）でも、

僕は小学校三年に進むまで、一度も落第したんです。それで先生にこっぴどく叱られた。君は落第ばかりしているが、そんなことでは、何になったって到底えらくなる事はできないぞ。学校を立派に卒業して、……。（同書二〇二頁）

鳥居龍蔵自身の記述からはもちろんのこと、妻きみ子の回想録等が助長して、鳥居が小学校中途退学して、その後、独学して世界的な学者にまで上り詰めた、という立志伝に仕立て上がった感が浮かび上がってくる。鳥居の没後、子供向けの偉人の伝記類にも鳥居の立志伝が登場している。鳥居の没後に刊行された来栖良夫の二書（一九五三・一九五五）では、「小学四年」の段階で終えたとの記述がある。この四年という学年は、先に紹介した鳥居（一九三九）の「二年置きに二度ほど落第した」という記述と符合し、長谷川の指摘する現存の卒業証書の疑問点とも連動するものである。

何れにしても、小学校を終えた後の独学は事実であり、『手記』の「私の幼少時代と阿波の徳島」にも記されているように、絵本類、錦絵等に興味を覚えて蒐集したり、徳島の伝統芸能を体験したりしている。読書に耽る少年期の龍蔵が幅広い知識を培ったことは、鳥居の学者としての礎を築いたとも言える。鳥居の「私の読書と蔵書」（一九三五）では、自らの読書と蔵書について三期に区分して捉えている。第一期は徳島在住中の幼少年期、第二期は上京後から東京帝国大学在職時期、第三期は大学を辞して以降、鳥居人類学研究所時代である。第一期幼少年期の記述を見ると、本居宣長の『古事記傳』、『栄華』・『大鏡』・『増鏡』、『新著聞集』、『和漢三才図絵』、『骨董集』などを読み、蔵書とした。ただ、幼少期の蔵書は上京するに際して知人にあげたり、売り払い、そのほとんどをなくしたと記している（同書二三〇頁）。鳥居龍蔵記念博物館に所蔵されている膨大な書籍は、第二期以降に蒐集したものと想定される。

三　東京人類学会入会と坪井正五郎との出会い

鳥居龍蔵が人類学に興味を覚えるようになったのは、師範学校編『小学読本』巻一（文部省刊行）に、世界の人類は五人種に分かれるとの記述からであったと『手記』に記している。幼児期の鳥居は、前述で紹介したように歴史や地理に興味を持ち、様々な本や雑誌、新聞等から知識や情報を得ていた。鳥居が人類学会の存在を知ったのは、雑誌『文』であったと記している。同誌は、三宅米吉が主宰し、東京金港堂が刊行していたもので、鳥居は創刊号から購読し、東京人類学会の存在を知り、入会したとある（『手記』一九頁）。

人類学会は、神保子虎・坪井正五郎ら一四名で明治一七（一八八四）年十一月一六日に発足し、同一九年二月、『人類学会報告』を創刊、この年の六月に会の名称を「東京人類学会」と改め、会誌も『東京人類学会報告』（一巻五号以降）と変更した。

鳥居龍蔵の東京人類学会入会の経緯について、『手記』の記述に疑問を投げかけたのは、ラファエル・アバである（ラファエル二〇〇九）。雑誌『文』の創刊は明治二一（一八八八）年七月のことであり、鳥居龍蔵の東京人類学会の入会はその二年前のことであるという矛盾の指摘であった。

鳥居が東京人類学会の存在をいかにして知ったのかは不明であるが、入会は明治一九年四月二六日から五月二五日の間と推定する（天羽二〇一一）。鳥居龍蔵一六歳の時である。『東京人類学会報告』（一巻五号、一八八六年六月）の巻末会員名簿に初めて鳥居龍蔵の名を見出す。この名簿は明治一九年五月二五日届とあり、八八名の名前が記載されており、東京以外の会員は稀である。この前号には七二名の会員が登録されているが、鳥居龍蔵の名はない。

鳥居が坪井との交流を持つようになったのは東京人類学会入会からであった（『手記』一九頁）。入会後一年ほど経った頃から、『東京人類学会報告』に鳥居の名が登場するようになる。同誌二巻一六号（一八八七年六月）の寄贈欄に「阿波国全図」寄贈の記事があり、同号掲載の坪井正五郎「削り掛け再考」の中に鳥居からの手紙が紹介されている。入会後、幹事である白井光太郎に「私は今後斯学を研究するについて御指導を乞う」との手紙を出したところ、「人類学は坪井氏の専攻する所であるから同氏に書面を出された方がよろしい」との返事をもらったという（『手記』一九頁）。坪井の論考の中に出てくる手紙は、こうした契機からであった。

鳥居が『東京人類学会報告』に投稿したのは、明治二〇（一八八七）年七月刊行の同誌二巻一七号の「阿波国二古墳ノ記」である。徳島市勢見山古墳と県西部美馬市の古墳探訪記である。これが鳥居の学会初お目見えである。その後、鳥居は意欲的に投稿し続け、やがて東京人類学会は主舞台となる。

鳥居が坪井と面識を持ったのは、明治二一年二月のことである。坪井が九州出張の帰途、突然鳥居家にやって来た。三日ほど鳥居家に逗留し、坪井は滞在中に寺町の隅寺で「人類学とは何ぞや」の演題で講演会を開いた。この講演会の開催が「徳島人類学材料取調仲間」の結成の契機となった。また、坪井の人類学の直接指導を得て、「君は早く上京し、人類学を学ばれよ。若し上京されるならばできるだけ斯学について種々相談しよう。また大学の選科を選ばれてもよろしい」（『手記』二二頁）との誘いは、後の東京遊学へと繋がっていったであろう。

坪井の来徳は、鳥居だけでなく多くの好事家たちに刺激を与えた。その一〇ヶ月後、鳥居は世話役となって「徳島人類学材料取調仲間」を結成した。明治二一年一二月八日付の『普通新聞』三七二〇号の「徳島県録事教育事項」には、「私立学会認定セラレタルモノ左ノ如シ　徳島県第二学務課　認定年月日　明治二十一年十二月七日、学会名称　徳島人類学材料取調仲間、会ノ目的　人類学研究、会場　名東郡徳島富田浦町三千三百四十二番、発企者　香川彰三郎・鳥居龍蔵」とある。

この報道の前月、『東京人類学会雑誌』（四巻三三号）の巻末には、特別広告を掲載し、次のように連携と参加を呼びかけている。

> 今回東京人類学会ト親ク通信シ当地ニ人類学材料取調仲間ヲ設ケ専ラ同学上一切ノ材料ヲ蒐集シ是ヲ発行雑誌ニ搭載シ仲間ト直接ノ関係アル学者学会ニ進呈シ以テ人類学ノ忠僕者タラントス　（但雑誌ハ非売品）

賛成加盟セラル、諸君ハ早々左名迄報知アレ
徳島県阿波国名東郡船場町百八十番地　東京人類学会々員　鳥居龍蔵

そして、明治二一年一月の『東京人類学会雑誌』（四巻二三号）の巻末雑報欄には、鳥居龍蔵が同志を集めて「徳島人類学材料取調仲間」を結成したことが報じられ、詳細な会則が掲載されている。会則は東京人類学会の会則に倣って作られたと思われる。目的の項は、東京人類学会では「人類ノ解剖、整理、発育、遺伝、変遷、開花等を研究シテ人類ニ関する自然ノ理ヲ明ニスルニ在リ」とあり、徳島人類学取調仲間は「心理形躰工芸器物原人風俗習慣言語其他一切人類学に関する材料を取調べ偏へに人類学の忠僕者たらんとするにある事」と記している。当時の人類学の研究対象が知れる。

徳島での人類学会の結成は、東京に次ぐものである。徳島についで結成されたのは、鶴岡で奥羽人類学会（一八九〇年）、札幌で札幌人類学会（一八九五年）、姫路で中国人類学会（一八九六年）、金沢で北陸人類学会（一八九六年、沖縄で沖縄人類学会（一八九七年）、台湾で台湾人類学会（一八九八年）と続く。これらの設立には、鳥居の来訪や人脈が大きな影響を与えていた。坪井正五郎は、こうした鳥居の貢献を東京人類学会の年次総会で取り上げ、期待をも表明した。

東京移住後の鳥居は、坪井正五郎の指導を得ながら人類学教室や東京人類学会を主舞台に活躍する。「徳島人類学材料取調仲間」とは次第に疎遠になっていくが、自ら創設したこの会の活動状況は気がかりであった。海外調査の前後には徳島に立ち寄り、いち早く調査の目的や調査の成果を例会で発表した。「徳島人類学材料取調仲間」は、その後「徳島人類学会」、「四国人類学会」へと進展した（天羽二〇一一）。

四 鳥居龍蔵の海外調査

鳥居の学問の最大の特徴は、野外調査を基調にしたものである。日本人学者たちが未踏の東アジアを駆け巡り大きな業績を残した。

明治二八（一八九五）年の遼東半島調査を皮切りに、台湾、西南中国（貴州、雲南など）、中国東北部（旧蒙古・満州）、モンゴル、朝鮮半島、東部シベリア、サハリン（旧樺太）、クリール（千島列島）などのほか、南米（ブラジル、ボリビア、ペルー）まで足をのばした。

表に列記した広範囲な海外調査の中に、家族同伴の調査旅行が頻繁に見受けられる。他の学者には見られない家族を伴っての調査旅行は、鳥居龍蔵の大きな特色としてあげられる。自らの学問が家族とともにある、という信念もあったであろうが、この背景には大正一三（一九二四）年六月、東京帝国大学を辞職したことからくる経済的な側面が背景にあるものとみられる。

もう一点、鳥居は野外調査に際して、写真機と蠟管蓄音機などの最新機器を野外調査に導入したことである。カメラは明治二九（一八九六）年の第一回台湾調査から導入し、それ以降の調査にも必ず携行した。当初は自ら撮影していたが、のちには写真技師を伴って出かけるようになってからは撮影を任せるようになった。当時の写真機は、蛇腹式の大型で、しかもガラス乾板に写し取る手法であった。そのことから長期にわたる海外の野外調査には不向きであったが、鳥居はスケッチより正確な記録が残せる写真機を重視した。鳥居龍次郎の話によれば、明治三五（一九〇二）年の西南中国調査の際に持参したロンドン・マリオン社製のキャビネサイズのガラス乾板四、五〇ダース、つまり五、

明治	■二七年	八月	日清戦争
	■二八年	四月	日清講和条約
	・二八年	八月～二九年一月	遼東半島調査
	・二九年	八～一二月	台湾調査
	・三〇年	一〇月～三一年一月	台湾調査
	■三一年	六月	理科大学助手となる
	・三一年	一〇～一二月	台湾調査
	・三二年	五～七月	千島調査
	・三三年	一～九月	台湾調査
	・三五年	七月～三六年三月	西南中国調査
	■三七年	二月	日露戦争
	■三八年	九月	日露講話条約
	・三八年	八～一一月	満洲調査
	■三八年	七月二八日	理科大学講師嘱託
	・三九年	三月～四〇年一二月	蒙古ハラチン 王府の教師招聘で蒙古へ 王府周辺調査（きみ子同伴）
	・四〇年	七月～四一年一二月	蒙古調査（きみ子・幸子同伴）
	・四二年	三～五月	満洲調査
	■四三年	八月	日韓併合条約調印
	・四三年	夏	朝鮮予備調査
	・四三年	一二月～四四年三月	台湾調査
	・四四年	七月～四五年三月	朝鮮半島調査
大正	・明治四五・大正元年	七～九月	南樺太調査
	・大正元年～二年	十月～二年三月	朝鮮半島調査
	■二年	五月二六日	坪井正五郎ロシアで客死
	■三年	八月	第一次世界大戦始まる
	・三年	一～七月	朝鮮半島調査
	・四年	八～一二月	朝鮮半島調査
	・五年	九～一二月	朝鮮半島調査
	・六年	一〇月～七年一月	朝鮮半島調査
	・八年	六～一二月	東部シベリア調査
	・九年	一〇～一二月	朝鮮半島調査
	■一〇年	五月一〇日	「満蒙の有史以前」で文学博士学位授与

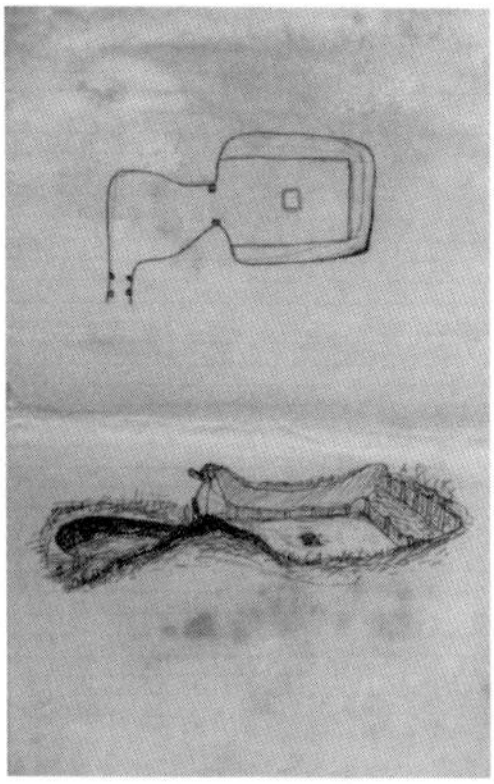

【図１】千島調査
竪穴住居跡平面模式図とスケッチ

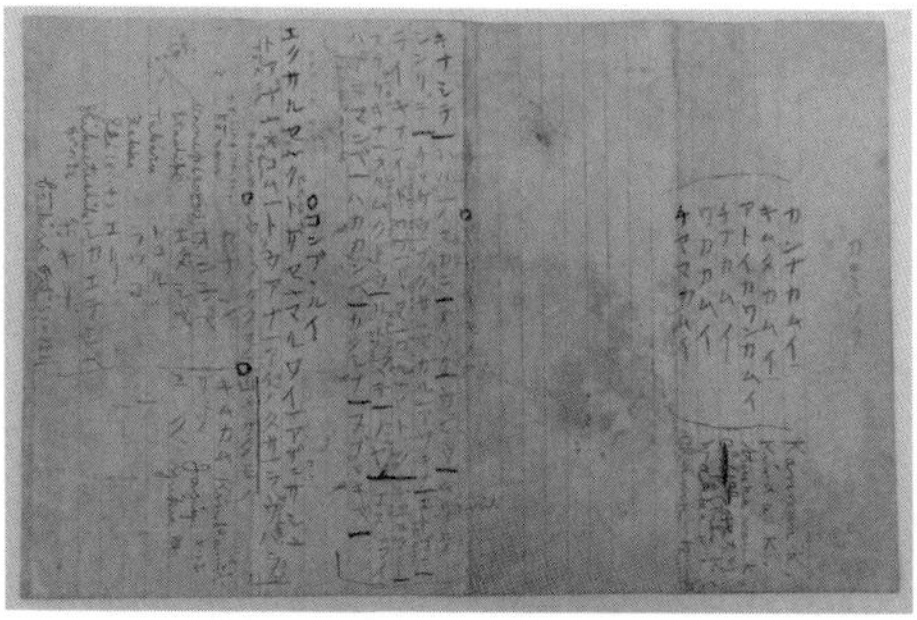

【図２】千島アイヌの語彙メモ

時代	年	月日	事項
大正	・一〇年	六〜七月	北樺太・東部シベリア調査
	■一一年	二月	東京帝国大学助教授就任
		四月	国学院大学講師となる
	■一二年	五月一〇日	国学院大学教授就任
		九月一日	関東大震災
	■一三年	六月二日	東京帝国大学を辞職 自宅に鳥居人類学研究所設立
昭和	■二年	一月	長男龍雄がパリで死去
	・二年	八〜一〇月	満洲調査
	・三年	四〜七月	東部シベリア（幸子同伴） 満洲調査（きみ子同伴）
	■三年		上智大学創立に尽力　文学部長・教授に就任
	・三年	九〜一一月	山東省調査（きみ子同伴）
	■四年	四月	東方文化学院東京研究所研究員就任
	・五年	八〜一二月	蒙古調査（きみ子同伴）
	・六年	八〜一〇月	満洲調査（きみ子・龍次郎同伴）
	■六年	九月	満洲事変
	・七年	七〜九月	満洲・朝鮮調査（緑子・龍次郎同伴）
	・八年	八〜一二月	蒙古・満洲調査（きみ子・緑子・龍次郎同伴）
	■八年	一二月三一日	国学院大学教授を辞職
	・一〇年	八〜一二月	満洲・北支那調査（きみ子・緑子・龍次郎同伴）
	・一二年	四月〜一三年二月	文部省から文化使節として派遣され、 ブラジル・ペルー・ボリビア調査（龍次郎同伴）
	■一二年	七月	日中戦争
	・一三年	秋	華北調査（緑子・龍次郎同伴）
	■一四年	八月三一日	北京の燕京大学から招聘され、きみ子らとともに東京を発つ ハーバード燕京研究所客座教授就任 北京に在住中、満洲・山西省・山東省調査
	■一六年	一二月	太平洋戦争勃発 燕京大学閉鎖　北京に留まり契丹研究継続
	■二〇年	八月	終戦により、燕京大学再開し復職
	■二六年	七月	燕京大学を退職　一二月　帰国
	■二八年	一月一四日	東京にて死去、享年八二歳

【図3】貴州省苗人分布図
西南中国調査の際に作成したもの
明治35年11月25日の日付あり

【図4】第1回朝鮮半島調査の写真帖
朝鮮総督府提出の副本

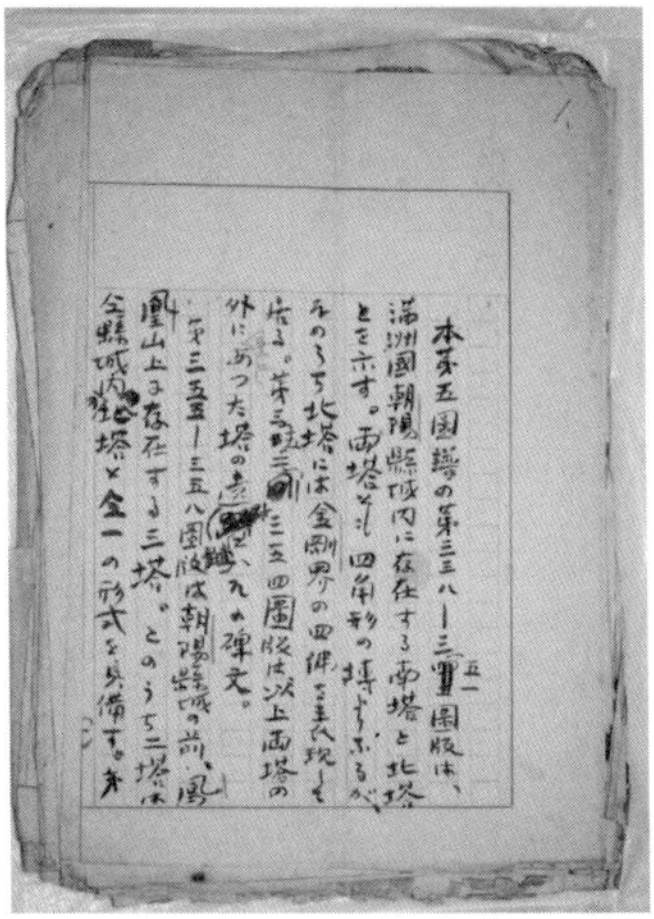

【図８】『考古学上より見たる遼之文化図譜
第五冊』の図版解説原稿

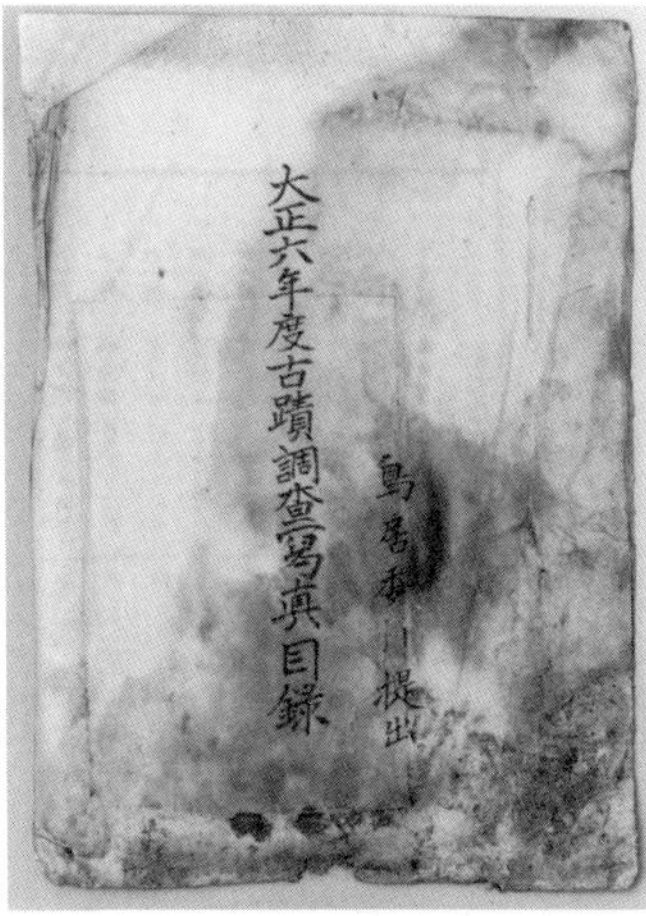

【図５】大正六年度古蹟調査写真目録
朝鮮総督府提出の副本

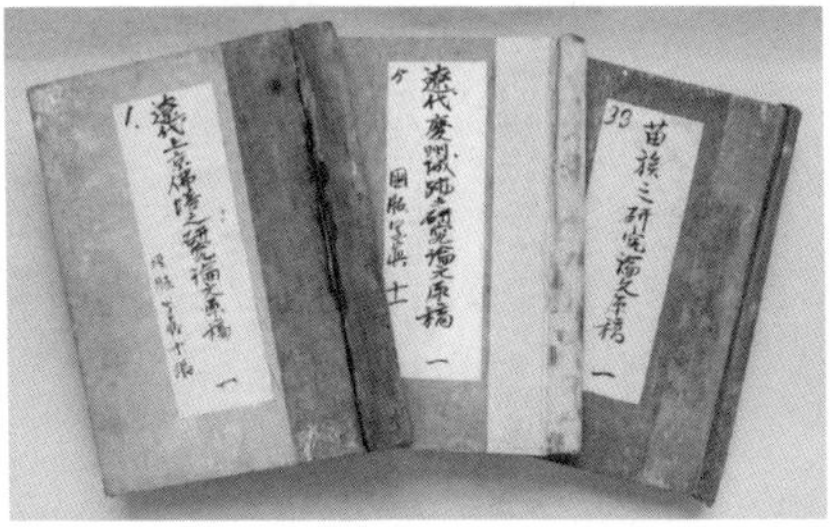

【図９】遼代上京仏塔・遼代慶州城跡
苗族之研究論文原稿

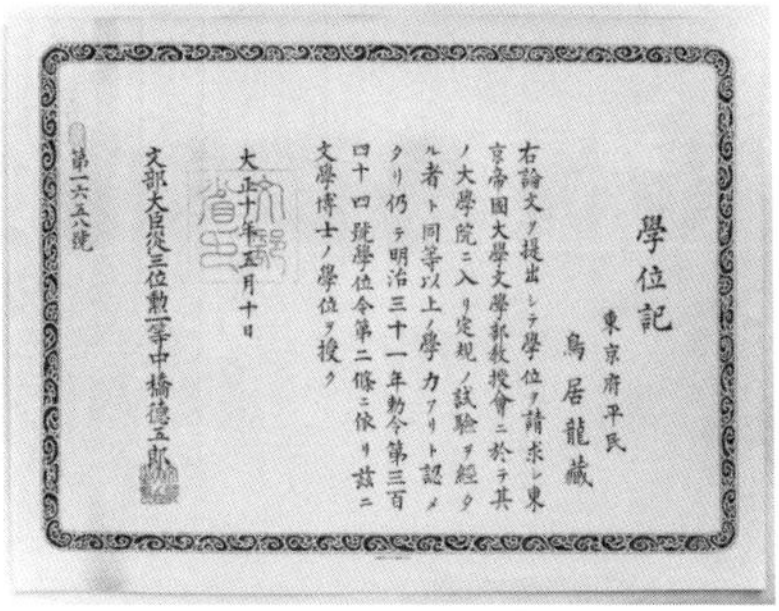

【図６】文学博士学位記

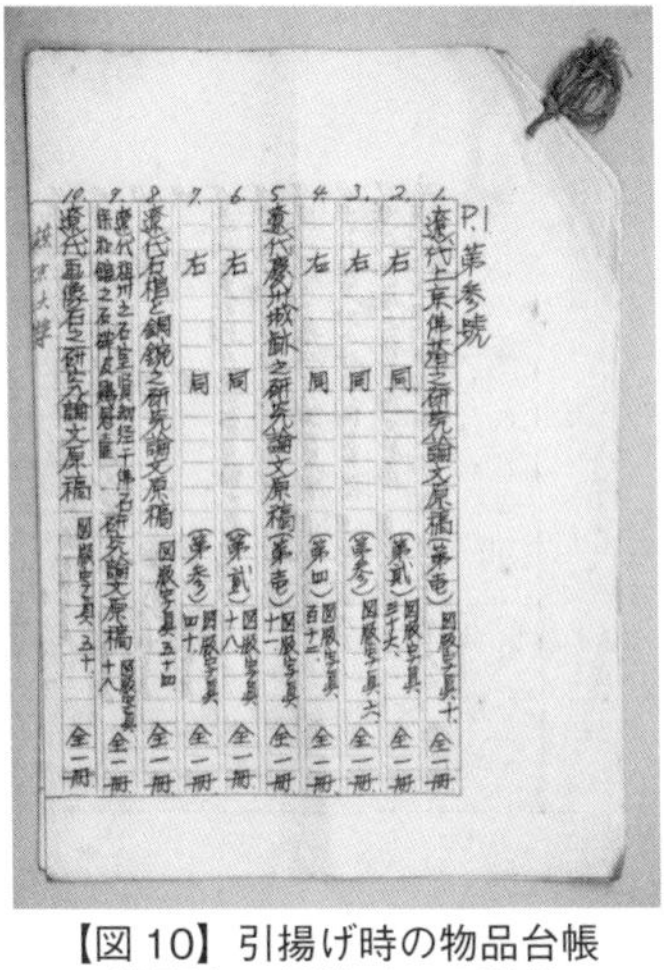

【図10】引揚げ時の物品台帳
遼研究の原稿リスト記載

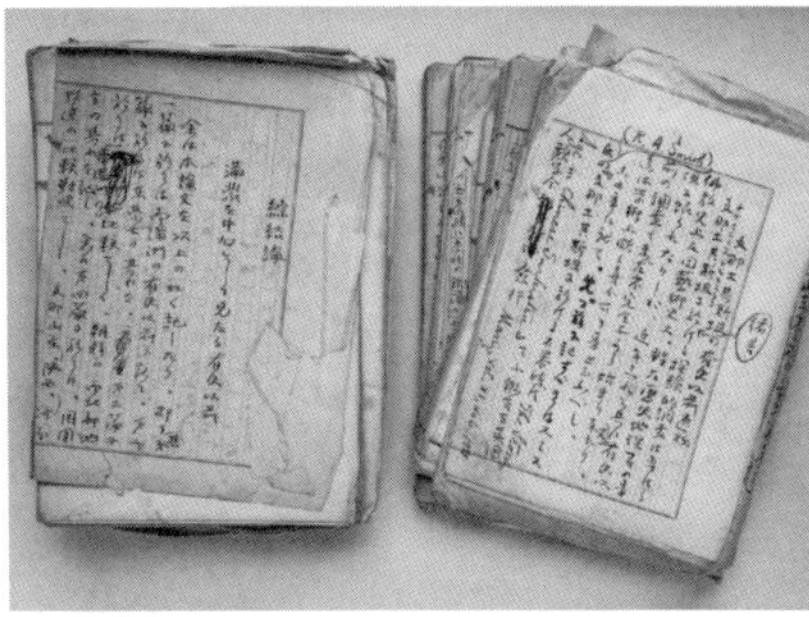

【図７】学位論文の草稿

六百枚持って行ったという（鳥居龍次郎一九九三）。随行の運搬人が、「旦那、私の今運んでいる品物は、その重さからからすれば、銀子でしょう」（『手記』九八頁）と問い糺したという。

鑞管蓄音機は明治三七（一九〇四）年の第二回沖縄調査から携行した。鑞管蓄音機はカメラ以上に重く大型であったために絶えず携帯することはなく、国内調査のみに限られていたようである。沖縄では民謡などを録音したと思われるが、残念ながらデータは現存しない。

鳥居の海外調査の軌跡を追ってみると、日本が新たに領有した地域を追従するかのような足跡を辿っていること、軍に護られながらの調査行、鳥居の記した文献等に国策を助長するかの記述が見受られることなどから、鳥居は国策に則った帝国主義者である、といった批判がある。鳥居龍蔵の海外調査は、鳥居龍蔵自身が願って出かけた調査、師坪井正五郎の代役で出かけた調査、あるいは東京地学協会や東京人類学会、東京帝国大学、東方文化学院からの派遣など様々な要因から出かけている。これほどまでに、海外調査を頻繁に行った根底には、日本周辺の諸民族の文化や歴史を探求しようとした執拗な鳥居の学問への執念からくるものであったと思いたい。一例として、鳥居が中国人学者とどう向きあっていたか、実例をあげておきたい。

鳥居の生涯で最も苦難に遭遇したのは、燕京大学に招かれ家族とともに北京で暮らしていた時であった。太平洋戦争が勃発して、大学が閉鎖されて職を失ったにも拘らず、北京に留まって契丹の研究に専念した。きみ子はその時の苦難を綴っている。燕京大学は閉鎖され、中国人の主なる教授達は、萬寿山の日本憲兵に捕らわれていき、それをみた鳥居は後から駆けつけて、一生懸命釈放を願ったが容易に許されそうになく、教授達と互いに涙で別れて帰ってきたという。そして自分たちも監視下にあって、娘達は非国民呼ばわりもされたという（鳥居きみ子一九五二）。

龍次郎の回顧によれば、ハーバード系の大学に勤務していたため日本政府の目が厳しく、軟禁とまではいかなかったが苦しい思いをした。父と私は憲兵隊に呼び出されて、帰りぎわに軍の幹部が父にこっそりと、自由主義はよくないからと話したことがあった。父はそれにただうなずいただけでしたと（鳥居龍次郎一九九三）。

北京滞在中、鳥居の下で学んだ若き研究者は多い。その一人、鳥居龍蔵を師と仰ぐ考古学者安志敏は、二度も徳島県鳴門市の「鳥居記念博物館」（旧館）を訪れて墓参している。平成四年に来訪の時は、徳島県埋蔵文化財センターで「鳥居龍蔵先生の思い出」と題して講演をした。その講演録に、大学が閉鎖された時の状況を「先生は校門に立って、大学を離れていく教師と学生に向かって頭を下げて心からわびていたそうです。同時に日本当局の圧力を受けながら、中国の教師と学生に対して心から同情と協力を惜しみませんでした。これは容易なことではありません。こうして教師と学生から尊敬されるようになったので、後に燕京大学が再開される時、すぐ先生を招へいされたのも実に当然のことと言えましょう。」（安志敏一九九二）と述べている。ちなみに、三女緑子は鳥居に学んだ中国人学者と結婚し、鳥居夫妻が帰国後も緑子と娘は北京に留まった。

五　鳥居龍蔵の記録遺産

鳥居龍蔵の学問の領域は、今で言う人類学、民族学、民俗学、考古学、歴史学の領域に広がっている。徳島で過ごした幼少年期に育んだ強い好奇心と探究心が、幅広い知識を持った学者へと成長させたであろう。鳥居は読書家であり、蔵書家であった。国内外の調査に出かけた時、現地で入手できる書籍や史料を積極的に蒐集した。今や貴重なコレクションと言ってもよい。そして、これら蒐集品を活用しながら論文執筆や講演等において大いに活用した。鳥居龍蔵の幅広く豊かな知識はこれら蒐集品が礎となっている。

鳥居の残した膨大な著作物や貴重な映像記録、さらには収集品などから、日本はもとより周辺諸民族の歴史やありのままの生活様式、さらには景観などを読み取ることが可能である。時を経てすでに失われ、あるいは失われようとしている諸民族の歴史や生活・文化の復元や再生にも大いに活用できるであろう。

鳥居龍蔵が人類学教室在籍中の調査で収集した考古資料と写真乾板等は東京大学総合研究博物館に、民族資料は国立民族学博物館にそれぞれ収蔵されている。朝鮮総督府の委嘱を受けて調査した朝鮮半島調査関連資料は、当時朝鮮総督府に提出し、その後引き継がれて韓国国立中央博物館に収蔵されている。同館には、調査復命書や写真乾板、撮影リスト、考古資料等が保管されている（天羽一九九二）。

また、東大辞任後、東方文化学院東京文化研究所派遣の旧蒙古・満州調査関連資料は東洋文化研究所に収蔵されている。

とりわけ、徳島県立鳥居龍蔵記念博物館に所蔵されている約七万点を越える大量の貴重な遺品の数々は、鳥居家に保存されていたものである。資料整理が進むにつれて、これまで知られていなかった鳥居龍蔵の調査研究の成果の全容を物語ることになるであろう。毎年開催の企画展では、新資料が続々と公開展示され、多くの反響を得ている。また、進出の資料をもとに、『研究報告』でも調査成果が公表され、新たな鳥居の業績が明らかにされている。

鳥居の記録遺産として注目すべきは、残された写真とガラス乾板である。平成三年二月から約三ヶ月間、東京大学総合研究資料館で開催された企画展「乾板に刻まれた世界―鳥居龍蔵の見たアジア―」は大きな反響を呼んだ。百年も前の諸民族の姿を鮮明に映し出した記録映像に驚き、心を動かされたのであった。この企画展の前年に刊行された『鳥居龍蔵博士撮影　写真カタログ』（一〜四、一九九一）には、主要な写真が収録されており、専門家から高い評価を得た。この企画展が契機となって、平成四年に国立民族学博物館と徳島県立博物館で、企画展「鳥居龍蔵の見たアジア」が開催された。筆者は、この共同企画展準備のために、平成四年、韓国国立中央博物館を訪ねて、旧朝鮮総督府所蔵の鳥居関連の資料調査を行った。そこには鳥居の朝鮮半島調査に関する復命書や写真帖、写真原板目録、実測図目録、蒐集品目録、考古遺物などを目の当たりにした（天羽一九九三）。その成果を受けて、韓国国立中央博物館の計らいで、未公開の写真一〇点を特別に展示することができた。この企画展の翌年には、台灣の順益台湾原住民博物館で鳥居の台湾関係の写真を中心に企画展が開催され、鳥居龍蔵の再評価の機運が一段と高まった。

これまでに確認されている鳥居龍蔵撮影（助手撮影分を含む）写真の内訳は次のとおりである。

東京大学蔵の総数は一八五九枚、内訳は台湾八三四、琉球一七九、日本一七四、苗一七三、朝鮮一六四、アイヌ八二などである（東京大学一九九〇）。韓国国立中央博物館蔵は写真リストから三〇五四枚と推定される（天羽一九九三）。東洋文化研究所蔵は、東洋文化研究所所蔵アジア写真資料集成データベース『鳥居龍蔵撮影写真集　満蒙ノ有史以前ト遼代契丹人ノ文化ニ就イテ』から拾うと七四二枚を数えることができる。

これほどの調査関連写真を残した学者は他にいるだろうか。これらの写真は、すでに消滅した民族や文化、景観などを永久に記録する貴重な遺産である。

鳥居は、調査で得た成果は積極的に公表し、膨大な著作物を残している。欧文の著作物も多く、海外への情報発信を心がけた。フランス語やロシア語、蒙古語、アイヌ語などを独学し、海外で出版された書物をいち早く購入して、最新の研究を『東京人類学雑誌』等に頻繁に紹介したり、翻訳本も刊行した。

こうした鳥居龍蔵の著作は、『鳥居龍蔵全集』全一二巻・別巻（朝日新聞社、一九七五～七七）に収録されており、『別巻』に記載された著述目録は約五〇〇件の文献数を表記している。鳥居龍蔵を語る会が、全集収録漏れの文献を探索したところ、現在までに約五〇〇件以上の文献が追加確認された。合計一〇〇〇件を越える著作物を残していることになる。

鳥居龍次郎は、特別な言語感覚をもっていたようで外国語習得のスピードも早かったようだ、と回顧録で語っている。鳥居龍蔵は、若き独学の頃から読書に耽り、次第に欧文の書籍を購入して読んだ。

鳥居は、東京遊学早々、本郷弓町のドイツ語学校に通いドイツ語を学んだ。東京移住後は神田駿河台のニコライ神学校に学生からロシア語を学び、麻布のカトリック教会のツルペン神父らからフランス語を学んだ。アイヌ語は東京帝大の言語学科の講義を聴講し、また神保小虎博士の依頼で鳥居家に住まいしたパラサマレックから学んだ。特にフランス文化やフランス語については特別な思いをもっていた。龍雄や龍次郎を暁星中学校に通わせ、龍雄や幸子をフランスに留学させた。東京帝国大学理科大学紀要等で多くの仏文論文を書いたことはよく知られている（ラファエル二〇一五）。

国際派の鳥居は、昭和八（一九三三）年刊行の『婦人之友』（二七巻一号、婦人之友社）の「世界からなくしたいもの」と題するアンケート特集記事で次のように回答している。

・世界の人々が互に敵視合はず、平和に共に生活したい。
・学術、宗教その他一切のもの、世界的に共に発達したい。
・言語もなるべく世界的に統一し、人類の交際往来を一層便利にしたい。

終わりに

鳥居龍蔵の残したさまざまな資料は、未来へ繋ぐべき貴重な記録遺産である。膨大な著作物や貴重な映像記録、さらには収集品などから、諸民族の歴史やありのままの生活様式、さらには景観などを読み取ることが可能である。時を経てすでに失われ、あるいは失われようとしている諸民族の歴史や生活・文化の復元や再生にも大いに活用できるであろう。

鳥居龍蔵が海外で収集した考古・民族資料等は東京大学総合研究博物館や国立民族学博物館などにそれぞれ収蔵保管されており、韓国国立中央博物館には朝鮮総督府から委嘱をうけて調査した際に提出した考古資料や写真資料、復命書等の関連資料が保存されている。とりわけ徳島県立鳥居龍蔵記念博物館に所蔵されている約七万点を越える大量の貴重な遺品の数々は、資料整理が進捗するにつれて、これまで知られていなかった鳥居龍蔵の調査研究の成果の全容を物語ることになるであろう。毎年開催の企画展では、新資料が続々と公開展示され、注目を浴びている。

これまでの鳥居龍蔵研究は、鳥居の残した膨大な著作物に依拠していた。これからは、鳥居龍蔵の遺品を重要視した研究が求められる。そのことによって、鳥居龍蔵の実像に迫ることができるであろう。

『手記』の冒頭に、「私は生涯を斯学の為に、日本を中心として、東部西比利亜、樺太、千島、満州、東部蒙古、中国、朝鮮、台湾等を数回以上長年に渉って実地調査を繰り返して来たのであった。満足とは言えないが、これ等の調査と研究の記録が、今日の若き学者の方々にとってこれ等の総べてが踏襲となり、その上になお進んだ研究を積み重ねて下さることを希望して止まないのである。昭和二十七年九月十日　建設相公邸に於て」（四頁）と記している。これは、鳥居が他界する三ヶ月前に認めた我々への遺言である。

本稿執筆にあたり、徳島県立鳥居龍蔵記念博物館から貴重な鳥居博士の遺品写真の提供を受けた。また同館学芸員長谷川賢二氏からは多大なご教示をいただいた。末筆ながら、厚くお礼を申し上げる次第である。

参考文献

□鳥居龍蔵自伝・回想録等
・「私の幼時」『文化生活の基礎』四巻六号　五一～五六頁　文化生活研究会　一九二四年
・「幼時の記臆」『文化生活の基礎』四巻七号　九三～九八頁　文化生活研究会　一九二四年
・「浪人学者として」『新小説』三〇年九号　二九～三六頁　春陽堂　一九二五年
・「私の幼児と当時のその世相」『共古翁記念文集趣味と嗜好』二七七～二九四頁　岡書院　一九二九年
　再録（「私の幼年と当時のその世相」『満蒙其他の思ひ出』三〇三～三二一頁　岡倉書房　一九七六年）
・「私の家庭風景」『家庭』二巻七号　一六～一八頁　東京家庭雑誌社　一九三二年
・「私の読書と蔵書」『書物展望』五巻九号　四七～五三頁　書物展望社　一九三五年
・「中共の生活を語る」『地上』六巻三号　四六～四九頁　家の光協会　一九五二年
・『ある老学徒の手記』　一～二六一頁　朝日新聞社　一九五三年（岩波文庫二〇一三年版に同名本再刊）
・「考古学の回顧」『地学雑誌』六九三号　八五～八八頁　東京地学協会　一九五四年
□鳥居龍蔵伝記・評伝等
・鳥居緑子「父を語る」『科学知識』一六巻四号　六二～六三頁　一九三六年
・来栖良夫「明治の少年―鳥居龍蔵―」『偉人の少年時代　六年生』一三五～一四五頁　実業之日本社　一九五三年
・来栖良夫「落第ぼうず学者に―鳥居竜蔵―」『えらい人の子どものころ　五年生』（今井誉次郎・坪井栄編）一六四～
　一七五頁　鶴書房　一九五五年
・鳥居博士顕彰会編『図説　鳥居龍蔵伝』　一～一五〇頁　鳥居博士顕彰会　一九六〇年
・安　志敏（佐川正敏訳）「北京時代の鳥居龍蔵先生」『考古学研究』三八巻二号　一～六頁　考古学研究会　一九九一年
・安　志敏『鳥居龍蔵先生の思い出』（埋蔵文化財センター講演録）一～八頁　徳島県埋蔵文化財センター　一九九二年
・国立民族学博物館編『民族学の先覚者　鳥居龍蔵の見たアジア』一～一一六頁　国立民族学博物館　一九九三年
・徳島県立博物館編『徳島の生んだ先覚者　鳥居龍蔵の見たアジア』一～一二〇頁　徳島県立博物館　一九九三年
・鳥居龍次郎「家族ぐるみの調査旅行」『文』三三一号、九～一一頁　公文教育研究所　一九九三年

・中薗英助『鳥居龍蔵伝　アジアを走破した人類学者』一～四四二頁　岩波書店　一九九五年
・田畑久夫『民族学者　鳥居龍蔵―アジア調査の軌跡―』一～二六三頁　古今書院　一九九七年
・田畑久夫『鳥居龍蔵の見た日本―日本民族・文化の源流を求めて―』一～三四二頁　古今書院　二〇〇七年
・天羽利夫「鳥居龍蔵と「徳島人類学材料取調仲間」『鳥居龍蔵研究』創刊号　二一～三八頁　鳥居龍蔵を語る会　二〇一一年
・長谷川賢二「口絵・解説　鳥居龍蔵の小学校卒業証書」『鳥居龍蔵研究』四号　一～四頁　鳥居龍蔵を語る会　二〇一八年

□鳥居きみ子回想録等
・「乳飲児を抱いて良人と共に未開の蒙古を探検せし実験」『婦人世界』四巻八号　三八～四四頁　実業之日本社　一九〇九年
・「夫の職業と妻の苦心を語る座談会」『婦女界』四七巻三号　五四～七一頁　婦女界社　一九三三年
・「思い出」『科学ペン』四巻二号　一四三～一四四頁　科学ペン社　一九三九年
・「燕京大学の思い出」『婦人之友』四六巻二号　三三～三八頁　婦人之友社　一九五二年
・「最初の蒙古調査」『婦人之友』四六巻三号　四〇～四六頁　婦人之友社　一九五二年
・「夫と共に「歴史」を歩む」『文芸春秋』三〇巻一〇号　一九二～二〇四頁　文芸春秋新社　一九五二年

□鳥居きみ子評伝等
・楽石生（伊沢修二）「蒙古より帰朝せる鳥居君子女史」『婦人世界』二巻三号　三三～四〇頁　東京実業之日本社　一九〇七年
・長谷川時雨「操子ときみ子と」『春帯記』二二八～二七〇頁　一九三七年
・影山俊雄「日本のキューリー夫人―鳥居龍蔵博士の妻きみ子女史の半生」『婦人生活』昭和二八年二月特大号　二〇〇～二一一頁　同志社　一九五三年
・矢田喜美雄「故鳥居博士の偉業を継ぐ　きみ子夫人の横顔」『夫人朝日』昭和二八年三月号　四九～五一頁　朝日新聞社
・小長谷有紀・オンドロナ「蒙古行（鳥居きみ子）」『日記に読む近代日本』五アジアと日本　吉川弘文館　二〇一二年
・天羽利夫「龍蔵と歩んだ鳥居きみ子の足跡と業績」『鳥居龍蔵研究』二号　七～三二頁　鳥居龍蔵を語る会　二〇一三年

□徳島県立鳥居龍蔵記念博物館　館案内・展示解説
・徳島県立鳥居龍蔵記念博物館編『展示解説　鳥居龍蔵記念博物館』二〇一一年
・徳島県立鳥居龍蔵記念博物館編『展示解説第二　地図に見る鳥居龍蔵の足跡』一～二〇頁　二〇一二年

・徳島県立鳥居龍蔵記念博物館編『徳島県立鳥居龍蔵記念博物館』　二〇一六年
□徳島県立鳥居龍蔵記念博物館企画展図録
・徳島県立鳥居龍蔵記念博物館編『開館一周年記念企画展　鳥居龍蔵の見た台湾』一～一五頁　二〇一二年
・徳島県立鳥居龍蔵記念博物館編『鳥居龍蔵とアイヌ─北方へのまなざし』一～一五頁　二〇一三年
・徳島県立鳥居龍蔵記念博物館編『鳥居龍蔵の国内調査─沖縄・南九州』一～三二頁　二〇一四年
・徳島県立鳥居龍蔵記念博物館編『開館五周年記念企画展　鳥居龍蔵─世界に広がる知の遺産』一～四六頁　二〇一六年
・徳島県立鳥居龍蔵記念博物館編『遥かなるマチュピチュ─鳥居龍蔵、南アメリカを行く─』一～三六頁　二〇一七年
・徳島県立鳥居龍蔵記念博物館編『鳥居龍蔵　日本人の起源に迫る─本山彦一との交流』一～四八頁　二〇一八年
□徳島県立鳥居龍蔵記念博物館研究報告
徳島県立鳥居龍蔵記念博物館研究報告　第一号　二〇一三年
・石尾和仁「特集「鳥居龍蔵と城山貝塚調査」にあたって」　三～八頁
・石尾和仁「資料紹介　城山貝塚調査写真」　九～一三三頁
・長谷川賢二「井上達三『国津神時代に於ける徳島城山貝塚遺跡地』解題」　一三五～一四七頁
・吉開将人「鳥居龍蔵と銅鼓研究─鳥居を「民族史学者」へと導いたもの─」　一四九～一六〇頁
・石尾和仁「鳥居龍蔵と第五回台湾調査をめぐって」　一七一～一八一頁
徳島県立鳥居龍蔵記念博物館研究報告　第二号　二〇一五年
・ラファエル・アバ「外国語学習から見た鳥居龍蔵の学問的な歩み」　一～二一頁
・咸舜變（吉井秀夫訳）「植民地時代における鳥居龍蔵の慶州月城および大邱達城調査関連資料について」　二三～四一頁
・吉井秀夫「鳥居龍蔵による慶尚北道・慶尚南道調査関連について」　四三～七〇頁
・魚島純一・長谷川愛「鳥居龍蔵が採集したガラス小玉の保存科学的調査─制作技法の検討および蛍光X線分析による材質調査結果─」　七一～八五頁
・下田順一・大原賢二「鳥居龍蔵の鹿児島調査関係スケッチ帳」　八七～一一五頁
徳島県立鳥居龍蔵記念博物館研究報告　第三号　二〇一七年

・湯浅利彦「徳島市城山貝塚発掘調査の復元的研究（上）～鳥居龍蔵等による一九二二（大正一一）年発掘調査の出土遺物の様相―」一～四七頁
・石井伸夫「開発と埋蔵文化財保護をめぐる大正期の鳥居龍蔵とその周囲の動向―「勢見岩の鼻」問題に寄せて―」四九～七一頁
・松永友和「鳥居きみ子宛坪井正五郎書簡」七三～八二頁
・岡本治代「鳥居龍蔵の愛知調査関連資料」八三～九七頁
・長谷川賢二「鳥居龍蔵の小学校在学歴に関する資料と検討―履歴書・回顧文・卒業証書―」九九～一〇七頁
□鳥居龍蔵撮影写真資料関係
・東京大学総合研究資料館編『東京大学総合研究資料館所蔵　鳥居龍蔵博士撮影　写真資料カタログ一～四』東京大学総合研究資料館標本資料報告一八～二一号　東京大学総合研究資料館　一九九〇年
・東京大学総合研究資料館特別展示実行委員会編『乾板に刻まれた世界―鳥居龍蔵の見たアジア―』一～二四七頁　東京大学総合研究資料館　一九九一年
・東洋文化研究所所蔵アジア写真資料集集成データベース『鳥居龍蔵撮影写真集　満蒙ノ有史以前ト遼代契丹人ノ文化ニ就イテ』東洋文化研究所東洋学研究情報センター
・赤澤　威・落合一泰・関　雄二『異民族へのまなざし―古写真に刻まれたモンゴロイド―』一～二六〇頁　東京大学出版会　一九九二年
・天羽利夫「韓国国立中央博物館所蔵の鳥居龍蔵関係資料」『民族学の先覚者　鳥居龍蔵の見たアジア』六八～七〇頁　国立民族学博物館　一九九三年
・順益台湾原住民博物館編『鳥居龍蔵眼中的台湾原住民　跨越世紀的影像』一～一六〇頁　順益台湾原住民博物館　一九九四年
・韓国国立中央博物館編『ガラス板目録集一　小判一九〇九年―一九三〇年』韓国国立中央博物館　一九九七年
・韓国国立中央博物館編『ガラス板目録集二　小判一九三一年―一九四四年・中判一九二四年―一九三四年・大判一九一一―一九四三年』　韓国国立中央博物館　一九九八年
・韓国国立中央博物館編『ガラス板目録集三　未登録小判一匣―五八四匣』　韓国国立中央博物館　一九九九年

大原呑舟と阿波

小川 裕久

一 呑舟の出自

かつて大原呑舟について、近世人物研究の泰斗である森銑三氏は次のように述べている―「画家としては父以上に識られて居り、遺作の伝れるものも相当にあるが、その一生はまた殆ど不明の裡にある(1)」。

呑舟は没後、京都北野の立本寺に葬られた。「先祖世々霊」とある大原氏の墓石には、呑舟の父「台嶽呑響居士」とその妻「三星義真禅尼」、あるいは夭折した子供ら、また呑舟の妻と思しき「秋空歌月信尼」などの戒名が刻まれている。呑舟の戒名は「凌雲呑舟居士」。安政四(一八五七)年一二月二九日に没したことが知れる。ちなみに呑舟の生年は、森銑三氏の考証に拠れば寛政二(一七九〇)年とされる(2)。すると享年は数えで六八ということになる。

呑舟の父は画人としても知られた大原呑響(通称左金吾、別号墨斎 一七六一/六二?〜一八一〇)である。ところが呑響を養父とする見解も散見される。呑舟の出生地に関しても京都、あるいは阿波、または備前、というように、諸説を併記するものも多い。

呑舟の生国を阿波と唱えたのは、おそらく相見香雨であろうと前稿では指摘したが(3)、実はそれ以前にも、たとえば『古今名家南画一覧第初集』(明治一二年)には「阿州 大原呑舟」、あるいは『古今名家改正南画一覧』(明治一四年)

には「阿波　同（＝画）　大原呑舟」とあるように、呑舟を阿波の画人と考える向きは多かったようである。(4)

ちなみに相見香雨は呑舟の画号について「その家海運を業とす。性豪放恬淡にして酒を好み、つひに産を傾けて船舶を失ふに至つた。因つて呑舟と号したといふ」との逸話も紹介している。(5)呑響の没したのは文化七（一八一〇）年五月一八日のこと。仮に相見が紹介した伝聞の通り、呑舟が呑響の養子に迎えられたとするならば、少なくとも呑響の死没以前に呑舟は阿波の実家を継いだ後、破産していたことになる。仮に森銑三氏の推論に従い、呑舟の享年を六八歳とするならば、呑響が没した文化七年には数えで二一歳にすぎない。わずか二十歳そこそこの若者が、身代を酒によって蕩尽した挙句、阿波から京都に上って画家に転向したことになる。仮に呑舟の没年がさらに上であるならば、なおさら、いい歳をした呑舟を何の縁あって呑響は養子に迎え入れたものか。相見が紹介した伝承は如何にも不自然であり、無理があるというべきだろう。(6)

もちろん呑舟の出自や生年について確たる資料も見当たらぬ以上、出身地あるいは呑響との関係など、呑舟の伝記上、重要な問題ではあるものの、推論を重ねることは慎むべきかもしれない。やはり現状では森氏が紹介した呑響書状に見える、学問は不得手ながら画を好む「京之倅」こそ、少年期の呑舟だったと考えるのが妥当であろう。

ちなみに呑響の岳父は、京都の質商の傍ら、俳人、儒者としても名高い三宅嘯山（一七一八〜一八〇一）である。寛政九（一七九七）年三月の「東山新書画展観」に際し、嘯山は「艸書一行」を出品しているが、興味深いのはそれとあわせ「三宅乙龍　八歳童／嘯山孫」が「艸書一行」や「草書茶語」を出品していることである。「八歳童」とあるから、この少年こそ、まさに寛政二（一七九〇）年生まれの呑響の「京之倅」ではなかろうか。画ではなく書幅の出品ながら、三宅乙龍＝大原呑舟と推測する所以である。もちろん三宅姓を名乗っていることから推して、外孫である呑舟とは別に、書を良くした嘯山の嫡孫がいたと考えられなくもない。しかし京都から遠く離れ、松前や江戸の地で活動することの多かった呑響が、京の妻子を舅の嘯山に託していたことは知られており、嘯山が幼少期の呑舟に三宅姓を名乗らせていたと考えられなくもない。

なお呑舟の号にしても、酒で船舶を失ったから、という伝承は逸話としては面白いが、やはり呑響にあやかったと考えるのが自然であろうし、さらに付言するならば、そもそも呑舟の名の鯤が、『荘子』に出てくる想像上の大魚を指すことから、『荘子』庚桑楚を典拠とする「呑舟之魚」（舟を丸呑みする大魚）から採ったと考えるのが穏当であろう。

二 画業と足跡

さて、呑舟と阿波との関係を考察する前に、その画業の展開について概観しておきたい。その際、やはり画歴の頂点とすべきは晩年に近い安政二（一八五五）年の安政度禁裏御所造営に伴う障壁画制作となろう。(7) 小御所西廂南方の杉戸絵を担当した呑舟は「南面　岩ニ錦鶏／北面　栗ニ猿」を描いたことが知られている（ただし小御所は一九五四年に焼失のため、現在は小下図のみ伝わる）。また二条城の玄関、取次の間に置かれた金地墨画《波濤鷲図衝立》（元離宮二条城蔵）が伝わるなど、京都でも華やかな制作の場が与えられる画家になっていたことが窺える。

ちなみに安政度造営および東山新書画展観に参加していた画人に対する世評をもとに、京都の画家を歌舞伎役者に見立てて格付けしたといわれるのが『平安画家評判記』であり、田島達也氏によれば同書は安政三（一八五六）年に、地下官人にして画家でもあった多村秀文が、匿名で執筆したものと推測されている。(8) 安政度造営に参加した呑舟の名も当然ながら同書に見出すことができる。興味深いのは、呑舟が五十七人中六番目に位置付けられていることである。評価は「大上上吉」、格付けは「九百両」、「片岡市蔵」に見立てられている。これは岸岱（一七八二～一八六五）、狩野永岳（一七九〇～一八六七）、横山清暉（一七九二～一八六四）、中島来章（一七九六～一八七一）、岸連山（一八〇四～五九）に次ぐ順位であり、浮田一蕙（一七九五～一八五九）、原在照（一八一三～一八七一）、塩川文麟（一八〇八～七七）などよりも上位に位置付けられている。当時の京都画壇において呑舟が一定の評価を与えられており、比較的高い地歩を占めていた様子が窺えよう。

なお呑舟が見立てられた初代片岡市蔵（一七九二～一八六二）であるが、大坂を中心に、江戸の市村座のほか京都や名古屋、伊勢など地方の舞台にも出演し、「実悪の親玉」と評された歌舞伎役者である。ただし安政期はすでに高齢であり、呑舟とは同世代。地方の舞台にも積極的に出演している芸歴が、後述する呑舟の地方を遊歴する姿に重ねられたのではなかろうか。

さて、『平安画家評判記』には、続けて次のような呑舟評が記される。「此先生は総役者の親玉　渋い処は外に続手なし、いつもかつたりとは出来升か　随分念を入て願ひ升　やりなくりは御免〳〵然し御上手にて皆感心致し升」。いつも「かったり」＝手堅く、しっかりとした作品を描いていたことが窺える。その一方で「随分念を入て願ひ升」、入念に描いてほしいと注文をつけ、「やりなぐりは御免〳〵」と、筆に任せた殴り書きのような作品、なおざりともいえる作品の多かった様子が窺える。たしかに呑舟の伝存作品には草体の墨画、俳画のようなものが数多く残されており、こうした世評を裏付けているといえよう。

実は呑舟が『平安人物志』に登載されるのは、ようやく嘉永五（一八五二）年版になってからであり、そこには「大原鯤〔字《ママ》　号崑崙／室町佛光寺南〕大原呑舟」と記される。天保九（一八三八）年版までその名が見えないのは、京都に居を定めるのが遅かったこと、活動の軸足を地方に置いていたことの表われと考えられよう。

また、呑舟について「四国西国書まはり束せい蕪村に打はまり南北宗の分ちなし」との評が伝わる。(9) 京都を中心に、阿波や備前、備中、あるいは出雲、さらに江戸など諸国を遊歴し、作品を描き遺した呑舟を「四国西国書まはり」と評するのは、まことに的を射ている。さらに東西南北に掛けて「東せい蕪村に打はまり」、つまり東成蕪村への傾倒と、「南北宗の分ちなし」＝南宗画・北宗画を折衷させた画風と認識されていたことが窺える。

たとえば文化九（一八一二）年四月上旬に描かれた《双鶴図》（個人蔵）は、亀田鵬斎六十一歳の賀寿、すなわち同年四月六日の還暦の賀宴に捧げられた作品である。その款記には「松前　谷呑舟拝」とあって、父呑響に因縁のある蝦夷松前にいた呑舟が、はるばる江戸に出向いたとも解釈されて興味深い(10)。

備前・備中について見ると、文政一二（一八二九）年に師の柴田義董の後を承けて呑舟が完成させた佛光山誓願寺の《喬松孔雀図》《唐獅子図》などの障壁画をはじめ、備中国総社宮の《林和靖図絵馬》（天保四年）や吉備津神社の《仙女太真王夫人図絵馬》（天保五年）などが伝わる(11)。師のパトロンを呑舟が継承したものであろう。

出雲では、同地方の名家である手銭家に《白蔵主図》二幅対や《林間月図》《松孔雀図》（いずれも手銭記念館蔵）などが伝存するほか、「寓杢江」との自賛を記した《月に泥亀図》（個人蔵）なども確認できる(12)。

こうした地方での作例とは別に、文政一一（一八二八）年に京都で刊行された絵俳書『鶴声帖』や、西本願寺が財政改革（大根屋改革）を推進すべく天保二（一八三一）年に刊行した『改革根元録』などの挿絵にも筆を揮っている。嘉永元（一八四八）年に京都で刊行された俳書『月しくれ』では、黄菊の挿絵とともに「雨下おもたき庭の紫陽花」の自作の句を寄せているのは、蕪村や夜半亭一門とも交友のあった俳人・三宅嘯山の孫に相応しいというべきか。後年にいたるまで呑舟はこうした版本への挿絵提供や、俳諧文芸等を介した文人的交流に努めていたことを窺わせる。すなわち京都においても呑舟は、画人としての活動を怠ることはなく、また在京時には多くの画家仲間、文人たちと親しく交流を重ねていた様子も窺うことができるのである(13)。

三　阿波における呑舟画の受容

ともあれ呑舟の画業は、京都と地方とを足繁く往還する中で培われたといえよう。「四国西国書まはり」と評されたように備前・備中などの西国路、そして阿波を中心とする四国が呑舟遊歴の舞台であったことも世間に広く知られていたのであろう。中でも、呑舟とつながりの深い地域が阿波であった。

『阿波国最近文明史料』は次のような逸話を伝えている。「（阿波の画人・安藤止堂の）父は藩の新蔵仲仕なり　止堂幼にして画を嗜む　父良師を選て其欲する所を学はしめんとす　偶大原呑舟阿波に来る　衆歓迎して大に用ひらる　父止堂を携て往き入門を請ふ　呑舟試に画を描かしめ如何に思ひけん謝して受けす　父憤発して仲仕株を譲り得る所を学資として　京師豊彦の門に入らしめ画を習はしむ」[14]。遊歴の画人呑舟を阿波の人々が歓待し、その画業が広く受け入れられたこと。ついには安藤止堂の父のように、我が子に画を学ばせるため、呑舟に入門させようとした人すら現れた様子も窺える。呑舟の画業が阿波で広範に支持されていたことを窺わせる逸話といえよう。

それでは具体的にどのような人々が呑舟を支持していたのか、列挙してみたい。

まず徳島県内に現存する藍屋敷のひとつ、藍住町徳命にある奥村家住宅の主屋の表座敷にある脇床の小襖（天袋）には、呑舟の飛雁図を確認することができる。藍師奥村家は、文化期頃より藍商として発展し、明治以降になると肥料商や酒造業、廻船業などの多角的経営にも成功をおさめた徳島県下屈指の大藍商と評される。その屋敷は文化五（一八〇八）年に棟上がなされ、文政一〇（一八二七）年には増築もなされた建物である。この《飛雁図小襖》がいつ描かれたのかは不明ながら、落款の書体から天保期以降と推測しておきたい。いずれにせよ奥村家が、阿波における呑舟の有力なパトロンのひとりであった可能性は高く、呑舟が同家に滞在し、現存する小襖のみならず、今は失われたと思しき軸物や屏風などの用命にも応えていたことが想像されるのである。

阿南市富岡町の熊野屋・本吹田家は、徳島藩主の本陣御用、御銀主役などを務めた豪農商として知られる。その吹田家が明治二二（一八八九）年五月に道具類を入札した際の目録として用いた「諸道具根帳　本吹田蔵」（徳島県立博物館蔵）には、「三百二十　一　呑舟山水雙幅」「三百六十三　一　呑舟栗画讃」「四百二十一　一　呑舟梅ニ雀竪物」などの記載が確認できる。(15) 呑舟が吹田家からの注文に応えていた様子が察せられよう。

那賀郡櫛渕村の豪農伊勢家も、呑舟の作品を所有していたことが知られる。伊勢家の六代茂興（茂美、一七五六～一八四二）は棲霞亭眠翁と号し、茶道・香道を究め、『茶人大系譜』『香道聞書』『非葛花』などの著作でも知られた文化人であり、その伊勢家に伝わる『器財新蔵価録』は、高雄帰耕堂こと伊勢家七代茂信（一七七六～一八五四）が、伊勢家で所蔵する器物の評価額を書き上げた冊子で、「安永五年六月原録、天保八年夏改正　帰耕堂」と記されている。その「懸物類」の項に「呑舟」の名も見え、七十匁と査定している。(16) 豪農伊勢家が呑舟の作品を、すくなくとも天保八（一八三七）年の段階で架蔵しており、それなりの評価を与えていた様子が窺えよう。

わずかな事例であるが、いずれも阿波において知られた有力な藍師・藍商、豪農商であり、そのような地域の有力者が呑舟作品を支持していたこと、そして恐らくは彼らが阿波滞在時の寄寓先を提供し、経済的にも支援する支持層であったことが推察されよう。

四　志摩利右衛門と《鹿図》

続いて呑舟の阿波来遊の年代などを知り得る有年紀作品、あるいは阿波との関係をさらに具体的に探ることのできる作品を見ていくことにしたい。

まずは《山水図》(個人蔵)【図1】から。この作品には「天保戊戌暮春寫於／猪津寓中　呑舟鯤」との款記がある。天保九（一八三八）年三月に呑舟が「猪津」に寓居を構えていたことが窺えるが、この「猪津」は徳島の旧号「渭津」と考えてよかろう。期間は不明ながら、この頃呑舟が徳島に滞在していたことが明らかとなる。

《蓬莱山図》(徳島市立徳島城博物館蔵／永山昭一氏寄贈)には「天保癸卯人日　燈下揮酔筆以／試御賜金蓮／平安呑舟鯤」と署名されており、天保一四（一八四三）年の正月七日、人日の節句に微醺を帯びた呑舟が、新たに入手したのであろうか、「御賜金蓮」墨の使い勝手を試すべく、燈下に筆を揮った様子が窺える。そして最後に「平安」すなわち京都の画人であることを誇示した落款を記している。この画が、京都を離れた地方で制作されたことを想像させるものの、果たして徳島で描かれたかは判然としない。

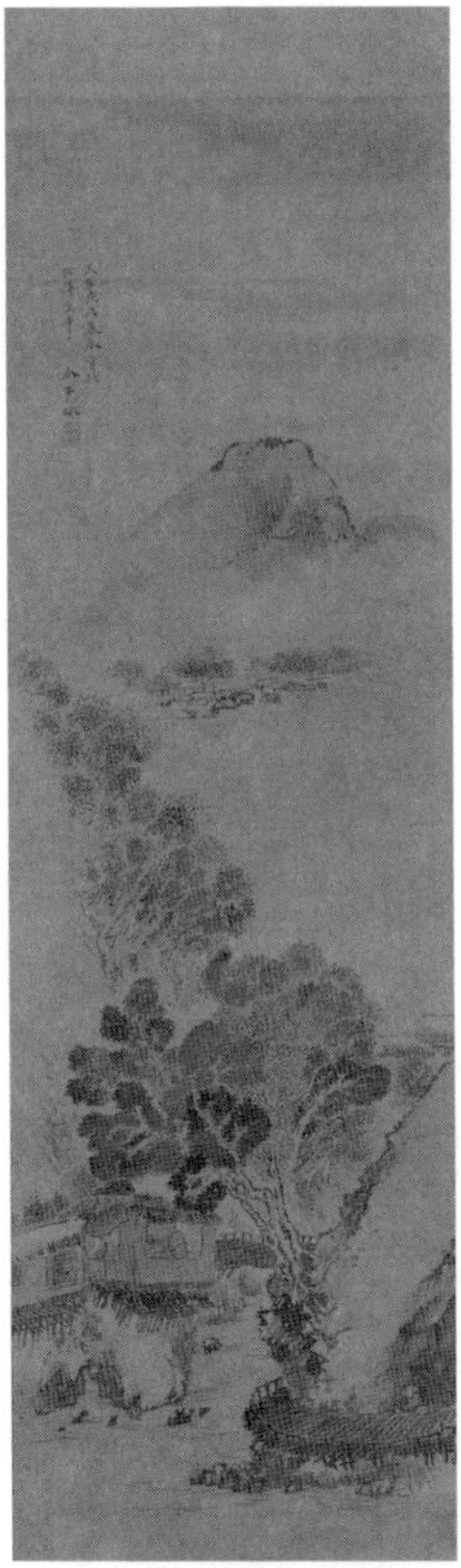

【図1】大原呑舟筆
山水図　個人蔵

ただし後述するように、同年閏九月中旬には《鹿図》(個人蔵)を、同年冬には《藍田漼水之図》(阿波市立吉野中学校蔵、後述)を、呑舟は

【図2】大原呑舟筆　鹿図　個人蔵

阿波で手掛けており、天保一四年の初頭にはすでに阿波にいた可能性も考えられよう。もちろん天保九年から一四年にかけて、呑舟が継続して阿波に滞在していたというわけではなく、京都、そして阿波をはじめとする各地を忙しく往還していたのではなかろうか。しかしながら後年、阿波の画人と認識されるぐらい頻繁に阿波を訪れ、長期滞在を繰り返していたことが推測されるのである。

つづいて《鹿図》（個人蔵）【図2】について検討してみよう。自賛には次のようにある。

余偶訪志摩氏主人、楽壁上掛幅曰此是一友人所珎藏也、余熟視謂曰、惜哉、意匠失神、落款亦頗可疑、運筆雖窺其一斑、未識謝寅之真面目者之所爲、蓋骨董者流之贋作也、想世守銭家不解真風韻、不能自辨真贋者、以収藏名家書畫為栄、因致此竿濫、令應万像賢主之需、正運筆、改模寫其圖云、于時癸卯閏月中浣也　呑舟鯤

「癸卯閏月中浣」とあるから天保一四（一八四三）年閏九月中旬に描かれたことが知れる。「志摩氏主人」「万像賢主」

とあるのは、名西郡東覚円村の藍商で、豪農として知られた志摩利右衛門（一八〇九～八四）を指す。すなわち志摩利右衛門の「一友人」が珍蔵する与謝蕪村の掛幅を呑舟が鑑識したところ、果たして贋作であった。そこで利右衛門の求めに応じて呑舟が筆を揮い、改めてこの図を描いた、というのである。

この賛で興味深いのは、世の中には風韻を理解しない守銭奴、真贋を弁えない名家の書画の蒐集家が多いことを風刺した箇所である。これは暗に利右衛門に向けたメッセージではなかっただろうか。〝よもやこうした世の守銭奴や、眼の利かない蒐集家とは違いますよね〟と、年若い利右衛門の自尊心を刺激し、挑発することで、画の注文を獲得しようとする画家の戦略ではなかったか。冒頭に出てくる蕪村の贋作も、実は利右衛門の蒐集品であって、それをあえて「一友人」秘蔵の品とすることで、大切なパトロンの顔を潰すことのないように呑舟が調子を合わせていたと考えたくなる。[17]

なお、この《鹿図》は、蕪村の《薄に鹿図》（愛知県美術館蔵　木村定三コレクション）の直模といってよい作品である。実は呑舟には、いくつもの蕪村画の模写を確認することができる。たとえば蕪村「秋渓樵夫・翠山碧樹図」二幅対[18]のうち右幅の「秋渓樵夫図」を模写した作品（個人蔵）【図3】は若干の写し崩れが認められるものの、蕪村画の趣をよく捉えている。あるいは蕪村の名品《闇夜漁舟図》（逸翁美術館蔵）のやや拙い模写（個人蔵）【図4】には「庚子仲春寫呑舟大原鯤」とあって、天保一一

【図3】大原呑舟筆
秋渓樵夫図（模写）　個人蔵

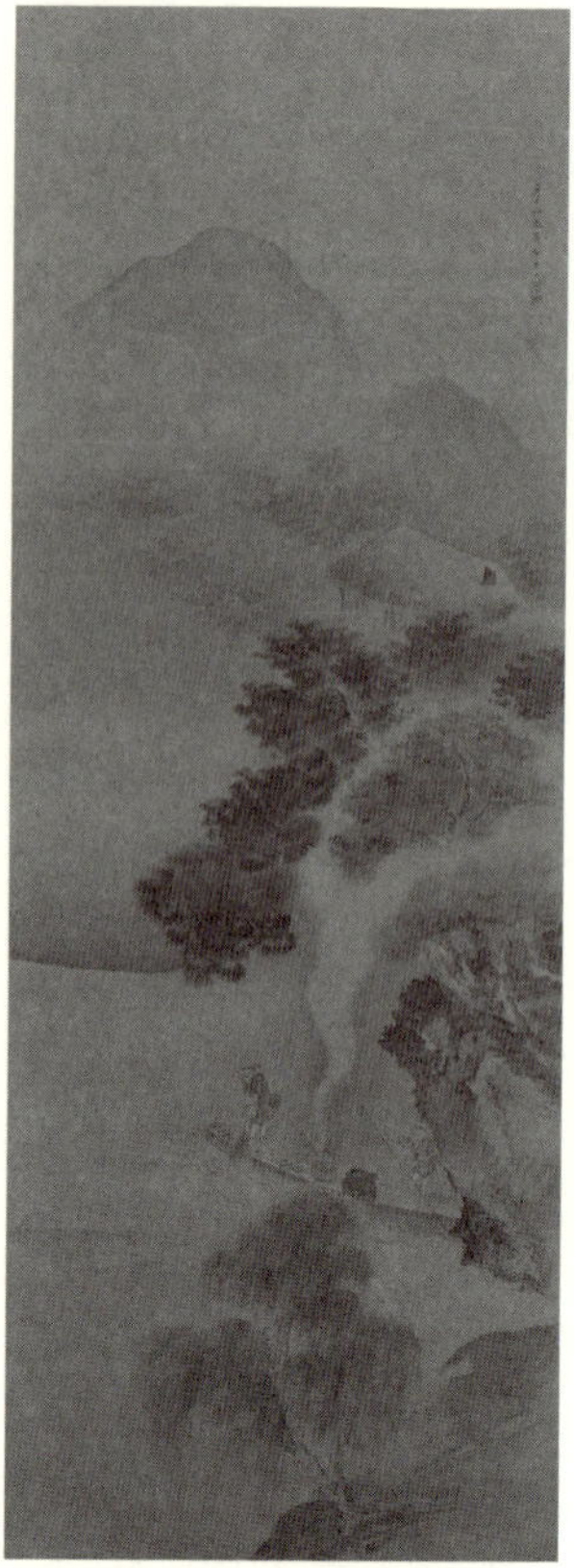

【図4】大原呑舟筆
闇夜漁舟図（模写）　個人蔵

（一八四〇）年二月の作と知れ、この頃には確実に呑舟が蕪村画を実見し、研究に励んでいた様子が窺えるのである。

　さらに呑舟の《夏冬山水図》二幅対（個人蔵）には「擬謝翁筆意／呑舟鯤」「倣長庚謝翁筆法／呑舟」との款記が記され、《松林山水・竹林山水》二幅対(19)には、各幅ともに「擬謝翁　呑舟」とあって、蕪村画を典拠としていることが明示される。蕪村風作品は、呑舟得意のレパートリーのひとつであったことが判明するとともに、蕪村風作品を描く画家であることを画中に示し、意識的に喧伝していたことが察せられる。利右衛門のように蕪村画を愛好しながらも、その本画は入手し難いという顧客に対して、呑舟は《鹿図》のような蕪村画の写しを提供していたのだろう。先にも触れた「東せい蕪村に打はまり南北宗の分ちなし」との呑舟評は、蕪村に私淑、傾倒し、蕪村画の継承者を標榜していた画家として、呑舟が社会的にも認知されていたことを示唆する。

　ここで徳島県立文書館に寄託されている志摩利右衛門の後裔の家に伝来した三点の呑舟作品についても触れておきたい。たとえば菅笠をかぶり　手甲・脚絆をつけた早乙女らが田植えに勤しむ姿を描いた《早乙女図短冊》は、桜井梅室（一七六九～一八五二）が「あの雲か　降て　みたるゝ　田うえ笠」と詠んだ俳句短冊とともに一幅に合装された作品である。志摩利右衛門は万像、堯年の俳号で句作を嗜み、梅室をはじめ花守岱年、八木芹舎、鶴田卓池ら諸俳家と交遊し、阿波へ呼び寄せては句会を重ねていたことが伝えられる。梅室を招いた句会に居合わせた呑舟が、利右衛門に進呈した短冊とすれば面白い[20]。呑舟には画才のみならず句才もあったようで、俳諧文芸との結び付きが見て取れることは前にも述べたが、阿波においても蕪村画、あるいは俳諧を愛好するパトロンの風雅な文化活動に添った画作を行っていた様子が窺えよう。

つづいて《桜大瑠璃図》であるが、こちらは金泥を刷いた縦幅に、咲き誇る桜とその枝にとまる一羽のオオルリがさえずる姿を描いた作品で、呑舟が京都で学んだ四条派様式に則った洗練された花鳥画である。さらに《群仙図》二幅対になると、右幅に「呑舟原鯤寫」、左幅に「呑舟大原鯤」と署名し、朱文方印「呑舟」・白文方印「橘栗」を捺した比較的謹厳な態度で臨んだと推察される力作である。右幅には龍に乗り琴を弾く玉巵。仙桃を持つ西王母。瓢箪を持つのは張果老であろうか。左幅には羅を切って蝶となした張九哥。その下、草を手に持つのは神農。牡丹を持つのは韓湘子と思われる。しかしながら左右幅ともに背に剣を負う呂洞賓を想わせる人物が描かれるなど、すべての仙人を比定するのは難しい。右幅の西王母に虎が寄り添うのは、玉巵の龍に呼応して描き添えられたものであろうし、左幅の白い鳳凰に添う男女は簫史と弄玉を想起させるものの、吹いているのは簫ではなく横笛である。右幅の斧を持つ人物については、たとえば「爛柯図」などでも呑舟は、よく似た人物を描いているが、「爛柯図」に登場する王質は樵夫であって仙人ではない。本図には、こうした図像の改変や混同、転用などが含まれており、厳密な描き分けを期待するのは無理なのかもしれない。ともあれ従者や侍女を除くと各幅八人の仙人が描かれており、「八仙図」を意識した吉祥画であることは間違いあるまい。呑舟が、志摩利右衛門との間に親交を結び、おそらくは志摩邸に寄寓もし、風雅な趣味生活の相手役をつとめながら、如何にも京都画人に相応しい絵の注文にも応えていた様子が窺えるのである。

五 《藍田漼水之図》と《阿波一二ヶ月図画帖》

もちろん志摩利右衛門のように俳諧を嗜み、画家や文人たちと交流を結び、高度な文化活動を行っていた在地の有力者ばかりが呑舟画を愛好していたわけではない。家業の維持や継承という生活に根差した実利的な目的からも、呑舟の絵を求める場合があったことを次に見ていきたい。

採り上げるのは《藍田漼水之図》（阿波市指定有形文化財、阿波市立吉野中学校蔵）。藍師大磯次郎兵衛の発注により「天保癸卯冬日写／呑舟鯤」、すなわち天保一四（一八四三）年冬に描かれた作品である【図5】。賛文の関防印には白文長方印「半偈斎」。末尾の署名は「七十三翁 賜紫寔玉澗」とあり、白文方印「釋印元寔」、朱文方印「玉澗氏」が捺される。これより興源寺の玉澗元寔（一七七一～一八五六）が、同じ天保一四年に着賛したことが知れる。序を見ると、

覚圓村大磯氏製藍田灌水之図、以乞余賛、聞其家翁少時家貧、為人客作灌漑田園辛苦勤業、遂致冨豪、今為財主先製此図者、欲使子孫知創業之難、而愈益勉旃以不墜家産也、其意可謂厚矣為題其上

とあって、覚円村の大磯氏より著賛の依頼を受けたこと。もともとは貧しかった大磯家が藍作の家業に勤めた結果、財を成した。その創業時の苦労を子孫に伝え、家産を傾けることのないよう戒めとするために、この図を呑舟に描かせたことなどが知れる。

【図５】大原呑舟筆　藍田淹水之図　阿波市立吉野中学校蔵

興味深いのは画面右下に描かれる藍の淹水作業や、藍師の屋敷の描写はもとより、遠景に東覚円の周辺から望まれる阿讃山脈の山並みが的確に写実的に描写されていることである。発注者が日々の労働と暮らしの中で眺めていた日常の風景を、実感をもって描写することが呑舟に求められていたことが窺えよう(21)。

面白いのは、こうした地域の生活者の視点に立った作品制作を通して、はじめて呑舟独自の藝術的創造も達成された点にある。志摩利右衛門の求めた作品が蕪村画の写しであったり、京都画人なら誰もが描くような一般的画題であったりしたのに対して、阿波に滞在していた呑舟が実際に目にした景物、阿波の自然と人事から得た感興を、実景写生を踏まえて描き上げた作品にこそ、瑞々しい画趣に富んだ佳品を見出すことができるのである。

そのような阿波における呑舟画の集大成とも

位置付けることができるのが《阿波十二ヶ月図画帖》である。(22)

残念ながら《阿波十二ヶ月図画帖》は、昭和七(一九三二)年一一月二八日、京都美術倶楽部で開催された入札会の目録『某家所蔵品入札目録』でしか現在のところ確認することができない。しかしながら目録の写真図版に目を凝らせば、正月=針打ち、二月=鳴門と若布刈舟、三月=桜間池石碑、四月=鳴門大凧揚げと塩焚の釜屋、五月=徳島城下端午節句の造り物、六月=藍の刈り取り、七月=徳島城下盆踊り、八月=阿房陀羅経、九月=競馬、一〇月=亥子搗、一一月=藍大市、一二月=祖谷かずら橋、が描かれていることが判明する。

鳴門や桜間池など歌枕としての伝統的名所地に加え、祖谷などにも取材した真景図は、月次絵という枠組の中、季節の情趣を盛り込んだ風景画として成功している。あるいは鳴門の大凧、徳島城下における端午節句の造り物や盆踊り、阿波の競馬など、特色ある年中行事とそれに参加する人々の営みに着目するとともに、針打ちや亥子搗などを楽しむ子供たちの姿なども生き生きと捉えられている。阿波における多くの藍師・藍商、豪農商らが呑舟作品を愛好し、所有していたことは前述したが、そうした阿波のパトロン達に向けて本画帖が制作されたものであることは、藍の収穫や藍大市等にも取材していることから窺えよう。

藍のほかにも鳴門の若布や塩など、阿波の代表的特産物を、画題としてバランスよく採り上げているのも興味深い。阿波での生活を積み重ねる中、阿波の地域社会や習俗を見つめてきた呑舟の眼の確かさが看取されよう。さらに、阿波の月次絵という呑舟独自の新たな画題を開拓するとともに、この画帖に描かれる七月の徳島城下盆踊りの図様については、《阿波盆踊図》(個人蔵)といった単独の掛幅としても描かれるように、一部の図様については定型化した画題として、阿波の人々の注文に応じて量産されたことも推測されるのである。

おわりに

最後に《遊宴図》（個人蔵）【図6】を紹介したいと思う。宴席の一場面を描いた略筆の草画である。三味線を弾く女と、その三味の音にあわせ、両手に持った箸で器を叩いて調子を取っている男は、だいぶ酔いが回っている様子。気分よく唄っているのか、それともただ騒いでいるだけなのか。上部には「麦秋を余処に／遊ふや巣立鳥」の句が書かれた俳画であり、句には「北越行脚／柳莽翠雨」の署名に続けて、朱文方印「北越臥木山下柳菴主」と白文方印「翠雨之印」が捺される。

まず句について。麦秋は夏の季語。麦は江戸時代においては米の収穫までの間の飢えを凌ぐための貴重な糧食であり、その収穫は重要な農作業であった。巣立鳥もまた初夏の季語であり、近代以前には許容されていた季重なりの句である。麦秋が広がる景色をよそに、ひな鳥は成長し巣から離れていく。呑舟が描く、大切な麦の収穫そっちのけで遊びにうつつを抜かす若者の姿を、ひな鳥に重ねて翠雨が句を添えたものか。あるいは翠雨の句に呑舟が画を寄せたものであろうか。

つづいて句の作者、翠雨について。実は翠雨の句は、阿波の海部郡浅川村の俳人、梅後亭其風（天明三年〜弘化元年一二月三日没）の一周忌追善句集『梅風集』の追悼吟の中にも見出すことができる。(23)

其風雅老の身まかり給ひしをも知らで慕ひしもいと便なけれハ
見まほしと来れは甲斐なしちる桜　　北越行脚　翠雨

【図6】大原香舟筆　遊宴図　個人蔵

其風に面会を求めて阿波に来たものの、その甲斐もなく其風は既に身まかっていた、との意を桜に寄せた悼句である。すると翠雨が阿波を訪れたのは其風没して間もなくの頃、それも「ちる桜」の季節と推察されるから弘化二（一八四五）年の晩春から初夏にかけてであろう。ちなみに『梅風集』には小春園柏茂による弘化二年一二月の序があるから、其風一周忌の命日に合わせて刊行を企図したことは間違いない。其風を訪ねるべく阿波に来遊していた翠雨に対し悼句の依頼がなされたのも、ごく自然な流れであったろう。

なお『梅風集』には、

醒安し月待宵の酔こゝろ　　北越行脚　翠雨

の句も載録されていることから、待宵（旧暦八月一四日）の頃にも、翠雨は引き続き阿波に滞在していたと考えられる。

それではこの翠雨と呑舟合作になる俳画はいつ制作されたのか。自分はこれを翠雨が来徳した弘化二年の夏、すなわち徳島の地で生み出された作品と推測したい。呑舟が阿波の藍商藍師のもとに寄寓し、盛んに彩管を揮っていたのは前述のとおり天保一四（一八四三）年のこと。閏九月には《鹿図》、冬には《藍田滝水之図》を制作している。呑舟が弘化二年まで、長期にわたって阿波に留まっていたかは定かでない。あるいは京都と阿波を往還し、改めて弘化二年に来徳した可能性もあろう。一方の翠雨は、「北越行脚」とあるように地方を遊歴する北越の俳人であった。

もちろん、この俳画が阿波で制作された確実な証拠があるわけではなく、たとえば京都あたりで出会い、合作された可能性もあるだろう。しかしながら近世後期の阿波が、全国を遊歴行脚する画人・文人たちを引き寄せるだけの経済的繁栄と、それに裏付けられた文化的魅力を有していた地域であったことは間違いあるまい。阿波を訪れた二人の他所者である翠雨と呑舟が、この遊宴図に描かれるような芸所・阿波徳島城下の宴席で邂逅し、この俳画幅が揮毫された場面を想像することは極めて魅力的であり、この時代の阿波の「地力」を象徴する情景とはいえないだろうか。

註

（1）森銑三「大原左金吾」（『森銑三著作集』第七巻、中央公論社、一九七一年）。

（2）森銑三「大原左金吾」に拠れば、大原呑響（左金吾）の文化元（一八〇四）年と推測される書状の一節に「京之倅は十五歳に罷成候が、画は少々このみ候へども、学問は不得手と相見得候」とあり、この「京之倅」が呑舟とすれば寛政二年が呑舟の生年、と推定された（ただし『森銑三著作集』では寛政四年と誤記する）。さらに呑響の岳父にあたる三宅嘯山の『葎亭画讃集』に、画を乞われた嘯山が「幸に十三年に成ける孫岩吉が此頃少し習へるに粉本させ」つまり孫の岩吉に描かせた画を手本にして墨蘭を描いたことを記しているのである。孫の岩吉＝呑舟、さらに呑舟の生年を寛政二年とするならば、一三歳は享和二（一八〇二）年にあたる。ところが嘯山は享和元年に没しているため辻褄が合わない。そこで森氏は「十三歳といふは、享和元年、十二歳の誤記ではなかつたらうか」とも述べておられる。岩吉が「嘯山の嫡孫であつたらうかと考へられぬこともないが、私にはどうも呑舟らしく思はれるのである」。本稿では森氏の推定に従い、呑舟の生年を寛政二（一七九〇）年と考えておきたい。

（3）拙稿「大原呑舟《阿波十二ヶ月図画帖》について」（『史窓』四五、徳島地方史研究会、二〇一五年）。

（4）東京文化財研究所の「明治大正期書画家番付データベース」（http://www.tobunken.go.jp/materials/banduke）を参照すると、その後、「明治二十二年改正大増補 古今名家新撰書画一覧」（明治二二年）には「丹波 仝（＝画） 大原呑舟」と記され、「古今名家新撰書画一覧」（明治二五年）には「東京 大原呑舟」、「増補古今書画名家一覧」（明治四四年）には「同（＝京都） 大原呑舟」というように、呑舟の地域表記には異同が見られる。ちなみに徳島では近年になって、福田憲熈『阿波画人志』（私家版、一九九五年）、ついで福田宰大『阿波の画人』（私家版、二〇一四年）に呑舟の小伝が収載され、村井道明『阿波の画人作品集—御用絵師・町絵師・日本画家—』（私家版、二〇一四年）、同『阿波の画人作品二集 —松浦春挙・藤 桃斎・大原呑舟—』（私家版、二〇一五年）では、徳島県内所蔵家の呑舟作品が紹介されるなど、阿波ゆかりの画人として認識されるようになった。

（5）「大原呑舟（〜一八五七） 徳川末期の画家。名は鯤、また鯤輪と号す。阿波の人。その家海運を業とす。性豪放恬淡にして酒を好み、つひに産を傾けて船舶を失ふに至つた。因つて呑舟と号したといふ。のち京都に上り、画を柴田義董に学び、大原呑響の養子となる。画は山水人物を能くし、健筆暢達にして、その会心の作は長澤蘆雪の壘をも摩した。安政四年没。（相見）」（『大人名事典 第一巻』平凡社、一九五三年、五二二頁）。

（6）師の柴田義董（一七八〇〜一八一九）は邑久郡尻海村で廻船業を営む奥屋十兵衛慰徳の子として生まれている。呑舟が海運に携わっていたとの説も、義董の出自と混乱を来した可能性があるかもしれない。

（7）『御造営画工願書留』（宮内庁書陵部蔵）によれば、嘉永七（一八五四）年七月九日に「故柴田義董門人 大原呑舟」の名で、「柴田故義董門人 原南荊」とともに、それぞれ御用願書を提出している。その後、実技試験ともいえる「手見セ絵」を同年七月二三日に提出。審査の結果、翌安政二年六月二日に御所障壁画制作を務める絵師が正式に決定。小御所西廂南方杉戸を担当することになった呑舟は「御絵御用請書」を六月八日付で認め、下絵を六月二七日に提出している。その後、修正等の指示があったのだろう、七月五日にも下絵を再提出している。ちなみに呑舟は安政度御所障壁画制作と並行して、安政二年の新調御道具御用にも参加していることが指摘される。福田道宏「宮廷御用の幕末」(『京都造形芸術大学紀要』第一八号、二〇一四年)参照。

(8) 田島達也「『平安画家評判記』について」(『美術京都』四三、二〇一二年)。

(9) 国際日本文化研究センターの公開データベース「平安人物志短冊帖」(http://tois.nichibun.ac.jp/hsis/heian-jinbutsushi/Tanzaku/index/)の「大原呑舟」解説を参照。

(10) 府中市美術館編『動物絵画の二五〇年』金子信久氏作品解説(府中市美術館、二〇一五年)。

(11) 守安収「美術」(倉敷市史研究会編『新修倉敷市史　第四巻　近世(下)』倉敷市、二〇〇三年)。

(12) 前掲『動物絵画の二五〇年』参照。その他にも『当市名家瀧川氏所蔵品入札』(松江市臨水亭、大正一〇年一〇月一八日)に出品された「暁月鹿」など、出雲松江に伝わる作品は数多く確認することができる。

(13) 奥文鳴および松村景文門下の画人・平賀鶏岳が記した『鴨江日記』(国立国会図書館蔵)文化一二(一八一五)年一月一九日条には「此日大原呑舟皈京」とあり、呑舟が帰京したことを伝え、以降しばしば呑舟と交流のあったことを記している。例えば二月二九日条では「至長楽寺途逢呑舟田俊」とあって、京都東山の長楽寺に向かう途次、呑舟および東東洋の門下である田俊こと村田勇蔵に出会ったことが記される。また三月一九日条では「文陽来、相伴訪大原呑舟家、又詣円福寺」とあるように、鶏岳が同じ奥文鳴門下の岩崎文陽と連れ立って呑舟宅を訪ねているのが見える。その後も四月二日、四月一五日、五月二一日、六月一六日など呑舟と会った記事が散見され、京都画壇における呑舟の人的交流の一端が窺い知れる。ちなみに平賀鶏岳も文化一二年九月一九日に京都を出発して、二四日徳島城下に到着。以降、富岡をはじめ周辺地と徳島城下の間を往来し、長條藍堂や坪井虹山など阿波の人々と親交を結んだ。結局、文化一三年一二月二七日の朝に徳島を出立し、二九日夜に京都へ帰還するまでの間、阿波に長期滞在していたことになる。呑舟が京都と徳島を往還する姿を、鶏岳に重ねてみることができよう。あるいは呑舟も鶏岳から阿波に関する情報をやり取りする機会があったかもしれない。阿波における鶏岳の動向については稿を改めて論じたいと思う。なお長條藍堂については、村井道明『中山城山・中山鼇山・藤沢東畡』（私家版、二〇一八年）を参照。

(14) 神原庚蔵『阿波国最近文明史料』（私家版、一九一五年）四〇九頁。この逸話の末尾には「以上遠藤蓁翁の談に拠る」とあるから、『阿波国最近文明史料』が著された時代には、いまだ呑舟来遊時の記憶を伝える人が阿波には存在していたことが窺える。

(15) 吹田僚『熊野屋　吹田家図録』（私家版、二〇一〇年）二六九〜二八四頁を参照。なお村井道明氏の御教示によれば、吹田家の分家にあたる東吹田家には呑舟の衝立が伝わる。紅葉彩る秋の季節に、鷁首の屋形船で舟遊びする貴族たちの姿が描かれており、呑舟にはめずらしいやまと絵画題である。

(16) 伊勢敦二編著『高雄之松』（私家版、二〇一五年）。

(17) 拙稿「大原呑舟《鹿図》について」（『史窓』四六、徳島地方史研究会、二〇一六年）。

(18) 昭和一一（一九三六）年一一月一八日、大阪美術倶楽部開催の『田村家蔵品展観図録』所載。尾形仂・佐々木丞平・岡田彰子編著『蕪村全集』第六巻　絵画・遺墨（講談社、一九九八年）に作品番号二八八として掲載される。

(19) 昭和一〇年一二月三日、大阪美術倶楽部で開催の『田村家蔵品入札』所載。

(20) 志摩利右衛門と俳人との交流については、岡本由喜三郎『贈従五位志摩利右衛門』（私家版、一九一六年）、徳島県立文書館編『豪商志摩利右衛門とその時代』（徳島県立文書館、二〇〇二年）を参照。ちなみに桜井梅室は天保一二年（一八四一）四月に弟子の大橋卓丈と共に阿波を遊歴。その後、七月には金刀比羅宮を参詣したこと等が知られる（山本春松『梅室翁紀年録』）。呑舟が《早乙女図短冊》を描いたのが梅室の阿波遊歴時とすれば、呑舟は天保一二年にも阿波に滞在していたことになるが詳細は不明である。

(21)(22) 前掲拙稿「大原呑舟《阿波十二ヶ月図画帖》について」。

(23) 『梅風集』については、白井宏「阿波俳諧資料散策（八）翻刻『梅風集』（梅後亭其風追善）」（『凌霄』第八号、二〇〇一年二月）に拠る。なお佐藤義勝『近世阿波俳諧史』（航標俳句会、二〇〇〇年）四三三頁も参照。

近世近代移行期の商人資本と地域経済
——山西家による肥料代金決済をめぐって——

森本　幾子

はじめに

近世近代の阿波国経済史研究の特徴の一つとして、国産品である阿波藍に関する研究蓄積が挙げられる。阿波藍は、その品質の高さから、長きにわたり領外市場においてほぼ独占的地位を占め、徳島藩財政の基幹をなしたが、藍政策をめぐる生産者の反発とそれへの領主的対応が繰り返されるなど、藩の「国益」政策を大きく左右してきた商品でもあった[1]。このような高品質の阿波藍を再生産するためには、有機物を多分に含んだ大量の肥料が必要であった。近世後期阿波国における大まかな金銀出入の割合をみても、肥料は主要な移入商品として位置づけられ[2]、さらに、近代の藍生産者の間では「実ニ藍・砂糖ハ肥料ノ中ヨリ生スル如キ感覚ト之（肥料—筆者）を用フルノ少ナキハ農家ノ汚辱ナリトスルカ如キ思想」が広まるなど[3]、肥料は阿波国の商品生産に欠かせない商品であったが、農家経営に占める肥料代金の割合の高さから、生産者の余剰を左右する投機的な性格をもつものでもあった[4]。

かつて戸谷敏之は、「摂津型」に対する「阿波型」を提唱し、例えば、阿波藍に代表される商品生産地域では、年貢率の高さや工業の未発達から、農民（藍作農民）が貧農化することを指摘した[5]。しかし、その後の肥料に関する研究では、泉康弘が、大量の魚肥購入に伴って藍作・甘蔗作地域の吉野川平野では、貨幣経済の浸透が極めて進行した「特異な地域経済圏」が形成され、湊の商人から肥料を購入する仲買的商人が多く存在したことに言及した(6)。また近年では、白川部達夫が、大規模藍商の肥料取引の変遷を分析するなかで、在方における肥料小売商の成長を指摘するなど(7)、戸谷の言うように、必ずしも貧農が増加するばかりではなく、資産を蓄積した経済主体の存在についても次第に明らかにされつつある。これらは、近世後期以降の在方における中小規模藍商の成長とも密接に関係するものであろう(8)。

筆者は、こうした在方の動きと密接に関わる湊の商人資本に着目し、領内での産業発展によって、藍・砂糖・塩・肥料・米穀等複数の商品取引が行われるなかで、撫養を結節点とする地域市場が展開していたこと(9)、また、明治期以降の北前船商人との情報交換を通して、肥料市場の流動化と競争の激化が徳島肥料商たちに与えた影響等について明らかにしてきた(10)。だが依然として、近世近代移行期の阿波国の湊周辺における肥料等主要商品の取引実態については、不明な部分が多い。とりわけ、商品の決済方法、つまり他国商人に対する資金的対応のあり方についての検討が必要である。なぜなら、これらの解明を通して、近代的金融機関等設立の前提としての地域的特質を明らかにすることができると考えるからである(11)。

そこで、本稿では、阿波国撫養山西庄五郎家の肥料取引を分析し、肥料取引と地域経済の関係について、まず、問屋から領外荷主に対する代金決済方法の推移に焦点を当てて考察する。さらに、肥料需要拡大にともなう撫養周辺地域の肥料商の存在形態から、当該期における肥料市場の展開のあり方についても明らかにしたい。

一　近世後期～明治前期における撫養の経済的特徴

（1）撫養の経済的特徴と山西家

　まず、近世後期から明治前期の撫養の経済的特徴について概観しておく。古代中世より交通の要所であった撫養は、近世初頭より塩田が開かれ、その後、後背地の吉野川流域において藍作・甘蔗作が展開するなど、徳島藩の「国益」政策に関わる主要な商品の集散地として発展を遂げた。撫養は、三ヶ所の郷町（斎田村・南浜村・林崎浦）を中心に、塩田地域の一二ヶ村と、近世後期に新たに加えられた一二ヵ村を合わせた合計二四ヶ村浦から成り立っており、明治前期にかけて、村浦の人口は増加傾向にあった[12]。海道沿いの地理的特徴から、他国商事に関する生業で身を立てる者や、在方などから流入した塩田労働者をはじめ、日雇層が増加し、それに伴う飯米不足を解消するため、享和二（一八〇二）年、徳島藩は、それまで厳重に取り締まってきた撫養への米穀入津を許可するに至った[13]。その後、米会所等の流通統制機構も整備され、九州・瀬戸内地域の銘柄を中心に、多くの他国米（蔵米・納屋米とも）が入津するようになり、最幕末期には、徳島藩管轄の下、豪商による高松藩の蔵米在払もみられるようになった[14]。

　また、領内の藍生産量増大と肥料移入の増加につれ、問屋・仲買による不当な価格設定が横行したことを主な理由として、享和年間頃には、徳島藩が肥料流通の再編成を実施した[15]。この流通統制は、藍方代官所統括の下、商品流通の要所であった徳島城下と撫養にそれぞれ「干鰯頭問屋」一名、「干鰯平問屋」八名を設置し（幕末～明治初期にかけて増加）、そこから仲買に販売することを取り決めたものであった。これ以前より徳島藩は、藍方代官所を通して肥料購入資金の融資を行い、利息収入の増加を図っていたが、藩によるこの融資に対しては、その後、在方の藍商で庄屋を勤めた者から「下迷惑」の意見が出されるなど、葉藍生産者たちの不満が募っていたことにも留意しておかねばならない。[16]

明治期以降、撫養は北海道産鯡魚肥の主要移入港として、北海道産物会所が設置され、明治三(一八七〇)年には、天羽家・泉家・山西家などかつての肥料流通統制に関与した商人資本に対して会所御用が命じられた。[17] 明治十一(一八七八)年の撫養への北海道産鯡魚肥移入量は大阪に次ぐ入津量をみせ、徳島と合わせると阿波国への移入量はさらに膨大なものとなっている。[18] また、明治中期以降の徳島県下の所得税納税者および投資主体の分布をみると、撫養は、徳島や吉野川流域農村部とともに、資産家を多く輩出した地域でもあり、[19] 藍・白砂糖・塩・肥料・米穀類等を主要取引商品とした商人による資本蓄積は、その後徳島の地域経済の発展にも大きく寄与することとなった。

本稿で分析対象とする山西庄五郎家も、このような撫養の発展を背景として成長を遂げた商人資本であった。山西家については、筆者のほか複数の研究者が分析対象としてきたが、ここでは本稿と関わる概略のみ述べておく。[20]

山西家は、文政六(一八二三)年、撫養の豪商泉三郎兵衛家から独立し、斎田村にて塩・薪・肥料・米穀を扱う万問屋として商業経営を開始した。天保期には廻船を所有し、全国的な廻船活動を行うことによって急成長を遂げている。とりわけ天保期に阿波国板野郡中喜来浦藍商三木與吉郎家と親戚関係になり、同家から多方面にわたる資金的援助を受けたことは、山西家がその後、領内外で信用を獲得しつつ経営を拡大していく上で重要な意味を持つこととなった。その後山西家は、徳島藩から「無役人《むやくにん》」(安永年間以降、功績のあった百姓や、藩に三〇〇両程度献金した百姓等で、苗字帯刀・一家夫役御免等の待遇を与えられた者)の身居《みずわり》を与えられ、藩による塩流通統制や肥料・米穀統制の実質的な主体として活動し(明治初年には、天羽家・泉家・乾家などとともに撫養の「干鰯平問屋」として名を連ねている)、明治期以降は、銀行や県内主要企業への投資活動によって、三木家をはじめ当該期に成長を遂げた商人資本とともに、地域経済の発展に貢献した。

弘化元（1844）年		慶応2（1866）年～同4（1868）年		明治4（1871）年		明治10（1877）年	
販売肥料	主な船籍・数（人・艘）	入津肥料	主な船籍・数（人・艘）	入津肥料	主な船籍・数（人・艘）	販売肥料	主な船籍・数（人・艘）
舎利鯡粕／地油粕鮪粕／マシケ鯡粕鱒粕／古鱒粕／新鱒粕／南庭粕／南部取粕／干鰯／松前粕／松前鰯粕／子モロ鯡粕／クナシリ鯡粕／唐太鯡粕／鰯粕／佐伯取粕／佐伯干鰯／飯貝根粕／鯡粕／本庭粕／泉州取粕／内海取粕／関東干鰯／東海粕／アツタ鯡粕／ルニモツヘイ鯡粕／関油粕／利尻鯡粕／竹原油粕／鱈粕／小女子粕	【山西家】 （手船・差配船）17 【加賀国】3 【越前国】2 【能登国】2 【越中国】1 【越後国】1 【備前国】2 【備中国】1 【大坂】1 【和泉国】3 【兵庫】1 【播磨国】1 【淡路国】2 【伊予国】1 【讃岐国】1 【周防国】1 【豊後国】7 【江戸】1 【阿波国】4 【船籍不明】13	ルニモツヘイ鯡粕／鯖粕／サメ粕／浜増毛鯡粕／カレ粕／白子／荷粉／羽鯡 笹目／唐太鯡粕 鯡粕／子モロ鯡粕／数の子粕／筑前からし／クサリ	【山西家】 （手船・差配船） 【加賀国】 （橋立）2 【越前国】 （新保浦・三国）14 【能登国】 （羽咋）1 【讃岐国】 （高松）2 【船籍不明】13	ルニモツヘイ鯡粕 フロ粕／タルマイ鰯粕／鮪粕／飯岡粕／新場粕／トママイ鯡粕／増毛鯡粕／増毛鯡粕／ソヲヤ鯡粕／利尻鯡粕／羽鯡／ヲショロ鯡粕／アツタ鯡粕／南部粕／カヤヘ粕／アツケシ小鯡粕／唐太鯡粕／粟子／数の子／荷粉／クサリ／ウロコ	【山西家】 （手船・差配船） 【加賀国】 （橋立）10 （塩屋浦）1 （大聖寺）1 （瀬越）3 【越前国】 （三国）5 【備中国】 （玉島）2 【松前城下】1 【陸奥国】 （野辺地）1 【尾張国】1 【伊予国】 （波止浜）1 【讃岐国】1 【船籍不明】11	増毛鯡粕／濱増毛鯡粕／舎利鯡粕／子モロ鯡粕／鱒粕／アツタ鯡粕／ソヲヤ鯡粕／クナシリ鯡粕／鰊鯑／羽鯡／荷粉／クサリ鯡粕／粟子	【山西家】 （手船・差配船） 【加賀国】 （橋立・瀬越）15 【越前国】22 【能登国】2 【松前城下】2 【船籍不明】9

注）「肥売帳（推定弘化元辰年）」「明治二年　肥物仕切帳」「明治九年　肥物萬売帳」「日記」「他所行書翰」（徳島大学附属図書館所蔵山西家文書）、「諸要路書帳」（（国文学研究資料館所蔵山西家文書）、中西聡『近世・近代日本の市場構造「松前鯡」肥料取引の研究』（東京大学出版会、1998年）をもとに作成。

【表1】山西家への入津船籍と肥料の種類

（2）肥料積廻船と肥料の特徴

それではまず、近世後期～明治前期における山西家の肥料仕入先と肥料の種類の変遷についてみてみたい。【表1】は、弘化元（一八四四）年、慶応二～四（一八六六～六八）年、明治四（一八七一）年、同一〇（一八七七）年の山西家入津の主な肥料積廻船とその積荷を示したものである。これをみると、弘化元年と推定される史料からは、大坂・兵庫・江戸をはじめ瀬戸内・九州・北陸地域など多様な地域の船籍と、それら周辺地域の肥料の種類が確認できるが、慶応～明治前期にかけて、次第に肥料の種類は北海道産鯡魚肥へ、船籍はとりわけ加賀国・越前国等北陸地域の北前船へと特化していく傾向がみられる。

この傾向を考える前提に、例えば、代表的肥料であった関東産干鰯から北海道産鯡魚肥への需要の変化が挙げられる。これまでの研究によれば、畿内農村における肥料需要の拡大と、それにともなう関東産干鰯価格の上昇により、それまで関東産干鰯に比べて高値であった北海道産鯡魚肥と関東産干鰯との価格差が縮小し、次第に北海道産鯡魚肥の需要が高くなり、最幕末期には大坂移入の代表的魚肥となったとされる。そして、幕末期頃には、畿内に続き瀬戸内地域においても、北海道産鯡魚肥が直積されるようになった結果[21]、【表1】にみられる傾向をもたらしたと考えられる[22]。

（3）肥料積廻船と地域経済

次に、幕末期以降、大量の北海道産鯡魚肥をもたらした北前船等の入津廻船が、撫養の地域経済とどのような関係にあったのか、検討してみたい。

慶応三（一八六七）年八月、徳島市中の「干鰯頭問屋」であった板東貞兵衛が、撫養北泊浦の富太郎なる者を雇い、撫養へ入津するはずの「粕船」（北海道産鯡魚肥等を主な積荷とする北前船と推定される）を、徳島市中に引かせ取引させようとした引船事件が発生した。これに対し、「撫養地之不繁昌振合」を懸念した撫養の「干鰯頭問屋」近藤利兵衛と「干鰯平問屋」の天羽家・泉家・山西家の計四軒が、富太郎の行為について「（前略）撫養地問屋始、仲士中・小宿・下タ小宿・置家・料理家・其外帆さし女迄数多大迷惑ニ相成、第一問屋・仲仕中是迄仕来之渡世相失、重々迷惑」として、北泊浦庄屋木村悦五郎に対し、富太郎に「是迄仕来渡世」をさせるよう出願している[23]。この文言からは、入津廻船の減少は、撫養の問屋・仲仕は勿論、小宿・置家・料理屋・帆ざし女（撫養の遊女の呼称[24]）等、廻船を相手に生計を立てる者にとっても死活問題であったことが分かる。近世後期以降、三ヶ所の郷町を中心に町場化し、人口も増加しつつあった撫養は、このように入津廻船を相手とする商売が雇用を創出し、領内の労働市場の一つとして機能していたのである。結局、引船を止めさせるため、木村悦五郎の発案により、近藤・天羽・泉・山西の四軒が、富太郎の板東貞兵衛からの借銀を肩代わりする形で、都合二貫目を差し出すことによって、事件は解決に至っている。

このように、撫養の代表的問屋四軒が、本来ならば払う必要のない借銀を支払ってまで徳島市中からの引船を止めさせようとしたのは、入津廻船の増減が、他国商事を主要生業とする撫養の地域経済全体の盛衰に大きな影響を及ぼすからであった。四軒の問屋たちによる村役人への出願と、自ら不利となるようなこの解決策は、撫養の地域経済の利害を代弁する行為であったとも言えよう。また、この引船事件は、諸国の廻船達が、従来の取引慣行もなかば無視する形で活動するようになり、当時、瀬戸内地域における諸国廻船間の競争がさらに激化していたことも示している。

二 北前船への資金的対応

(1) 大坂両替商による決済

前述のように、入津すれば撫養の地域経済に多大な恩恵をもたらした北前船等の入津廻船であったが、当時北海道産鯡魚肥は阿波国内における需要が拡大していたため、必然的に北前船の売り手市場化をもたらした。北前船は「強気(高値)」な売値指示を要求してきたため、山西家のような肥料問屋から領内仲買や消費者への販売価格が恒常的に高値になるという問題が生じていた[25]。

近世後期以降、成長しつつあった阿波国領内の中小規模の藍師による藍玉は、徳島藩に御口銀・御益銀を上納することを条件に、ほとんどが大坂の藩指定藍問屋に積み送られていたため[26]、大坂市場における藍の売行は、直接これら中小藍師たちによる肥料購入にも影響を与えた。慶応三年十月、大坂に出店を構えた阿波藍商の米津屋兵三郎(久次米兵次郎)から阿波国藍商三木與吉郎に宛てた書状によると、当時大坂市場は「(前略)尤金相場当時落合不申」、「商内延引ニ相成」という状況で、阿波藍の売行が良くないことを伝えている[27]。阿波から積み登された藍や砂糖がほとんど売れず、その上肥料の販売価格が高値という状況下では、当然阿波国領内において、中小藍師層による肥料買い控えが起こる。しかし、たとえこのような状況下であろうとも、肥料を撫養に確実にストックし、北前船と継続して取引を行うためには、北前船に対して確固たる信用を供与しておく必要があった。

当時、山西家の肥料取引において、北前船に対する最大の信用供与者となっていたのは、大坂両替商であった。莫

取引年月日	決済日	決済完了までの期間	金額	山西家取引先		名　目	手形枚数
文久元（1861）年酉9月24日	戌正月20日渡	約4ヶ月	426両	加賀国橋立	西出彦右衛門（西久丸）	延売金子預り手形1枚渡	1
同	10月5日渡	11日	2,000両	加賀国橋立	西出彦右衛門（西久丸）		1
10月3日	戌正月20日渡	約3ヶ月半	1,096両	越前国三国	室屋文蔵（永保丸）	延売金子預り手形1枚渡	1
同	同	同	317両	越前国三国	室屋文蔵（永保丸）	延売金子預り手形1枚渡	1
10月6日	戌正月晦日渡	約4ヶ月	495両	越前三国	小中屋豊年丸治三郎	金子手元より預り手形1枚渡	1
同	戌正月20日渡	約3ヶ月半	1,236両	加賀国橋立	西谷庄八（永融丸）	延売金子預り手形1枚渡	1
10月18日	11月20日渡	約1ヶ月	400両	能登国穴水	樋爪与之助（大観丸清八）	別紙添状とも	1
同	戌2月5日渡	約3ヶ月半	510両	能登国穴水	樋爪与之助（大観丸清八）	延売金子預り手形1枚渡	1
文久2（1862）年戌2月25日	3月1日渡	約1ヶ月	600両	能登国穴水	中嶋屋茂兵衛（観音丸）	添状とも	1
閏8月3日	当月晦日	約1ヶ月	810両	加賀国橋立	田中長六（五明丸）		1
閏8月6日	10月5日渡	約2ヶ月	1,930両	加賀国橋立	糸屋八左衛門（八幡丸）		1
閏8月28日	11月3日渡	約1ヶ月	847両	加賀国橋立	西出権吉	添状とも	1
9月2日	10月3日渡	約1ヶ月	1,890両	加賀国大野	丸屋伝助	書状相添	1
9月11日	11月晦日渡	約2ヶ月	1,791両	加賀国橋立	新屋五郎兵衛	添状とも	2
9月13日	10月10日渡	約1ヶ月	1,160両	越前国三国	室屋権右衛門	弐歩金にて	1
9月14日	9月晦日渡	16日	719両	加賀国橋立	西谷庄八		1
9月21日	11月10日渡	約1ヶ月	720両	越前国三国	室屋文蔵	書状添	2
11月16日	亥2月5日渡	約1ヶ月	400両	越前国新保浦	荒屋長次郎（豊昌丸）		1

注）「江戸大坂差引帳」（徳島大学附属図書館所蔵山西家文書）より作成。

【表2】大坂加嶋屋作五郎における山西家取引先への決済状況（一部）

大な資金を要する肥料取引において、撫養は、兵庫や泉州貝塚と同様、大坂の信用力が及ぶ地域として、その地理的特徴を有していたのである。(28) 山西家の大坂における主要取引先両替商は、船町の加嶋屋作五郎（堂島入替両替を行っていた加嶋屋長田家分家）と平野町の竹川彦太郎で、いずれも幕府に対して多額の御用金を上納していた商人であった。(29) 注目すべきは、両家（加嶋屋については、本家）ともに、文久二（一八六二）年には、大坂における箱館産物会所御用をつとめ、北海道産鯡魚肥取引にも大きく関わったと思われる商人であったということである。(30)

　これら大坂両替商による山西家の肥料代金決済は、おもに手形を以て行われることが多かった。(31) 毎年九～十一月頃の秋季に集中して撫養に入津した北前船に対し、山西家は手形を振出し、その後冬季に北前船は大坂で船囲いをするため、その大坂滞在期間のうちに、北前船商人が山西家の取引先大坂両替商に手形を持参することによって決済が完了する仕組みになっていた。【表2】に示したように、山西家が手形を振り出してから大坂両替商による北前船への決済が完了するまでの期間は、一〇日余~約四ヶ月程度であった。[32] 大坂両替商にストックされていたおもな資金は、山西家廻船が江戸で販売した塩代金や、山西家手船や奉公人たちが持参した資金等で、江戸からの資金の場合は、江戸両替商（竹川彦太郎）に振り込まれ、江戸・大坂両替商間における為替取組によって、大坂両替商のところに山西家の資金が集約されていた。山西家の肥料代金決済に関わるこのような金融体系は、遅くとも嘉永年間頃までには確立していたものと考えられる。[33]

(2) 阿波国商人資本による決済

ところが、慶応年間頃には、前述のような大坂両替商を通じた決済のみに頼ることのできない状況が生じるようになっていた。山西庄五郎から親類の在方藍商三木與吉郎に宛てて出された慶応三年推定の八月十五日付書状では、「(前略) 扨、昨日御咄シニ仕候粕船四艘之上へ今日ルニモツヘイ鯡粕千三百本越前与三郎船入津仕、跡へも段々相見へ候様子ニ而」とあり、すでに肥料積廻船が四艘入津している上に、新たに越前国（茶屋）与三郎が「ルニモツヘイ（留萌）鯡粕」一三〇〇本を積んで入津し、さらに続々と肥料積廻船が入津している状況であったため、山西家が「(前略) 金子大枚入用ニ而甚た心痛仕」という状況であることを訴え、三木家に対して「御為替」の拝借を願い出ている。[34] さらに、「(前略) 尤来月ニ入参り候船者、大底大坂囲ィニ相成可申船ニ御座候間、延売等も仕致能御座候得とも、只今急キ之船数艘相湊ひ、誠ニ金子手配ニ大心配仕居申候」という文言が見られ、「来月（九月）」に撫養に入津する船は、だいたい大坂で船囲いするため、北前船の冬季大坂滞在期間を利用して、ある程度余裕のある手形決済ができるが、問題は「只今急キ之船」が数艘ほど待機していることであり、これらの船に支払う当面の金子の手配に「大心配」しているというのである。つまり、慶応年間には、入津後近日中に支払いを要求する船が増加し、山西家のような湊の商人にとって、これら入津廻船への迅速な資金的対応が求められるようになっていたのである。ここでも、前述のように瀬戸内地域における諸国廻船間の正金銀獲得競争が激化している状況を垣間見ることができる。

このような急を要する代金支払いに直面した際の資金的対応を示す例として、前述の山西家から三木家に宛てた書状の内容に対応する記載が、山西家側の史料「慶応三年金銀月都早引帳」に残されている。[35]これをみると、前述の山西家から三木家宛書状でみられた慶応三年八月十五日に入津した越前国（茶屋）与三郎の積荷「ルニモツへイ（留萌）鯡粕」一三〇〇本と、その直後に入津したと思われる同国森田勘次郎の積荷同粕八〇〇俵に対する引当金合計五〇〇〇両の入用が、同年八月二十八日の時点で生じている。「金銀月都早引帳」の記載によれば、それへの引当金出資者として、山西家の自己資金と考えられる「内有」一〇〇〇両のほか、商人名が判明する者のみを挙げると、撫養米穀肥料商兼砂糖商の天羽九郎右衛門（三〇〇〇両）、撫養米穀肥料商兼藍商の和泉屋半兵衛（三〇〇〇両）、撫養米穀肥料商兼塩商の村沢銀蔵・同宗三郎、美馬郡脇町藍商の臼杵源吉（一〇〇〇両）、徳島城下藍商兼肥料商の森六郎、板野郡中喜来浦藍商の三木與吉郎（五〇〇〇両）等が確認できる。

これら出資金の性格については、この記載のみで判断するのは困難であるが、同年八月二十二日に、山西家から三木家宛に差し出された書状に、「先日御為替之義御願申上候処、弐千両御請持被仰付候趣被仰下難有奉存候、既而立岩土蔵へ鯡粕弐千俵程此間中御蔵詰仕居申候、早々御見分被仰付、何卒御拝借御願申上度義ニ御座候、付而者当年者、三両為替ニ而弐千両之見合俵数七百俵御引当テニ御願上候、御取引之義早々御願申上度奉存候間、御見分之程奉願上候（後略）」と記されていることから判断すると、[36]山西家が三木家から借用した「御為替」とは、荷主である北前船に支払うための出資金であると考えられ、後日、山西家から出資者に対してその金額相当の肥料が渡されることを示している。この史料を見る限りでは、当時の相場で鯡粕一俵につき三両として、山西家が拝借する「為替金」は二〇〇〇両となり、これに相当する俵数約七〇〇俵が、三木家が引き取る分の肥料ということになる。

また、慶応二年九月には、山西家が、撫養商人の米屋惣八から、鯡粕一五〇本の「為替金」三〇〇両を月一歩一厘の利足で借用している事例も確認できる。(37) 米屋惣八は、山西家と三木與吉郎家の間で取引される肥料や米穀類の商品出入の仲介を担った商人である。(38)

注目すべきは、これら出資者である商人たちは、藍・白砂糖・塩・肥料・米穀類などを取扱い、阿波国領内の商品経済の発展や移出入の増加に伴って成長を遂げた商人たちであったということである。そして、「金銀月都早引帳」に記載されたこれら商人たちの入金項目の隣には「八月晦日受取済」「九月五日六日迄」「八月廿八日受取済」「九月四日切」などの記載があり、北前船入津日の八月十五日から一ヶ月もたたない間の資金供与であったことが分かる。

このような北前船等の荷主へ支払う「為替金」の借用については、徳島藩による肥料流通統制開始後より、万一、干鰯平問屋が資金不足の場合には、干鰯頭問屋から干鰯平問屋に対して融資を行うことが規定として設けられていた。(39) 例えば、慶応三年十一月に山西家に入津した越前国廻船の積荷鯡粕四〇〇俵の引当金一〇〇〇両を、山西家は月一歩三厘の利足で撫養の干鰯頭問屋の近藤利兵衛から借用している事例もみられる。(40)

しかし、ここで重要なことは、山西家は多くの場合、徳島藩の管轄下による拝借ではなく、親類や地域経済の中心となっていた取引先から多くの資金供与を受けていたことである。(41) 山西家は北前船から、阿波国領内で高値での肥料販売を要求されていたため、領内の中小規模の藍・砂糖商たちによる買い控えが生じる中、三木家のような有力商人の資金力に依拠する形で、肥料入手を図っていたと考えられるのである。(42)

さらに、明治八（一八七五）年十一月にも、山西家は三木家から、板野郡川端村藍商の圓藤弘一分の増毛鯡粕七〇〇本の仕入れに際して、金二〇〇〇円を借用しており、返済期限であった翌九（一八七六）年五月下旬に、元利

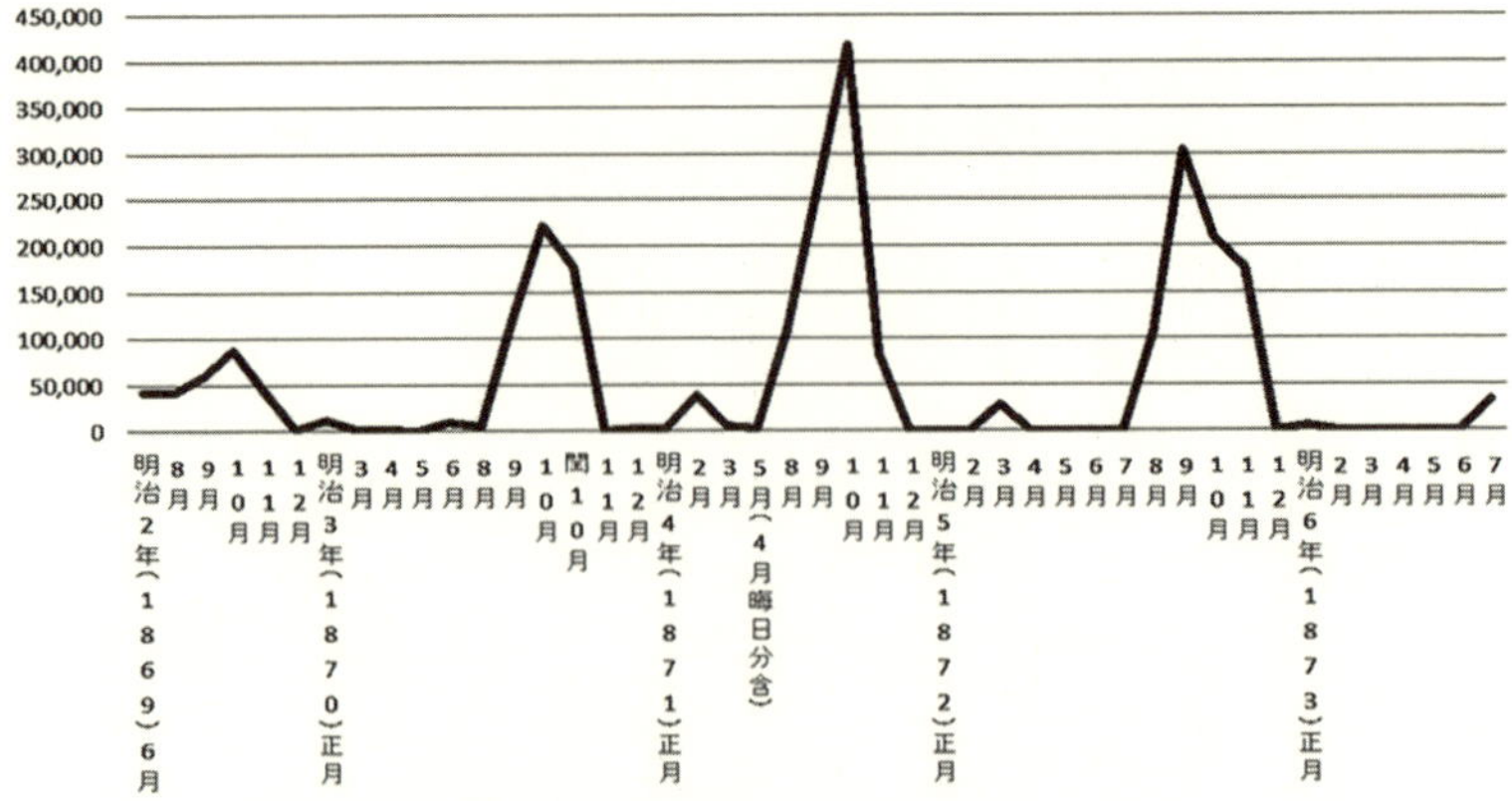

注）「明治二年 肥物仕切帳」（徳島大学附属図書館所蔵山西家文書）より作成。

【図1】山西家による他国廻船からの肥料仕入数量（単位：貫）
（明治2年（1869）6月～同6年（1873）7月）

合計二一四四円を三木家に持参している。[43] とくに川端村の圓藤家は、三木家と親類関係にあったため、このような資金融通の都合も良かったものと考えられる。[44] このような事例から、在方の有力商人からの「為替金」借用は、明治前期においても継続していたことがうかがえる。

ここで、【図1】を確認したい。これは、明治二（一八六九）年六月から同六（一八七三）年七月までの山西家による北前船等からの肥料仕入状況を示したものである。これをみると、山西家と北前船等肥料積廻船は、毎年八～十一月に集中的に取引していたことが分かる。とりわけ明治二～四年はかなり増加傾向にあり、その背景としては明治三年七月以降の徳島藩による諸株の撤廃や、翌四年七月の廃藩置県により、かつての特権が取り払われたことによる阿波国の藍生産者の増加と、それにともなう肥料需要の増大が考えられる。

このように、幕末維新期において肥料取引が増大する一方、従来まで信用を供与していた大坂両替商をとりまく状況は大きく変化した。多額の御用金徴収や、明治元（一八六八）年の銀目廃止等により、多くの大坂両替商は廃業に追い込まれることとなり、[45] 山西家の主要取引先であった加嶋屋作五郎や竹川彦太郎もその例外ではなかった。竹川彦太郎は、慶応四年に店を閉め、[46]また、加嶋屋作五郎は、明治六年の時点において、「摂津西成郡難波村抱屋敷地所建家幷ニ畑地都而有姿之侭悉皆借用金之廉江此度譲渡候所実正也」とあるように、明治六年以前から累積していた本家からの借金が返済できないまま、担保としていた難波村の抱屋敷・地所・建家・畑地すべてを本家に譲渡している。[47]主要な取引先であった大坂両替商がこのような状況であったため、山西家が幕末維新期においてもなお、これら大坂両替商の資金力を利用できたかどうか、疑問と言わざるを得ない。のちに、徳島と大阪の間で銀行を利用した北前船への肥料代金決済が行われるようになるのは、早くとも明治十年代前半以降で、徳島の久次米銀行や第八十九国立銀行、大阪の第四十二国立銀行などを通じて、銀行手形による決済がなされるようになっている。[48]

問題は、それまでの間、増加傾向にあった肥料取引に対し、どのようにして北前船等への信用を供与していたのかということである。そこで、これまで検証してきたことから推定すると、北前船と継続的取引を行い、肥料をストックしておくことが可能であったのは、前述のように、親類の藍商三木與吉郎をはじめとする十九世紀に成長しつつあった阿波国の商人資本による資金的対応が大きかったと言える。[49]その後撫養では、明治五年に、天羽兵二・泉三郎、その他旧徳島藩士を中心に設立された有隣会社のような新たな融資機関もみられるようになるが、このような金融機関や銀行が設立される前提として、以上みてきたような資金調達のあり方が存在したことを指摘しておきたい。[50]

三　撫養における肥料市場の展開

(1) 山西家による領内（県内）への肥料販売状況

次に、山西家による領内（県内）への肥料販売状況を分析し、撫養周辺地域における肥料商の存在形態の一端を明

地域区分	弘化元年（1844）		明治 9 年（1876）		明治 10 年（1877）		明治11年（1878）※	
地方（斎田村・南浜村・林崎浦を中心とする撫養周辺地域）	248,645	58%	381,737	70.9%	445,243	66.7%	158300	83.5%
市郷（徳島市・郷分（在方））	178,753	42%	156,209	29.0%	221,183	33.1%	30047	15.9%
不明	0	0	333	0.1%	1,323	0.2%	1,168	0.6%
合　計	427,398		538,279		667,749		189,515	

注 1）「肥売帳（推定弘化元）辰年）」「明治九年 肥物萬売帳」（徳島大学附属図書館所蔵山西家文書）より作成。ただし、明治 11 年は、記載が 9 月までで終了している。「明治九年 肥物萬売帳」には、取引先口座における算用の繰越分転載先に「地方座長出」「市郷座長出」などの記載があり、それにしたがって「地方」（斎田村・南浜村・林崎浦）商人と「市郷」の商人の区別を行った。ただし、「肥売帳（推定弘化元）辰年）」には、「地方」「市郷」を区別する記載がないため、山西家親類の商人以外で取引先商人の口座に村浦名の記載がないものについては、ほぼ撫養の商人であると判断した。

注 2）数量の匁以下は省略した。

【表 3】山西家による領内（県内）への肥料販売状況（単位：貫）

らかにしたい。まず、近世後期と明治前期を比較するため、推定弘化元年と明治九～十一（一八七六～七八）年の山西家による肥料販売状況を【表3】に示した。少ない事例のため、推測の域を出ない面もあるが、【表3】によれば、明治前期には、肥料販売がやや増加傾向にあったことが分かる。山西家による撫養周辺地域への販売は、弘化元年は五八％、明治九年は七〇・九％、同十（一八七七）年は六六・七％、同十一年は八三・五％（ただし明治十一年は九月までの集計）となっており、山西家の肥料販売先は、約六～七割が撫養周辺地域を中心とし、明治期にはその傾向がより顕著になったことがうかがえる。撫養以外の市郷（徳島市中および各村々）への販売も一定の割合を占め、とりわけ弘化元年は、各村々への販売が約四二％と比較的高くなっている。

また、弘化元年と明治九年における地域別集計をみると、市郷では、弘化元年には、各郡村々合計二三五名へ一七万八七五三貫の販売であったものが、明治九年には、各郡村々合計七四名へ一五万六二〇九貫の販売となり、さらに徳島市中への売却（九万一六三一貫）が市郷販売分の半数以上を占めるようになり、徳島市中の肥料商との取引が拡大したことを示している。全体的に近世期と比較して、明治前期には、取引先一名あたりの販売数量が多くなっているのが特徴である。ちなみに、明治九年の山西家による取引先への販売月をみると、約七割が十～十二月の販売となっており、北前船等の入津直後に肥料を売却していた状況がうかがえる。[51] とくに近世後期～幕末期において、山西家は、販売した肥料代金の回収が困難な場合、藍方代官所に訴えることによって、債務者に対して代金支払いを

	弘化元年（1844）			明治 9 年（1876）			明治 10 年（1877）			明治 11 年（1878）※		
	取引先		目方（貫）	取引先		目方（貫）	取引先		目方（貫）	取引先		目方（貫）
1	撫養	泉屋半兵衛	38,164	地方	村沢宗三郎	83,792	地方	西宮官三郎	84,015	地方	天羽九郎	30,772
2	撫養	米屋利八	26,429	徳島	久住九平④	70,685	地方	村沢宗三郎	56,189	地方	玉木久七	25,749
3	撫養	天野屋九郎右衛門①	23,081	地方	濱垣伝蔵	49,241	徳島	森六郎	55,300	地方	西宮官三郎	15,454
4	撫養	泉三郎兵衛②	22,292	地方	天羽九郎	43,212	地方	庄野熊蔵	54,693	地方	手塚　浅吉	14,124
5	撫養	筑前屋　久吉	18,249	地方	庄野熊蔵	34,778	地方	玉木久七	50,113	徳島	山西徳島出店利平	11,249
6	撫養	坂田屋　庄七	17,392	地方	小泉半平	28,090	徳島	久住九平	40,274	地方	今泉　多平	11,131
7	撫養	戎屋喜三兵衛	15,684	地方	貴志惣作	24,358	地方	天羽九郎	40,169	地方	庄野熊蔵	9,308
8	板野郡住吉村	利五郎	14,168	地方	玉木久七	22,266	地方	森崎益蔵	37,086	地方	村沢　宗三郎	8,565
9	板野郡中喜来浦	三木与吉郎③	11,336	地方	西宮官三郎	17,584	徳島	山西徳島出店	35,902	地方	森崎　益蔵	7,682
10	撫養	中屋久兵衛	8,957	板野郡宮島浦	板東周曹⑤	14,585	地方	今泉多平	25,454	地方	川口忠平	6,495
11	撫養	万屋忠兵衛	8,498	地方	里見金蔵	14,125	徳島	松浦九平⑦	24,311	板野郡中喜来浦	三木与吉郎	5,660
12	阿波郡水田村	嘉兵衛	6,467	地方	今泉多平	13,767	地方	濱垣伝蔵	17,721	地方	新居　角太郎	4,218
13	阿波郡伊月村	七太	6,360	徳島	森　六郎⑥	12,697	地方	小泉半平	14,617	地方	濱垣伝蔵	4,142
14	撫養	商（〇大）嘉左衛門	5,997	地方	平田龍吉	10,966	市郷	井内嘉四郎	10,621	地方	泉幸三郎	3,080
15	麻植郡千田塚村	瀬尾幸三郎	5,547	板野郡中喜来浦	三木与吉郎	9,820	地方	清水吉平	8,737	地方	近藤治右衛門 （取次小泉半平）	3,002
16	板野郡出来須	弥兵衛	5,300	小松島	大田利平	8,561	地方	米積寿吉	8,472	地方	小泉半平	2,959
17	撫養	折屋　嘉七	4,696	地方	森崎益蔵	8,546	地方	新居角太郎	7,402	地方	橋本徳平	2,065
18	板野郡矢上村	忠兵衛	4,693	徳島	紀川卯平	5,511	地方	貴志惣作	6,595	地方	奥村嘉蔵 （取次小泉半平）⑨	1,525
19	撫養	工藤　五郎左衛門 （商（ふた山）取次）	4,309	地方	山科高蔵	3,448	地方	横田伊八郎	5,886	地方	中野秋右衛門 泉幸三郎	1,495
20	撫養	大谷屋　伊助	4,246	地方	西宮曽右衛門	2,866	美馬郡脇町	臼杵源吉⑧	5,204	地方	浅野　佐平二	1,382
	合計	（総販売の 60%）	251,865	合計	（総販売の 89%）	478,898	合計	（総販売の 88%）	588,761	合計	（総販売の 90%）	170,057
	内訳			内訳			内訳			内訳		
	撫養	197,994（79%）		地方（撫養）	357,039（75%）		地方 （撫養）	41,7149（71%）		地方 （撫養）	153,148（90%）	
	在方・市郷	53,871（21%）		市郷	121,859（25%）		市郷	17,1612（29%）		市郷	16,909（10%）	

注 1）「（推定弘化元年）肥売帳」「明治九年 肥物萬売帳」（徳島大学附属図書館所蔵山西家文書）より作成。ただし、明治 11 年は、記載が 9 月までで終了している。　「明治九年 肥物萬売帳」には、取引先口座における算用の繰越分転載先に「地方座長出」「市郷座長出」などの記載があり、その記載にしたがって「地方」（斎田村・南浜村・林崎浦）商人と「市郷」の商人の区別を行った。ただし、「（推定弘化元年）肥売帳」には、「地方」「市郷」を区別する記載がないため、取引先商人の口座に村浦名の記載がないものについては、ほぼ撫養の商人であると判断した。

注 2）数量の匁以下は省略した。

注 3）表中①「天野屋九郎右衛門」近世期より撫養で廻船問屋・肥料商を経営した天羽家の一統。②「泉三郎兵衛」撫養で廻船問屋・肥料商を経営。初代山西庄五郎奉公先。徳島藩へ多額の献金をするなど天羽家とともに撫養経済をけん引した代表的商人。③「三木与吉郎」板野郡中喜来浦藍商。山西家と親類関係。合名会社阿波銀行主要出資者（明治 25 年（1892））。④「久住九平」徳島（船場）肥料商の中心人物。近世期から肥料商経営とともに同町の年寄も勤めた。第八十九国立銀行（明治 11 年（1878））取締役社長。徳島鉄道株式会社・阿波紡績主要株主（明治 30 年（1897））。⑤「板東周曹」板野郡宮島浦の藍商。合名会社阿波銀行主要出資者（明治 25 年（1892））。⑥「森六郎」近世より続く徳島（通町）（船場）の藍商・肥料商。⑦「松浦九平」徳島肥料商。⑧「臼杵源吉」美馬郡脇町の藍商。⑨「奥村嘉蔵」板野郡奥野村の藍商。明治期には関東市場に売場を有した。（天野雅敏『阿波藍経済史研究ー近代移行期の産業と経済発展』（吉川弘文館、1986 年）参照）。

【表 4】山西家による肥料販売先（上位 20 名）

台10（1877）年

仕入					販売				
入日	本・俵数	仕入先	蔵		販売日	数量	取引先		積入船
9	ルニモツヘイ鯡粕 55 俵	【商（¬泉）】	橋野蔵入	→	3/29	13 俵		井出儀平	
					3/29	12 俵	（麻植郡木屋平村）一森	文蔵	
					4/10	13 本	（美馬郡）井内	喜十郎積入	
					4/19	17 本		河野秋太積入	
	子モロ鯡粕 50 本	【天羽九郎右衛門】御風丸船弐拾番	丸池東新蔵南口入	→	4/22	50 本		佐川屋正平	脇町儀蔵船積入
8	濱増毛鯡粕 90 本	【商（ヤマ米）】美馬郡北庄（村）伊太郎・弁三郎	有隣社壱番蔵入	→	5/23	30 俵	（美馬郡）井内	喜三郎積取	
					5/23	25 俵		河野秋太	
					6/3	15 俵		河野秋太	武平船へ
					6/3	4 本	（阿波郡）土成村	山太	
					6/7	6 本	（板野郡）七条村	清次	
					6/9	10 本		杉■（本ヵ）利五郎	
0	舎利鯡粕 50 本	【天羽九郎右衛門】神喜丸権太郎船拾壱番		→		50 本		工藤仙太郎	阿波郡香美村才太船へ
2	ルニモツヘイ鯡粕 50 本	【天羽九郎右衛門】松栄丸廿二番		→	5/6	20 本		河野穐太	美馬郡猪尻（村）武平船
					5/14	30 本		河野穐太	美馬郡猪尻（村）四郎平船
2	ルニモツヘイ鯡粕 50 本	【天羽九郎右衛門】松栄丸廿三番		→	4/22	3 本		大塚嘉蔵	
					4/22	3 本		大塚多蔵	
					4/22	3 本		大塚弥平	
					4/22	1 本		井上佐吉	
					4/22	3 本	（美馬郡）拝原村	徳蔵	
					4/29	10 本	（板野郡）七条村	市蔵	
					4/29	4 本		阿部宅右衛門	
					5/2	4 本		豊吉	
					5/3	6 本		山口文吾	喜五郎船へ
					5/6	5 本	（美馬郡）北ノ庄村同猪尻村	善三郎／武平	
					5/8	3 本		粂　平蔵	
					5/18	5 本		油屋徳五郎	24 日天神丸積入
1	舎利鯡粕 4 本	【天羽九郎右衛門】		→	5/11	4 本	市場町	河野福太郎	
2	子モロ鯡粕 5 本	【天羽九郎右衛門】		→	5/22	5 本	（板野郡）七条村	清次／市蔵	
5	鯡粕 1 本	【天羽九郎右衛門】		→	6/25	1 俵	（板野郡）吹田村	熊蔵	
6	鯡粕 1 本	【泉太（今泉）】		→	6/29	1 本	（美馬郡）井ノ内	喜十郎	牛ノ島文作船積入

台11（1878）年

仕入					販売				
入日	本・俵数	仕入先	蔵		販売日	数量	取引先		積入船
8	増毛鯡粕 61 本	【村沢宗三郎】順福丸久平船山西仲仕山西大蔵入		→	3/18	10 俵		油屋	
					3/18	10 本		清水藤太	3/28 斎田村伊蔵船へ積入
					3/18	30 本		杉野多喜蔵	4/20 長蔵船へ
					3/25	10 本		藤粂	大蔵船へ
					3/25	1 本		藍貞	大蔵船へ
9	増毛鯡粕 44 本	【村沢宗三郎】現徳丸		→	3/19	15 本	（美馬郡穴吹村）薮下	文蔵	
1	増毛鯡粕 40 俵	【村沢宗三郎】現徳丸与平分	山西立岩蔵入	→	3/19	4 俵	（美馬郡）穴吹村	源平	源平船へ
					3/19	3 俵	（麻植郡木屋平村）一森	文蔵	源平船へ
					3/23	6 俵		角太郎	大蔵船へ
					3/23	4 俵		伝平	大蔵船へ
					3/23	4 俵		亀三郎	大蔵船へ
					3/25	10 本		藍貞	大蔵船へ
					3/25	8 本		喜十郎	3/28 五条伊三郎船へ
1	増毛鯡粕 30 俵	【村沢宗三郎】明神丸分	山西立岩蔵入	→	3/21	10 俵	（市場町）	河野福太郎	
					3/21	6 俵	（市場町）	河野福太郎	
					3/23	4 俵	（阿波郡）香美村	才太	
					3/23	6 俵		角太郎	
					3/23	2 俵		伝平	
					3/23	2 俵		亀三郎	
	増毛鯡粕 100 本	【村沢宗三郎】	山西北浜蔵入	→	4/8	50 本（商（〇上）		中西文左衛門	4/22 大蔵船へ
					4/8	25 本（商〇平）		中西安三郎	4/10 貞次船へ
					4/8	21 本（商ヤマ二）		江沢貫一	4/19 積入済
					4/8	4 本		後藤政吉	
3	増毛鯡粕 50 本	【村沢宗三郎】		→	4/14	8 俵		小野藤三郎	
					4/14	30 俵		笠井徳五郎	
					4/14	10 俵		笠井徳五郎	
	鯡粕 6 本	商（ヤマ田）		→	5/2	6 本	（板野郡）七条村	浅次郎	

注）「明治十丁丑　渡口帳」（鳴門教育大学所蔵玉谷忠雄氏所蔵文書）より作成。

【表5】明治 10 年（1877）・同 11 年（1878）玉谷市兵衛家による肥料仕入および販売状況（一部）

促したり[52]、また、販売過程において幾人もの保証人を付けた上で販売を行うなど[53]、あらゆる方法で代金回収の徹底とリスク回避を図っている。

次に、これら取引先を取引数量の多い順に上位二〇位まで示したのが【表4】である。これをみると、上位にいるのは、撫養や徳島市中の比較的大規模な肥料商である。例えば、撫養の肥料商では、前述したように、北前船への肥料代金を供与した和泉屋半兵衛、天羽九郎右衛門（天野屋）、村沢宗三郎のほか、山西家の本家であった泉三郎兵衛、撫養の有力肥料商と思われる濱垣伝蔵・庄野熊蔵・貴志惣作・玉木久七などの名前がみられる。また、【表4】のうち、商人名の後ろに番号を付した販売先の一部は、明治期以降、銀行や企業設立に自らの資本を投資することによって徳島経済の近代化に貢献した商人資本である。

（2）玉屋市兵衛家による販売状況

最後に、山西家のような撫養の比較的大規模な肥料商に販売された肥料が、最終消費地である在方へ売却される過程について、玉屋市兵衛家の販売状況を事例として確認したい。玉屋市兵衛は、初代山西庄五郎の下で主要番頭をつとめ、安政年間に山西家から独立し、以後撫養南浜村において、米穀・肥料仲買として成長を遂げた商人である。

【表5】は、明治十年、同十一年の玉屋による肥料仕入および販売先についてそれぞれ提示したものである（一部）。これをみると、玉屋の代表的仕入先は、天羽家・村沢家など、前述したように山西家の主要販売先となっていた撫養の大規模な肥料商であったことが分かる。一方、販売先については、撫養周辺地域や吉野川流域農村部であったことが特徴として挙げられる。例えば、明治十年四月九日、天羽から仕入れた「子モロ（根室）鯡粕」五〇本（丸池東新蔵南口入）は、同月二十二日に、美馬郡脇町の儀蔵の船に積み入れられ、そのまま佐川屋正平へ販売されている。取引数量から判断すると、佐川屋は藍商兼肥料商で、そこからさらに、周辺の直接消費者に販売されたと考えられる。[54]また、明治十一年三月二十一日に、村沢宗三郎から仕入れた増毛鯡粕四〇俵（山西立岩蔵入）は、前々日の三月十九日には、美馬郡穴吹村の源平と麻植郡木屋平村一森の文蔵へ、それぞれ四俵と三俵売却され、同月二十三日以降には、角太郎（六俵）・伝平（四俵）・亀三郎（四俵）・藍貞（藍屋貞兵衛）（一〇本）・喜十郎（八本）の五名へそれぞれ小分けにして販売されている。玉屋の販売先は、吉野川流域の平野部のみならず、木屋平村のような山間地域にまで広がりをみせている。

さらに、明治十年における玉屋の肥料仕入および販売時期に注目すると、三～五月が中心となっており、実際に藍作や甘蔗作に肥料が必要となる春季が販売の中心となっている。山西家の肥料販売の中心が十～十二月であったのと比べると、販売時期にずれがみられ、玉屋が肥料消費者により近い存在であったことが分かる。

以上、山西家と玉屋の肥料販売状況から、当該期の撫養には、山西家のような大規模肥料商と、それら商人から肥料を仕入れ、撫養周辺地域や吉野川流域農村部に販売する玉屋のような仲買的商人、さらにそこから肥料を仕入れ、消費者に販売する在方の肥料商（藍商含）などが広範囲にわたって成長していたことがうかがえる。

また、このような肥料需要拡大と撫養への入津量増加にともなって、撫養の商人資本は経営体を分化させ、相互に取引を行うことによって、地域における流通網をより強固なものにしようとしていたことにも注目したい。このことは、文政期に山西家が泉三郎兵衛家から独立し、撫養への北海道産鯡魚肥移入が本格化するとされる安政期には、山西家から玉屋市兵衛が独立し、さらに、明治十年には山西家徳島支店が開業するなど、[55]近世近代移行期の商品流通の画期において、新たな商家が誕生していることに、如実にあらわれている。

おわりに

以上、近世近代移行期における山西家の肥料取引から、地域経済と商人資本の関係について考察した。まず、北前船等領外荷主への代金決済のあり方については、それまで主に信用を供与していた大坂両替商のみならず阿波国内で成長を遂げた有力な商人資本へも依拠するようになったこと、さらに、それと密接に関わる肥料商の存在形態については、撫養から在方へ肥料市場が展開するなかで、複数の中小規模の肥料商の介在を確認することができた。これら何層にもわたる商人の存在は、当該期の阿波国における一定の富の蓄積を示すものでもあろう。そして、本稿で検討した対外的な資金的対応のあり方は、近代的金融機関が設立され、組織的な融資が行われる前提としての地域的特質の一面として捉えられるのである。

註

（1）とりわけ近世後期に藩権力が編成した「豪農」（徳島藩では藍・塩商を兼ねることが多い）を「基本的には藍作を中心とする商品生産と流通に対する政治的対応（葉藍生産者への対応―筆者）の破綻のなかから生まれてきたもの」として捉える見解もある（高橋啓『近世藩領社会の展開』渓水社、二〇〇〇年）二九四頁。

（2）「御国中金銀出入大綱積り書」（文化五（一八〇八）年）（『鳴門市史』上巻、鳴門市史編纂委員会、一九七六年）一四二三頁～一四二五頁。

（3）『明治前期財政経済史料集成』第二十巻、改造社、一九三三年、一六四～一六五頁。

(4) 宇山孝人「「寛政元年藍作始終略書」解題」(『日本農書全集三〇』農山漁村文化協会、一九八二年)。
(5) 戸谷敏之「徳川時代に於ける農業経営の諸類型」(『日本常民生活資料叢書』第六巻、三一書房、一九七三年)八三〜九一頁。
(6) 泉康弘「吉野川平野への魚肥移入と阿波藍」(『日本水上交通史論集』第三巻、文献出版、一九八九年)。
(7) 白川部達夫「阿波藍商と肥料市場(一)―三木與吉郎家を中心に―」(『東洋大学文学部紀要』第六四集、史学科編第三六号、二〇一〇年)。
(8) 徳野隆「近世後期商品作物地帯における社会変動について―阿波国板野郡竹瀬村の場合―」(徳島地方史研究会創立二〇周年記念論集『阿波・歴史と民衆2』、一九九〇年)、町田哲「近世中後期における藍師後藤家の展開」(地方史研究協議会編『歴史にみる四国―その内と外と―』雄山閣、二〇〇八年)など。
(9) 森本幾子「幕末期阿波国における地域市場の構造―撫養山西家の経営分析を中心に―」(『ヒストリア』一八八号、二〇〇四年)。
(10) 森本幾子「明治前期の徳島船場肥料問屋と北前船―「日記」「書翰」にみる山西家徳島支店の肥料取引―」(徳島地方史研究会創立四〇周年記念論集『生業からみる地域社会―たくましき人々―』(教育出版センター、二〇一一年)。
(11) 幕末期の取引については、かつて泉康弘や筆者が大坂両替商を通じた決済関係の成立をある程度解明したが(泉前掲注(6)、森本幾子「幕末期の中央市場と廻船経営―撫養山西家廻船の動向から―」(『ヒストリア』一七七号、二〇〇一年)、幕末維新期における大坂両替商の破綻状況の下、明治期以降も増加する肥料取引の決済については不明のままである。
(12) 『鳴門市史』上巻、六四二頁。
(13) 『鳴門市史』上巻、一一二九頁〜一一三一頁。
(14) 森本幾子「一九世紀における撫養湊の発展と淡路廻船」(『「鳴門の渦潮」世界遺産登録学術調査報告書〜文化編〜』「鳴門の渦潮」世界遺産登録学術調査検討委員会、二〇一七年)。
(15) 『藩法集3徳島藩』創文社、一九六二年、六四九〜六五一頁。
(16) 「正遭御咎御答箇条書」(文化六(一八〇九)年〜同八(一八一一)年八月晦日)(徳島県立文書館所蔵「木内家文書」キノウ01285)。

(17) 桑原恵「鳴門山西家文書「北海道産物開拓御用諸事控」について」(『徳島大学総合科学部人間社会文化研究』第一六号、二〇〇九年)。
(18) 中西聡『近世・近代日本の市場構造―「松前鯡」肥料取引の研究―』東京大学出版会、一九九八年、四五頁。
(19) 天野雅敏『阿波藍経済史研究―近代移行期の産業と経済発展―』吉川弘文館、一九八六年、三〇九頁〜三二六頁。
(20) 山西家に関する研究としては、泉康弘「瀬戸内海水運による阿波藍の流通―山西庄五郎家の廻船活動を中心に―」(『産業の発達と地域社会』渓水社、一九八五年)同前掲注(6)、上村雅洋『近世日本海運史の研究』(吉川弘文館、一九九四年)、森脇崇文「金光山仙龍寺天井絵の紹介と考察―地域史資料としての見地から―」(鳴門教育大学『鳴門史学』二八号、二〇一四年)、森本幾子「明治前期の商品流通と廻船経営―撫養山西家の場合―」(藪田貫編『近世の畿内と西国』清文堂出版、二〇〇二年)・同「幕末明治期における阿波商人の信仰と地域―山西家の信仰と地域―」徳島地方史研究会『史窓』四三号、二〇一三年)・同「十九世紀〜二十世紀の徳島の経済と山西家」(鳴門教育大学『鳴門史学』二八号、二〇一四年)等がある。
(21) 中西前掲(18)書、一三二頁〜一四三頁。
(22) 泉前掲注(6)参照。泉によれば、撫養への北海道産鯡魚肥の本格的な移入増大は、安政年間頃であったとされる。
(23) 「諸要蹤書帳」(国文学研究資料館所蔵山西家文書)。
(24) 『鳴門夢路記』(安政二(一八五五)年)には、「帆ざし女」について「(前略)公よりはゆるしなきま丶表は商人船の帆なと破れたるをつゞりさす業もておのもく頭のかみにはり一はりなんさしゐけるよし、号て帆ざし女といふとなん、おかしき名にこそありけれ(後略)」と記されている(『鳴門市史』上巻、七五五頁〜七五六頁)。
(25) 北前船に対する「強気」という表現は、幕末から明治前期の史料に散見でき、当時の北前船の勢力をそのまま示すものであると言える(森本前掲注(10)参照)。
(26) 泉前掲(20)・森本前掲(11)参照。
(27) 「商用書簡」(公益社団法人三木文庫所蔵文書910―C―8)。
(28) 石井寛治「序章　商家経営の展開と産業化」(第一節)、西向宏介「近世後期の手形流通と両替商」(石井寛治・中西聡

編『産業化と商家経営』名古屋大学出版会、二〇〇六年）

(29)『新修大阪市史』第五、一〇〇三頁。また、元治元年（一八六四）十二月には、幕府に対し、本家加嶋屋作兵衛は鴻池善右衛門とともに千二百貫匁、分家の作五郎は三五〇貫目、竹川彦太郎は、百貫目の御用金をそれぞれ上納している（「諸事用向日加栄」（文久四年）（脇田修・中川すがね編『幕末維新大阪町人記録』清文堂出版、一九九四年、七〇頁～七五頁）。加嶋屋と竹川彦太郎は、ともに幕末まで大坂三井両替店と取引しており、とくに、慶応期には、加嶋屋作兵衛（本家）・同作五郎（分家）ともに、三井の支援を受けていた（石井寛治「維新期大坂の手形市場―三井家と廣海家―」『三井文庫論叢』第三六号、二〇〇二年）。

(30)『松前町史』松前町、一九八八年、一二四一～一二五〇頁。

(31) 泉前掲注（6）・森本前掲注（11）参照。

(32)「江戸大坂差引帳」（徳島大学附属図書館所蔵山西家文書）。

(33) 森本前掲注（11）参照。泉州貝塚の肥料商廣海家の嘉永期における手形流通の活発化は、廣海家と両替商（大坂・堺・貝塚）との関係や畿内一円での取引先との関係において、とくに顕在化する動きであり、その後、安政期以降、廣海家と北前船荷主との取引では、決済に手形を用いるケースが増大し、手形の信用（とくに大坂両替商）が上昇したことが指摘されている（西向前掲註（28））。

(34)「商用書簡」（公益社団法人三木文庫所蔵文書920―C―8）。

(35) 徳島大学附属図書館所蔵山西家文書。

(36)「商用書簡」（公益社団法人三木文庫所蔵文書920―C―8）。

(37)「諸要蹤書帳」（国文学研究資料館所蔵山西家文書）。

(38)「米・鯡粕等引渡之覚」（公益社団法人三木文庫所蔵文書920―C―6）。

(39)『藩法集3徳島藩』六四九～六五一頁。

(40)「諸要蹤書帳」（国文学研究資料館所蔵山西家文書）。

(41)谷本雅之は、近世近代移行期における泉州貝塚廣海家の問屋としての「仲介」業務と「自己勘定」取引形態を明らかにするなかで、取引形態の形式的な把握では抜け落ちる商業業務の実態と廻船問屋が担う商業機能の多様性について指摘している（谷本雅之「廻船問屋廣海家の商業業務」（石井・中西編前掲（28）書）。肥料問屋であった山西家の場合も、仲買から肥料代金を回収する以前に、すでにこのような有力商人たちの資金によって肥料を入手していたものと考えられる。

(42)山西家は、肥料高値により領内で買い手が見付からない場合、やはり書状で三木家に注文を依頼している（「商用書簡」（公益社団法人三木文庫所蔵文書910―C―8）。

(43)「明治九丙子一月吉日　市郷算用帳」（徳島大学附属図書館所蔵山西家文書）。

(44)文政十年（一八二七）、三木政治二男の藤吉が、板野郡川端村圓藤彦左衛門の世嗣となっている（與兵衛）（「三木年譜」（『三木家俳句集』三木産業株式会社、一九六六年）。

(45)大坂両替商の破綻については、慶応四（一八六八）年の鳥羽・伏見の戦いによる影響が大きかったとする見解もある（石井前掲註（29）参照）。

(46)「慶應四辰年日記」（二月九日条）では、店を閉めた両替商二二軒の中に「竹彦」（竹川彦太郎）が挙げられている（脇田・中川前掲（29）書、一八九頁）。

(47)「長田作五郎難波村地所建家畑地共譲り証文」（国文学研究資料館所蔵加嶋屋長田家文書Ｌ26―１６３５）加嶋屋長田家の衰退の経緯については、千田稔「藩債処分と商人資本―長田家の場合―」（『経営史学』一五巻一号、一九八〇年）参照。

(48)「他所行書翰」（徳島大学附属図書館所蔵山西家文書）。

(49)撫養と同様、当該期の主要な肥料集散地であった泉州貝塚の廣海家における肥料販売状況を分析した岡田光代は、近世的な延売買を中心とした在方商人にとっては、必要な現金・銀を準備できるだけの資金力あるいは両替商との関係を通じた金融力の強弱が経営維持に大きく影響したことを指摘している。（岡田光代「幕末維新期泉南地域の肥料流通」（石井・中西編前掲（28）書）。

(50)有隣会社については、小泉周臣『徳島市民双書・９　船場ものがたり』（教育出版センター、一九七五年）参照。明治七年十二月二九日、マシケ鯡粕一五〇本代金八四一円余の一部（五六〇円）の名目として「但有隣会社ニ而高金千六百円当方へ借請候処、此度立用ニ而此所へ入ル」と記され、山西家が有隣会社から資金を借りていたことがうかがえる（「地方算用帳（明治七年）」（徳島大学附属図書館所蔵山西家文書）。

(51) 「明治九年　肥物萬売帳」（徳島大学附属図書館所蔵山西家文書）。

(52) 慶応年間、山西家は、藍方代官所に対して、名東郡東黒田村徳右衛門、阿波郡切幡村源太兵衛等の肥料代金の迅速な納入催促を願出ている（「諸要蹤書帳」国文学研究資料館所蔵山西家文書）。

(53) 弘化元年四月十五日、山西家から和泉屋半兵衛への松前鯡粕五五俵の販売項目には、「徳命村弥次右衛門殿行」「利兵衛取次」と記載され、最終的な取引先に売られるまでの間に、数人の商人が介在している事例もみられる（「（推定弘化元年）肥売帳」（徳島大学附属図書館所蔵山西家文書）。このような「取次」の介在は他にも確認でき、在方における肥料市場の展開との関係において注目される。

(54) 脇町の藍商として「佐川屋」は数軒確認することができる（『脇町史』上巻、脇町史編集委員会、一九九九年、九五二頁）。

(55) 森本前掲注（10）参照。

付記

本稿執筆にあたり、鳴門市の山西博哉氏をはじめ、徳島大学総合科学部桑原恵氏、徳島大学附属図書館、公益社団法人三木文庫、国文学研究資料館に大変お世話になりました。また、木内家文書については、徳島県立文書館館長徳野隆氏よりご教示を賜り、玉谷家文書については、鳴門市の玉谷忠雄氏および鳴門教育大学町田哲氏に便宜を図っていただきました。末筆ながらお礼を申し上げます。

なお、本稿は、「平成二九年度日本学術振興会学術研究助成基金助成金・基盤研究（c）研究課題名「十九～二十世紀における瀬戸内地域と日本海地域の経済的・文化的交流に関する研究」（【研究課題／領域番号 17K03072】研究代表者、平成二九（二〇一七）年～平成三一（二〇一九）年）による研究成果の一部である。

以西底曳網漁業における漁民の移住と定住化

磯本　宏紀

はじめに

大正中期から現在に到る間、以西底曳網漁業と呼ばれ、長崎、福岡、下関等を漁業基地とする遠洋漁業がある。この「以西」とは東経一二八度三〇分より西の海域、つまり東シナ海、黄海等で行われる漁業で、二艘曳底曳網の漁法を用いる。その漁法が導入される前段においては、明治二〇年代以降、五島列島、九州北部等への徳島県南部からの移入者による漁業が展開され、拡大していった経緯がある。

漁業により九州方面に出漁、移住することを、出漁漁民の出身地では「ゴトウユキ（五島行き）」または「キュウシュウユキ（九州行き）」、出漁先、移住先の九州北部や五島列島ではこうしてやってきた徳島県出身の漁民集団もしくは漁船のことを「アワセン（阿波船）」と呼んだ。その移入者の多くを、現在の徳島県美波町、阿南市椿泊等の徳島県南部の出身者が占めていた。

以西底曳網漁業にかかわった漁民を対象として、漁民移住とその定住化の過程について議論を進めたい。そのため、移住漁民の特性ないし条件を示した野地恒有の研究を参考にできる。かつて、羽原又吉[1]や野口武徳[2]によって「漂海民」と評され、漂泊を続ける漁民集団があるかのような印象を与える記述があった。しかし、いかなる漁民も定住期間の長短や移動の頻度に差があるにしろ、定住を前提とする生き方であることには違いない。野地は、「ゆるやかな定住」として、「マイナスの要因により従来の生活形態を続けることができない状況に陥ったとき、その地域のなかで自らを変えて対処するのではなく、従来の生活形態を維持するために次の定住地を求めて移動することを選択しうるのが移住漁民」であるとする[3]。その上で、「在来漁業の空白地帯における移住漁民は、在来漁民に受容されない漁業を展開させて定住していくことが可能になる」とし、既存の在来漁業がある場合には、「移住漁民のもたらした漁業の在来漁業化」が移住の条件になるとする[4]。

ところで、漁民の移住には漁業資本を伴わない、いわば労働力としての移動者（出稼ぎ者）がいる。増崎勝敏は、大阪湾のイワシきんちゃく網漁業が香川県庄内半島からの出稼ぎ者に労働力依存していたことに着目し、それが地縁・血縁による出稼ぎ者の供給の継続と、それを介在するリクルーターの存在について指摘している[5]。漁労技術や漁船・漁具等の漁業資本とともに、それを駆使できる労働者の存在もまた、大規模化した漁業においては重要である。水産労働者としての移動が移住につながった側面があり、都市への人口移動とも結びつく例であることがわかる。

さて、本稿で扱う以西底曳網漁業とそれにともなう徳島県人の移住について翻ってみた場合、先にあげた先行研究とは少し異なる。以西底曳網漁業はいわゆる許可漁業であり、地先漁業権の影響を受けることのない遠洋、沖合での漁業である。しかしながら、後述するように阿波漁民らは最終的に都市部へと集まりあるいは都市の一部を形成し、集住する形を採るようになる。いわば、「生産の場（漁場）」と「居住の場」が分離した状態になる。したがって、生産地が居住地に直接影響を与えるわけではないにもかかわらず、漁民移住が発生し、継続していくことになった。本稿においては、その漁民移住の実態と、その変遷について検討したい。

以西底曳網漁業を対象とした研究蓄積は多い。水産学[6]、地理学[7]、歴史学[8]等の各分野の研究者による研究成果が多数存在する。水揚げの変遷や流通、移住統計、漁業経営等がその主な視点である。そのなかで、とくに漁業とかかわる漁民の移動や生活そのものに焦点をあてたものはない。これら漁民が以西底曳網漁業の担い手そのものである以上、こうした点についての研究は不可欠である。

以西底曳網漁業にかかわった人びとの生活実態とその変遷に着目し、漁民の定住選択の実態はどのようなものだったのか、どういった条件や背景があったのかについて明らかにしたい。とくに、これまでの研究においては漁民の移住の検討の多くが村落社会を前提としてきたものであった。移住した地域が都市であった場合、どう異なるのか、どういったことが起こっていたのかについて着目する。

本稿においては、主として次の三つの方法により得た資料から検討をしたい。一つ目は、長崎、福岡等への徳島県南部からの移住者及び徳島県美波町、阿南市等の出身地における関係者を対象とした聞き取り調査、二つ目は、同時代に執筆・編集された文献資料調査、三つ目は、長崎、福岡等への徳島県南部からの移住者を対象としたアンケート調査によるものとする。

以降、「一　以西底曳網漁業とは」では、以西底曳網漁業の概要と成立状況についての概説を、「二　以西底曳網漁業の形成過程」では、阿波漁民を中心として以西底曳網漁業とそれにともなう漁業移住の構図が形成された過程について、「三　以西底曳網漁業における阿波漁民の動向」では、阿波漁民が根拠地を移動させていった過程と変遷について、「四　以西底曳網漁業における阿波漁民の都市部への移住」では、最終的に都市部へと移転していった阿波漁民の移住とその後の経過について、「五　都市部移住漁民によるコミュニティの形成と変遷」では、以西底曳網漁業衰退期に都市部に定住した阿波漁民の動向と、血縁・地縁集団により結成された新たなコミュニティの形について記述する。

一 以西底曳網漁業とは

以西底曳網漁業とは、東経一二八度三〇分以西の漁場（東シナ海、黄海、南シナ海等）で行われる遠洋漁業で、二艘曳底曳網漁業によるものである。漁法や漁船規模等を基準として農林水産大臣が業者に対して許可を出す許可漁業である。全体の漁船の総トン数に制限があるため、先行既存業者に有利であり、反対に新規参入は難しい。

大正一三（一九二四）年一〇月に同海域での機船底曳の新規許可の禁止通牒が発せられて以来、このように称するようになった。昭和九（一九三四）年には三〇トン未満の小型船の出漁を禁止した。このことにより、大資本による漁船の集中化が進んだ[9]。一方で、徳島県や島根県等から出漁した漁民らも、同郷出身の中小漁業資本のもとで以西底曳網漁業を担っていた。あるいは、林兼、共同漁業、山田屋の所有する漁船に船員もしくは漁労長として乗り組んだ阿波漁民も多かった。

二艘曳底曳網漁により漁獲される魚介は、タチウオ、ハモ、キグチ、シログチ、ニベ類、水ガレイ（ムシガレイ）、レンコダイ（キダイ）、アマダイ（アカアマダイ）、ヒラメ、タイショウエビ（コウライエビ）等であった。漁獲された魚介は、当初は高級魚もあったものの、後には主に練り物原料等水産加工品の材料となることが多かった。

この二艘曳底曳網漁業は、島根県八束郡片江村の漁業者らとともに渋谷兼八が技術開発し、大正九（一九二〇）年東シナ海等主に五島列島沖で実用化した[10]。

大正期に出雲漁民によって開発され、昭和期には日本を代表する遠洋漁業の一つになった。昭和一〇年代後半には漁船の徴用や戦争による漁場の喪失により厳しい状況下に追い込まれるが、戦後直後の食料増産、魚介類の確保のための需要を満たすべく、昭和二〇年代前半に急速な復興を遂げた。以後昭和末期から平成初期にかけて、ほとんどの業者が廃業していくまで、さまざまな問題を抱えながらも継続されていった。

二　以西底曳網漁業の形成過程

阿波漁民が以西底曳網漁業に九州でかかわるようになったのは、突発的に発生したことではなく、それまでにも九州出漁の流れがあった。

本格的な出漁開始は明治二三（一八八九）年頃のことで、現海部郡美波町西由岐出身の漁民によるものだった。

明治二三年頃西由岐浦の石垣弥太郎外一名[11]は板野郡堂浦の漁夫二人と乗組み堂浦の漁船拾艘と共に始《(ママ)》めて筑前方面へ出漁して博多を根拠とし専られんこ、いさぎ、あかう、ます等の漁獲に勉めた漁場は博多の西北十四五里の処で一日（朝から昼迄）壱艘で数千尾くらいを釣上げるのは容易であったが暑さが厳しい時分で人造氷もまだ無い時代であったので平均壱尾が五厘位であったが四月から九月迄稼いで帰国し翌々年同船の外二艘都合三艘で出漁して相当の収益を得て帰った[12]

板野郡堂浦の漁師と同行する形で博多へ春から夏にかけて出漁して成功し、そこから出漁船数が増え始める経緯がわかる。同様の記述はほかにも確認できる。鳴門堂浦漁民は近世期以来一本釣り漁で紀州印南（現和歌山県日高郡印南町）、九州北部、瀬戸内各地への季節的出漁をしていた。紀州印南まで出漁してきた西由岐の石垣弥太郎らが九州での豊漁の情報を紀州印南で堂浦漁民から得て、その堂浦漁民らに同行して九州出漁したのが、由岐漁民の出漁の最初だとされる(13)。

こうした出漁の背景にはどういった要因があったのか、整理すると次のような点をあげることができる(14)。

①釣漁の季節的移動
②紀伊水道への神戸根拠の底曳船の出現による沿岸での不漁
③他地域の漁民による仲介
④漁業技術と漁場・漁民の空白地

①は、特定の漁法にこだわった漁労活動を続ける場合、季節ごとの沿岸海域での漁獲量の変化が大きい。そのため、諸条件により移動が許される場合は、一般的により好条件の地域へ移動する傾向が強い。それに加え②は、早くから紀伊水道沖合での近代漁法（動力船）による漁業が行われ始めていて、沿岸漁民に漁獲量減少等何らかの影響を与えていたと考えられる。③は、前述のとおり堂浦の一本釣り漁民による九州の情報や同行等導きがあったことであり、なおかつ④は、堂浦漁民によってすでに獲得されていたところに同様に入ったとも言えるが、「空白地」が九州博多方面であったことである(15)。ただ、なぜ堂浦漁民らが由岐の漁民に協力したのかについては疑問が残る。

石垣弥太郎らに続く者が現れ、九州北部（福岡県博多、佐賀県唐津、長崎県宇久島等）に根拠を置いた出稼ぎ漁が継続される。根拠地の移転で興味深い点は、当時すでに長崎五島列島へと行商として進出し始めていた阿部のいただき商のツテによったとされる(16)。必ずしも主体的に出漁地を選択するだけでなく、さまざまな要因や時代背景によって漁民に選択肢が生まれていた時代であったとも言える。[17]

次の大きな転機になったのが、明治三五（一九〇二）年以降の東由岐杓谷菊太郎、川西久次らが長崎県的山大島に延縄船団で出漁を始めたことだった。母船式延縄漁によるもので、テンマ（小舟）を四から一〇隻程度搭載して漁場に向かい、到着すると一、二人を乗り組ませたテンマを降ろして延縄漁を行う漁法である。冬期の出稼ぎ漁が主体で、九月下旬に九州へ出漁し、五月に由岐に帰郷するといったサイクルでの出漁だった。[18]その後、人造氷の生産設備が整備されると、餌（キビナゴ）の買い付けに有利な五島列島に根拠を移していくことになる。大正元年頃には福江島玉之浦が阿波船の一大拠点になる。出身地の美波町等でこうした出漁が「ゴトウユキ（五島行き）」と言われる所以はここにある。

第三の転機が、テングリ（二艘曳底曳網漁）への転換である。九州北部で二艘曳底曳網漁を最初に行ったのが「出雲船」だった。島根県八束村片江の漁船で動力化を進め、ウインチの巻き上げ方法等を開発し、ついに大正八（一九一九）年に二艘曳試験操業に成功した。山口県下関港を拠点として五島列島沖の漁場で初めて二艘曳底曳を展開し、成功を収める。それまで、五島列島沖では阿波船団が行っていた延縄漁が主流だったが、出雲船団の成功の情報は、急速な技術伝播と漁具・漁法の変革をもたらした。阿波船団の中には翌年には早くもテングリを試みる者が現れる。漁獲量が大幅に増えることに加え、網漁であるため餌の確保の必要がない点、母船式延縄漁ではテンマの遭難事故が多発していたが、その危険性が軽減される点等が二艘曳底曳網漁業の普及を促進した。こうして前述の通り、大正一三（一九二四）年一〇月に正式な許可漁業として国による管理が行われるようになった。

ただ、先に二艘曳底曳網漁業を展開した出雲船団よりも、阿波船団や長崎や他地域から進出してきた大資本（林兼、山田屋、共同漁業等）の方が、これに取って代わっていった。出雲船団は一漁村の船員持株制による固定給による経営で、下関の魚問屋の支援を受けていたものの、規模の拡大が図られず、やがて大資本の傘下に入っていった。[19]一方の阿

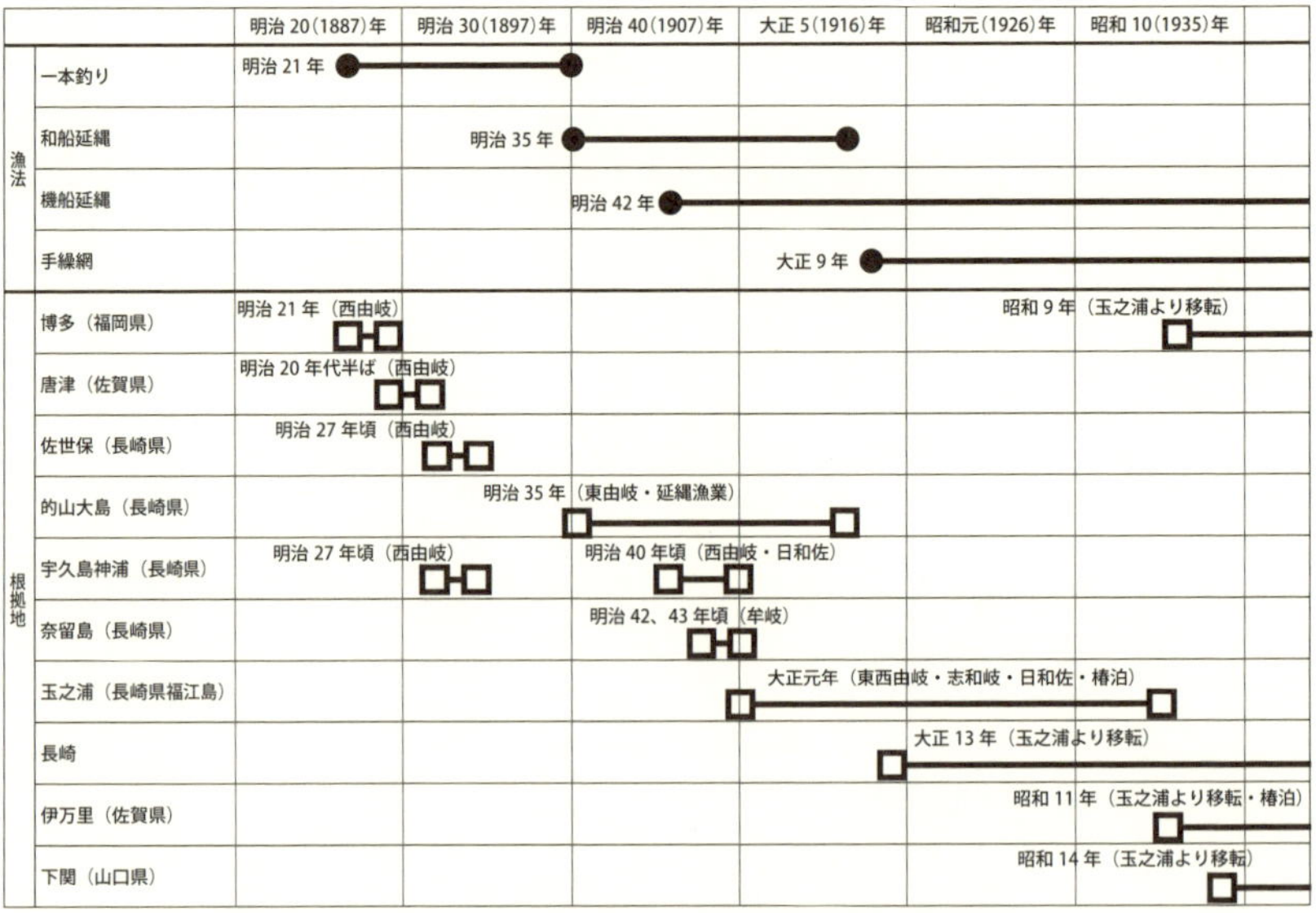

【表１】九州出漁における漁法と根拠地の変遷
昭和16年刊行の『阿波人開發支那海漁業誌』により作成した。
明治20年代から昭和15年頃までの変遷である。

波船団は、長崎の魚問屋である山田屋、林兼等の支援を受けて二艘曳底曳網漁業へ転換すべく漁船、漁具を整備したが、その後早い段階で独立する業者や徳島県出身者による組合組織を形成する者が多かった。とくに徳島県九州出漁団や阿波漁業株式会社等、徳島県出身者の船主でまとまった緩やかな結びつきや協力体制を築いていた点は注目できる。[20]

大正末期から昭和初期の阿波船団の経営展開について分類、整理すると次のようになる。中小規模の徳島県出身船主の集合体だった阿波船団は、独自自営船主、問屋契約船頭から自立した船主、共同出資で企業する船主に三分類できる。

①独自自営船主：高田万吉・富永恒太郎
②問屋契約船頭からの自立：徳島岩吉・濱崎浅次郎（林兼傘下から独立）
③共同出資で企業：椿泊の山本惣吉・江元安太・田井由太郎らの共漁丸組合

とくに資本金が必要になる場合、徳島県九州出漁団が着業資金を銀行から借り入れることで、船頭を船主にしていく形を採ることができた。こうした漁業経営におけるゆるやかな横断的連携が存在していたことは、阿波船団の強みとなった。この点は、一漁村ではなく、現阿南市、美波町、牟岐町等比較的広域の徳島県南部地域を出身とした多数の漁民集団が九州、五島列島、そして後には長崎、福岡等にいたことにより可能になった。

漁船が大型化し、漁具が大規模化する中で、船員の労働力の確保も重要な要素であった。徳島県南部沿海地域から船主、船頭の地縁・血縁関係のある若輩者を九州に呼んで乗り組ませた。漁船現場の最高責任者である船頭（漁労長）が船長以下の船員を直接雇用して給料、配当を渡す一方、船主はこの船頭と契約関係を結ぶことで船団を動かすといったものである。この阿波型船頭雇用制は、阿波船団だけでなく、九州の以西漁場で操業する魚問屋（山田屋、林兼等）にも採用されていった[21]。

以下、こうした経緯の概要について記述し、【表1】により漁法の変遷、主な根拠地の変遷を時間軸により整理した[22]。


明治二一年（一八八八）　西由岐の石垣弥太郎が最初に博多へ赴き一本釣りを試みる。

明治二三年（一八九〇）　この頃から石垣らは博多で大きな収益をあげ始め、本格化する。

明治二四年（一八九一）　石垣氏に倣い西由岐より北九州に出漁する者が多くなった。

明治二七年（一八九四）　石垣氏が初めて五島列島の内、宇久島に根拠を移した。

明治三五年（一九〇二）　東由岐杓谷初太郎、川西久次氏等が延縄漁業を試み的山大島に根拠を置いた。

明治三七年（一九〇四）　東由岐より延縄を以て出漁する者続出し一本釣りは衰退する。

明治四一年（一九〇八）　根拠地を宇久島に移す者が多い。阿波にて鰹漁業に発動機船の使用が始められる。

明治四二年（一九〇九）　日和佐富永儀太郎氏が発動機船にて宇久島に出漁した。

明治四三年（一九一〇）　牟岐町より出漁者があった。

大正元年（一九一二）　徳島県九州出漁団創立せられ森口芳蔵氏が団長となった。根拠地は玉之浦に移された。

大正四年（一九一五）　此頃より林兼商店が阿波出漁者に出資した。

大正五年（一九一六）　萬世丸第一号（母船式延縄船）が出漁する。

大正九年（一九二〇）　日和佐富永恒太郎、濱喜平、由岐橋本権吉等が玉之浦を根拠として一艘手繰操業を開始する。大型船萬世丸第二号（母船式延縄船）が建造される。発動機を改造、重油の使用始まる。

大正一〇年（一九二一）　林兼長崎支店を設置。九月に機船底曳網漁業取締規則を制定し、禁止区域が設定される。

大正一二年（一九二三）　従来の延縄船から手繰船に大量転向。（手繰船は）おしなべて二艘曳となった。

昭和元年（一九二六）　手繰船主によって徳島県九州出漁団組合を創立する
昭和四年（一九二九）　旧正月三日に玉之浦大火、一〇三戸焼失。阿波船団の移転の長崎移転が加速する。

昭和五年（一九三〇）　長崎遠洋延縄組合創立
昭和七年（一九三二）　経済界不況のため経営困難に陥る者少なからず。椿泊共漁丸（七組）解散する。四月徳島岩吉荒川港に根拠を移す。戸井幸蔵、齋藤庄次郎、大仁倉太郎等同様に根拠を移す。

昭和九年（一九三四）　一〇月玉之浦より船主六名一六組（山本、徳島、富永（恒）、富永（藤）、齋藤、大仁）福岡に移転する。

昭和一〇年（一九三五）　一〇月二八日徳島県九州出漁機船底曳網漁業水産組合設立認可。

昭和一一年（一九三六）　九月椿泊出身船主九名九組、玉之浦より伊万里漁港に移転する。

昭和一三年（一九三八）　五月一日より重油購買切符制となる。七月手繰網、延縄船共多数徴用せられ一〇月バイアス湾（広州湾）上陸に参加。

昭和一四年（一九三九）　一月廣田氏、三月由岐中氏が玉之浦より下関へ移転する。

三　以西底曳網漁業における阿波漁民の動向

前節で示したとおり、阿波船団は根拠地を移しながら、漁法を転換させながら以西底曳網漁業を展開してきた。その根拠地の移動には戦略的な目的や他者との関わりがあった。二艘曳底曳網漁に漁法を変えた阿波船団は、とくに昭和初期から二〇年代にかけて、五島列島玉之浦等から長崎、福岡、伊万里、下関等に根拠地を移していく。いわば都市部への根拠地の移転である。地域独占、商業独占に対抗した、漁業から多角経営への転換が目的だった[23]。大規模な沖合・遠洋漁業を経営するにあたり、流通、燃料供給、製氷、港湾整備等は重要な要素になっていた。福江島玉之浦から移転してきた要因を次の六点で説明できる。

①流通における魚問屋との対等性：かつて魚問屋を通じて流通させていた漁獲物を自らの手により販売する。
②石油供給と「総合商社」化する経営：漁船の燃料として不可欠な重油を自ら入手、管理することで購入経費を減らす。同様に漁具、船具、通信機器等を扱う業務も自ら行う。
③港湾における製氷設備の整備：人造氷を自らもしくは共同で造ることで購入経費を減らす。

④鉄道整備による陸運の優位性：これまで漁獲物を運搬船で海上輸送して阪神方面等へ送っていたが、鉄道網の整備により陸運が優位になってきた。したがって島與部に拠点を置くことが不利になった。
⑤福岡、伊万里の場合、行政による誘致と港湾整備：港湾を整備することを条件に行政が阿波船団を誘致した。誘致側にとっても、多くの水揚げ収入があったこと、船員ら多数が移り住むことになることで有利だった。
⑥延縄漁で必要な餌かいの必要がない：二艘曳底曳網が漁法の主力になったことで、延縄用の餌の確保が必要なくなった。そのため餌の供給地に拠点を置く必要がなくなった。

大正期以降福江島玉之浦に集結していた阿波船団は、二艘曳底曳網漁を導入し、昭和初期以降には長崎、福岡をはじめとする九州北部の都市部へと移転していった。船主、船団が移転すればこれに付き従う船員も同じく移転することになる。全貌や変遷の把握ができ、かつ信頼できる統計がほとんどなく具体的な把握が困難であるが、いずれにしても大規模な漁民移動が起こり、結果都市部に集結していったと言うことができよう。

こうした昭和初期当時の状況について、漁民らの出身地の一つである西由岐、東由岐、志和岐に関する資料を【表2】により整理した。昭和九（一九三四）年にまとめられた徳島県水産講習所による調査記録『徳島県漁村調査報告付録第一』である。

これによると、昭和六～八年頃の西由岐からの出稼ぎ者はマグロ延縄漁業者が五戸あり、三崎港（神奈川県）を拠点として他所漁民を乗り組ませていたこと、漁期が三崎沖で八月～翌年七月まで、室戸沖で一一月～翌年一月までという点を確認できる。一方、二組で従業者二〇人は東シナ海、黄海漁場で玉之浦（福江島）出漁の機船底曳漁業に従事していて、漁期は九月～翌年七月である。

地区	業態	漁業者戸数	従業者数	漁場	漁期	漁獲高					
						昭和6年		昭和7年		昭和8年	
						数量（貫）	金額（円）	数量	金額	数量	金額
西由岐	釣及び 延縄漁業者	170戸	280人	地先専用漁場 及び沖合	周年						
	出稼ギ マグロ延縄漁業者	5戸	他所の漁民を 乗り組ませる	三崎港より出漁し南、 室戸方面沖合450海里	三崎：8～翌7月 室戸：11～翌6月						
	アイ網漁業 （小型定置網）	1戸	6人	地先専用漁場	4～翌1月						
	玉之浦出漁 機船底曳漁業	2組	20人	支那東海、黄海	9～翌7月						
東由岐	はも延縄漁業	36戸	1隻3～4人 108	地先専用漁場及び入会漁場、権利関係で徳島方面まで行く	4～6月	6,390	11,760	3,200	6,066	3,510	6,730
	鯖延縄及び 赤物延縄漁業	35～40戸	160	沿岸6～10 m	12～3月	7,250	4,000	15,880	8,910	8,360	4,885
	釣漁業 （太刀魚、鯖、鯵等）	50～100戸	100人くらい	地先専用漁場	7～9月		5,412		6,590		6,230
	しび縄漁業	8戸 （東西由岐で）	不明	土佐沖、三崎沖 （根拠地： 清水、三崎、室戸）	室戸：12～5月 三崎：10～5月						
	玉之浦、長崎出稼ぎ 二艘曳機船底曳網漁業	東由岐 （玉之浦：14組、 長崎：30組）	1800人	支那東海、黄海	9～6月末						
	沖合一艘曳機船 底曳網漁業	7名10隻	90人	日ノ御碕より伊島頂上に至る線上、日ノ御碕から3海里の点と大島頂上南東3海里の点を連ねる線の外側で、和歌山との中間まで	10～4月		70,340		78,600		83,400
	小敷網漁業	3戸	1統40名 120名	地先専用漁場	周年、ただし 8月土用期間休業		5,800		1,860		2,130
	アイ網漁業	9戸	119人	地先専用漁場の 小敷網以外のところ	周年						
木岐	小敷網漁業	3統30戸 （共同経営）	1統 16～17名	地先専用漁場	3～7月		5,611		2,519		1,068
	あい網	32統　大17、 小15　19戸	大小とも6人宛	地先専用漁場 及び日和佐と共用漁場	周年 （実際には秋～冬）	1統　100～400					
	磯建網	20戸	40人	地先専用漁場 及び日和佐と共用漁場	10～4月末	全部で8統年　4,000円以下					
	夜焚釣り	35戸	35人	地先専用漁場 及び日和佐と共用漁場	周年				4,100		4,500
	アワビ、トコブシ	25戸	25人	地先専用漁場 及び日和佐と共用漁場	2～9月末	3,000～3,500円					
	大敷網漁	1戸	40人	共同漁場	10～5月末				36,700		
志和岐	アワビ	組合員160人、 全漁業者200人	160 （男80、女80） 17～60歳位	東由岐、西由岐、 志和岐地先共同水面	旧2月28日～ 旧9月中旬、 100日位					2,520	5,544
	トコブシ	同上	同上	6尋以下の 浅いところ							
	フノリ、テングサ	同上	同上		旧3月15日～ 旧5月						
	アラメ	同上	同上								
	トリアシ	同上	同上	10～4尋の間							
	イカ漁業	同上	同上	三組合地先水面	旧9～旧2月						
	イセエビ	同上	同上	三組合地先水面	旧9～旧2月						

※『徳島県漁村調査報告附録第一』（昭和9年）より作成

【表2】昭和9年の旧三岐田町における漁業状況

東由岐の場合、玉之浦を一四組、長崎を三〇組が拠点にしていて、二艘曳機船底曳網漁業で東シナ海、黄海に九月から翌年六月末までを漁期として出漁していた。その従業者数は一八〇〇人で、他に「はも延縄漁業」「鯖及び赤物延縄漁業」「釣り漁業（太刀魚、鯖、鰺等）」「しび縄漁業」「沖合一艘曳機船底曳網漁業」「小敷網漁業」「アイ網漁業」の従業者数と比較しても地域におけるそのウェイトの大きさがわかる。出漁先の九州においても、徳島県の出身地域においても、以西底曳網漁業が重要な位置づけだったことを確認できる。

以降、昭和初期から漁業の廃業が進む平成初期にかけて、長崎、福岡、下関等を拠点にした遠洋漁業として、またそれに関連する水産加工、石油精製、漁具・船具、通信機器、製氷、倉庫、運送等を含む一大産業として位置づけられてきた。その間の変遷の概要について概説する。

日中戦争へと突入して間もない昭和一三（一九三八）年には、漁船燃料の重油の統制が始まり、同時期から漁船の徴用が始まった。昭和一三年頃から順次徴用が始まり、軍需の食料獲得のため、船員ともども軍属として働くケースもあった。東シナ海等の漁場は戦局とともに昭和一〇年代後半には安全な漁場としての利用が不可能になった。結果、敗戦までにそれまで保有されてきた漁船のほとんどが失われることになった。

ただ、以西底曳網漁業の戦後復興は早かった。食料増産需要に合わせて造船され、戦時中利用されていなかった漁場で大漁が続いた。戦後においても、漁法、漁業労働環境の転換点がいくつかあった。昭和二〇年代後半の李承晩ライン等韓国・中国当局による拿捕のため、操業海域の縮小と船員の抑留の問題があった。昭和三〇年代半ば以降、北洋漁業の隆盛（スケトウダラ等に代替）により、それまでの以西漁場からの「つぶしもの」の需要減による漁獲魚種の変更を余儀なくされた。

高度経済成長期には出稼ぎ（若年層の就職先）が京阪神方面に変わっていった。徳島県南部から若年船員を確保することが困難になった。その背景には、中積み（運搬船）の導入による一航海あたりの航海日数の増加、昭和四〇～五〇年代のバック式漁船の新造、冷凍保管庫の船内設置等にともない、甲板労働の軽減とともに一航海が長期化があった。国際的な漁業協定、二〇〇海里水域の設定、資源保護のための網目の制限、オイルショック等によるコスト増大等の問題が大きくなり、その結果、配当減により手取り額が減り船員確保が難しくなった。昭和五〇年代後半以降、徳島県南部から船員の供給が減少し、これに換わって日雇いでの船員や外国人船員の補充を進めることになっていった。このことは、同時に徳島県からの移住者がこれ以上増えない、継続していかないことを意味していた。

その以西底曳網漁業における阿波漁民の具体的な動向として、すでに磯本宏紀「以西底曳網漁業における漁業移住と漁業経営の戦後の変遷―長崎市・福岡市へ移住した徳島県美波町出身の漁民―」において、聞き取り調査により確認したライフヒストリーと船員手帳にもとづいて三類型を提示している。(24) 詳細は先行研究に譲るものとし、ここでは、その三類型を概説するにとどめたい。

以西底曳網漁業にかかわる徳島県南部からの漁民移動の三類型

①出稼ぎ「九州行き」→船員→幹部（漁労長や水産会社役員など）：移住

②出稼ぎ「九州行き」→船員→加齢後内航貨物船，タンカー等船員（次の移動）：移住

③出稼ぎ「九州行き」→船員→帰郷（漁師）

いずれも、前提としては出身地から中学校卒業時もしくは高等学校卒業時等比較的若年期に船員として長崎、福岡、若松（現北九州市）、下関等へ移り、底曳網漁船の船員になっている。その際、地縁・血縁により同郷出身の船頭

（漁労長）を頼って船員となる。船員になってから後は昇進状況、免許の有無、個人の志向性等により異なる経緯をたどる。漁船の船員としては四〇代から五〇代で転換期を迎えるが、③の帰郷者がその時期に遠洋船を降りて故郷に戻る。故郷に戻って船を造り、沿岸漁師になる者が多い。①の場合、水産会社の近くで定住する。②の場合、漁船を降りた後、内航船の船員になる。漁船に比べ労働負荷が低く、五〇歳代以降の船員も多い。元の水産会社の近くで定住する場合、内航船の関係地で定住する場合、内航船の乗組員をやめて帰郷する場合など、最終的に定着する場所が不確定である。

こうして船員として、労働力として出稼ぎ者、移住者が長崎、福岡等に世代を超えて連続的に供給されていった。そうした船員たちが頼りにしたのが、先行して移住した船主、船頭（漁労長）、その他関連業者であり、地縁・血縁によるつながりだった。移り住んだ者の内、先に挙げた①②の場合、移住先に定住し、最終的に故郷を離れたまま人生を終えることになる。ただこうした連続した人の流れは、以西底曳網漁業の不調や廃業、さらに良い労働条件のある地域や業種の登場等により、とくに昭和五〇年代頃から徐々に減っていくことになった。

四　阿波漁民の都市部への移住

以西底曳網漁業廃業後、もしくは漁船下船後、都市部に移住する船員が増加していくことになった。前章で確認したとおり、三つパターンに分類できる中で、長崎、福岡等の都市部に定住した実態と要因についてさらに検討したい。

昭和五〇年代後半から以西底曳網漁船船主の廃業が進む。福岡では平成一一（二〇〇〇）年四月にはすべて廃業、長崎でも長崎県出身の山田水産を残すのみとなり、徳島県出身の漁船はすべて廃業した。廃業後も、水産加工、冷凍倉庫業、運送業、石油小売業等各方面に進出していたため企業としては残った。一方、徳島県出身の漁民（船員）はその後の選択を迫られることになった。先にあげた類型のとおり、そのまま都市部（長崎、福岡等）への定住を選択した者も多い。

長崎、福岡等への定住を促したさまざまな要因がある。聞き取り調査による多様な事例を確認したが、整理すると三点に絞ることができる。

第一は「時代性」である。船員として、陸の他業種の給与所得者等と比較して多くの収入を得ていた。高度経済成長期には船員収入の余剰分が不動産投資に向けられた。都市部近郊の宅地開発、不動産開発がさかんに行われ始めた時代性と相まって、自宅だけでなく投資対象として土地やマンションを所有する船員が多かった。

第二は「立場性」である。漁労長等（責任者）となる船員であるか、そうでないかに左右されるが、以西底曳網漁船の下船後も元漁労長等の中には会社役員として雇用される者がいた。最低保障の固定給と歩合給の船員から、固定給の社員に変わりその後も同地で雇用が継続されたことにより帰郷する者はいなかった。

第三は「継続性」である。そもそも船主やその血縁者は二代三代と継続して郷里（徳島県南部）からの地縁者、血縁者や地域との関係を維持しながら定住してきた。

こうして、長崎市、福岡市における漁民（元船員）の集住地が昭和初期以降形成されていった。長崎市では、長崎市旭町、稲佐町、丸尾町、平戸小屋町等であり、福岡市では、福岡市中央区簀子地区（荒戸、港、西公園等）、早良区室見地区、高取地区、城南区片江地区等である。現在でも地区による濃淡はあるが多くの徳島県南部出身の元船員やその家族が集住する地域になっている。

昭和初期の阿波漁民が移り住んだ町の状況について、笠井高三郎は次のように記述している。

旭町、稲佐町（旭町接近部）、丸尾町等には阿波出身の船主、船員其他商業者などが多数住み、日和佐町民会（会長中野梅市氏）は一六〇戸約四〇〇人、三岐田町民会（会長浜脇源蔵氏）は一〇〇戸約二〇〇人と言はれるが、実際はもう少し隠れた人々があらう。兎に角戸数の上から言つても経済の上から言つても全く阿波人の勢力圏内にあるのだ。旭町二丁目、三丁目の辺は埋立後野原であつたのを阿波人の力で発展せしめた訳で此辺で目星しい住宅は総て阿波船主の棲家である(25)

たとえば長崎市の場合、もともとの市街地の対岸、長崎湾を挟んで向かいの地域で、空き地だった場所に移住者による町が形成されていったようで、その中心が徳島出身者によるものだった。

また、福岡市では、阿波船団を招致するにあたって新港として再開発された福岡港付近に「阿波町」ができあがっていった。

福岡市には博多港と福岡港とが東西にある。前者は旧港にして今は築港が出来、商港と漁港とを兼ねている。後者は新港にして阿波の手繰船が占領してゐる漁港なのである。漁港の沿岸北湊町一帯は全くの阿波町であつて船主、船員、商人等家族を含みて二千人近くの阿波人が此処に住んで居る(26)

徳島県出身者による親族経営による水産会社経営が行われ、船員だけでなく、多くの経営関係者が集住した。当初漁業が中心だった業種は、水産加工業、石油小売業、製氷業、運送業、倉庫業、漁具、船具、無線機器等の販売業、造船等へ広く拡大していった。それらを血縁者によるグループ企業体として一手に経営する形態が定着していった。(27)

五　都市部移住漁民によるコミュニティの形成と変遷

血縁者を除く地縁者の場合、徳島県出身者としての同郷集団、同郷組織としての結びつきは実は希薄だった。とくに、以西底曳網漁業における船員雇用体制が会社組織化していく昭和三〇年代以降は、そうした傾向が強くなっている。確かに同じ漁船に乗った仲間や同じ会社単位での同郷出身者間での個人としての結びつきはあったが、それらを横断するような同郷者集団といえるコミュニティは存在していなかった。

船員等は出身地漁村（由岐、日和佐、椿泊等）から、血縁、地縁または同窓生（旧県立水産高等学校）等のルートを通じて募集し、参集してきていた。ただ、以西底曳網漁業や関連業種を除くと、長崎市、福岡市等に移住した徳島県人を中心とする地域社会におけるネットワーク形成には積極的でなかった。あるいは、そうした結集の形が必要とされていなかった。

前述の笠井高三郎の記述によれば(28)、とくに長崎市には「日和佐町民会」「三岐田町民会」(29)といった出身地ごとの町内会が少なくとも昭和一〇年代には存在していたとされるが、その後筆者調査等ではそうした社会組織について確認できなかった。もしそうだとすれば、依然として多くの元船員が同地域に集住していたものの、時代を経て元あった組織は形骸化し、あるいは解消されていったと言える。さらに、同地域には徳島県出身者だけでなく、同じ元船員でも上五島（奈留島、中通島、小値賀島、宇久島等）出身者も居住するようになっている。その実態について検討が必要だが、この点については別稿にゆずることにしたい。

出身地を基盤とする結びつきが弱まっていく一方で、漁船を単位として、船員及びその家族らによる結びつきは維持された。たとえば、漁船が出航すると船頭の妻らが中心となって船員の妻、家族らと同行して安全祈願、豊漁祈願を目的とした合同での三社参り、寺社参り等をする慣習があった。また、初秋に漁期が終わると船主（漁業会社）を単位として家族を連れ立って慰安旅行へ行った。移住先での居住地域を単位とした結びつきよりも、漁船、漁業会社を単位とした結びつきが日常的に優先されていたと考えられる。いずれにしろ、同郷者であることをベースとしたネットワークは、以西底曳網漁業の廃業が進む昭和末期には希薄になってきていたと言うことができる。

そうした状況下で、長崎市において同郷者団体の設立に向けた動きが生じる。その発起人となったのが船主の濱崎直人氏（濱崎水産）と増田高彦氏（増田水産）で、長崎県にある徳島県出身者による水産会社等二〇社とその元船員を中心に長崎徳島県人会が設立された。平成二（一九九〇）年から始まり、毎年集まりが継続され、各回四〇から八〇名程度が参加した[30]。

この長崎徳島県人会を母体として、平成一二（二〇〇〇）年には長崎徳島県人会阿波踊り同好会「すだち連」が発足した。そのきっかけになったのが、平成三（一九九一）年六月の雲仙普賢岳噴火による火砕流災害の慰問に訪れた、阿南市の阿波踊りの連「ささゆり連」の活動だった。この「ささゆり連」の活動に触発され、指導を受け、かつて慰問を受けた島原市では「島原不知火連」が発足。島原不知火祭りにおいて阿波踊りが踊られるようになった。

平成一一（一九九九）年、長崎徳島県人会に対して島原市商工会議所青年部から島原不知火祭りの一環として開催される「阿波踊り大会」への参加要請があった。このとき県人会有志として阿波踊り大会に参加し、表彰されたのを機に、二〇数名が集まり、平成一二（二〇〇〇）年五月に県人会の阿波踊り同好会が結成され、「すだち連」となった。その後、一ヶ月に二回程度の定期練習を行い、島原不知火祭りの阿波踊り大会、長崎市での各種祭り、福岡市の博多どんたく等で阿波踊りを披露するようになった[31]。

こうして、長崎県においては以西底曳網漁業衰退後に船主と元船員ら及びその家族が中心となって長崎徳島県人会が結成され、やがて県人会を母体として阿波踊りの活動が開始された。阿波踊りが「郷土」徳島県を象徴し、移住地で自分たちのアイデンティティを示すものとなったほか、これまでになかったつながりをつくったとも言える。

ところで、徳島県から主に漁業を基盤にして移住し、以西底曳網漁業衰退後にも長崎市・福岡市等都市部定住した者を対象としたアンケート調査を実施した。徳島県出身者の都市部移住者の実態把握を目的としたものである。平成二九（二〇一七）年四月八日に九州徳島県人会が長崎市で開催された際、参加者一一四名を対象に調査票を配布し、有効回答五八件を得たほか、同年六月に福岡海寿会を通じて以西底曳漁船関係者を対象に調査票を配布し、有効回答一三件を得た。データ総数は七一件である。

主な調査結果については、【図1~10】により示した。【図1】の年齢は、「七〇歳代」「八〇歳代」で八二パーセントを占め、高齢の者が大半を占めていて、【図2】の性別は男女がほぼ同程度の割合を占めている。男女ともに移住者がいたことがわかる。【図3】の現住地としては「長崎県」「福岡県」で九三パーセントを占めていて、九州における徳島県人の地域的集中を確認できる。なお、この点は、長崎市で開催された徳島県人会で調査を行ったため、長崎県からの参加者多く、突出した数字になったことも付け加えておく。【図4】の出身地は、「美波町（旧日和佐）」が四三パーセント、「美波町（旧由岐）」が一〇パーセント、「阿南市椿泊」が二八パーセントと多数を占めていることがわかる。また、【図5】の移住のきっかけは三四パーセントが「親世代以前から住んでいた」とするほか、「就職」「出稼ぎ」のために来た者が合わせて二八パーセントだが、「結婚のため」とする者が三一パーセントにのぼる。【図6】では、「専業主婦」三九パーセントとする者がもっとも多く、次いで「漁業（船員・社員）」が三四パーセントと続く。全体として移住した漁業関係者が多いことも確認できる。

【図7】の親世代の居住地として、七七パーセントが「徳島県の出身地」とし、それ以外では、「長崎市」が一七パーセント、「福江島玉之浦・荒川」が三パーセント、「伊万里市」が二パーセントとなる。かつての以西底曳網漁業の基地を反映したものである。反対に対象者の下の世代にあたる子・孫の現住地【図8】の実数は、「同居」や「同じ市町村」「同じ県内」が多数を占めるほか、「首都圏」「京阪神地方」とする者もいる。このことは、一度移住すると親世代以前の出身地からは離れた生活を継続することを意味している。【図9】の県人会にかかわるきっかけとしては、「仕事関係者」「友人・知人」「県人会の勧誘」「徳島県からの案内」とそれぞれ回答が分かれている。県人会結成のきっかけが以西底曳網漁業関係者からであったが、その後はさまざまなルートから勧誘が行われたことがわかる。【図10】の実際の活動においては、長崎県の関係者の回答が多いこともあり「阿波踊り」と回答した者が一二名いた。

これらの調査結果を分析すると次の四点について指摘できる。

第一に、現在の七〇～八〇歳代の世代を中心に、美波町、阿南市椿泊から漁業によって移住した。それ以下の世代の移住はほとんどなく、子・孫らは現住地と同じ市内、県内を中心に居住している。

第二に、移住者の多くが漁業か漁業にかかわる職に就いていた。また、徳島県出身者が主婦として同郷者同士の結婚のために移住している。このため、漁業関係者である男性とほぼ均衡する割合の男女比である。

第三に、親世代以前から現住地に移住した人が四分の一程度いる。親世代時に福江島（五島列島）玉之浦等、北九州市、伊万里市と阿波船団の基地となった地区から移転してきた人がいることもわかる。長崎市にも親世代から移住した人が多い。

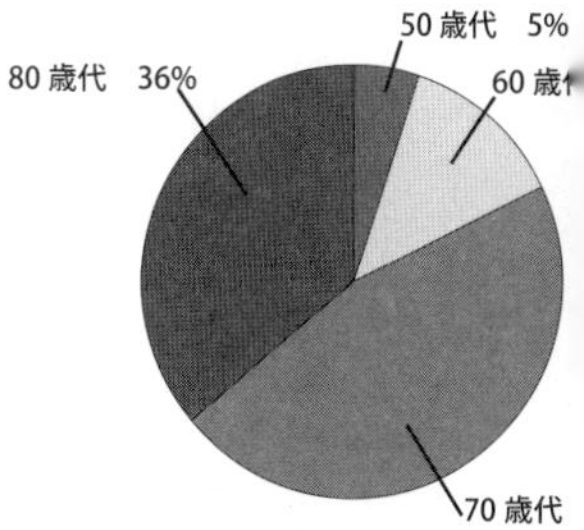

【図 1】 年齢

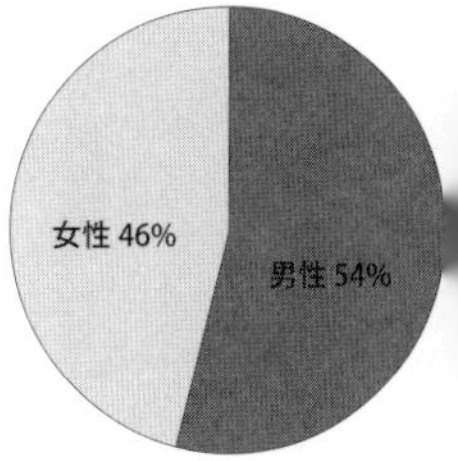

【図 2】 性別

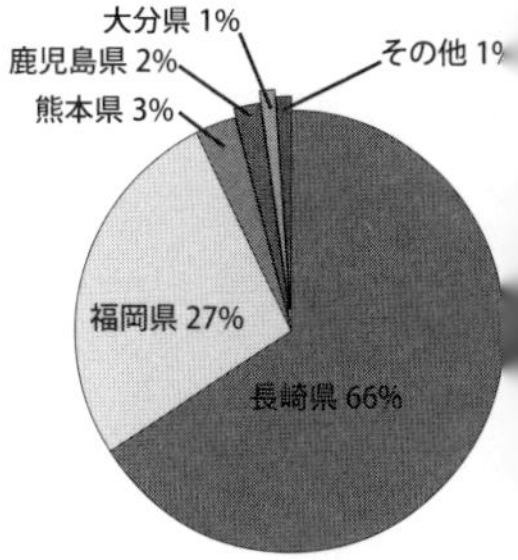

【図 3】 現住地

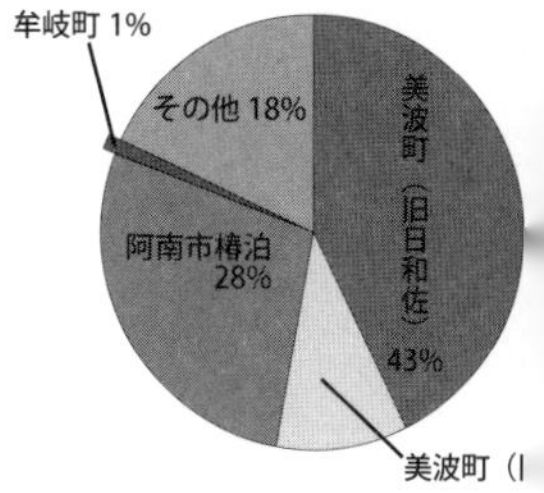

【図 4】 出身地

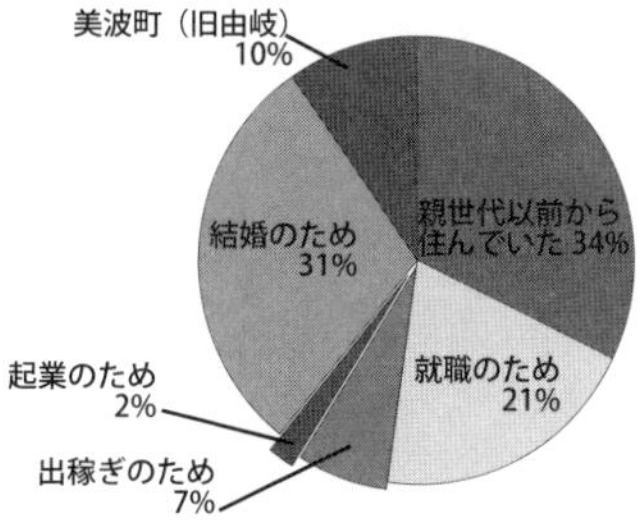

【図 5】 移住のきっかけ

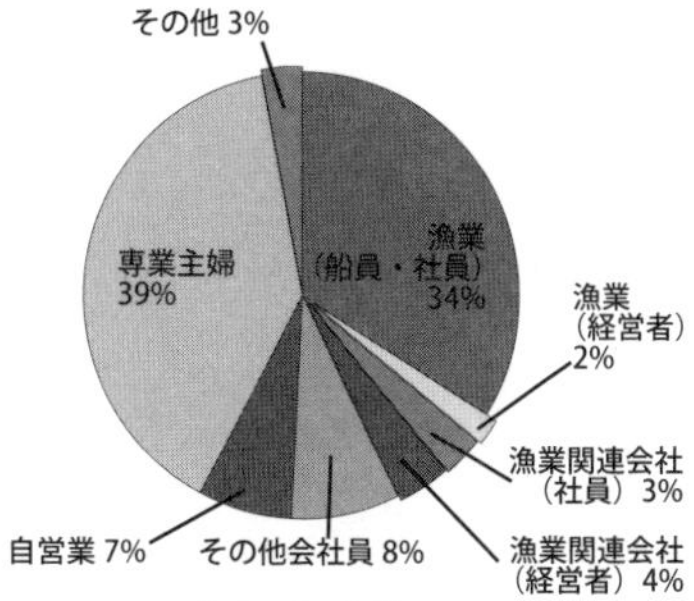

【図 6】 職業

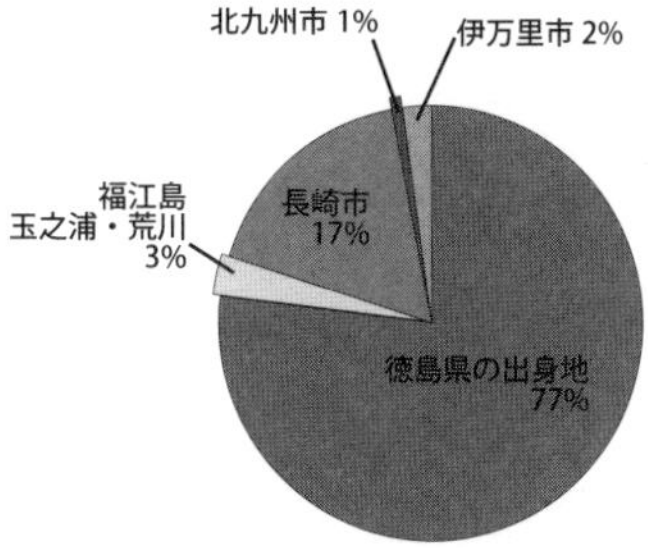

【図 7】 親世代の居住地

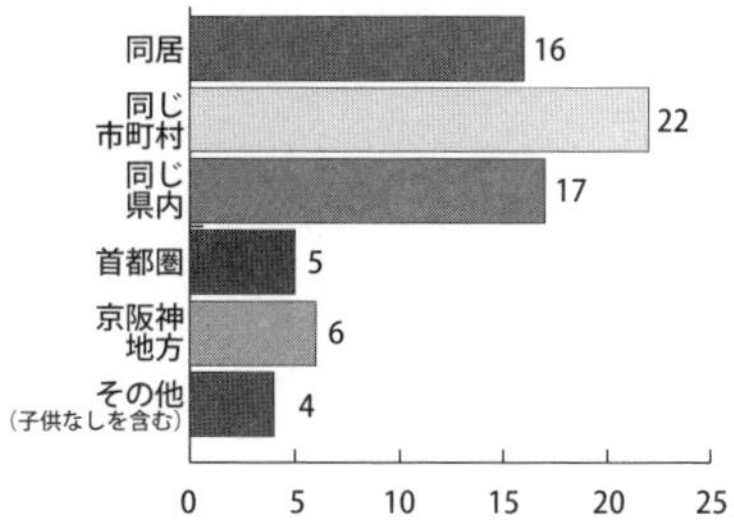

【図 8】 子・孫の現住地

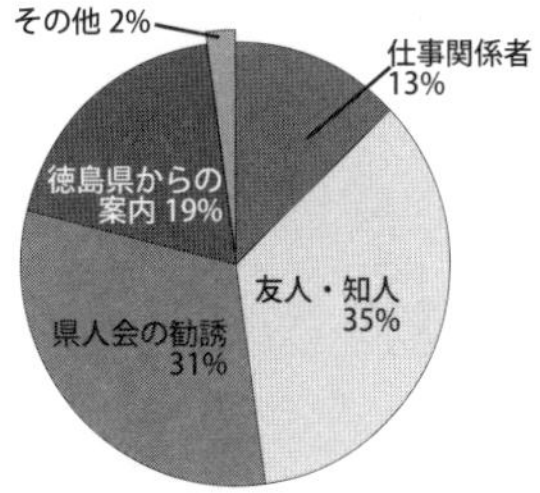

【図 9】 県人会にかかわるきっかけ

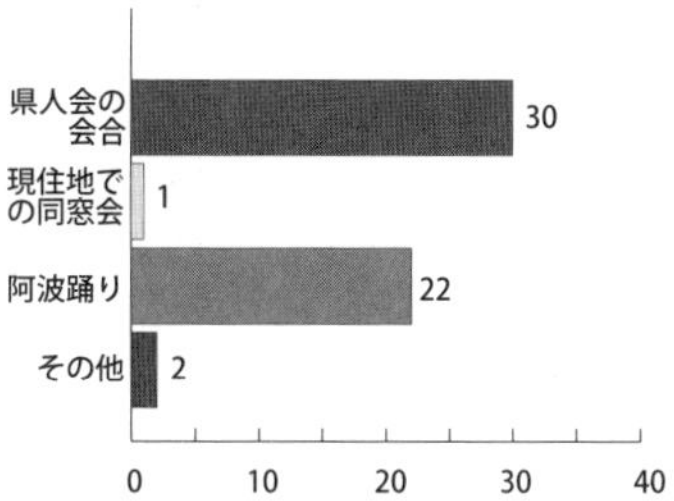

【図 10】 県人会における活動

第四に、以西底曳網漁業衰退期に、漁業関係者が主体となって長崎県人会が設立され、長崎ではとくに阿波踊りの活動に関わる人が多い。

おわりに

本稿では、以西底曳網漁業にかかわりながら、最終的に長崎、福岡等に移住していった漁民やその家族の生活の実態と変遷について、主に対象者からの聞き取り調査、同時代の文献資料、現住者からのアンケート調査により多方面からの調査研究により検討した。本稿で明らかになった論点を次の三点にまとめることができる。

一点目は、徳島県南部からの漁業による移住者は、明治期から大正期にかけてもともとは在来漁業の技術と漁民の空白地に移住して沿岸で漁業を営んでいたが、在来漁業の空白地ではなく、近代漁法のもとで漁業を支持する総合的条件の整った場所（都市）に拠点を移動させ、結果的に居住地もその近くに移して定住していった。その背景には、近代技術と許可漁業への移行という漁業制度上の位置づけの変化があり、大正期の以西底曳網漁業の成立以降、それまでの時代になかった技術と環境下での漁業の新展開を阿波漁民が東シナ海、黄海で経験することになった。

二点目は、戦前に都市の町外れに形成された徳島県出身者による「阿波町」は、長崎市、福岡市において漁業および関連業者を含めて、血縁、地縁を根拠とした巨大な同業者集団として維持される一方、移住地における同業他者と多方面に結びついて産業（生業）を支えた。ただし、混住化が進み、経営体として会社組織が強化されるなかで、戦後は徳島県出身者による「阿波町」やそれらに付随するコミュニティは確認できない。

三点目は、個々の生活者として、漁業現役時代には同船、同社の関係性が強く、以西底曳網漁業の衰退が進むなか、改めて県人会など横断的組織が形成されていった。ただし、生業と関わりをもたないコミュニティの次世代への継承困難な状況であることは否めない。

註

（1）羽原又吉『漂海民』岩波書店、一九六三年。
（2）野口武徳『漂海民の人類学』弘文堂、一九八七年。
（3）野地恒有『漁民の世界―「海洋性」で見る日本―』講談社、二〇〇八年。
（4）野地恒有『移住漁民の民俗学的研究』吉川弘文館、二〇〇一年。
（5）増崎勝敏「大阪湾のイワシきんちゃく網漁―その産業構造とネットワーク―」『日本民俗学』二七六号、二〇一三年。
（6）片岡千賀之『西海漁業史と長崎県』長崎文献社、二〇一五年、片岡千賀之『長崎県漁業の近現代史』長崎文献社、二〇一一年、片岡千賀之「以西底曳網漁業の戦後史　Ⅱ」『長崎大学水産学部研究報告』九一、二〇一〇年、片岡千賀之二〇〇九「以西底曳網・以西トロール漁業の戦後史　Ⅰ」『長崎大学水産学部研究報告』九〇、二〇〇九年等の研究がある。
（7）土井仙吉「徳島県南部の遠洋出漁村」、土井仙吉教授退官記念論文集刊行委員会編『漁港の立地と変動―土井仙吉地理学論文集―』光文館、一九八五年、土井仙吉「日本漁業の地域的展開（続）と徳島県南部の遠洋出漁村」『福岡教育大学紀要　第二分冊　社会科編』一八、一九六八年、土井仙吉「明治中期以降における日本漁業の地域的展開」『福岡教育大学紀要』一七、一九六七年、土井仙吉「以西遠洋底びき網漁業根拠地の盛衰」『地理学評論』三二（一）、一九五九年等の研究がある。
（8）佐藤正志「戦前期における以西底曳網漁業経営の展開」『経営情報研究　摂南大学経営情報学部論集』三（二）、一九九六年、吉木武一『以西底曳漁業経営史論』（財）九州大学出版会、一九八〇年、山下豊治「以西トロール・機船底曳網漁業根拠地の比較考察」『史学研究』六七、一九五七年等の研究がある。
（9）山口和雄編『現代日本産業発達史　一九　水産』交詢社出版局、一九六五年。

(10) 片江郷土誌編さん委員会編『片江郷土誌』片江郷土誌編さん委員会、一九六五年、片江海洋漁業株式会社編『沿革史』片江海洋漁業株式会社、一九六八年による。

(11) 「外一名」とは、同じ西由岐の漁民津田吉蔵のことを指す。

(12) 三岐田町誌編纂委員会編『三岐田町誌』三岐田町、一九二五年。

(13) 笠井高三郎『阿波人開発支那海漁業誌』阿波人開発支那海漁業誌刊行会、一九四一年。その後も、由岐町史編纂委員会編『由岐町史・上巻〈地域編〉』由岐町教育委員会、一九八五年、由岐町史編纂委員会編『由岐町〈図説・通史編〉』由岐町教育委員会、一九九四年においても同様に記述される。

(14) 註(12)(13)前掲書による。

(15) たとえば、(財)日本常民文化研究所編『日本漁民事績略』(財)日本常民文化研究所、一九五五年には、「板谷利八」という漁民に関する記事がある。福岡糸島郡北崎産の人で、明治末に阿波人久吉を雇って釣漁を研究し発展の基礎を作ったとされる。明治末期に、「阿波人」が福岡県で釣漁の指導を行っていたことがわかる。

(16) 笠井高三郎『阿波人開発支那海漁業誌』阿波人開発支那海漁業誌刊行会、一九四一年。

(17) 明治二〇年代から三〇年代にかけて、日本の漁業状況は大きく変わっていった。内国勧業博覧会、水産博覧会等漁具・漁法の整備、改良を普及する取り組みや、明治三〇(一八九七)年の遠洋漁業奨励法、明治三四年(一九〇一)の漁業法の成立等の法整備が行われていった時代だった。また、明治四〇年代以降、大型漁船の動力化が進められていった。

(18) 註(16)前掲書による。

(19) 石川二正『片江機船底曳網漁業の研究』私家版、一九三九年、片江郷土誌編さん委員会編『片江郷土誌』片江郷土誌編さん委員会、一九六五年、片江海洋漁業株式会社編『沿革史』片江海洋漁業株式会社、一九六八年、中川忞『底曳網漁業制度沿革史』日本機船底曳網漁業協会十周年記念出版』日本機船底曳漁業協会、一九五八年、山口和雄編『現代日本産業発達史 一九 水産』交詢社出版局、一九六五年、吉木武一『以西底曳漁業経営史論』(財)九州大学出版会、一九八〇年による。

(20) 笠井高三郎『阿波人開発支那海漁業誌』阿波人開発支那海漁業誌刊行会、一九四一年、福岡基地開設六五周年記念誌刊行会編『九州出漁一一〇周年記念　遠洋底曳網漁業　福岡基地六五周年記念誌』社団法人日本遠洋底曳網漁業協会福岡支部、二〇〇一年、山口和雄編『現代日本産業発達史　一九　水産』交詢社出版局、一九六五年、吉木武一『以西底曳漁業経営史論』（財）九州大学出版会、一九八〇年による。

（21）吉木武一『以西底曳漁業経営史論』（財）九州大学出版会、一九八〇年による。

（22）註（16）前掲書及び磯本宏紀「以西底曳網漁業による戦後の出稼ぎ―旧由岐町での聞き書き―」『徳島地域文化研究』九、二〇一一年による。

（23）註（21）前掲書による。

（24）磯本宏紀「以西底曳網漁業における漁業移住と漁業経営の戦後の変遷―長崎市・福岡市へ移住した徳島県美波町出身の漁民―」『徳島地域文化研究』一二、二〇一四年による。

（25）註（16）前掲書による。

（26）註（16）前掲書による。

（27）註（24）前掲論文による。

（28）註（16）前掲書による。

（29）三岐田町は、現在の美波町西由岐地区、東由岐地区、志和岐地区を含むエリアで、昭和三〇年（一九五五）に旧阿部村と合併して旧由岐町になり、平成一八年（二〇〇六）には旧日和佐町と合併して美波町になっている。

（30）山口敏夫『徳島県人会記録誌　かもめ』私家版、二〇〇三年による。

（31）註（30）前掲書及び「長崎すだち連」関係者からの聞き取り調査による。

第六八回（徳島）大会の記録

大会成果論集刊行特別委員会

はじめに

地方史研究協議会第六八回（徳島）大会は、二〇一七年一〇月二一日（土）から二三日（月）までの三日間、徳島県徳島市（あわぎんホール（徳島県郷土文化会館））で開催された。大会の共通論題は、「『地力』と地域社会―徳島発展の歴史的基盤―」とした。一日目は自由論題研究発表三本、共通論題研究発表二本、公開講演二本が行われ、委員会・総会が開かれた。二日目は、共通論題研究発表七本および共通論題討論が行われた。そして三日目は、巡見（二コース）が実施された。

本書は、この大会の公開講演・研究発表および共通論題討論の要旨を含む大会の記録を収録したものである。刊行の経緯については、「刊行にあたって」を参照いただきたい。

一　大会準備状況

本大会については、二〇一五年四月八日の二〇一四年度第五回常任委員会において、徳島県内での開催が決定された。それにともない大会準備委員会が常任委員会内に発足し、委員には刑部芳則・中野達哉・中山学・西村健・吉田政博・山澤学が就任した。委員長については、二〇一五年六月二三日の第一回大会準備委員会での互選によって山澤を選出した。二〇一六年一一月一一日の二〇一六年度第一回常任委員会において、大会準備委員会は大会運営委員会へと改められ、大会実行委員会とともに大会の準備・運営にあたった。同年一二月三日の第二回常任委員会において、委員に長沼秀明・渡辺嘉之が増員され、その結果、大会運営委員会は、左記の八名によって構成された。

刑部芳則・中野達哉・中山学・長沼秀明・西村健・吉田政博・渡辺嘉之・山澤学（委員長）

なお、常任委員長は、二〇一六年一〇月まで渡辺嘉之、一一月以降は保垣孝幸がつとめ、準備委員・運営委員とともに大会準備・運営にあたった。

大会名称については、当初は第六八回（仮称・徳島）大会としていたが、第四回大会実行委員会で、開催地が徳島市であることから、「徳島」とすることが発議され、二〇一六年五月三〇日、二〇一五年度第六回常任委員会において、第六八回（徳島）大会と決定された。また、大会期間・会場も同常任委員会で決定された。

今大会の実行委員会については、四国・徳島県で活動する徳島地方史研究会・考古フォーラム蔵本・鳴門史学会・徳島地理学会・徳島地域文化研究会・四国中世史研究会・四国地域史研究連絡協議会、隣県で第五八回（高松）大会の開催を経験した香川歴史学会の諸団体から選出された実行委員によって構成された。順次増員が行われ、最終的には左記の一八名で大会の準備を進めた。

【大会実行委員会】

委員長　福家清司
事務局長　徳野　隆
事務局次長　松下師一
実行委員　石尾和仁・磯本宏紀・岡本治代・菅野将史・金原祐樹・須藤茂樹・塚本章宏・中村豊・萩野憲司・橋詰茂・長谷川賢二・平井松午・町田哲・松永友和・森脇崇文

大会実行委員会・準備委員会・運営委員会の協議内容については、会誌『地方史研究』の「事務局だより」「第六八回（徳島）大会運営委員会報告」で詳述したので、本記録では省略する。各委員会の開催状況は以下の通りである。なお、大会開催一か月前にあたる二〇一七年九月一七日には、徳島市立徳島城博物館において、共通論題報告九本を検討するプレ大会を、台風一八号接近の最中に実施している。

【大会実行委員会】

第1回　二〇一五年　八月二二日（徳島県立文学書道館）
第2回　　　　　　一二月一九日（徳島県立文学書道館）
第3回　二〇一六年　三月　五日（松茂町歴史民俗資料館・人形浄瑠璃芝居資料館）
第4回　　　　　　五月二八日（徳島県立文学書道館）
第5回　　　　　　八月二〇日（徳島県立文学書道館）
第6回　　　　　　一〇月　一日（徳島県立図書館）
第7回　　　　　　一一月二三日（徳島県立博物館）
第8回　　　　　　三月二六日（徳島県立博物館）
第9回　二〇一七年　四月二二日（徳島県立博物館）
第10回　　　　　　五月二〇日（徳島県立図書館）
第11回　　　　　　六月一〇日（徳島県立博物館）
第12回　　　　　　七月二二日（徳島県立博物館）
第13回　　　　　　八月一一日（徳島県立博物館）
第14回　　　　　　九月一六日（徳島県立文学書道館）

第15回　一〇月二〇日（あわぎんホール（徳島県郷土文化会館））

【大会準備委員会】

第1回　二〇一五年　六月二三日
第2回　　　　　　一二月一一日
第3回　二〇一六年　一月一五日
第4回　　　　　　　二月一七日
第5回　　　　　　　五月一九日
第6回　　　　　　　七月二一日
第7回　　　　　　　九月二六日

【大会運営委員会】

第1回　二〇一六年一一月一七日
第2回　二〇一七年　三月　九日
第3回　　　　　　　四月一五日
第4回　　　　　　　五月　二日
第5回　　　　　　　七月一四日

このほか、二〇一七年七月二〇日、研究小委員会によって二〇一六年度第八回研究例会が大会関連として開催され、濵口誠至氏「戦国期幕府と在国大名の通交体制」が報告されている。報告要旨は会誌『地方史研究』第三九〇号を参照されたい。

また、六月一一日、徳島地方史研究会第三九回公開研究大会（地方史研究協議会後援）で、本大会関連企画として、「ここまでわかった！阿波の歴史―徳島の新しい地域史像を探る―」のテーマにより、山澤学「地方史から見る徳島の地力（基調報告）」、西本沙織氏「中世石造物から見た阿波の信仰・流通」、長谷川賢二氏「中世修験道史における阿波」、板東英雄氏「徳島藩における転びキリシタン・類族の取扱い」、立石恵嗣氏「阿波藍衰退期における稲作転換と水利事業の展開」の五報告が行われた。会誌『地方史研究』第三八九号の参加記（岡本治代氏）を参照されたい。

二　共通論題の設定

大会準備委員会では、徳島県の通史的検討を通じ大会の全体像を、また、実行委員会では、徳島地方史の先行研究・研究視角を協議した。

幾度にもわたる協議のなかで、徳島地方史の研究が現代において果たすべき役割や、四国における直近の大会である第五八回（高松）大会で残された課題が議論となった。従来の研究によって提示されてきた徳島の地域像として、明治期における阿波藍生産の衰退にともない停滞したことが強調されがちであるが、一方で、その停滞期と言われる時期であっても盛んな諸産業が存在している。経済発展のなかでの諸矛盾が存在していることも確かで、それをふまえることは当然のことであるが、今回は徳島を発展させてきた歴史的基盤に主眼をおいて議論をしてみること、また、困難を乗り越えさせてきた、いわば底力に着眼していくこと、このような認識が次第に共有化されていった。そして、現代の地域振興に資するために、市民や行政に対し歴史を正確に発信していくこともまた、大会に向けての共通認識となっていった。

その結果、提案されたキーワードが「地力」である。地域の人々が蓄積してきた、固有の政治・経済・社会・文化を育む力、そして今後の発展を支える可能性のある力を「地力」と定義し、本大会は、この観点によって徳島の歴史を再構成していくことをテーマとして設定することになった。

常任委員会では、数度にわたって議論を重ね、最終的に「『地力』と地域社会―徳島発展の歴史的基盤―」を共通論題として決定した。そして、大会趣意書を会誌『地方史研究』第三八六号・第三八八号（大会特集Ⅰ）・第三八九号（大会特集Ⅱ）に掲載し、大会に向けていっそう議論を深めた。この趣意書は、本書の「刊行にあたって」に再掲している。

三　問題提起

共通論題および大会趣意書に関する問題提起を募集し、三六本を採用した。左記の1～24を会誌『地方史研究』第三八八号（大会特集Ⅰ）に、25～36を第三八九号（大会特集Ⅱ）に掲載した。

1　墓制からみた弥生時代の始まり
　―徳島地域をケースとして―　端野　晋平
2　竪穴式石槨の成立過程　菅原　康夫
3　考古学から見た古代阿波国の成立　藤川　智之
4　古代阿波国の官道整備と条里施行　木原　克司
5　阿波国分寺創建期の造瓦組織　岡本　治代
6　阿波国名方郡東大寺領と「図券」　三河　雅弘
7　阿波民部大夫重能と九躰の丈六仏　大石　雅章
8　土器・陶磁器から見た中世阿波の流通と水運　島田　豊彰
9　出土陶磁器から見る守護所勝瑞の成立　重見　高博
10　中世阿波における藍業の発展と紺屋　福家　清司
11　阿波守護家細川氏と禅院西山地蔵院　山下　知之
12　阿波型板碑―その信仰と流通―　西本　沙織

13　阿波三好家の出兵　天野　忠幸
14　阿波内乱における山間地域　中平　景介
15　二つの「一国一城令」と阿波九城の終焉について　宇山　孝人
16　寛永飢饉と徳島藩　三宅　正浩
17　「鎖国」期異国船対応を通して見る徳島藩領の地力　鴨頭　俊宏
18　知行絵図と村落空間
—絵図資料と村落の空間・社会構造の解明—　羽山　久男
19　江戸期と明治期の「塩田面積」の差異をめぐって　小橋　靖
20　近世後期の山方の産物と請負
—「水井村正石灰」を中心に—　町田　哲
21　四国遍路から木食行者へ
—阿波の木食観正と道標から—　西海　賢二
22　「神代復古請願」運動について
—自由民権期における「世直し」運動の研究—　松本　博
23　近代徳島の農業—藍の衰退と農産物供給地への転換—　佐藤　正志
24　徳島県の翼賛選挙とその影響　竹内　桂
25　戦国期阿波国西部の一領主の熊野信仰とその周辺　長谷川賢二
26　豊岡新田の開発と有付百姓の生活　萱野　将史
27　裁判資料としての天正検地帳　石尾　和仁
28　四国遍路の成立と発展
—四国と阿波の求心力—　胡　光
29　古文書が語る厄除けの寺・日和佐薬王寺
—四国八十八ヶ所霊場研究の一視点—　須藤　茂樹
30　近世後期阿波の地域文化と遍路の旅
—半田商人を例に—　西　聡子
31　近世阿波の興行と民衆文化
—子供浄瑠璃を中心に—　徳野　隆
32　近世近代の人形浄瑠璃の全国流行について
—中央の発信と、地域化する過程—　神津　武男
33　幕末期徳島の「知」と教養　桑原　恵
34　明治初年の阿波国地誌　立岡　裕士
35　喜田貞吉と「反差別」の歴史学
—起源論から系譜学へ—　関口　寛

36　伊島の潜水器漁業　宮本　和宏

四　自由論題研究発表

自由論題研究発表は、一〇月二一日午前に次の三本の発表が行われた。内容は、いずれも大会趣意書を強く意識するものであった。このうち根津発表は本書に収録している。また、会誌『地方史研究』第三九一号に掲載された参加記（竹内竜馬氏）も参照されたい。

1　永正年間における二系統の将軍奉戴と細川京兆家　山下真理子

2　森水軍からみた近世の阿波　根津　寿夫

3　戦間期農村指導者の形成過程
―長野県下伊那郡河野村・胡桃澤盛の事例―　田中　雅孝

五　公開講演

公開講演は、一〇月二一日午後に次の二本が行われた。いずれも本書に収録している。会誌『地方史研究』第三九一号に掲載された大会参加記（岡本佑弥氏）も参照されたい。

1　人類学者鳥居龍蔵の足跡と業績　鳥居龍蔵を語る会代表　天羽　利夫

2　中世後期東瀬戸内地域をめぐる諸相
―島・湊・船―　徳島文理大学教授　橋詰　茂

なお、公開講演に先立ち徳島県知事飯泉嘉門氏よりご挨拶を賜った。

六　共通論題研究発表

共通論題発表は、二一日午前に二本、二二日午前・午後に七本の計九本が行われた。いずれも本書に収録している。また、会誌『地方史研究』第三九一号に掲載された大会参加記（竹内竜馬氏・田畑きよみ氏・米澤英昭氏）も参照されたい。

1　吉野川流域の竹林景観と藍作
―洪水との共生―　平井　松午

2　徳島・吉野川下流域における先史・古代の農耕について　中村　豊

3　弥生時代における赤色顔料の生産と流通
―徳島県若杉山遺跡を中心に―　西本　和哉

4　中世阿波国の材木産出と流通の展開　大村　拓生

5　足利義昭帰洛戦争の展開と四国情勢　森脇　崇文

6　阿波藍をめぐる藩政と藍商・紺屋の動向

—藍商手塚家と井上家を中心に—　松永　友和
7　大原呑舟と阿波　小川　裕久
8　近世近代移行期の商人資本と地域経済
—肥料取引をめぐって—　森本　幾子
9　以西底曳網漁業における漁民の移住と定住化　磯本　宏紀

七　共通論題討論

共通論題討論は、共通論題研究発表に続いて行われた。議長は大会実行委員の石尾和仁氏（徳島）、岡本治代氏（徳島）、大会運営委員長の山澤学（茨城）の三名で務めた。

討論は、議長団（山澤）から共通論題の趣旨を改めて説明した後、全体を次のように整理して進行した。すなわち、（一）「地力」を生み出す地理的基盤とその形成、（二）「地力」から見た生業の展開、（三）「地力」を拡げる徳島の内と外との交流、以上の三点から個別報告に即して検討し、そのうえで徳島の「地力」とは何か、地方史研究における「地力」の観点の有効性を考えることとした。

最初に、岡本氏を議長とし、「地力」を生み出す徳島の地理的基盤とその形成について、歴史地理学の平井松午氏（徳島）、考古学の中村豊（徳島）・西本和哉（徳島）両氏の三報告を取り上げ、討論を開始した。

議長はまず、平井氏に地理的基盤の特徴について意見を求めた。平井氏は、報告で論じたように、北方と呼ばれた県北部においては、吉野川の流水によって自然堤防が形成され、後の藍作につながるような畑作に適した地理的環境が成立したと整理した。また、報告では取り上げなかったが、南方と呼ばれた県南部の那賀川流域では水田耕作に適した環境にあり、また、海を介した交流が特徴的であると補足した。議長は、各報告の前提として、かかる地理的基盤をふまえる必要があると指摘した。

続いて、西本氏に地質的な特徴について意見を求めた。西本氏は、吉野川北岸では砂岩、南岸では結晶片岩（通称は青石）、県南部は石灰岩・砂岩・チャートなどの堆積岩というように、表層地質が県域の南北で異なる点が徳島の地質の特徴であり、弥生時代の人々はそれらを熟知し、赤色顔料である辰砂も見出したのではないか、と説明した。議長は、近世にはチャートが火打石として大坂へ移出されており、徳島は、弥生時代から現代に至るまで石材産出地域である点に一つの特徴があると述べた。

また、中村氏に吉野川流域が畑作に適した地理的基盤の成立期について確認を求めた。中村氏は、報告の論旨を整理しつつ、それが二四〇〇年前であると答えた。これを受け、議長は、徳島の研究では畑作、とくに藍作地帯であることを前提としがちであるが、その始期と情況が明確になったこと、また、弥生時代史研究は稲作一辺倒の傾向にあるが、徳島においては、地理的環境に順応し、灌漑水田と畑作農耕を複合し、リスク回避が図られていたこと、以上の二点が明らかになったことは重要な成果であると強調した。

次に、議長を石尾氏に交代し、「地力」から見た生業へと議論が進められた。大村拓生（大阪）・松永友和（徳島）・森本幾子（広島）各氏の報告に即し、生業として特徴的な材木生産・阿波藍商・肥料商が取り上げられた。

第一に、徳島の地表の八割を占める山林と、その材木産出に関わり、大村氏に意見が求められた。大村氏は、論旨に沿って「兵庫北関入舩納帳」の新たな読み方も提示しつつ、阿波の材木が堺・尼崎の商人のもとで商品化される過程を整理したうえで、材木の産地では室町後期以降、地域ごとに環境にあわせた材木の供給体制がとられるようになり、それが近世にも引き継がれる傾向があるとし、室町期の阿波の場合、吉野川流域の産地が失われていく一方、海部周辺が榑材のような小規模な材木の産出地となるが、更新も早く、安定的に供給できる場となっていったとの見通しを述べた。また、大村氏は、議長から守護権力の関与について尋ねられると、平安～鎌倉期における国衙による編成とは異なり、海部の商人が材木輸送の担い手になるが、そこに守護権力の直接の関与は認められないと回答した。

第二に、近世阿波の産業として欠くことのできない阿波藍である。藍商と紺屋の関係に注目した松永氏に、藍商による販売方法を改めて整理するように求めた。松永氏は、大坂市場・近郊農村の動向とも比較しながら、吉野川流域での藍生産は、元禄期段階から富を蓄積するための生業として藍作人・藍商から選択され、成長したとし、近世前期に成長を促した大坂市場に近いという地理的条件を封じ込め、地方と地方とがネットワークを結んでの直売りという新規市場を開拓していったこと、藍商の直売りは阿波藍売込みの源であり、藩権力の規制にも関わらず、問屋からの需要が力となって、したたかに行われたと指摘した。

また、議長は松永氏に、報告の最後で触れられた明治三〇年代の阿波藍生産・流通の衰退期の動向について、趣意書中の「産業構造の転換に対応する人智」と関わらせて説明を求めた。松永氏は、藍商のごく一部においては、事業を多角化させることによって経営を維持、あるいは発展させた者がいたが、大部分は対応できなかったと回答し、今回取り上げた手塚家は地主化した事例であり、この関心からも注目して報告したと補足した。

これを受け、議長は、第三の生業として、肥料商に話題を移した。森本氏の報告にあった山西家も阿波藍衰退という転換期に対応できた事例であり、その動静について意見を求めた。森本氏は、山西家の場合、阿波藍生産の衰退にともない、それを支えた肥料商としては転換を迫られたこと、また、日露戦争後の日露漁業協定によってロシアから漁業権を獲得したことを背景に、樺太の北前船商人と結び、北洋漁業に進出している。北洋漁業進出の事例は四国では珍しいが、山西家の場合、大正期に塩の一大産地であった撫養が拠点であり、函館で販売する鮭・鱒を漬けるための塩を入手しやすかったことが進出の要因として考えられるとし、その利点を「地力」と呼ぶことが可能ではないかと回答した。

議長は続けて、肥料商も藍作あっての生業であり、その観点から寛政期における藍方代官所の編成替えも重要な問題を含んでいるとし、その役割について森本氏に質問した。森本氏は、藩が藍方代官所が担っていた実質的な取引差配を肥料商に任せるようになり、肥料商にとって藍方代官所は債権回収の援助など経営を安定化させる役割があったと答えた。

議長は、以上のように、徳島の生業がいずれも阿波の内のみでなく外との関係が関わって展開しているとまとめた。次に「地力」を拡げる徳島の内と外との交流へと議論を進めるべく、議長を山澤に交代した。ここでは政治史に関する森脇崇文（徳島）、文化史に関する小川裕久（徳島）、漁村民俗に関する磯本宏紀（徳島）の各氏による報告を中心に検討した。

まず石田文一氏（石川）から、徳島の発展と不可分な近世大名蜂須賀氏は外来の領主であるが、その評価のあり方について質問があった。森脇氏は、入封時に反発があったことは確認できるが、先に侵攻した長宗我部氏を斥けたこともあり、近代になってから、同じように外来の領主である加賀前田家などとは異なって好意的な評価が少なくなく、例えば阿波踊りの起源や発展に寄与したとも伝えられていると回答した。

次に、山下真理子氏（東京）が質問に立ち、阿波固有の地政学的特徴に関わる可能性があるとして、長宗我部元親の動向に関し、①阿波掌握の理由、②天正六年に織田信長に与した理由を森脇氏に質問した。森脇氏は、①当初、必ずしも阿波全体への侵攻を意図していたかについては疑問があるとし、その始まりである天正三年（一五七五）鞆への進出は良港の経済的利益を狙った可能性があること、次に進出した白地は伊予・阿波・讃岐の中間地点を押さえる意味があったこと、さらに讃岐に来た足利義昭、反勝瑞側の勢力からの打診を機に西・南から阿波全体を狙ったこと、以上のように段階によって異なる理由が想定されるが、最終的な侵攻の目的は阿波が畿内に近いという強みにあるだろう、②義昭に与した際も同様であるが、中央の政権から正統な支配者として公認を得るためである、以上のように回答した。

議長は、これを受け、足利義稙・義栄、管領・阿波守護細川氏、三好氏などに触れながら、政治史から見た阿波の特徴である畿内との近さ、中央政界との関係性について森脇氏に意見を求めた。森脇氏は、後に信長と長宗我部氏が互いに阿波を確保すべく争った事例なども紹介しつつ、阿波が畿内とは近く、しかし海を挟んで独立した地であり、畿内の政権とのかかる距離感が政治的環境としては阿波の重要性を高めていると指摘し、先に松永氏が近世の経済的環境として指摘した大坂市場との距離感とも似ているのではないかと述べた。

続いて文化・芸術に関し、西海賢二氏（愛知）から小川氏へ、阿波の豪農・豪商層によるパトロネージュの具体像について質問があった。小川氏は、藩の御用絵師である狩野派・住吉派などの江戸好みではなく、京都・大坂の画風を好む傾向にあること、大原呑舟の場合、パトロンの好みをふまえ、与謝蕪村への憧れを写す俳画や、生活空間を写実的に書き込んだ徳島の景物画が残されていることを述べ、とくに景物画は徳島固有の文化を誇れる画題とした点で意義があると回答した。続けて松永・森本両氏にも意見を求めたところ、松永氏は藍商西野家が所蔵する「阿波盆踊図屛風」、森本氏は肥料商山西家が所蔵する幕末の志士らによる揮毫の事例を紹介した。これに対し西海氏は、奥三河の古橋家による赤報隊、関東の干鰯流通にともない伝播した芸能などの事例をあげつつ、パトロネージュのあり方は多様で、「地力」の観点からすれば、巡礼も含め、今後に検討すべき課題となるのではないかと提起した。

続けて西海氏は、磯本氏に対しても、瀬戸内漁民の対馬行きや、これにともなう愛媛県新居浜地方のイズミヤという郷土料理の伝播をあげ、徳島の五島行きとの相違点を質問した。磯本氏は、対馬行き・五島行きが特定の地域において生業選択の形として行われてきた特徴を整理しつつ回答し、五島行きの場合、玉之浦において徳島・山口の漁民間で情報交換した事例、また、テシマカゴ（竹籠）の行き来した事例を紹介した。

ここで、残り時間が少なくなってきたことから、討論の総括に向け、本大会におけるキーワードである徳島の「地力」とは何か、整理することにした。議長から意見を求めたところ、各報告者は、報告内容に即して次のように回答した。

・土地の肥沃さだけでなく、それぞれ居住する空間のなかで地域の資源を最大限に活用し、生活を維持してきたこと、そのもの。限界集落はこの「地力」を失った結果と言える。（平井氏）

・先史・古代における畑作の展開に見られるように、地球環境への対応を自ら選択し、活路を見出す力。（中村氏）

・弥生時代の赤色顔料に注目すると、若杉山遺跡で辰砂を採掘したこと。辰砂の採掘を一世紀という長期間継続できる経済基盤。そして、採掘した赤色顔料を対外交流の材料に転換できた力。（西本氏）

・中世における破滅的な材木伐採の後に、阿波南部の中径木生産、西部の焼畑生産などへと生業を転換し、対応した適応力。（大村氏）

・政治史的な観点において、畿内に近いという強み。阿波内部の勢力には、この「地力」を利用し、外部勢力を引き込むしたたかさもあった。（森脇氏）

・阿波藍そのもの。あるいはその魅力。さらには、藍に関わった藍作人・藍商・紺屋・藩権力の四者すべての人々の営みの総体。（松永氏）

・近世において、阿波藍による経済力をもとに上方に憧れ、外部からの来訪を受け入れ、阿波踊り・人形浄瑠璃など現代にも引き継がれる文化を創造してきた知恵、文化的な豊かさ。（小川氏）

・矛盾をはらみながらも、阿波内外の諸商人、仕入れる消費者、藩などが相互に連関して機能して形づくられてきた地域経済の発展。（森本氏）

・近代化されていくなかで新しい技術を取り入れたこと。また、それをなしうるための集団化ができたこと。（磯本氏）

これらの発言を受け、会場内にも意見を求めた。

まず、羽山久男氏（徳島）から、本大会では多様な問題が取り上げられて有意義であったが、「地力」に着眼するならば、藍作人・焼畑農民のように、より大地に根ざした事例研究の提示を求めたいとの意見が述べられた。

次に、大会実行委員長である福家清司氏（徳島）から、各報告者の意見をふまえると、地質・地形・植栽・気候条件・地理的条件などは地域の環境を形成するもので、地域資源とも呼べるが、「地力」とは、それらに対する人々のはたらきかけ、営みであり、そのはたらきかけ・営みが歴史である。そして、阿波ならではの「地力」の源は広大な渓谷を有する剣山、藍作を育んだ吉野川にある。また、今回の報告では取り上げられなかった「水運」力にも注目する必要がある。福家氏は以上のように討論を総括し、あわせて悪天候のなか参集され議論を深められた報告者・大会参加者に対する謝辞があった。

最後に、議長（山澤）から、この全体討論において、浮かび上がった今後の課題も少なくないが、徳島が地域固有かつ魅力的な「地力」を有すること、その「地力」が豊かな歴史・文化を生み出してきたこと、そして、「地力」に注目する方法論が地方史研究に有効であることを共有できたのではないか、とまとめ、会場からの拍手で、討論を終えた。

八　巡　見

巡見は、二三日に実施された。大会実行委員会は、共通論題に基づき、また、共通論題研究発表の理解を深めることができる見学地を選定し、貸切バスでまわる次の二コースを設定した。

【県央・県北コース】

徳島市考古資料館―丈六寺―地蔵寺―徳島縣護國神社・戦没者記念館〈昼食〉―松茂町歴史民俗資料館・人形浄瑠璃芝居資料館（ふれあい座による人形浄瑠璃『傾城阿波の鳴門』順礼歌の段公演）―（公社）三木文庫―福永家（塩屋）住宅

【県西・県北コース】

徳島県立脇町高等学校芳越資料館―脇町うだつの町並み―安楽寺〈昼食〉―武知家（藍商）住宅―ドイツ村公園（板東俘虜収容所跡）―鳴門市ドイツ館―勝瑞城館跡

ところが、台風二一号の接近によって、実施が危ぶまれることになった。大会前日の二〇日に常任委員会・大会実行委員会で慎重に検討した結果、各コースとも一時間遅れで開始することになった。その結果、徳島市考古資料館・徳島県立脇町高等学校芳越資料館の見学を中止せざるをえなくなった。本会のため事前に準備をしていただいていた両館には、たいへん申し訳ない次第となり、この場を借りて改めてお詫び申し上げる。

当日は台風一過の晴天に恵まれ、移動するバスの車中では、実行委員の福家清司・徳野隆・松下師一・石尾和仁・菅野将史・須藤茂樹の各氏および立石恵嗣氏らが見学地だけでなく車窓から見える史跡についても詳細に解説してくださった。各見学地での関係者の方々による情熱的な解説も忘れがたい。世界記憶遺産・国指定文化財登録に向けての運動や、史料・景観の保全をめぐる活動など、徳島の地域・行政による地方史運動についての説明も有意義であった。会誌『地方史研究』第三九一号に掲載された大会参加記（冨善一敏氏・立井佑佳氏）も参照されたい。

本大会ではまた、巡見とは別に、徳島市立徳島城博物館・大会実行委員会共催による大会企画イベント「城下町とくしま歴史さんぽ」が二一・二二両日昼休みに計画された。徳島城博物館ボランティア友の会のご協力により、同題のアプリ（同館WEBで公開）を用いながら城下町徳島を案内する企画で、藍蔵跡である大会会場から新町橋、鳥居龍蔵生誕地、新町、寺町をめぐるものである。悪天候のため二一日のみの実施となったが、準備にあたられた徳島市立徳島城博物館、同ボランティア友の会、実行委員の塚本章宏・平井松午両氏のご尽力に深謝したい。会誌『地方史研究』第三九一号の大会参加記（西聡子氏）も参照されたい。

九　総括例会

大会終了後の二〇一八年三月二日、徳島県立博物館において総括例会（二〇一七年度第四回研究例会）が開催された。総括例会は、研究小委員会が担当し、大会の成果と課題を確認する研究集会である。大会実行委員会から町田哲氏、大会運営委員会から中山学氏が次の報告を行った。

1　「地力」と地域社会―徳島大会を振り返って―　町田　哲

2　徳島大会を終えて
―共通論題討論をもとに大会の意義を考える―　中山　学

町田氏は、徳島における地方史研究の展開に即して、①大地のあり方に即した生業の実現のあり方、②吉野川流域と那賀川流域との違いなど、阿波内部での地域差の位置づけ、③他地域との交流・関係、それも海を介した関係の中でそれぞれの歴史事象の意義づけなどが積極的・自覚的になされていたと評価し、大会テーマには、「地力」探し、「発展」イメージへの誘導になる恐れがあったものの、結果的には、報告者の良識もあって、そうしたものに留まらなかったとまとめた。また、地域社会の規定性の甘さについても言及された。

中山氏は、共通論題討論を整理しつつ、共時性と通時性を実証的に示す正当な歴史学研究法によって、動態的な地域史形成の過程を理論的に提示し、その結果、水田中心史観を受け入れぬ自然環境の存在、またはその規定力を議論の前提とし、その中に営まれた人々の生活が段階的にどのような構造を生み出してきたのか、という観点からの地域史像が長期にわたる徳島の歴史像として提示されたとまとめた。そのうえで、地域社会の形成過程が描き切れていないこと、近現代史の充実が求められること、地域社会の規定性に検討の余地があることなどの課題を提示した。

いずれの報告も、今後の徳島地方史、さらには日本各地の地方史を前進させるために重要な課題を提示した。その要旨は、会誌『地方史研究』第三九四号に掲載されている。また、町田報告については成稿され、徳島地方史研究会の会誌『史窓』第四八号（二〇一八年）に「『地力』と地域社会―地方史研究協議会第六八回（徳島）大会を振り返って―」として公表されている。同誌には、福家清司大会実行委員長の「地方史研究協議会第六八回（徳島）大会を終えて」も掲載されており、あわせて参照されたい。

おわりに

本大会、換言するならば「『地力』と地域社会」と銘打った地方史研究への挑戦は、悪天候のなか会場に駆けつけてくださった二四六名もの参加者を得ることによって無事に終了することができた。

本大会の運営は、徳島の大会実行委員会と、常任委員会・大会運営委員会との二年にわたる綿密な準備のもと進められてきた。徳島という一つの地域に対し純粋にこだわり、情熱的に研究を進めるという、根源的な地方史研究の推進者と、他地域の研究者とが真剣に協議し、徳島の歴史の再構築に挑んだ二年間であり、その成果が本書に結実することになった。本論集の刊行によって一つの区切りを迎えるが、「地力」というキーワードの利点・課題が明確になった今、徳島県内では、そのレガシーを継承し、さらに検討を進めるべく、新たな研究活動を計画中であるという。本大会を契機とする、こうした研究活動の活発化が近い将来、待望される『徳島県史』編纂事業の開始につながることにも期待したい。

最後となったが、本大会を開催するにあたっては、多くの方々からご支援を賜った。ことに大会実行委員の方々、後援・

協賛をいただいた諸機関・諸団体の方々には、たいへんお世話になった。改めてお礼申し上げるとともに、後援・協賛の諸機関・諸団体を紹介させていただく。

後援　徳島県　徳島県教育委員会　徳島市　徳島市教育委員会　鳴門市　鳴門市教育委員会　美馬市　藍住町教育委員会　松茂町教育委員会　（公財）徳島県文化振興財団　徳島新聞社　朝日新聞徳島総局　産経新聞社徳島支局　毎日新聞徳島支局　読売新聞徳島支局　ＮＨＫ徳島放送局　四国放送　ケーブルテレビ徳島　エフエム徳島　エフエムびざん　株式会社あわわ　（一財）徳島県観光協会　（公社）徳島市観光協会

協賛　徳島地方史研究会　考古フォーラム蔵本　鳴門史学会　徳島地理学会　徳島地域文化研究会　四国中世史研究会　四国地域史研究連絡協議会　徳島県市町村文化財保護審議会連絡協議会　徳島県博物館協議会　阿波学会　三好郷土史研究会　歴史資料保全ネットワーク・徳島　徳島県小学校教育研究会社会部会　徳島県中学校教育研究会社会部会　徳島県高等学校教育研究会社会科学会　徳島県高等学校教育研究会地歴学会　徳島の古文書を読む会　徳島城址を愛する会　徳島県シルバー大学校徳島校ＯＢ会歴文クラブ　徳島県立博物館友の会　徳島城博物館ボランティア友の会

本書の刊行は、大会実行委員会の協力を得つつ、地方史研究協議会第六八回（徳島）大会成果論集刊行特別委員会が担当した。委員会は、企画・総務小委員会（委員長石山秀和）のもとに組織され、刑部芳則・中野達哉・中山学・長沼秀明・西村健・吉田政博・渡辺嘉之・山澤学（委員長）の八名で構成した。刊行にあたっては、株式会社雄山閣、ことに編集部の羽佐田真一氏・安齋利晃氏のお世話になった。記して謝意を表したい。

（文責　山澤　学）

執筆者紹介（五十音順）

天羽　利夫（あもう　としお）
一九四一年生まれ
鳥居龍蔵を語る会　代表

磯本　宏紀（いそもと　ひろのり）
一九七五年生まれ
徳島県立博物館　学芸員

大村　拓生（おおむら　たくお）
一九六五年生まれ
兵庫県立歴史博物館　ひょうご歴史研究室
歴史研究推進員

小川　裕久（おがわ　ひろひさ）
一九六九年生まれ
徳島市立徳島城博物館　係長・学芸員

中村　豊（なかむら　ゆたか）
一九七〇年生まれ
徳島大学　教授

西本　和哉（にしもと　かずや）
一九八二年生まれ
徳島県教育委員会　主任

根津　寿夫（ねづ　ひさお）
一九六四年生まれ
徳島市立徳島城博物館　館長

橋詰　茂（はしづめ　しげる）
一九四九年生まれ
徳島文理大学　教授

平井　松午（ひらい　しょうご）
一九五四年生まれ
徳島大学　教授

松永　友和（まつなが　ともかず）
一九八〇年生まれ
徳島県立博物館　学芸員

森本　幾子（もりもと　いくこ）
一九七四年生まれ
尾道市立大学　准教授

森脇　崇文（もりわき　たかふみ）
一九八一年生まれ
徳島市立徳島城博物館　学芸員

平成30年10月20日 初版発行

地方史研究協議会 第68回（徳島）大会成果論集

徳島発展《とくしまはってん》の歴史的基盤《れきしてききばん》―「地力《ちりょく》」と地域社会《ちいきしゃかい》―

編　者　ⓒ地方史研究協議会
発行者　宮田哲男
発行所　株式会社 雄山閣
〒102-0071　東京都千代田区富士見2-6-9
電話 03-3262-3231㈹　FAX 03-3262-6938
http://www.yuzankaku.co.jp
E-mail　info@yuzankaku.co.jp
振替：00130-5-1685
印刷・製本　株式会社ティーケー出版印刷

Printed in Japan 2018　　ISBN978-4-639-02611-2　C3021
N.D.C.213　315p　22cm